बुद्धि में महारत हासिल करना - एक पूर्ण जीवन के लिए आपका मार्ग

बुद्धि पर महारत हासिल करना

एक पूर्ण जीवन के लिए आपका मार्ग

आई जे नायक

भारत

2023

अंतर्वस्तु

अध्याय 1 परिचय: हमारा युग

मैं जीने के लिए श्रोता हं। मैं ज्ञान और सुंदरता की तलाश में हं, साथ ही उन आवाजों की भी तलाश करता हं जो सुनने के लिए चिल्ला न रही हों। पुस्तक किस चीज़ के कुछ पहलुओं का वर्णन करती है

मैंने उस बातचीत से सीखा है जो पीढ़ियों, समय, अनुशासन और धार्मिक संप्रदायों तक फैली हुई है।

यह रोमांच तब शुरू हुआ जब सदी बदली और जैसे-जैसे बढ़ी और बदली है। इन पन्नों में मेरा ध्यान जीवन जीने के अंतर्निहित पहलुओं पर है जिसने मुझे आश्चर्यचकित कर दिया, मेरी मान्यताओं को तोड़ दिया। आगे आने वाले अनच्छेदों में मैंने यह प्रदर्शित करने का प्रयास किया है कि बातचीत के माध्यम से मेरे विचार कैसे सामने आए, सुंदर दिमाग और जीवन के बीच आगे और पीछे। मैंने अपने लेखन में हमारी बदलती दुनिया के संबंध में ज्ञान के मानचित्र के रूप में अंतर्संबंध को देखा है। यह उस विशाल क्षेत्र के लिए शब्दों में लिखा गया एक रोडमैप है जिस पर हम सब एक साथ हैं। यह संकेतकों का एक सेट है जो किनारों को उतनी ही गंभीरता से लेता है जितना कि भीड़ भरे केंद्र को। क्योंकि परिवर्तन हमेशा मानवता के इतिहास के हाशिये पर रहा है, और यह आज भी हो रहा है। रोजमर्रा की जिंदगी के भूकंपीय वातावरण में परिवर्तन, और वे भूभौतिकी विज्ञान की दुनिया में होते हैं, दरारों और स्थानों में शुरू होते हैं।

यह आकर्षक और चकाचौंध भरी सदी उन बुनियादी सवालों को उजागर कर रही है जिनके बारे में बीसवीं सदी ने सोचा था कि उसने संबोधित किया है। हम जो प्रश्न पूछते हैं वे एक ही समय में गहन और सभ्यतागत होते हैं, जो उस समय की परिभाषा को परिभाषित करते हैं जब जीवन शुरू होता है और जिस समय यह शुरू होता है।

मृत्यु होती है, परिवार और विवाह के महत्व के साथ-साथ पहचान के अर्थ की भी; प्रकृति से हमारे संबंध का; प्रौद्योगिकी के साथ हमारे जुड़ाव के साथ-साथ प्रौद्योगिकी के माध्यम से हमारे जुड़ाव का भी। इंटरनेट ने अपने शुरुआती दिनों में सृजन और नेतृत्व के साथ-साथ इसका हिस्सा बनने के बारे में हमारे सोचने के तरीके को बदल दिया है। यह हमें सुधार के युग में ला रहा है, हालांकि इस बार, यह शैक्षिक, राजनीतिक, आर्थिक, धार्मिक आदि सहित हमारी सभी संस्थाओं पर एक साथ लागू है। इस क्षण में सबसे दिलचस्प और कठिन बात यह है कि हम जानते हैं कि पुरानी संरचनाएँ काम नहीं करती हैं। हम अभी तक यह निर्धारित नहीं कर पाए हैं कि भविष्य के स्वरूप कैसे दिखेंगे। हम उन्हें "वास्तविक समय" का उपयोग करके बना रहे हैं; हम समय की अवधारणा की भी पुनर्कल्पना कर रहे हैं।

मानवता ने सबसे पहले अपने अंदर एक वैश्विक दृष्टिकोण से देखना शुरू किया जिसे कभी-कभी अक्षीय युग के रूप में जाना जाता है, जो इसके मध्यसहस्राब्दी चिह्न सामान्य युग से कुछ शताब्दियों पहले था। परिवर्तन की एक वैकल्पिक दुनिया की पूरी तरह से

अलग-अलग संस्कृतियों में, कन्फ्यूशियस का जन्म चीन में हुआ और बुद्ध ने आत्मज्ञान की खोज की। प्लेटो और अरस्तू ने आत्मा और मन को देखा जबकि हिब्रू भविष्यवक्ताओं ने ईश्वर के लोगों के जन्म का विचार लिखना शुरू कर दिया। आंतरिक शांति की खोज इस चौंकाने वाले विचार के संदर्भ में शुरू हुई कि जनजाति और रिश्तेदारों के बाहर के लोगों - अनाथ, अजनबी और साथ ही वंचितों - की भलाई व्यक्ति से जुड़ी हुई है। मानवता ने उन सवालों को आवाज दी है जिन्होंने धर्म और दर्शन की दुनिया को आकार दिया है क्योंकि मानव होने का क्या मतलब है? जीवन में सबसे महत्वपूर्ण चीज़ क्या है? किसी मृत्यु पर विचार करने योग्य सबसे महत्वपूर्ण बातें क्या हैं? हम अपने साथी मनुष्यों और दुनिया की सेवा के लिए क्या कर सकते हैं?

दूर के अजनबियों के साथ लगातार बढ़ती परस्पर निर्भरता के समय में सवालों का पुनर्जन्म और पुनर्रचना हो रही है। यह इस बात से जुड़ा मामला है कि मानव होना क्या है और यह इस मुद्दे से अभिन्न रूप से जुड़ा हुआ है कि हम अपने प्रत्येक साथी इंसान के लिए खुद को कैसे परिभाषित करते हैं। हमारे पास इस चुनौती से निपटने के लिए भौतिक और आध्यात्मिक दोनों तरह के उपकरणों की समझ और ज्ञान का खजाना है। हम अपनी प्रौद्योगिकी को और अधिक उन्नत होते हुए देखते हैं, और उनकी जागरूक होने की क्षमता के बारे में आश्चर्य से सोचते हैं। हर समय हमारे मन में बुद्धिमान बनने की क्षमता होती है। बुद्धि हमारी बुद्धि को समृद्ध करती है, चेतना को बढ़ाती है और विकास की प्रक्रिया को गति देती है।

आध्यात्मिक और धार्मिक परंपराएँ समय के साथ ज्ञान लेकर आई हैं, यहाँ तक कि तनावपूर्ण माहौल में भी, उन्हें विकृत रूप में पैरोडी में ढाला जा सकता है। जब मैं इन चीजों के बारे में बात करता हूं, तो मैं उन स्थानों के बारे में बात कर रहा हूं जो हमारी मानवता को अत्यधिक ध्यान देते हैं जो अन्य विषयों से बेजोड़ है: प्यार पाने और खुशी महसूस करने की हमारी क्षमता, हमारे दुश्मनों को तोड़फोड़ करने और धोखा देने की हमारी क्षमता, असफल होने की अपरिवर्तनीयता और असफलता, सेवा करने की इच्छा। मैं आशा के बारे में गहन चतुराई से चकित हूं जो धर्म उत्पन्न करता है, सौंदर्य के कम मूल्य के प्रति इसकी आराधना और रहस्य के सार्वभौमिक मानवीय अनुभव के बारे में इसकी गंभीरता।

हमारा आध्यात्मिक जीवन वह स्थान है जहां हम अपने और अपने साथी मनुष्यों के रहस्य का सामना करते हैं।

हमने पिछले कुछ सौ वर्षों में पश्चिम से रहस्य को समाप्त करने के लिए संघर्ष किया, लेकिन हमने इसके बजाय वास्तविकता के तेज किनारों की पुष्टि की - समाधान, विचार और योजनाएं और साथ ही फासीवाद, साम्यवाद और पूंजीवाद का साम्राज्यवाद, तीनों के बीच बदलते रहे। हमारे निराशाजनक और खट्टे समय में, हम उस वास्तविकता की ओर लौट रहे हैं जो लंबे समय से मौजूद है, जो कि अपनी सभी अराजकता और वैभव में मानवीय स्थिति है, वह आधार है जिस पर हमारी आशाएं और महत्वाकांक्षाएं साकार हो सकती हैं या विफल हो सकती हैं। पुरानी कहावत "जो इतिहास नहीं जानता वह उसे दोहराने के लिए अभिशप्त है" बहुत दूर नहीं है। इतिहास का चक्र तब तक खुद को दोहराता रहता है जब तक

हम वास्तव में और गहराई से अपने इतिहास से अवगत नहीं हो जाते। आज, अराजक वैश्विक अर्थव्यवस्था से पता चलता है कि मानव हस्तक्षेप खेल में है। यही हाल मौसम की बेरुखी का भी है. आतंकवाद, शीत युद्ध के बाद की दुनिया में फैला एकमात्र "वाद" हर जगह मानवीय निराशा का परिणाम है।

मैं आइंस्टीन द्वारा बनाए गए नैतिक समीकरण के बारे में आश्वस्त हं जो कि उनके गणितीय समीकरणों के समान ही कट्टरपंथी है, हालांकि बहुत कम प्रसिद्ध है। आइंस्टीन ने अपना जीवन विज्ञान के सामाजिक लाभ में गहरे विश्वास के साथ शुरू किया - ब्रह्मांडीय प्रयासों का एक समूह जिसे जनजातीय संघर्षों और राष्ट्रीय सीमाओं से परे जाना चाहिए। फिर, उन्होंने जर्मन विज्ञान को फासीवाद के सामने आत्मसमर्पण करते देखा। उन्होंने भौतिकविदों और रासायनिक इंजीनियरों को सामूहिक विनाश वाले उपकरण बनाते देखा। उन्होंने तर्क दिया कि उनके समय में वैज्ञानिक एक तेज़ ब्लेड बन रहे थे जो तीन साल के शिशु के हाथ में था। वह गांधी या मूसा, ईसा और बुद्ध और संत जैसे लोगों को पहचानने लगा। असीसी के फ्रांसिस को "जीवन जीने की कला में प्रतिभावान" कहा गया। उन्होंने तर्क दिया कि उनकी प्रतिभाएँ जो "आध्यात्मिक प्रतिभा" का परिणाम थीं, वस्तुनिष्ठ ज्ञान की तुलना में मानवीय गरिमा, सुरक्षा और खुशी सुनिश्चित करने के लिए अधिक महत्वपूर्ण थीं।

मेरे काम ने मुझे सिखाया है कि रोजमर्रा की जिंदगी की आध्यात्मिक प्रतिभाएँ हमारे चारों ओर हैं। वे हाशिये पर हैं और उनके पास कोई प्रचारक नहीं है। वे रडार पर नहीं हैं, और टूट गये हैं। जिस तरह से हम अपनी रोजमर्रा की जिंदगी के बारे में बात करते हैं वह तेजी से निराशाजनक होता जा रहा है। पत्रकारिता के मेरे पेशे में, जहां हम इतिहास का अपना पहला संस्करण बनाने का प्रयास कर रहे हैं, हम अपर्याप्तता, भ्रष्टाचार, विनाशकारी और विफलता की जांच करने के लिए अपनी सबसे विश्लेषणात्मक क्षमताओं का उपयोग करते हैं। पत्रकारिता के क्षेत्र में "समाचार" को दिन की सबसे असाधारण घटनाओं के रूप में परिभाषित किया जाता है, फिर भी अधिकांश बार इसकी व्याख्या दुनिया में होने वाली अविश्वसनीय रूप से भयानक घटनाओं के रूप में की जाती है। 24/7 सूचना चक्र में, बुरी सूचनाओं की बाढ़ को सामान्य वास्तविकता के रूप में लेना आसान है कि हम कौन हैं और एक प्रजाति के रूप में हम किन चुनौतियों से लड़ रहे हैं।

हालाँकि, हमारी दुनिया सुंदरता, साहस और अनुग्रह से भरी है। मैं जानता हं कि हमारे पास उपलब्ध हर उपकरण का उपयोग करके मानव परिवर्तन में योगदान देने की इच्छा बढ़ रही है, जो सामाजिक परिवर्तन ला सकता है। डिजिटल युग, हालांकि कई मायनों में पूरी तरह से आधुनिक वाइल्ड वेस्ट है, लेकिन बुनियादी स्तर पर यह महज एक स्क्रीन है, जिस पर हम हाड़-मांस में जीने की विलासिता और संभावनाओं को प्रदर्शित करते हैं। आध्यात्मिकता विकसित हो रही है और पोषण के स्रोत अधिक व्यापक रूप से सुलभ होते जा रहे हैं। विज्ञान हमारे मस्तिष्क और शरीर के बारे में ज्ञान प्रकट कर रहा है जो शक्ति का एक दैनिक रूप है जो हम क्या हैं और हम क्या बनना चाहते हैं, व्यक्तियों और मनुष्यों के बीच के अंतर को पाट सकता है। चिकित्सा और सामाजिक विषयों के माध्यम से हम मानव स्थिति की एक पूरी तरह से नई समझ विकसित कर रहे हैं। जीवन शक्ति और पूर्णता.

हम लचीले, परिवर्तित लोगों के माध्यम से परिवर्तनकारी, टिकाऊ नई वास्तविकताओं का निर्माण कर सकते हैं। यह प्रेमी और प्रियजन और नागरिक और राजनेता, सामाजिक उद्यमी और जरूरतमंद व्यक्ति के बारे में है। यह मैं हूं, और इसका मतलब आप भी हैं।

* * *

उपस्थित रहना सुनने के बारे में है, यह शांत रहने के बारे में नहीं है। मैं दूसरों के साथ बातचीत करता हूं जो मेरे अनुभव साझा करते हैं, न कि केवल मेरे प्रश्न। मैंने अपने जीवन के मार्ग की अप्रत्याशितता और मुझे दिए गए परिप्रेक्ष्य के लिए आभारी होना सीख लिया है। इसने मुझे सीमांत स्थानों का गहरा ज्ञान दिया है जो वास्तव में समाज की नींव हैं और मुझे उन क्षेत्रों तक पहुंच प्रदान की है जो शक्ति का प्रयोग करते हैं - विचारों की क्षमता और कार्रवाई की शक्ति। मुझे अतीत के उन लंबे चक्रों की समझ है जो उन संकटों के लिए प्रेरणा का स्रोत हैं जिन्हें हम आज अनुभव कर रहे हैं। मैंने जान लिया है कि हम कहां से आए हैं और वहां से हम वहां तक कैसे पहुंचे।

मेरा जन्मस्थान देर रात के शुरुआती घंटों में था जब 1960 के चुनावों के नतीजे आए, यही वह वर्ष था जब जॉन एफ. कैनेडी राष्ट्रपति चुने गए थे। मेरा पालन-पोषण शॉनी, ओक्लाहोमा में हुआ, जो एक युवा राज्य के मध्य में एक छोटा सा शहर था जो अमेरिका के बीच में था और जहां लोगों में अपने अतीत के इतिहास को भूलने और अपने पैतृक संकटों को अतीत पर छोड़ने की प्रवृत्ति थी। मेरे नाना-नानी ओक्लाहोमा की क्रूर धूल में अपना जीवन बसर करने के लिए पुराने भारतीय क्षेत्र में अपने वैगनों को चलाकर ले जाते थे। जब मैं तीन साल का था तब मेरे पिता को उस परिवार ने गोद ले लिया था जिसे मैं अपने दादा-दादी कहता था। यह उसके और हमारे लिए बस एक पतली, नाजुक परत थी।

मैं बहुत सारी इच्छाओं के साथ बड़ा हुआ, लेकिन यह निश्चित नहीं था कि यह किसलिए था और मुझे ओक्लाहोमा या टेक्सास के बाहर के ब्रह्मांड के बारे में कोई जानकारी नहीं थी। सामाजिक संपर्क का मुख्य स्रोत दक्षिणी बैपटिस्ट चर्च था, जिसमें मेरे दादा पादरी थे। मुझे अध्ययन करने के लिए एकमात्र पुस्तक बाइबल की आवश्यकता थी, यही कारण है कि मैं अक्सर खुद को देर शाम को उन बड़े सवालों से जूझते हुए पाता था जो यह उठाता था और साथ ही उन सवालों से भी जूझता था जिनका समाधान नहीं होता था। उसके बाद, मैंने हाई स्कूल में अपने वरिष्ठ वर्ष की गर्मियों का पूरा मौसम शिकागो में एक वाद-विवाद शिविर में बिताया और ऐसे लोगों से मिला जिन्होंने धर्मनिरपेक्षता की संभावनाओं को समझने में मेरी मदद की। उनमें से एक ब्राउन यूनिवर्सिटी में दाखिला लेने के लिए कुछ भी करेगा, जिसके बारे में मैंने कभी नहीं सुना था, यही कारण है कि मैं भी आवेदन करने में सक्षम था। मेरे लिए ब्राउन पर जाना मंगल ग्रह पर जाने के समान था। मैं पहुंचा और पाया कि मेरे माता-पिता में से एक, लंबे समय से मृत राष्ट्रपति, मेरे छात्रावास के कमरे में रह रहे थे। समानांतर ब्रह्मांडों की दुनिया, अन्य ग्रह और जिस तरह की कहानियां मुझे विज्ञान कथाओं में पसंद थीं, और जिन्हें अब वैज्ञानिक गंभीरता से लेते हैं - शॉनी और प्रोविडेंस की छलांग के बारे में इतना कुछ मुझे बिल्कुल मेल खाता हुआ लगा।

प्राणपोषक छलाँगें, चाहे वे कितनी भी रोमांचकारी क्यों न हों, अधिकांशतः प्राणियों के लिए कठिन होती हैं। एक गड्ढे के नीचे अब मैं देख सकता हूँ कि मैंने पहली बार विश्वविद्यालय में अपने दूसरे वर्ष के दौरान अवसाद का अनुभव किया था, मुझे उन सभी पुस्तकों से अभिभूत महसूस हुआ जो मैंने कभी नहीं पढ़ी थीं, जिन गंतव्यों पर मैं कभी नहीं गया था। मैंने सोचा कि मैं इस एकांत दुनिया में अपने सहपाठियों से कभी नहीं मिल पाऊँगा। हालाँकि, मैंने खुद को उन संभावनाओं में झोंकने का फैसला किया जो अब मेरी दिशा में थीं। मैंने जर्मन में एक कोर्स किया और पूरे यूरोप की यात्रा की और फिर दूसरी बार मंगल ग्रह पर गया: मैं कम्युनिस्ट पूर्वी जर्मन शहर रोस्टॉक, रोस्टॉक के भीतर एक अवास्तविक स्वैप कार्यक्रम में भाग लेने में एक सेमेस्टर की अवधि बिताने में सक्षम था। बाल्टिक सागर।

रोस्टॉक में, मैं विशेष रूप से जर्मनी और सामान्य रूप से दुनिया के साम्यवाद और पूंजीवाद, भू-राजनीतिक अच्छाई और भू-राजनीतिक बुराई में विभाजन द्वारा बौद्धिक और भावनात्मक रूप से कैद हो गया था। मैं 20वीं सदी के मध्य के इस संदेश से रोमांचित था कि राजनीतिक क्षेत्र वह है जहां सभी महत्वपूर्ण प्रश्न थे और सभी वैध समाधान भी उपलब्ध थे। मैंने ईश्वर के बारे में अपने विचारों को अलग रख दिया और मीडिया और राजनीतिक व्यवस्था के माध्यम से सम्मान के साथ दुनिया की रक्षा करना शुरू कर दिया।

कॉलेज के बाद, मैंने पश्चिम जर्मनी की शांत राजधानी बॉन में पढ़ाई की और बाद में न्यूयॉर्क टाइम्स स्ट्रिंगर के रूप में विभाजित बर्लिन में चला गया। मुझे टिकाऊ आय या किसी प्रकार की बाइलाइन की गारंटी नहीं दी गई थी। लेकिन यह पूरे मध्य यूरोप में एक व्यस्त समय था और मैंने पूर्वी जर्मनी में टेलेटाइप के माध्यम से और पश्चिम से आई नवीन नई मॉडेम तकनीक के माध्यम से कहानियां लॉग कीं। 18 महीनों के बाद मुझे विदेश विभाग में एक पद मिला, जो मूल रूप से युद्ध के बाद की चार-शक्ति व्यवस्था में एक सरकारी शाखा थी।

दीवार गिरा दी गई. मैं बर्लिन की दीवार के पार संबंधों के विकास पर था और मुझे इसे बनाए रखने के लिए नियुक्त किया गया था। पूरे अस्सी के दशक में "आंतरिक-जर्मन सीमा" के पार भटकने वाले सभी लोगों में मानवीय संबंधों का प्रसार हुआ, मानव संबंधों और उनके चर्च, कला और राजनीति के साथ साझा किए जाने वाले पर्यावरण के आकर्षक विध्वंसक टकराव के मद्देनजर पर्यावरणविद् जागृत हुए। तौर तरीकों; युवा व्यक्ति दिन में कम्युनिस्ट प्रचार की दुनिया में और रात में पश्चिमी टेलीविजन में रुचि ले रहे हैं। सिज़ोफ्रेनिक, सांस्कृतिक रूप से भ्रमित और समझ से परे उत्तेजित होना।

मैं भाग्यशाली था कि मुझे पश्चिम में रोमांचक नौकरियाँ मिलीं और अंततः मैं नवनियुक्त अमेरिकी राजदूत का स्टाफ प्रमुख बन गया, जो परमाणु हथियार विशेषज्ञ था। मैं जो करियर बना रहा था वह मेरा पहचान पत्र था। मैंने बर्लिन में बहुत कुछ सीखा, जिसका अर्थ है कि मैं वर्तमान में बिल्कुल अलग करियर पथ पर हूँ। उन दिनों धर्म, आत्मा या किसी अन्य अर्थ के बारे में कोई चर्चा नहीं होती थी जो राजनीतिक न हो। हालाँकि, भू-राजनीतिक नाटक उस समय और उस स्थान पर एक अस्तित्वगत मुद्दा था। एक बच्चे के रूप में मैं

इस उत्साह से मोहित हो गया था। जर्मन इतिहास परतों का एक चक्रव्यूह था और सभी उम्र के लोगों के लिए इतना गहन, शक्तिशाली, अटल वजन वाला था। इसके राक्षस हर कमरे में मौजूद थे, जिन्हें पहचाना गया और उनसे लगातार लड़ाई की गई।

निष्कर्ष पर मेरे लिए जो बात बर्लिन पर हावी थी, उससे अधिक प्रभावशाली बात यह थी कि यह एक विशाल सामाजिक प्रयोग बन गया था। शहर, जो एक व्यक्ति था और साझा भाषा थी, और इतिहास और संस्कृति दो बिल्कुल विपरीत विश्वदृष्टियों और दृष्टिकोणों में विभाजित थी, जो तब मजबूती से जड़ें जमा चुके थे जब मैं पहली बार बर्लिन आया था। मैं इस शहर के मध्य और आत्मा से होकर गुजरने वाली दीवार के दोनों ओर के लोगों को देखकर आश्चर्यचकित रह गया। हालाँकि, मैं पूर्व और पूर्व की ओर अपनी विवेकशीलता बनाए रखने के एक हताश प्रयास में आकर्षित हुआ था जहाँ ख़तरा हो सकता था और मेरा जीवन और दिमाग अधिक महत्वपूर्ण और ऊर्जावान थे। इस अहसास ने मेरे व्यक्तिगत विकास और शिक्षा के बारे में मेरी धारणा को झकझोर दिया और मुझे एहसास हुआ कि पश्चिम के भीतर स्वतंत्रता और बहुत कुछ का आनंद लेना और एकान्त जीवन जीना संभव है। यह मेरे लिए भी संभव था कि मैं पूर्व में "कुछ भी न रखूं" और अंतरंगता, सुंदरता और गरिमा के माहौल में रहूं।

9 नवंबर 1989, मेरे उनतीसवें जन्मदिन पर जब दीवार खुलनी शुरू हुई - तो किसी ने इसके गिरने या लोहे के परदे के गिरने की संभावना की कल्पना भी नहीं की होगी। हम इन घटनाओं की अपनी कहानी को मिसाइलों और कूटनीति तथा रीगन और गोर्बाचेव के आकर्षक करिश्मे तक सीमित कर रहे हैं। निश्चित रूप से प्रत्येक ने नाटक में एक महत्वपूर्ण भूमिका निभाई और उनके आसपास मौजूद रणनीतिकारों और राजनयिकों ने भी ऐसा ही किया। हालाँकि, वे स्थिति को केवल एक निश्चित बिंदु तक ही ले गए। आख़िरकार दीवार एक धमाके के साथ नहीं, बल्कि एक फुसफुसाहट में टूट गई और पूरे देश से एक ही बार में आतंक ख़त्म हो गया। मैं चेकप्वाइंट चॉर्ली से पैदल या गाड़ी से गुजरा था

कई बार अधिकार के स्रोत के रूप में इसकी बेतुकीता को पहचानते हुए। शाम को, एक प्रेस कॉन्फ्रेंस के दौरान नौकरशाह की गलती के बाद दीवार को गिरा दिया गया, पूरे शहर में खुशी का माहौल था। सीमा रक्षक उनके साथ शामिल हो गए। यह सचमुच इतना आसान था. हमारे जीवन में ऐसे क्षेत्र हैं जिनके बारे में हम सोच भी नहीं सकते हैं या यहां तक कि संबोधित भी नहीं कर सकते हैं और परिवर्तन की अधिक संभावनाएं प्रदान करते हैं जितना हम कभी सोच सकते हैं।

बर्लिन में मेरे अनुभव ने मुझे उस प्रकार के प्रश्नों की ओर ले जाना शुरू कर दिया जो मैंने तब से पूछे हैं। हम अपने भीतर के कच्चे, महत्वपूर्ण जीवन देने वाले, हृदयविदारक स्थानों से कैसे बात करें, ताकि हम उन्हें बेहतर ढंग से समझ सकें, जो सबक वे हमें देते हैं उसका अभ्यास कर सकें, और अपने जीवन के लिए उनके ज्ञान का उपयोग कर सकें?

यह वह धर्मशास्त्र था जिस पर मैंने अपने तीसवें दशक में विचार करना शुरू किया था, यह विभिन्न प्रकार के प्रश्न पूछने के लिए विभिन्न प्रकार की धार्मिक शब्दावली और उपकरण

प्रदान करता था। जबकि धर्मशास्त्र की सार्वजनिक उपस्थिति पूरे समय ईश्वर की अमूर्त धारणाओं और ईश्वर पर लड़ाई के साथ जुड़ी रही है, मैं मनुष्यों, उनके कार्यों और मनुष्य की अत्यधिक जटिल प्रकृति से जूझने की इसकी समृद्ध परंपरा के लिए आभारी हूं। इसने उन गुणों के विकास पर जोर दिया है जो संदेहास्पद और पवित्र लग सकते थे, लेकिन मेरे युवा स्व के लिए आदर्शवादी भी थे जो धर्मशास्त्र से चकित थे: पूर्णता जो उन्नति से परे है; आशा है कि यह व्यावहारिकता से परे है; राजनीति की सीमा से परे प्यार.

जिन पेजों को लोग और आवाजें फॉलो कर रहे हैं, वे वर्तमान परिवर्तन में इस संभावना को देखने में सक्षम हैं जिसे हम अभी अनुभव कर रहे हैं। इस पुस्तक में ढेर सारी कविताएँ हैं क्योंकि यह सुंदर और आवश्यक है, और गहरे उद्देश्यों के कारण भी है जिन्हें मैं खोजूँगा। बहुत सारा विज्ञान भी है. मेरा संवादी जीवन तंत्रिका वैज्ञानिकों और भौतिक विज्ञानी जीवविज्ञानियों और तंत्रिका विज्ञानियों के ज्ञान से भरा है जो प्रश्न पूछ रहे हैं और ऐसी खोजें कर रहे हैं जो नैतिकता के उन मुद्दों पर प्रकाश डालती हैं जो कभी दार्शनिकों और धर्मशास्त्रों के लिए आरक्षित थे।

इन पन्नों पर मुख्य आधार सद्गुण का वर्णन करने के लिए इस्तेमाल की जाने वाली भाषा है, शायद यह एक पुराने ज़माने का शब्द है, लेकिन मैंने पाया है कि यह युवा लोगों के लिए एक चुंबक है जो तुरंत ठोस अनुशासन की आवश्यकता को पहचानते हैं जो इच्छा को कार्यों में बदल देते हैं। हमारी धार्मिक परंपराओं ने युगों-युगों से सद्गुणों को मूर्त रूप दिया है। वे संतों या नायकों का काम नहीं हैं, बल्कि एक पैशेवर जीवन जीने के साधन हैं। वे मानव व्यवहार के बारे में ज्ञान का एक टुकड़ा हैं जिसका तंत्रिका विज्ञान नई छवियों और शब्दों के साथ अध्ययन कर रहा है जिनका हम अभ्यास कर सकते हैं। हम जो करते हैं और सीखते हैं, हम उसमें रूपांतरित हो जाते हैं। पियानो पर प्रदर्शन करने या फटबॉल को किक मारने का जो मामला है, वह विनाशकारी और नासमझी या शालीनता और उदारता से दुनिया का पता लगाने की हमारी क्षमता के बारे में सच है। मैं सकारात्मक गुण और देख सका हूं

आध्यात्मिक तकनीकों के रूप में अनुष्ठान हमें अंतरिक्ष और समय में रक्त और मांस से सर्वश्रेष्ठ बनने में मदद करते हैं।

कुछ ऐसे गुण हैं जो तुरंत दिमाग में आते हैं और एक दिन या जीवन भर के लिए परिणाम हो सकते हैं - प्रेम क्षमा, करुणा। यह विचार और व्यवहार के सूक्ष्म परिवर्तन हैं जो हमारे जीवन को बनाने वाले कच्चे माल को त्याग कर इन्हें संभव बनाते हैं।

मैंने अपने विचारों को बुनियादी तत्वों की पांच श्रेणियों में संरचित किया है, दैनिक जीवन के मूलभूत पहलू जिनके बारे में मेरा मानना है कि वे ज्ञान का आधार हैं। इन मामलों के बारे में मेरी समझ और अनुभव पूरी तरह से बदल गया है।

पहला है शब्द. हमने उन तथ्यों की सच्चाई पर विश्वास खो दिया है जो हमें पूरी कहानी प्रदान करते हैं, या यहां तक कि अपने पाठकों को अपनी और दुनिया की पूरी सच्चाई बताने में भी। हमारे रोजमर्रा के जीवन में जो चर्चा मानी जाती है उससे हम अक्सर हाशिए पर

रहते हैं और आश्चर्यचकित रह जाते हैं। जिन शब्दों को हम सदाचार के लिए मानते हैं, वे भी अत्यधिक उपयोग और घिसी-पिटी बातों के कारण नष्ट हो जाते हैं। मैं लेखिका एलिज़ाबेथ अलेक्ज़ेंडर की कविता के शब्दों में "चमकते शब्दों" में निहित वास्तविक दुनिया के महत्व की जांच करता हं। मुझे विश्वास है कि हमारे सबसे गहरे विश्वास और जुनून को इस तरह से व्यक्त करना संभव है जो कल्पना को बंद करने के बजाय उसका विस्तार करता है। मैं अधिक प्रश्न पूछने के महत्व के बारे में अपने अनुभव साझा कर रहा हं। आज की दुनिया को सबसे जीवंत, परिवर्तनकारी भाषा की आवश्यकता है जिसे आप और मैं बना सकें। हम जो बातचीत सुनना चाहते हैं उसे तुरंत शुरू कर सकते हैं और अपने समय की कहानी को नए तरीके से बता सकते हैं।

तीसरा भौतिक को संदर्भित करता है। शरीर वह स्थान है जहां हर गुण मौजूद रहता है या मर जाता है, हालांकि, मेरी युवावस्था में धर्म की दुनिया की तुलना में मेरे जीवन में इसका एक अलग महत्व है। विज्ञान में नवीनतम शोध से उपचार और पुनर्जनन की एक तस्वीर सामने आ रही है जो पहले की तरह ही संभव है। जैसा कि हम सीख रहे हैं, हमारे भौतिक शरीर केवल भौतिक से कहीं अधिक हैं। उनमें दर्द, खुशी और यादें हैं, साथ ही दुनिया और एक-दूसरे को खोलने और बंद करने की हमारी क्षमता भी है। सौंदर्य, आनंद और ज्ञान के बीच गहरा संबंध है। और हम भोजन के विकल्पों से शुरुआत करते हुए इन्हें व्यावहारिक तरीके से फिर से सीख रहे हैं। मुझे विश्वास हो गया है कि खुद से परे पहुंचने की हमारी क्षमता - रहस्य का अनुभव करना या दूसरों के सामने उपस्थित होना - इस बात पर निर्भर है कि हम अपने शरीर में उनकी सभी खामियों और उनकी कृपा को पूरी तरह से कैसे समझते हैं।

तीसरा है प्रेम. यह एकमात्र लक्ष्य है जो 21वीं सदी में मानवीय संपर्क की विशालता और चुनौतियों को संभालने के लिए काफी बड़ा है। "प्यार" एक अलग शब्द है जो थोड़ा (या अधिक) नष्ट हो गया है। हम अक्सर भूल जाते हैं कि यह वहां है।

हम इसे एक ऐसी चीज़ के रूप में संदर्भित करते हैं जिसका हम हिस्सा बन सकते हैं और जिसके बाहर भी हो सकते हैं। मानवीय स्थिति और हम क्या करने में सक्षम हैं, इसके बारे में थोड़ी सी जानकारी के रूप में, यह जीवन जीने का एक गुण और तरीका है जिसे हमने मुश्किल से खोजना शुरू किया है। पूरे इतिहास में दुनिया को उसकी धुरी पर घुमाने वाले लोगों ने मानवता से प्रेम को अपनाने का आग्रह किया है। हमें अब इस चुनौती को अपने जीवन में और अधिक उत्साह से लेना चाहिए और सीखना चाहिए कि व्यावहारिक, रचनात्मक से प्यार करने और सामाजिक लाभ के रूप में सहने का क्या मतलब है, न कि केवल निजी लाभ के रूप में। यह अब केवल राजनीति के बारे में नहीं है, जैसा कि कहा जाता है, बल्कि लगभग हर चीज़ का एक नागरिक मूल्य होता है। मैं जहाँ भी जाता हूँ, प्यार शब्द का उल्लेख हमारे साझा जीवन की आवश्यकता के रूप में सुनता हूँ। जब हम नस्ल और आर्थिक कल्याण के मुद्दों से जूझते हैं तो प्यार कैसा हो सकता है, इसके बारे में मैं जो सुन रहा हं उसे साझा कर रहा हं। मस्तिष्क के बारे में हमारी बढ़ती समझ भी इस कहानी का एक हिस्सा है। डर और देखभाल से दूर जाने और एक-दूसरे के प्रति हमारे अंतर्निहित जुड़ाव को समझने में एक शानदार नया दोस्त।

चौथा तत्व है आस्था. मेरे जीवन की शुरुआत आस्था के विषय पर चर्चा से हुई। 21वीं सदी की शुरुआत में मेरा विश्वास बदल जाने के कारण मेरे प्रश्न विकसित हो गए हैं। आध्यात्मिक अतीत का ज्ञान अब पहले की तरह हमारे लिए उपलब्ध है और अब हम अपने व्यक्तिगत आध्यात्मिक जीवन को डिजाइन करना चुन सकते हैं। यह, एक तरह से, पूरे ग्रह के हित में परंपरा के सबसे गहरे पहलुओं की फिर से खोज की ओर ले जा रहा है। मेरे विचार और चिंताएँ भौतिकविदों के साथ बातचीत के साथ-साथ गैर-धार्मिक लोगों के उद्भव से समृद्ध हुई हैं। कनेक्शनों की विरोधाभासी प्रकृति में मेरी दिलचस्पी इस बात में है कि कैसे हमारी तकनीक एक जागरूकता पैदा कर रही है कि शाब्दिक दुनिया ही सब कुछ नहीं है, और गणितज्ञों और वैज्ञानिकों की समृद्ध शब्दावली सुंदरता और रहस्य से भरपूर है। मेरा मानना है कि रहस्य का अनुभव एक सामान्य मानवीय अनुभव है जिसमें जन्म लेना और प्रेम तथा मृत्यु का अनुभव करना शामिल है। रहस्य की भाषा के बारे में बढ़ती जागरूकता और अविश्वास और विश्वास या विज्ञान या विश्वास की सीमाओं के पार प्रश्न पूछने का अंतर्निहित गुण हमें दूसरों के अस्तित्व को स्वीकार करते हुए खुशी के साथ अपनी व्यक्तिगत सच्चाइयों और प्रतिभाओं को जीने में मदद कर सकता है। मैं नहीं जानता कि अब से एक सदी में धर्म कैसा दिखेगा, हालाँकि, आस्था का विकास हमारे जीवन को बेहतरी की ओर बदल देगा।

पांचवां है आशा. मेरे जीवन में बातचीत मुझे आशा के महत्व को फिर से परिभाषित करने के लिए प्रेरित करती है। मैं आशा को आदर्शवाद या आशावाद से भिन्न के रूप में परिभाषित करता हूँ। यह इच्छाधारी सोच से जुड़ा नहीं है. यह हर मोड़ पर वास्तविक दुनिया को दर्शाता है और सच्चाई की पूजा करता है। यह खुले विचारों वाला है और उस अंधेरे से भयभीत है जो दुनिया की चकाचौंध में अपरिहार्य रूप से बना गया है और कभी-कभी उस पर विजय प्राप्त करता हुआ प्रतीत होता है। आशा, सभी सद्गुणों की तरह एक विकल्प है जो अंततः एक आदत बन जाती है और आध्यात्मिक मांसपेशी स्मृति में बदल जाती है। यह एक ऐसा संसाधन है जो आपको जीवन को वैसे ही जीने में मदद करने के लिए नवीकरणीय है।

वैसा नहीं जैसा हम देखना चाहते हैं. मैं कुछ खूबसूरत चेहरों, कहानियों का वर्णन करूंगा जिन्हें मैंने हमारे युग की कथा के एक हिस्से के रूप में देखा है, और क्षय और खतरे की हर दूसरी कहानी की तरह हम क्या करने में सक्षम हैं, इसकी ओर इशारा करूंगा।

जेसुइट पेलियोन्टोलॉजिस्ट पियरे टेइलहार्ड डी चार्डिन इस काम में प्रेरणा हैं, खासकर जब मैं मानवता की आशा पर विचार करता हूं। अपने जीवनकाल में, उन्होंने वैज्ञानिक क्रांति, बौद्धिक कठोरता के साथ-साथ मानव आत्मा की एक आकर्षक, विस्तृत दृष्टि को अपनाया। "ब्रह्मांड की व्याख्या," उन्होंने लिखा, "जब तक यह आंतरिक और साथ ही चीजों के बाहरी हिस्से, मन और साथ ही पदार्थ को कवर नहीं करती, तब तक असंतोषजनक बनी रहती है।" चीन में प्राचीन "पेकिंग मैन" जीवाश्म की खुदाई करते समय और हमारी आधुनिक आत्मा और मानस की खुदाई करते हुए मानवता के भविष्य की कल्पना करते हुए - केवल आदिम के रूप में देखा जाना चाहिए। उन्होंने भविष्यवाणी की कि हम जीवमंडल और नोस्फीयर को कवर करेंगे - वह क्षेत्र जहां मानव बुद्धि, ज्ञान और कार्य

करने की क्षमता है। उन्होंने भविष्यवाणी की कि यह इंटरनेट के समान होगा। उनका मानना था कि इंटरनेट विकास के अगले चरण, अर्थात् चेतना और आत्मा के विकास के लिए उत्प्रेरक होगा। भविष्य के भविष्य के खतरों की कल्पना करने के लिए यह एक विशाल और रोमांचकारी दृष्टि है जिसे हम वर्तमान में ही अनुभव कर सकते हैं।

हालाँकि, टेइलहार्ड धीमे, गहरे भूगर्भिक समय में विश्वास करते थे और हमें भी ऐसा ही करना चाहिए। समय का एक दीर्घकालिक दृष्टिकोण हमें अपने अस्तित्व और अपने आस-पास की दुनिया के बारे में हमारी समझ को पुनः प्राप्त करने में मदद करेगा। हम अभी भी अपनी प्रजाति के किशोर चरण में हैं, और अपनी क्षमताओं से बिल्कुल भी पूर्णतः परिचित नहीं हैं। 21वीं सदी की दुनिया वैसी ही है जैसी हमारे पास अब है, किशोरों का दिमाग कभी-कभी बेहद असमान, नवीन और रचनात्मक होता है, और कभी-कभी खतरनाक और विनाशकारी होता है।

अमेरिका में हमारे सार्वजनिक जीवन के कई पहलू वयस्कता की तुलना में किशोर अवस्था के लिए अधिक उपयुक्त हैं। हम उन गतिविधियों में शामिल नहीं होते हैं जिन्हें वयस्क करना सीख सकते हैं, जैसे खुद को शांत करना और कम आत्म-केंद्रित होना। मीडिया और राजनीति का अधिकांश हिस्सा हमें नकारात्मक और अहंकारी दिशा में ले जाता है। हम बड़े नैतिक प्रश्नों को "मुद्दों" में बदल देते हैं और उन्हें दो पक्षों में सरल बना देते हैं, और मीडिया और राजनेताओं को उन्हें परस्पर विरोधी चरम सीमाओं के रूप में प्रस्तुत करने की अनुमति देते हैं। हालाँकि, हममें से अधिकांश लोग दुनिया को इस तरह से नहीं देखते हैं और दुनिया इस तरह नहीं चलती है। मुझे यकीन नहीं है कि संस्कृति "केंद्र" जैसा कुछ है, या अगर इसका अस्तित्व है तो यह और भी आकर्षक है। लेकिन, केंद्र के बाईं ओर और साथ ही विशाल मध्य में और हमारे जीवन के केंद्र में हम सभी के पास ऐसे प्रश्न हैं जिनका हमारे उत्तर नहीं हैं, हमारे दृढ़ विश्वास के साथ थोड़ा सा आकर्षण है। यह किताब उन लोगों के लिए है जो बड़े सवालों का जवाब देना चाहते हैं।

हमारे जीवन में जो साहस के साथ सोचने और कार्य करने में सक्षम हैं, जिस दुनिया में हम वर्तमान में रहते हैं उसमें नई वास्तविकताओं का निर्माण कर सकते हैं, और यह काम उत्सुकता और खुशी से कर सकते हैं।

मैं अभी तक किसी ऐसे व्यक्ति से नहीं मिला हूं जो आसान न होने पर भी खुशी की अनुभूति पाने में सक्षम नहीं है, और खुलकर मुस्कराने और हंसने में सक्षम नहीं है, यहां तक कि खुद पर भी। विनम्रता और करुणा के साथ संयुक्त होने पर हास्य मेरे गुणों की सूची में सबसे ऊपर है, और जब यह सबसे अच्छा विकल्प हो तो अनुकूलन करने की क्षमता होती है। यह एक ऐसा गुण है जो हमें अन्य सभी गुणों के लिए अधिक सहज महसूस कराता है। डेसमंड टूटू, जिनके बारे में मैं मानता था कि वे निर्विवाद हैं, उनका मानना है कि ईश्वर में हंसने की जन्मजात क्षमता है। विज्ञान वह है जो हमें मस्तिष्क के हास्य को रचनात्मकता की अभिव्यक्ति के रूप में देखने, असंभावित संबंध बनाने और उत्साह की भावना के साथ इन संबंधों को अपनाने में मदद करता है। इसलिए, मुझे विश्वास है और उम्मीद है कि आवाज पर मुस्कान कभी-कभी इन पन्नों से सुनी जा सकती है। इसके अलावा, मैं यहां कई आवाजें

लाता हूं, बातचीत के छोटे-छोटे टुकड़े भरते हैं और मेरे विचारों को आकार देते हैं, जैसे वे मेरे काम और जीवन में हर समय होते हैं।

मैं इस विचार से आश्चर्यचकित नहीं हूं कि हमारे जैसे जटिल ब्रह्मांड में अतार्किक और भयावह चीजें घटित होती हैं, जहां हमारे जैसे ही बुद्धिमान प्राणी इस शो का संचालन कर रहे हैं। हालाँकि, मैं इस वास्तविकता से प्रोत्साहित हूँ कि अप्रत्याशित ही एकमात्र चीज़ है जो स्थिर रहती है।

हम कभी भी प्रभारी नहीं होते, और वास्तव में नियंत्रण में भी नहीं होते। कुछ भी वैसा नहीं होगा जैसा हमने सोचा था। हमारे सबसे बड़े लक्ष्य पूरे नहीं होंगे और सबसे खराब भविष्यवाणियाँ भी होंगी। मैं रोमांचकारी सत्य से उत्साहित हूं, जिससे मुक्ति मिलती है कि मेरी प्रत्येक बातचीत एक सूक्ष्म अनुस्मारक है कि हम उन चीजों से बने हैं जो हमें तोड़ते हैं। जन्म स्वयं एक खूनी, खतरनाक प्रक्रिया के माध्यम से एक जीत है। चलना केवल उस बिंदु पर सीखा जाता है जहां हमें गिरने का खतरा होता है और यह सच है - हमारे पूरे जीवन काल में, इसी तरह अधिक जटिल गतिशीलता के साथ। मैंने इस विषय पर कई भिन्नताएँ सुनी हैं - बीमारी से संघर्ष जो उस व्यक्ति को पीछे छोड़ देता है और बचपन का दर्द जो व्यवसाय की ओर ले जाता है, शारीरिक विकलांगता जो संपूर्णता और दुनिया की समग्रता के बारे में जागरूकता की अनुमति देती है। नाटकीय और रोज़मर्रा के क्षणों की आपकी अपनी निजी कहानियाँ हैं, जब आपकी गहरी समझ और ब्रह्मांड के प्रति आपके द्वारा प्रदान किए गए उपहार का एक हिस्सा बनने में असफल रहा है। यहीं से आपमें ज्ञान का विकास शुरू होता है।

जो बात व्यक्तियों पर लागू होती है वह सभी पर लागू होती है। हमारी चुनौतियाँ पिछली शताब्दी के विनाशकारी युद्धों और मंदी से अधिक दर्दनाक नहीं हैं। हमारी जनसांख्यिकीय, आर्थिक और पर्यावरणीय समस्याएं वास्तव में महत्वपूर्ण हैं। मेरा मानना है कि हम इसे अपने शरीर के भीतर महसूस करते हैं, हालांकि यह ऐसी कहानी नहीं है जो रूपरेखा की आम सहमति पर आधारित हो। वैश्विक संकट, जिस पैमाने पर हम दांव खेल रहे हैं वह हमारी सभ्यता के अंत की शुरुआत हो सकती है।

हमने वह देखा है. यही कारण हो सकता है कि मनुष्यों को वास्तविक कार्य हाथ में लेना पड़ता है, जो मानव स्थिति को प्रभावी ढंग से और बुद्धिमानी से निपटना है, और फिर इसे विकसित करना शुरू करना है।

अध्याय 2: शब्द: प्राणियों की कविता

मेरा मानना है कि यह हमारे जीवन का एक अनिवार्य तथ्य है कि शब्द महत्वपूर्ण हैं। यह इतना स्पष्ट है कि हम दिन में कई बार इसे नज़रअंदाज कर पाते हैं। हम जो शब्द बोलते हैं वह हमारे तरीके को परिभाषित करते हैं

अपनी स्वयं की धारणाओं को जानें, हम अपने आस-पास की दुनिया को कैसे देखते हैं, और हम अन्य लोगों के साथ क्या करते हैं। उत्पत्ति के बाद से ऑस्ट्रेलिया के स्वदेशी गीतों के माध्यम से मानव ने हमेशा यह समझा है कि नामकरण जीवन की सभी चीजों को समझने की कुंजी है। अतीत के रब्बी ग्रंथों, किताबों और विशिष्ट शब्दों के अक्षरों को जीवित इकाई के रूप में समझते थे। शब्द संसार का आधार हैं।

जिस दशक में मैं पैदा हुआ था उस दशक में हमने एक ऐसा विकल्प चुना जो एक वाक्यांश के रूप में बहुत छोटा था - शब्द - सहिष्णुता - उस समाज को बनाने के लिए जिसमें हम आज रहना चाहते हैं। हमने अपने आप को उन नस्लीय मतभेदों के लिए खोल दिया जो लंबे समय से मौजूद थे, अलग लेकिन समान थे, और विभिन्न जातीयताओं, धर्मों और मान्यताओं के नए संलयन थे। हालाँकि, सहिष्णुता का हमेशा स्वागत नहीं किया जाता है। यह सहन करता है, अनुमति देता है और भोग लगाता है। चिकित्सा शब्दावली में यह नकारात्मक वातावरण में रहने की सीमाओं के बारे में है। सहिष्णुता सिर्फ पहला कदम था जिसने बहुलवाद को संभव बनाया और अन्य सभी अवधारणाओं की तरह, बहुलवाद भी नियंत्रण में होने के भ्रम का एक स्रोत है। इससे हमें अजनबियों के लिए चिंतित होने की आवश्यकता नहीं है। यह हमें मिलने के साथ-साथ एक-दूसरे के बारे में उत्सुक होने और एक-दूसरे को छूने या आश्चर्यचकित होने के लिए नहीं कहता है।

यहां कुछ शब्द हैं जिनसे मैं प्यार करता हूं, ऐसे शब्द जो किसी के लक्ष्य के लिए एक साधन होने के बजाय उपस्थिति व्यक्त करते हैं: पौष्टिक, शिक्षाप्रद मुक्तिदायक, साहसी उदार, आकर्षक और साथ ही जिज्ञासु, साहसी नरम। मैंने अपना पेशेवर काम शुरू किया

पत्रकारों का जीवन बहुत कुछ वैसा ही है जैसे 20वीं सदी के शब्दों से निपटना संकट और रोकथाम का समय था, वास्तविक राजनीति। उस समय और उसके बाद के युग में हमने समाचारों पर कुछ साइडबार के लिए कुछ ऐसे शब्द आरक्षित कर रखे थे जिनकी हमें सबसे अधिक आवश्यकता थी। उन्हें त्याग दिया गया और घिसी-पिटी बातें बन गईं। शांति एक अजीब तरह से विभाजित मुद्दा है. न्याय थोड़ा राजनीतिक है. मैं इस धारणा से आश्चर्यचकित नहीं हूं कि इसे ऊंचे स्थान पर रखकर "विविधता का जश्न मनाने" की बात आती है, लेकिन इसकी गंदगी और सबसे गहरी चीजों को नजरअंदाज कर दिया जाता है। मैं दैनिक जीवन के शब्दों को सामाजिक जीवन के साथ मिलाता हूं क्योंकि पिछली कुछ पीढ़ियों में हमने सार्वजनिक जीवन के बारे में अपनी धारणा को विकृत कर दिया है, जो कि राजनीतिक जीवन पर बहुत अधिक केंद्रित है। जब भी मैं "सभ्यता" जैसे शब्दों का उपयोग कर रहा होता हूं, तो मैं हमेशा क्वालीफायर जोड़ने में तत्पर रहता हूं - उदाहरण के लिए,

विस्मयकारी जैसे शब्द, या मांसल या रोमांचक जैसे शब्द - क्योंकि बहुत अधिक मैत्रीपूर्ण, विनम्र और विनम्र होना संभव है।

एक स्तर पर शब्द सिर्फ कंटेनर हैं, लेकिन यही मुख्य बिंदु है। अर्थ और शब्दों के बीच का संबंध आध्यात्मिकता और धर्म के बीच तालमेल जैसा दिखता है। शब्द मनुष्यों द्वारा बनाए गए हैं, मनुष्यों द्वारा हेरफेर किए गए हैं। वे हमारी सभी खामियों और खामियों को दर्शाते हैं। वे उन सच्चाइयों को दबा देते हैं या बढ़ा-चढ़ाकर पेश करते हैं जिन्हें बताने के लिए वे बनाए गए थे। हम अक्सर उन्हें तोड़ते और गिराते रहते हैं। उन्हें बार-बार नवीनीकृत किया जाता है।

लेखक और एलिज़ाबेथ अलेक्जेंडर के साथ यह बातचीत देखें

हम क्या चाहते हैं. हम सच बताने वालों की तलाश में हैं। हम सत्य की खोज में हैं. लगातार बहुत सारी बकवास हो रही है। राजनीतिक भाषणों का प्रदर्शन, जिन भाषणों को आप समाचारों में देखते हैं, क्या आपको अक्सर ऐसा नहीं लगता कि इस पर विचार का एक बुलबुला होना चाहिए जो कहता है कि "अगर मुझे मौका मिले तो मुझे वास्तव में क्या कहना होगा..." ।"

एलिज़ाबेथ अलेक्जेंडर वह कवयित्री थीं जिन्होंने ओबामा के आरंभिक उद्घाटन के समय कविता लिखी थी और "आधिकारिक भाषा और प्रवचन" की कमी के बारे में मेरे शीर्ष लेखकों में से हैं। जनवरी 2009 में वाशिंगटन मॉल में उन्होंने जो कविता पढ़ी, वह शब्दों और वास्तविकता की अस्पष्ट अद्भुत परस्पर क्रिया के बारे में थी। मैं दो साल बाद बातचीत के लिए उनके पास पहुंचा, उस राजनीतिक युग के दौरान जब भाषा जंगली हो गई थी। फिर, प्रतिनिधि गैब्रिएल गिफ़ोर्ड्स को गोली मारकर घायल कर दिया गया, साथ ही उनकी मृत्यु के समय कई अन्य लोग भी मारे गए।

एरिज़ोना खाद्य भंडार के सामने सार्वजनिक सभाएँ। मुझे चिंता थी कि राष्ट्रीय विनाश के युग के दौरान एक कवि के साथ प्रदर्शन सबसे अच्छे रूप में थोड़ा सा अनुभवहीन हो सकता है, या सबसे बुरे रूप में अनुभवहीन हो सकता है। इसके बजाय, जब कविता मेरे जीवन में प्रवेश करती है और मांग करती है कि मैं इसे अपने दिमाग के अंदर घुसने दूं तो यह उसी आनंदमय कृतज्ञता की बाढ़ थी जो मेरे अंदर थी।

हम भूखे हैं और एक नई भाषा सीखने का इंतज़ार कर रहे हैं जिसका उपयोग हम एक दूसरे के साथ संवाद करने के लिए कर सकें; यही वह चीज़ है जिसे एलिज़ाबेथ एलेक्जेंडर नाम देती है।

रचनाकार और एलिज़ाबेथ अलेक्जेंडर के बीच इस बातचीत को सुनें

एक माँ के रूप में मैं हर दिन बहुत कुछ हासिल करती हूँ। मेरे लड़के अब 11 और 12 साल के हैं और आप देख सकते हैं कि जब बच्चे आश्चर्यचकित हो जाते हैं तो उन्हें कैसा एहसास

होता है। वे ऐसी भाषा से भी आकर्षित होते हैं जो चमकती है या ऐसे व्यक्तिगत शब्द जिनमें शक्ति होती है। यदि वे इसे पहली बार सुन रहे हैं, तो वे आपसे एक झिलमिलाता शब्द दोहराने का आग्रह करेंगे। यह उनकी आंखों में स्पष्ट है.

हमारा एक छोटा बेटा भी है. क्या आप इनमें से किसी भी शब्द के बारे में सोच सकते हैं?

दरअसल, अगर वे आज यहां होते तो उन्हें धोखा दिया जाना और बहकाया जाना पसंद होता। लोग कभी-कभी मुझसे पूछते हैं जब वे ऐसी कविताएँ पढ़ते हैं जिनमें "मैं" होता है जो आत्मकथात्मक लगता है - लोग विवरणों में रुचि रखते हैं। आखिर आपके साथ ऐसा क्या हुआ? क्या आपने इसका कारण बना? मैं यह बताने की कोशिश कर रहा हं कि, भले ही मैं व्यक्तिगत अनुभवों से प्रेरणा लेता हूं, एक कविता की वास्तविकता इससे कहीं अधिक है कि यह वास्तव में घटित हुई थी या नहीं। जो महत्वपूर्ण है वह अंतर्निहित सत्य है, मेरा मानना है कि कविता की शक्ति है।

जब आप बात कर रहे हैं तो मैं आपकी लिखी कविता "अर्स पोएटिका #100: आई बिलीव" के बारे में सोच रहा हूं, विशेषकर इन वाक्यांशों के बारे में:

कविता वह है जो आप पा सकते हैं।

कोने के आसपास की गंदगी में

हे भगवान, बस ड्राइवर की बात सुनो

सूक्ष्म विवरणों में जाने का एकमात्र तरीका विवरण के माध्यम से ही है।

यहाँ से दूसरी ओर जाने के लिए.

कविता (और अब, मेरी मुखरता बढ़ रही है)

प्यार वह सब नहीं है जो दिखता है। क्या यह सब प्यार है, और प्यार,

मुझे कुत्ते की मौत का दुख है. बीत चुका है।

कविता (यहाँ मैं अपनी आवाज़ सबसे तेज़ सुन पाता हूँ)

इंसान की आवाज़ इंसान की आवाज़ होती है.

क्या हमें एक दूसरे में कोई दिलचस्पी नहीं है?

इसलिए, मेरा मानना है कि इस कविता का सार सच्ची घटनाओं या घटित घटनाओं में नहीं है, बल्कि इस सवाल में है कि क्या हम वास्तव में एक-दूसरे में रुचि रखते हैं? मेरे लिए इसका मतलब यह नहीं है कि वह जूते पहनती है या मुझे उसके जूते पसंद हैं या कोई दिलचस्प काम। यह इससे कहीं अधिक है. क्या हम इंसान हैं जो एक समुदाय में रहते हैं? क्या हम एक दूसरे से संवाद करते हैं? क्या हम एक दूसरे पर ध्यान देते हैं? क्या हम दोस्त बनना चाहते हैं? इंसानों के बीच कितनी बड़ी खाई हो सकती है, उस तक पहुंचें। जब मैं अपने बच्चों को देखता हूं और सोचता हूं कि भले ही मैं तुम्हें जानता हूं, लेकिन मुझे नहीं पता कि तुम्हारे दिमाग में क्या है। हालाँकि, मैं अपने बच्चों के बारे में गहराई से जानना चाहता हूँ। यही कारण है कि यह प्रियजनों के साथ इतना भावनात्मक है, हालांकि, मेरा मानना है कि यह दुनिया भर में रहने का एक प्रभावी तरीका है। यदि हम इसे ऐसी भाषा के साथ नहीं करते हैं जो सटीक, बेहद और बहुत सटीक हो - बहुत सहज नहीं, लेकिन सटीक - तो क्या हम वास्तव में एक दूसरे के साथ संवाद कर रहे हैं?

* * *

1990 के दशक के मध्य में जीवन के अजीब और अनियोजित रास्तों में से एक के माध्यम से मिनेसोटा में स्थानांतरित होने के बाद मैंने कॉलेजविले के सेंट जॉन एबे के बेनेडिक्टिन भिक्षुओं से मौलिक तथ्यों के बारे में बातचीत करने की कला का अध्ययन करना शुरू किया। अमेरिकी जीवन में व्याप्त धार्मिक कठोरता अपने चरम पर थी

विषाक्तता, मनोरंजन प्रदान करने वाली आवाज़ों के प्रति मीडिया की लालसा से प्रेरित है। मैं अभी भी धर्मशास्त्र में अपने अध्ययन से ताज़ा था और इस तथ्य से अच्छी तरह वाकिफ था कि सार्वजनिक रूप से महत्वपूर्ण मुद्दों पर बात करने के लिए हमारे पास बेहद सीमित ज्ञान और शब्दावली थी। बेनेडिक्टिन ने 1960 के दशक में "सार्वभौमिक और सांस्कृतिक अनुसंधान" करने के लिए एक एकांत लेकिन विशाल संस्थान की स्थापना की। यह विचार कि कैथोलिक और प्रोटेस्टेंट एक रिश्ते में थे, एक अकल्पनीय साहसिक कदम था। यह 20वीं सदी के उत्तरार्ध में धार्मिक क्रॉस-निषेचन के लिए बीजारोपण था।

विश्वव्यापी संस्था के संस्थापकों को अल्जाइमर रोग का पता चला था। कुछ तो बस बूढ़े हो रहे थे। उन्होंने मुझसे इस विशेष स्थान पर क्या हुआ और क्या हुआ, इसका मौखिक विवरण रिकॉर्ड करने के लिए कहा। दूर-दूर से कई जिंदगियां यहाँ संपर्क में आईं और फिर उन्होंने प्रभावित किया कि कैसे उनका धर्म धार्मिक विपरीत के साथ संबंध स्थापित करने में सक्षम हुआ। इनमें रोमन कैथोलिक और पूर्वी रूढ़िवादी, प्रेस्बिटेरियन और नाज़रीन होलीनेस और पेंटेकोस्टल शामिल थे। उनमें से एक प्रमुख इवेंजेलिकल सेमिनरी अध्यक्ष और साथ ही एक नियुक्त पॉलिस्ट पादरी, टॉम स्ट्रांस्की थे, जो वेटिकन द्वितीय के दौरान गैर-कैथोलिक कैथोलिक पर्यवेक्षकों के साथ पोप के संपर्ककर्ता थे और अब अपने स्वयं के तंत्र इकोनामिकल इंस्टीट्यूट का प्रबंधन कर रहे थे, जो एक स्थान था। यरूशलेम और बेथलहम के बीच चलने वाली सड़क के बीच में ईसाई, यहूदी और मुस्लिम मेलजोल का।

इन अजनबियों का धर्म से जुड़ाव असाधारण था। यह बर्लिन के मेरे अनुभवों का प्रत्यक्ष परिणाम था कि हमारे जीवनकाल में हमारी कल्पना से कहीं अधिक परिवर्तन होंगे। वे सभी अपने-अपने विश्वासों में वैसे ही और उत्साही बने रहे, जैसे लम्बे समय से थे। फिर भी एक-दूसरे के मन और यात्राओं में उन्हें जो जिज्ञासा, सम्मान और प्रशंसा का आनंद मिला, उसने दुनिया को गहराई से बदल दिया। इसने सिद्धांत को और अधिक मानवीय बना दिया। इसने उनकी अपनी परंपराओं के प्रति उनकी सराहना को फिर से जागृत किया और लोगों को उन विभिन्न परंपराओं पर आश्चर्य की भावना भी प्रदान की जो वे दुनिया में लाते हैं। उन्होंने सोचने और अपने घरों और समुदायों में एकीकृत होने के इन नए तरीकों को अपनाया। धर्म के महान इतिहासकार मार्टिन मार्टी ने कहा है कि अमेरिका का प्रोटेस्टेंट बहसंख्यक से कैथोलिक बहसंख्यक में बदलाव मानव जाति के इतिहास के सबसे आसान कामों में से एक था। कहानी में कई अध्याय हैं, और कॉलेजविले में जो हुआ वह उनमें से एक है।

फादर किलियन मैकडॉनेल, सेंट जॉन्स एबे के एक भिक्षु, जिन्होंने विश्वव्यापी संस्था की स्थापना की, दक्षिण डकोटा के जंगलों में अपने बचपन के बाद दुनिया भर में घूमने वाले धर्मशास्त्रीय राजदूत थे। "यह दुनिया का अंत नहीं था," भिक्षु उस शहर के बारे में कहा करता था जिसमें उसका घर था,

"लेकिन आप इसे वहां से देख सकते हैं।" एक दशक बाद, जब मेरी उनसे मुलाकात हुई और जब उनकी उम्र 70 के आसपास थी, तब कवि काफी सफल प्रकाशित कवि बन गए। उनके कार्यों में मेरा व्यक्तिगत पसंदीदा यह है:

पूर्णता, पूर्णता

मैंने इसे पूर्ण रूप से प्राप्त कर लिया है।

मैंने अपना बैग कार में रख दिया है,

मैं यहां से बाहर हुं।

गया।

बारिश की तरह निश्चित

तुम्हें गीला कर देगा.

पूर्णता आपकी होगी

में।

यह ओस की तरह नहीं है

गर्मी की घास पर

स्वतंत्रता और हरियाली प्रदान करना

आनंद।

पूर्णता एक प्रफुल्लता है

दया का गुण

मुरझाए लोग इस पर प्रसन्न हुए

जन्म.

जब युद्ध आधा शुरू हो चुका हो,

ठंडी ईमानदारी एक विचार है

इसे जीतना संभव नहीं है, यह एक सच्चाई है, जो यह बताती है कि यह एक खेल नहीं है, स्वीकार करते हैं

युद्ध।

मैंने अपना नोटिस जमा कर दिया है

मेरी चाबियाँ वापस दे दी गईं,

मैंने अपने विच्छेद भुगतान पर हस्ताक्षर कर दिए हैं, मैं

छोड़ना।

कुछ सुझाव जो मैं दे सकता था:

का उत्तम तराशा हुआ आकार

माइकल एंजेलो का तेजस्वी डेविड

भेंगापन,

वीनस डी मिलो

कोई हथियार नहीं है,

लिबर्टी बेल है

फटा।

फादर किलियन और उनके परिवार ने मुझे रंगों और जटिलताओं, हमारे जीवन की अस्पष्ट सामग्री में अर्थ-आधारित शब्दों को दफनाने की कला सिखाई। गूढ़ सत्य, सद्गुण की भाषा की तरह, सूत्रों की पकड़ से बच जाता है। यह कठोर बनने की एक त्वरित प्रक्रिया है और इसे अमूर्तता या क्लिच में परिवर्तित किया जा सकता है। हालाँकि, यदि आप किसी घटना या अनुभव, किसी छवि पर आध्यात्मिक परिप्रेक्ष्य लागू करते हैं; यह लिखें कि यह आपके अस्तित्व की नींव में किस स्थान पर स्थापित है और यह आपके कहने के तरीके और सुनने वाले अन्य लोगों के तरीके को बदल देगा।

कॉलेजविले में एक विशाल, भारी, धार्मिक मुद्दे पर चर्चा एक प्रश्न के रूप में तैयार करके शुरू की गई थी और फिर मेज पर सभी को अपने जीवन की कहानी का उपयोग करके उस प्रश्न का उत्तर देने के लिए आमंत्रित किया गया था कि ईश्वर क्या है? प्रार्थना? बुराई की समस्या से निपटने का सबसे अच्छा तरीका क्या है? ईसाई आशा में सार क्या है? मैं आपसे असहमत हो सकता हूं क्योंकि यह मेरी राय नहीं है, लेकिन आपने जो अनुभव किया है उससे मैं सहमत हूं। जब मुझे यह समझ में आता है कि आपने क्या अनुभव किया है कि आप और मैं एक रिश्ते में हैं, एक-दूसरे की स्थिति की जटिलता को पहचानते हैं, और अधिक खुले तौर पर सुनते हैं। हमारे विचारों में मतभेद बने रहने की संभावना है लेकिन यह हमारे बीच की सीमाओं को परिभाषित नहीं करता है।

सेंट जॉन्स में, हमें अपनी कहानियाँ साझा करने और अन्य कहानियाँ सुनने का अवसर मिला, और "क्यों" और "आगे क्या" और "तो क्या" प्रश्नों के बारे में हमने जो सीखा, उसका पता लगाने और फिर उन पर एक साथ चर्चा करने का अवसर मिला। . मैं इस मॉडल के मौलिक ज्ञान को बनाए रखने और इसे विभिन्न स्थानों और समयों में वितरित करने में सक्षम हूं। मैं उन लोगों के साथ जाता हूं जो उन चीजों के चौराहे तक आगे-पीछे चलते हैं जिन्हें वे जानते हैं, वे कौन हैं, उनका विश्वास है और वे कैसे रहते हैं, और यह हमें क्या सिखाने में सक्षम हो सकता है। मेरा सबसे अक्सर प्रारंभिक प्रश्न - चाहे वह नास्तिक हो या वैज्ञानिक, माता-पिता, कवि, नास्तिक या धार्मिक विचारधारा वाला - यह है: क्या आपके बचपन की कोई आध्यात्मिक या धार्मिक पृष्ठभूमि थी, इससे कोई फर्क नहीं पड़ता कि अब आप इसे कैसे परिभाषित करेंगे ? यह ध्यान रखना महत्वपूर्ण है कि यह उस कम स्पष्ट, डरावने प्रश्न से बहुत अलग है जो मैं कभी नहीं कहूंगा: आज मुझे अपने आध्यात्मिक जीवन के बारे में बताएं। यह पहलू कि हम व्यक्तिगत हैं, हम सब कुछ समझाने की कोशिश करते हैं लेकिन यह इन सवालों के बिल्कुल विपरीत है। जानकार क्वेकर लेखक और साथ ही शिक्षक पार्कर पामर, मेरे प्रिय मित्र और गुरु, हमारी आत्माओं की तुलना जंगली जानवरों

से करते हैं जो मानस के जंगल में रहते हैं जो सामना होने पर भाग जाने की संभावना रखते हैं।

"शब्द "आत्मा" उन कई शब्दों में से एक है जिसका इस्तेमाल हममें से कई लोग चिंतित हैं। मैंने पाया है कि अधिकांश लोगों के पास अपने बचपन की आध्यात्मिक जड़ों के बारे में साझा करने के लिए एक कहानी है। यह सीधा सवाल एक खुला और आमंत्रित करता है ईमानदार स्मरण, जो उन सभी बारीकियों, रचनात्मकता और स्पष्टता का सम्मान करता है जिन्हें हमने आत्मा शब्द की अवधारणा के बारे में एकत्र किया है या आत्मा का प्रतीक है। यह हमारे एक हिस्से को उत्तेजित करता है जो निश्चितताओं की बारीकियों से, अनुभवों के माध्यम से, सपनों और भय से प्रभावित होता है . यह एक ऐसी जगह है जहां हम पूछताछ को उतने ही स्पष्ट रूप से याद रखते हैं जितना कि उत्तर, जिसका हम जीवन भर अनुसरण करते रहे होंगे, और उचित प्रोत्साहन मिलने पर हम इसे अन्य लोगों के साथ साझा करने में सक्षम हो सकते हैं। उतना ही महत्वपूर्ण यह भविष्य में बातचीत के लिए आधार तैयार करने में सक्षम बनाता है एक ऐसी मुद्रा जो उस विशिष्ट वयस्क मुद्रा की तुलना में अधिक चिंतनशील और कम औपचारिक होती है जिसे हम दूसरों की नज़रों में प्रस्तुत करते हैं। यह जिज्ञासा के स्रोत तक स्वाभाविक रूप से सीधे या फिसलते हुए रास्तों की और ले जाता है जो वयस्कता के जुनून और व्यवसाय में विकसित होता है।

मैंने प्रतिक्रियाओं को एक शब्द में संक्षेपित करते हुए सुना है और फिर कहता हूँ - "प्यार," और "अकेलापन।" लोग अपने युवाओं के धर्म के बारे में जो कुछ भी कहते हैं वह अनुपस्थिति के साथ-साथ उपस्थिति पर भी आधारित होता है। उदाहरण के लिए, माँ ही थी जो परिवार को चर्च ले जाती थी, जबकि पिताजी अखबार पढ़ने के लिए घर पर रहते थे। अखबार पढ़ने वाले पिता का नाम भविष्य के धार्मिक चिंतन के ताने-बाने में वैसे ही अंतर्निहित है, जैसे धर्म की दीवारों के भीतर किसी भी अन्य अनुष्ठान में। मैंने उन वैज्ञानिकों से बात की है जो अपने निष्कर्षों के बारे में बात करते हैं कि गणित तेल की सतह के रंग पैटर्न के साथ-साथ तारों की गति को भी समझा सकता है और यह खोज कैसे विस्मयकारी थी और उन्हें एक अंतर्निहित उद्देश्य की भावना से भर दिया। यह इतना उत्कृष्ट था कि यह पता लगाने की संभावना थी कि ब्रह्मांड कैसे संचालित होता है और हम इसमें कैसे फिट होते हैं। मैंने न्यूरोसाइकोलॉजिस्ट के साथ बातचीत की है, जिन्होंने विशेष ओलंपिक के लिए एक उभरते स्वयंसेवक के रूप में इस अवधारणा पर विचार करना शुरू किया कि दिमाग को अद्वितीय और सुंदर कैसे बनाया जाता है। मुझे फ़्रांस में जन्मे तिब्बती बौद्ध भिक्षु और भावुक फ़ोटोग्राफर से मिलने का सौभाग्य मिला, जिन्होंने नास्तिक, आणविक जीवविज्ञानी के रूप में अपना करियर शुरू किया था, उनका जीवन भिक्षुओं के चेहरे की छवियों से बदल गया था, छवियों ने एक सुंदर के लिए एक आश्चर्यजनक मॉडल का खुलासा किया था , सामंजस्यपूर्ण और उज्ज्वल जीवन।

मीडिया के हर पहलू और हमारी संस्कृति में व्यक्तिगत आख्यानों की शक्ति की खोज के लिए कई सुखद, मौलिक जीवनदायी उद्देश्य हैं। मैं यहां जिस वार्तालाप कला की बात कर रहा हं वह बातचीत की कला से संबंधित है, लेकिन यह सूक्ष्म है और एक अलग दिशा में है - हम क्या हैं और हम कौन बनना चाहते हैं यह समझने के उद्देश्य से अपनी कहानियां साझा

करना। मेरा मानना है कि हर महान कहानी एक प्रेरक आदान-प्रदान से शुरू होती है जिसमें हम एक-दूसरे के साथ जुड़ सकते हैं: सवाल क्या है? कैसे

इसका आपके देखने और जीने के तरीके पर क्या प्रभाव पड़ता है? इसका मेरे सोचने और जीने के तरीके पर क्या प्रभाव पड़ता है? मेरा मानना है कि हम खुद को और आगे बढ़ाने में सक्षम हैं और अधिक ताकत के साथ शब्दों का उपयोग कर सकते हैं और अपने समय के इतिहास को ताजा बता सकते हैं।

इसके मेरे पसंदीदा उदाहरणों में से एक वह पिछली बातचीत है जो मैंने एक बुद्धिमान महिला और चिकित्सक, राचेल नाओमी रेमेन के साथ साझा की थी। उसके शब्दों ने दुनिया में आगे बढ़ने का मेरा तरीका बदल दिया और उसके बाद मैंने कभी पीछे मुड़कर नहीं देखा। यह समझने के बाद कि प्रत्येक बीमारी एक कहानी है, उन्होंने कैंसर के इलाज की प्रक्रिया और फिर चिकित्सा शिक्षा के विषय पर सवाल उठाना शुरू कर दिया। किसी को कैंसर, मधुमेह या हृदय रोग का निदान किया जाता है, हालांकि किसी व्यक्ति के जीवन की विशिष्टताएं कैंसर हृदय रोग या मधुमेह के प्रत्येक मामले को विशिष्ट और प्रत्येक उपचार को विशिष्ट बनाती हैं। जब मैं उसके अस्तित्व पर आध्यात्मिक प्रभाव के बारे में सोच रहा था, तो उसने अपने हसीदिक दादा, एक रब्बी, और साथ ही दुनिया के जन्मदिन की कहानी साझा की - "दुनिया की मरम्मत" के शक्तिशाली और मांग वाले यहूदी निर्देशों की पृष्ठभूमि। "

लेखक और राचेल नाओमी रेमेन के बीच इस बातचीत को देखें।

यह कहानी मेरे लिए मेरे जन्मदिन का उपहार थी। शुरुआत में, वहाँ केवल वही था जो ईन सोफ़ था, जो सभी जीवन का स्रोत था। इतिहास के दौरान और समय के एक निश्चित बिंदु पर, दुनिया जो हजारों चीजों का ब्रह्मांड है, प्रकाश की एक विशाल किरण की तरह पवित्र अंधेरे की गहराई से उभरी। फिर, संभवतः इस तथ्य के कारण कि यह एक यहूदी कहानी की कहानी है, एक दुर्घटना हुई और वे जहाज जो इस दुनिया की संपूर्ण ब्रह्मांड की सभी रोशनी को संभाले हुए थे, टूट कर गिर गए। सम्पूर्ण विश्व तथा ब्रह्माण्ड में चमकने वाला प्रकाश करोड़ों टुकड़ों में बिखर गया। वे विभिन्न प्रकार के लोगों और घटनाओं में फंस गए, यही कारण है कि वे आज तक अस्पष्ट बने हुए हैं।

मेरे पिता के अनुसार इस विपत्ति पर पूरी मानव जाति की प्रतिक्रिया होती है। हम यहां हैं क्योंकि हमारे पास हर चीज और हर किसी के भीतर छिपी हुई रोशनी को देखने और उसे बढ़ाने और उसे प्रकट करने की क्षमता है और ऐसा करते हुए, ब्रह्मांड की मूल पूर्णता को बहाल करते हैं। इसका

हमारे वर्तमान समय में एक महत्वपूर्ण कहानी। इस मिशन को "टिक्कुन ओलम" के नाम से जाना जाता है जो हिब्रू है। यह दुनिया को पुनर्स्थापित करने की प्रक्रिया है।

निःसंदेह यह एक समूह का काम है। यह एक सामूहिक प्रयास है जिसमें वे सभी लोग शामिल हैं जो पैदा हुए हैं और सभी जीवित लोग और वे सभी जो अभी पैदा हुए हैं। संसार में हम सभी चिकित्सक हैं। यह कहानी हमें संभावनाओं का एहसास कराती है. यह कोई महत्वपूर्ण प्रभाव डालकर दुनिया का पुनर्वास करने के बारे में नहीं है। यह आपके जीवन के चारों ओर की दुनिया की मरम्मत के बारे में है, और यह आपके चारों ओर है।

वह दुनिया जिसके आप करीब हैं.

यहीं हमारी शक्ति निहित है। हाँ। ऐसे समय में कई लोग असहाय महसूस करते हैं।

सही। हालाँकि, जब आप अचानक से, "दुनिया को ठीक करो" वाक्यांश का उपयोग करते हैं, तो यह एक सपने या सपने की तरह होता है जो पूरी तरह से अप्राप्य है।

यह एक पुरानी कहानी है और 14वीं शताब्दी की है और हमारी शक्ति पर एक नया दृष्टिकोण है। मुझे लगता है कि यह हमारी वर्तमान परिस्थितियों के लिए एक महत्वपूर्ण कारक बनने की क्षमता हो सकती है, और यह एक महत्वपूर्ण कारक है। हालाँकि, मैं ऐसा व्यक्ति नहीं हूँ जो शब्द के पारंपरिक अर्थों में राजनीतिक विचारधारा रखता हो, मेरा मानना है कि हम सभी को ऐसा लगता है जैसे हम दुनिया में बदलाव लाने में सक्षम होने के लिए अपर्याप्त हैं, और हमें और अधिक अमीर होने की आवश्यकता है , अधिक शक्तिशाली, या अधिक शिक्षित या उन लोगों से भिन्न जो हम हैं। इस कहानी के अनुसार यह बिल्कुल वही है जो आवश्यक है। इस बारे में थोड़ा सोचना दिलचस्प है: अगर हम बिल्कुल वही चीज़ थे जिसकी हमें आवश्यकता थी तो मामला क्या है? क्या होगा? यदि मैं वह बन जाऊं जो दुनिया को ठीक करने के लिए आवश्यक है तो मैं क्या करूंगा?

मैंने अपने सात साल के बेटे को यह कहानी ब्रह्मांड के निर्माण के साथ-साथ उड़ने वाली चिंगारी और पवित्र हवा के बारे में बताई। उसने पूरी तरह से सुना, और फिर उसने घोषणा की, "मुझे यह पसंद है।"

मुझे यह कहानी सुनाई गई थी, मुझे यह कहानी सुनाई गई थी, आइए इसे देखें, लगभग 63 साल पहले। और इस पर मेरी प्रतिक्रिया भी वैसी ही थी. कहानियों के बारे में यही बात बहुत महत्वपूर्ण है। वे हमारे शरीर के भीतर किसी मानवीय चीज़ को छूते हैं और अपरिवर्तित रह सकते हैं। शायद यही कारण है कि सबसे महत्वपूर्ण जानकारी कहानियों के माध्यम से साझा की जाती है। यही वह चीज़ है जो किसी संस्कृति को एक साथ बांधती है। प्रत्येक संस्कृति के पास बताने के लिए एक कहानी होती है और हर कोई जो इसका हिस्सा है, कहानी में हिस्सा लेता है। दुनिया कहानियों से बनी है, तथ्यों से नहीं।

हालाँकि हम अपने स्वयं के तथ्य बना सकते हैं, फिर भी हमें सच्चाई को एक साथ जोड़ने में मदद की ज़रूरत है।

दरअसल, तथ्य कहानी को बहुत कुछ बताते हैं, क्या आप इसे इस तरह से देखना चाहते हैं। उदाहरण के लिए, तथ्यों में यह शामिल है कि मुझे पिछले 52 वर्षों से क्रोहन रोग है। मुझे आठ बड़े ऑपरेशन झेलने पड़े हैं। हालाँकि, यह आपको मेरी कहानी और उसके परिणामस्वरूप मेरे साथ घटित हुई चीज़ों के बारे में कुछ नहीं बता रहा है। इस तरह की स्थिति होना और इंसान होने की ताकत का पता लगाना कैसा होता है। जब 9/11 जैसा संकट होता है, तो क्या आप देखते हैं कि पूरा संयुक्त राज्य अमेरिका कहानियों की ओर मुड़ गया? मैं जिस क्षेत्र में था, वहां क्या हुआ, उन इमारतों के भीतर क्या हुआ, उन इमारतों के निवासियों का क्या हश्र हुआ। कहानियों को दोबारा सुनाकर ही हम दुनिया को समझने में सक्षम हो पाते हैं। इस बात की पूरी संभावना है कि इलाके में कुछ लोग मारे गये हों. कहानियाँ मानव होने की अद्भुतता और मानव होने की नाज़ुकता के बारे में बताती हैं।

मेरा मानना है कि आप यह इंगित करके एक दिलचस्प विरोधाभास पैदा करते हैं कि हमारे पास सभी प्रकार की कहानियां हैं जिनका सामना हम अपने समाज और मनोरंजन के साथ-साथ सूचनाओं में भी करते हैं, हालांकि, उन कहानियों की हमेशा शुरुआत और अंत होगा। आप यह भी कहते हैं कि हमारे जीवन की कहानियाँ, वे कहानियाँ जो हमें बताती हैं कि उनका हमारे जीवन में कैसे उपयोग किया जाता है, समय की आवश्यकता होती है। वास्तविक कहानियों के लिए समय की आवश्यकता होती है।

एक मशहूर कहावत है कि कभी-कभी हमें जीने के लिए भोजन से अधिक की आवश्यकता होती है। वे हमें उस व्यक्ति के बारे में सूचित करते हैं जो हम हैं।

हैं, हमारे लिए कार्ड में क्या है, और क्या पूछा जा सकता है। साथ ही, वे हमें याद दिलाते हैं कि हमारा सामना करने वाले हम अकेले नहीं हैं। अगर मैं कहूं कि कोई कहानी ख़त्म नहीं हुई है, उदाहरण के लिए, कहानी का एक हिस्सा आपके बच्चे को उसके जन्म की कहानी पूरी दुनिया को बता रहा है। यह भी मेरे दादाजी की कहानी का एक हिस्सा है, है ना? आपके बेटे को उस व्यक्ति से मिलने का आनंद नहीं मिला जो मेरे पिता थे, हालाँकि हो सकता है कि मेरे दादाजी किसी तरह से उसके जीवन में शामिल हो जाएँ। यह थोड़ी मात्रा में हो सकता है या नहीं भी हो सकता है, मुझे यकीन नहीं है और फिर भी, उस तरह से यह कहने का कोई तरीका नहीं है कि कोई कहानी कभी पूरी हो सकती है।

आत्मा के कच्चे पदार्थों के साथ बात यह है कि वे लगातार बदलते रहते हैं। आप अतीत को किस प्रकार देखते हैं यह इस बात पर निर्भर करता है कि आप आज क्या देखने में सक्षम हैं। मैंने इससे पहले बहुत सारा लेखन किया है जिसमें मैं अपने दक्षिणी बैपटिस्ट उपदेशक दादा के जीवन और मुझ पर उनके प्रभाव की कहानी बताकर अपने जीवन की आध्यात्मिक जड़ों के बारे में प्रश्न पर अपनी प्रतिक्रिया शुरू कर सकता था। इन पन्नों में आदमी के बारे में बहुत सारी जानकारी होगी. अपने जीवन के इस मोड़ पर, मैं इस बात से भली-भांति परिचित हूं कि कैसे मेरे पिता का अपने पारिवारिक इतिहास के बारे में ज्ञान खोना उनके प्रारंभिक वर्षों का आध्यात्मिक आधार था और एक विशाल ब्लैक होल था जो मेरे बीच में बैठा था। यह कहना एक महान सादृश्य है कि समय और स्थान एक-दूसरे पर ढह गए थे। अंदर आने या निकलने के लिए कोई रोशनी नहीं थी। उसे बिना किसी पूर्व सूचना के गोद लेने के लिए

ले जाया गया, उसकी बड़ी बहन और छोटे भाई को भी गोद ले लिया गया। मुझे यकीन नहीं है कि उनके जीवन के पहले कुछ साल उससे पहले जैसे थे, लेकिन मुझे लगता है कि वे सबसे कठिन थे। मेरे पिता ने कहा कि उन्हें अपने भाई-बहनों या अपनी मां में कोई दिलचस्पी नहीं है, हालांकि मुझे लगता है कि उन्हें उनके नाम याद हैं। जब वह अधिक परिपक्व हो गया, तो उसकी माँ ने उसे वापस ले जाने का प्रयास किया। उन्होंने निष्पक्ष तरीके से कहानी बताई। उसे कभी-कभी भयानक दुःस्वप्न आते थे जो चीखते थे जिससे मेरी रात में एक खतरनाक एहसास जुड़ जाता था और मुझे विश्वास हो जाता था कि उसकी माँ उसे ले जाने वाली है।

जब मैं बच्चा था तो मेरे परिवार में इन बातों पर कोई चर्चा नहीं होती थी. हमारे घर में सवाल तो बहुत थे लेकिन कभी पूछे नहीं जाते थे। निःसंदेह अनाम वास्तविकता और अन्तरित प्रश्नों ने हम सभी को भीतर से इस तरह प्रभावित किया कि इसे समझने में मुझे काफी समय लगेगा। इस पुस्तक की लेखन प्रक्रिया के माध्यम से मैंने उन चीजों के बारे में बोलने की अपनी इच्छा के उत्साह का पता लगाना शुरू कर दिया जो अब दुनिया भर में मायने रखती हैं - मेरी व्यक्तिगत कहानी की शुरुआत में। यह अपने आप में विडम्बनापूर्ण भी है और सुन्दर भी। हर साल बातचीत के बाद बातचीत करते हुए, मैंने दूसरों को अपने महानतम के प्रतिच्छेदन की खोज करने के लिए प्रोत्साहित किया है

लक्ष्य और वास्तविक दुनिया और स्थानों और समय से सर्वोत्तम ज्ञान, अतीत और वर्तमान के बीच से, घाव से वर्तमान तक। वर्तमान में, जैसा कि मैंने जो सीखा है उसे दूसरों को देने की प्रक्रिया में हूं ताकि मैं इस ज्ञान को पहली बार पूरी तरह से प्राप्त कर सकूं, और मेरे लिए भी।

* * *

इस घटना में कि मैं अपने रूपक को बहुत दूर तक खींचता हूं, मैं हमारे जीवन के ब्लैक होल से आकर्षित होता हूं - दर्दनाक जटिल, शर्मनाक मुद्दे जिन पर हम उन तर्कों के अलावा चर्चा करने में असमर्थ हैं जिन्हें हम बार-बार उसी तरह दोहराते हैं, "जीत" या हार को परिभाषित करने वाले सटीक दो पक्ष इस पर निर्भर करते हैं कि आप किस पक्ष में हैं। यह पूर्वानुमेय अंतिम परिणाम है। नई बातचीत शुरू करने और हमारी रोजमर्रा की बहस में नए शुरुआती बिंदु और परिणामी परिणाम तैयार करने की कला कोई रॉकेट साइंस नहीं है। हालाँकि, कुछ व्यवहारों को बदलना या समाप्त करना आवश्यक है जो इतने स्थापित हो गए हैं कि उन्हें पूरा करने का एकमात्र तरीका है। हमें उस चीज़ का समर्थक बनने के लिए प्रशिक्षित किया गया है जिसके प्रति हम जुनूनी हैं। नागरिक समाज की दुनिया में यह एक अच्छी बात और मूल्य है, हालांकि, एक-दूसरे के बारे में चिंतित होना निर्णय लेने की प्रक्रिया में बाधा बन सकता है।

सुनना एक सामान्य सामाजिक कला है, हालाँकि यह एक ऐसा कौशल है जिसे हम भूल गए हैं और इसके बारे में सीखने की ज़रूरत है। सुनने में दूसरे व्यक्ति की बातें सुनने से कहीं अधिक शामिल होता है जब तक आप वह बोलने में सक्षम नहीं हो जाते जो आपको कहना

है। मैं रैचेल नाओमी रेमन का प्रशंसक हं जो युवा डॉक्टरों को यह समझाने के लिए उपयोग करती है कि उन्हें क्या करने की आवश्यकता है: "उदार श्रवण।" उदार श्रवण जिज्ञासा से प्रेरित होता है, जो एक ऐसा गुण है जिसे हम प्रोत्साहित कर सकते हैं और इसे जन्मजात बनाने के लिए अपने भीतर विकसित कर सकते हैं। इसके लिए एक निश्चित मात्रा में भेद्यता, चकित होने की क्षमता और पूर्वकल्पित धारणाओं को त्यागने और अनिश्चितता में संलग्न होने की आवश्यकता होती है। सुनने वाला व्यक्ति दूसरे के शब्दों के पीछे के अर्थ को समझना चाहता है और अपने और अपने व्यक्तिगत सर्वोत्तम विचारों और प्रश्नों के सर्वोत्तम संस्करण को बुलाने का प्रयास करता है।

वास्तव में उदारतापूर्वक सुनने से बेहतर प्रश्न उत्पन्न होते हैं। हमें कक्षा में जो सिखाया गया उसमें कोई सच्चाई नहीं है; ख़राब प्रश्न पूछना एक कला है। जब अमेरिकी समाज की बात आती है, तो हम बहुत सारे उत्तरों और प्रतियोगिताओं के साथ-साथ ऐसे प्रश्नों का भी निवेश करते हैं जो गुस्सा दिलाते हैं, परेशान करते हैं या लुभाते हैं। पत्रकारिता "कठिन" सवालों और "कठिन" सवालों का जुनून है, जो आम तौर पर एक जांच के रूप में छिपा हुआ एक अनुमान है और एक लड़ाई की तलाश है। मैंने लंबे समय तक हमारे निर्मित शो से "आपके जीवन की आध्यात्मिक पृष्ठभूमि" जैसे प्रश्नों को इस डर से काट दिया कि यह हल्का लग सकता है, लेकिन मुझे पता था कि इसके बाद आने वाले हर दूसरे प्रश्न पर इसका प्रभाव पड़ेगा। किसी प्रश्न की गुणवत्ता को मापने का एकमात्र तरीका मैं उसकी स्पष्टवादिता और वाक्पटुता है जो उससे उत्पन्न होती है।

यदि मैंने इसके अलावा कुछ और सीखा है, तो मैंने एक प्रश्न की शक्ति सीखी है: यह एक शक्तिशाली उपकरण और भाषा का एक शक्तिशाली उपयोग हो सकता है। वे तुरंत ऐसे उत्तर देते हैं जिनमें समानता होती है। उत्तर उन प्रश्नों को प्रतिबिंबित करते हैं जो वे उठाते हैं या जिनका समाधान करना होता है। इसलिए, जबकि एक सीधा-साधा प्रश्न बिल्कल वही हो सकता है जो मुद्दे के मूल तक पहुंचने के लिए आवश्यक है, लेकिन एक बुनियादी प्रश्न को एक आसान उत्तर से अधिक किसी भी चीज़ के साथ संबोधित करना मुश्किल है। किसी प्रश्न की तनावपूर्ण प्रकृति पर काबू पाना कठिन है। किसी उदार प्रश्न को अस्वीकार करना भी कठिन है। हममें से प्रत्येक के मन में ऐसे प्रश्न पूछने की क्षमता है जो सत्यनिष्ठा, ईमानदारी और खुलेपन की मांग करते हैं। सही प्रश्न पूछने में कुछ पवित्र और उत्थानकारी है।

ओपन-एंडेड प्रश्नों का एक और लाभ, जो नागरिक और सामाजिक कला के उपकरण हैं, उन्हें तुरंत या यहां तक कि उत्तर की आवश्यकता नहीं हो सकती है। उन्हें विचारार्थ उठाया जा सकता था और उन पर विचार किया जा सकता था, लेकिन नहीं। आज हम जिन गहरे और सामाजिक मुद्दों का सामना कर रहे हैं, उनके उन उत्तरों से हल होने की संभावना नहीं है जिनसे हम बहुत जल्द संतुष्ट हो सकें।

कवयित्री रेनर मारिया रिल्के, जो कई समय पहले समय और स्थान में मेरी मित्र थीं, जब मैं बर्लिन में था, प्रश्न पूछने के समर्थक थे, ऐसे प्रश्न जो जीवंत हैं:

प्रश्नों को उनकी संपूर्णता में वैसे ही लें जैसे आप तब लेते जब वे कमरों में बंद होते या किसी भिन्न भाषा में लिखे होते। उन समाधानों की तलाश न करें, जो आज आपके लिए उपलब्ध नहीं होंगे क्योंकि आप प्रश्नों को जीने में सक्षम नहीं होंगे। मुद्दा अपना जीवन जीने का है। आज प्रश्नों का उत्तर देने के लिए समय निकालें। हो सकता है, निकट भविष्य में कुछ समय बाद आप धीरे-धीरे, और बिना इसका एहसास किए, उत्तर की ओर अपना काम करेंगे।

मुझे एलिज़ाबेथ अलेक्जेंडर के प्रश्न को कविता के रूप में रखना अच्छा लगेगा "क्या हम एक-दूसरे के लिए रुचिकर नहीं हैं?" टाउनशॉल बैठकों में या कांग्रेस के हॉल में और इसे थोड़ी देर के लिए इधर-उधर घूमने दें।

परस्पर विरोधी विचारों के माध्यम से मुद्दों पर बहस करने की हमारी संस्कृति समाधान खोजने की इच्छा के साथ है। हम चाहते हैं कि दूसरे लोग यह पहचानें कि हम सही हैं। हम बहस का आह्वान कर सकते हैं, या यह सुनिश्चित कर सकते हैं कि हम एक ही स्थान पर हैं या वोट देकर आगे बढ़ सकते हैं। दूसरा विकल्प यह है कि बातचीत के उद्देश्य के प्रति एक वैकल्पिक दृष्टिकोण अपनाया जाए, जिसका उद्देश्य खोज को प्रोत्साहित करना है, सही पक्ष पर नहीं और कौन गलत है, बल्कि उन तर्कों पर जो दोनों पक्षों में हैं और इस पर नहीं कि हम सहमत हैं या नहीं, हालाँकि , हम सभी के लिए मानव प्राणियों के संदर्भ में क्या दांव पर लगाना है। वहाँ से कुछ हासिल करना है

सच्चाई से बात करने और एक-दूसरे से सम्मानजनक तरीके से बात करने में सक्षम होना, बिना किसी समझौते को खोजने की कोशिश किए, जो सभी कठिन सवालों को लटका देता है।

मेरे पास इसमें शामिल होने का अनुभव है जब यह सबसे कठिन बिजली की छड़ी चर्चाओं की बात आती है जिसने हमारे परिवारों और हमारे संस्थानों को तोड़ दिया है, उन सवालों को फिर से परिभाषित करना जो हमें आगे बढ़ाते हैं, नई बातचीत को जन्म दे सकते हैं। हम सामान्य बयानबाजी से बचने और अपरिहार्य ठहराव से बचने में सक्षम हैं। फ्रांसिस किसलिंग को कैथोलिक फ़ॉर चॉइस के लंबे समय तक प्रमुख के रूप में एक समर्थक-पसंद कार्यकर्ता के रूप में जाना जाता है। यह बात बहुत प्रसिद्ध नहीं है कि लगभग एक दशक पहले कैथोलिक फॉर चॉइस छोड़ने के बाद उन्होंने अपना समय यह अध्ययन करने में लगाने का निर्णय लिया कि अपने राजनीतिक विरोधियों के साथ वास्तविक समय में संबंधों का क्या मतलब है। मैं एक बार गर्भपात के बारे में बातचीत के लिए इवेंजेलिकल नैतिक दार्शनिक डेविड गुशी के साथ बैठा था। हमारा लक्ष्य यह निर्धारित करना था कि उन सभी मुद्दों के संबंध में मानवाधिकारों के संदर्भ में क्या विचार किया जाना चाहिए जिन पर हम चर्चा करते हैं जब गर्भपात की बात आती है और यह इतना गहराई से विवादित और विरोधाभासी विषय क्यों है। हम "प्रो-चॉइस" और "प्रो-लाइफ" शब्दों से पूरी तरह दूर रहने के करीब थे। चर्चा नये ढंग से बड़ी और अस्त-व्यस्त थी। यह असुविधाजनक था लेकिन रोमांचक भी था क्योंकि इसने एक अज्ञात क्षेत्र खोल दिया था जिसे हमने चर्चा शुरू होने से पहले कभी नहीं खोजा था: क्या यौन क्रांति हमारे समाज के लिए फायदेमंद थी या नहीं, साथ ही हम अपने संबंधों को मानवीय बनाने और गहरा करने के लिए क्या कर सकते हैं।

सार्वजनिक और निजी दोनों स्थानों पर कामुकता के लिए। लोगों को यह एहसास हुआ कि हम इन मुद्दों के बारे में सोचना चाहते हैं, लेकिन सामान्य और घिसे-पिटे तर्कों के कारण इसे छिपा दिया गया है।

कभी-कभी, ज्ञान की एक आवाज जो कुछ समय से मौजूद है और बदल गई है और कई अलग-अलग कोणों से समान मानवीय कहानियों के माध्यम से जी रही है, किसी भी दो-तरफा बहस की तुलना में अधिक गहराई प्रदान कर सकती है। फ्रांसिस किसलिंग मेरे लिए इन आवाज़ों में से एक है। वह प्रजनन अधिकारों के विशिष्ट क्षेत्र में निपुण है, हालाँकि, उसने जो सीखा है उसे जीवन के हर पहलू पर लागू किया जा सकता है। उसने कुछ ऐसे शब्दों से भी छुटकारा पा लिया है जिन्हें हम सहज रूप से बातचीत के आधार के रूप में लेते हैं जैसे कि गहरे मतभेदों के बीच सामान्य आधार ढूंढना। वह कहती है:

लेखक और फ्रांसिस किसलिंग के साथ इस बातचीत को सुनें

मेरा मानना है कि उन लोगों के बीच एक समान आधार है जिनके बीच गहरी, गहरी असहमति नहीं है। राजनीति में आपको समझौते का सामना करना पड़ सकता है। राजनीति की कला संभव है. हालाँकि, यह विश्वास करना संभव नहीं है कि आप कैथोलिक बिशपों के राष्ट्रीय सम्मेलन और महिलाओं के राष्ट्रीय संगठन पर विचार करेंगे और वे गर्भपात के संबंध में एक आम समझ बनाएंगे। इसका विस्तार संभव है. लेकिन मुझे लगता है कि जो लोग एक-दूसरे से सहमत नहीं हैं, वे इस बारे में अधिक समझ हासिल करने के लिए एक साथ आते हैं कि वे इस तरह क्यों विश्वास करते हैं, तो अच्छे परिणाम मिलते हैं। हालाँकि, सर्वसम्मति पर आने का दबाव वास्तव में एक-दूसरे को जानने के लिए अनुकूल नहीं है। और हम एक दूसरे को समझ नहीं पा रहे हैं.

गर्भपात के संबंध में चरम ध्रुवीकरण जहां लोग दशकों से एक-दूसरे को डांट रहे हैं और एक-दूसरे की आलोचना कर रहे हैं, निश्चित रूप से विश्वास के उस स्तर को प्रतिबिंबित नहीं करता है जो लोगों को आपसी समझ खोजने की अनुमति देता है। इसलिए, आपको इस धारणा से शुरुआत करनी चाहिए, कि कुछ लोग हैं, लेकिन हर कोई नहीं - जो यह समझने से लाभ उठा सकते हैं कि दूसरे उनके जैसा क्यों सोचते हैं। उनमें से कुछ मानवीकरण की मूल धारणा हैं: कि व्यक्ति एक वास्तविक व्यक्ति है, अत्याचारी नहीं, दुर्भावना से प्रेरित नहीं है, और हो सकता है कि कुछ लोगों के लिए, आप उन अपशब्दों से छुटकारा पा सकें जिनके लिए हम पर आरोप लगाए गए हैं। यह कुछ ऐसा है जिसका मैं पक्का प्रशंसक हूं।

मैंने बहुत कुछ सीखा है और पिछले 10 वर्षों में गर्भपात के कुछ पहलुओं पर अपनी राय बदल दी है, क्योंकि उन लोगों की मान्यताओं और राय की बेहतर सराहना हुई है जो मेरे विचारों से सहमत नहीं हैं। अंत में, मुझे उनके कुछ मूल्यों को बनाए रखने के तरीके खोजने में दिलचस्पी है, लेकिन अपने मूल्यों का त्याग नहीं करने में। मेरे लिए यही स्थिति उत्पन्न हुई है।

यह निश्चित रूप से उस उन्मादी दबाव से काफी अलग है जो मेरा मानना है कि हमारे समाज में है और यह सामान्य आधार खोजने, या आपके विचार से एक ही पृष्ठ पर होने का संदर्भ है? यह एक ही पृष्ठ पर होने के बारे में नहीं है.

नहीं - नहीं। लेकिन, जैसा कि आपने अनुमान लगाया होगा, सिडनी कैलाहन, जो आम तौर पर एक सामान्य नियम है, जीवन-समर्थक हैं, ने बहुत पहले कहा था कि एक नागरिक चर्चा का चिह्न यह स्वीकार करने की क्षमता है कि जिस व्यक्ति से आप असहमत हैं, उसके लिए क्या सही है।

मैं आपका लिखा एक लेख पढ़ना चाहूँगा। आप ऐसे कई लक्षणों का वर्णन कर रहे थे जिनके बारे में आपका मानना है कि किसी विवादास्पद समस्या पर रचनात्मक दूरदर्शी दृष्टिकोण लाने के लिए ये आवश्यक हैं। उनमें से एक गुण जिसने मुझ पर प्रभाव डाला, वह था "उन लोगों से सामना होने पर कमजोर होने की इच्छा, जिनके साथ आप पूरी तरह से विरोध करते हैं।"

मेरा मानना है कि इसे पूरा करना सबसे कठिन काम है। हम सभी के लिए जो इन परिस्थितियों में हैं, यह स्वीकार करना बहुत कठिन है कि, उदाहरण के लिए, हमारे पास इस मुद्दे के सभी समाधान नहीं हैं। मुझे यकीन नहीं है कि जिस समाज में हम रहते हैं उसमें गर्भपात से संबंधित मुद्दे के सभी उत्तर हमें मिल गए हैं, भले ही यह अपने आप में गर्भपात का मुद्दा हो या यह सवाल कि हम गर्भपात के बारे में अपनी असहमतियों को कैसे हल करेंगे। और इसे स्वीकार करने की इच्छा अत्यंत, बहुत कठिन है।

आपकी अपनी स्थिति के बारे में ऐसा क्या है जो आपको समस्याओं का कारण बनता है? किसी और की स्थिति के बारे में ऐसा क्या है जो आपको आकर्षक लगता है? वे कौन से क्षेत्र हैं जिन पर आपको संदेह है? मैंने हाल ही में किसी से बात की है: मुझे यकीन नहीं है कि आप 35 से अधिक वर्षों तक किसी ऐसी चीज़ पर कैसे काम कर सकते हैं जो इतनी कठिन है, और किसी भी मुद्दे के बारे में अपना विचार नहीं बदलते हैं। हमने जो किया है वह प्रभावी नहीं रहा है। मेरा मानना है कि एक बार जब आपको यह एहसास हो जाए कि आपने जो किया है, उससे आपको वह स्थान नहीं मिला है, जहां आप होना चाहते हैं, तो आपके असुरक्षित होने की संभावना बढ़ जाती है। इसलिए, असुरक्षित होने का एक हिस्सा थोड़ी सी लाचारी भी है। यदि आपको विश्वास नहीं है कि आपको सहायता की आवश्यकता है, और सोचते हैं कि सब कुछ सही है तो आप असुरक्षित नहीं हैं। आपके लिए जोखिम लेने का कोई कारण नहीं है।

सामाजिक परिवर्तन कैसे होता है इसके बारे में आपने क्या सीखा? आपको क्या लगता है आने वाले वर्षों में प्रगति कैसी दिखेगी?

इसका उत्तर देना कठिन है. मैंने क्या सबक सीखा है? किसी भी परिवर्तन के लिए सकारात्मक दृष्टिकोण और परिवर्तन के उत्साह के साथ दूसरों से संपर्क करने का महत्व

आवश्यक है। किसी अन्य को बदलना असंभव है. मैं सबसे कठिन सेनानियों में से एक हं। आइए विशिष्ट बनें। वाद-विवाद में फिसड्डी होने की मेरी प्रतिष्ठा सर्वविदित है, और मैं लड़ाई के रोमांच को पसंद करता हं और जीतना पसंद करता हं। हालाँकि, मैंने जो सीखा है वह यह है कि आपने इसे पहले भी सुना है, इसे कहने का सरल तरीका यह है कि शहद की तुलना में सिरके का उपयोग करके अधिक मक्खियों को पकड़ना संभव है।. यह एक महान वाक्यांश है.

यह मेरा अनुभव रहा है कि जो लोग बीच में हैं वे बड़े बदलाव लाने वाले नहीं होंगे। बदलाव लाने के लिए आपको खुद को बीच में रखने और जोखिम लेने के लिए तैयार रहना चाहिए। इसके अलावा, आपको मतभेदों को इस धारणा के साथ देखना होगा कि दोनों में अच्छाई है। इतना ही। यदि हम ऐसा करने का कोई रास्ता निकालने में असमर्थ हैं और यदि उस अंतर को खोजने का कोई तरीका नहीं है जिसके कारण दोनों पक्षों में से कुछ लोग एक पक्ष को खतरे के रूप में देखने का विरोध करते हैं, तो संघर्ष कुछ समय तक चलता रहेगा। वहाँ बहुत दबाव है और जो लोग आपके विचारों से सहमत नहीं हैं उनकी बात सुनने के बजाय गायकँ मंडल से बात करना बहुत आसान है। गाना बजानेवालों का समूह पहले से ही मौजूद है और हमें वहां मौजूद रहने की आवश्यकता नहीं है।

* * *

यह अंतर कि दोनों तरफ के लोग पूरी तरह से हर एक पक्ष को बुराई के रूप में नहीं देखते हैं, यही वह जगह है जहां मैं होना चाहता हूं और जिसे मैं विस्तारित करना चाहता हूं।

ऐसा कहीं नहीं है जहां शब्द अधिक स्पष्ट रूप से विभाजनकारी हों और उपचार के अधिक नरम साधन हों क्योंकि हम अपने प्राकृतिक वातावरण का सामना करते हैं। प्रत्येक महाद्वीप पर कम से कम ऐसे व्यक्ति हैं जो सीधे तौर पर पर्यावरणीय अस्थिरता से पीड़ित नहीं हैं। सार्वजनिक बहस में हमें केवल "जलवायु परिवर्तन" पर तनावपूर्ण बहस के बारे में बात करनी है - जिसके वास्तविक परिणाम हैं, लेकिन अंत में यह ध्यान भटकाने वाला है। यह नकारात्मक पर्यावरणीय समाचारों की पहले से ही भारी बाढ़ पर निराशा और गुस्सा पैदा करता है। यह ग्रह पर हमारे पारिस्थितिक भविष्य से निपटने के आध्यात्मिक पहलुओं को छोड़ देता है। यह किसी भी अन्य मुद्दे की तरह, बुनियादी मुद्दा है कि क्या मनुष्य अपनी व्यक्तिगत भलाई को दूसरों की भलाई के संबंध में बड़े और अधिक व्यापक संदर्भ में देखना सीख सकता है?

बड़े वृत्त, जो परिवारों और जनजातियों से परे जाते हैं? प्रकृति हमारे दैनिक जीवन का आधार और पृष्ठभूमि है और इसे गुमनामी की ओर धकेला जा रहा है। इसे बहाल करने और पोषण करने की प्रक्रिया सार्वभौमिक जीवन देने वाले अनुभवों की ओर इशारा कर रही है जैसे कि खाना, बच्चे पैदा करना, उस जगह को गले लगाना जहां से आप हैं और सुंदरता के बीच में सुंदरता को पहचानना। यह उस प्रकार की बोली जाने वाली भाषा है जिसे मैं उन लोगों से सुनता हूं जो वह काम कर रहे हैं जिसे दुनिया में करने की आवश्यकता है जिसे वे छू सकते हैं

और महसूस कर सकते हैं। भाषा वह है जो व्यवहार के अर्थ को बदल देती है, कार्य करने की आवश्यकता को अपराध के दायरे से दूर और अधिक सकारात्मक बना देती है।

उनमें से बहुत से लोग धार्मिक हैं। रूढ़िवादी ईसाई हलकों में एक दिलचस्प कहानी है जो समाचारों पर कर्कश आवाज़ों के बिल्कुल विपरीत सामने आ रही है। यह भाषा में बदलावों की कहानी है जो तेजी से बढ़ते हैं और विचारों और दिलों में बदलाव लाते हैं। नुकसान पहंचाने वाले शब्दों के प्रति पश्चाताप रहा है, क्लासिक बाइबिल के शब्दों को त्याग दिया गया है, जिन्हें शाब्दिक रूप से एक रैखिक तरीके से अवशोषित किया गया था और जिसने पश्चिमी सभ्यता के निकट और दूर दोनों की प्राकृतिक दुनिया के साथ संबंध को आकार दिया है। उत्पत्ति में मानवता के लिए भगवान के आशीर्वाद की किंग जेम्स संस्करण व्याख्या की व्याख्या ईसाई उद्योगपतियों और उपनिवेशवादियों के साथ-साथ खोजकर्ताओं द्वारा एक पवित्र रैली के रूप में की गई थी: "फूलो-फलो और बढ़ो, और पृथ्वी को भर दो और इसे अपने वश में करो; और मछली पर प्रभुत्व रखो समुद्र पर, और आकाश के पक्षियों पर, और पृथ्वी पर रेंगनेवाले सब जीवित प्राणियों पर।"

आज, इन समान पंक्तियों की व्याख्या और पुन: अधिनियमित किया जा रहा है। जब मैं 1990 के दशक में येल डिवाइनिटी स्कूल में था, तो मैं एलेन डेविस नाम के एक प्रोफेसर के साथ हिब्रू बाइबिल का अध्ययन कर रहा था, जिन्होंने हर किताब में भूमि के प्रति सम्मान की बात करने वाली भाषा की ओर इशारा किया था। एक दशक के बाद उसने मुझे बताया कि वह इस अनुभव के लिए ठीक से तैयार नहीं थी और इसने उसके जीवन और वर्षों तक उसकी विद्वता को कैसे बदल दिया।

लेखक और एलेन डेविस के साथ यह बातचीत देखें

मैं पहली बार हिब्रू बाइबिल, पुराने नियम पर व्याख्यान दे रहा था। मेरे पहले सेमेस्टर के समापन में कक्षा में मेरे डॉक्टरेट छात्रों के सहायकों के एक सहायक ने कहा, जब हम अंतिम परीक्षा लिख रहे थे, "आपको भूमि के बारे में एक प्रश्न पूछने की ज़रूरत है।" फिर मैंने पूछा,

"क्यों?" और उसने उत्तर दिया, "क्योंकि आप हर समय इसके बारे में बात करते हैं।" मुझे इसके बारे में पता नहीं था, मैं बस बाइबिल की हर किताब के माध्यम से अपने तरीके से बात करने के प्रति सचेत था। मैं अब कहंगा कि यह स्पष्ट है कि मैं हर दिन भूमि के बारे में बात करूंगा क्योंकि पानी, भूमि और उसके स्वास्थ्य, खराब स्वास्थ्य, या उपजाऊ मिट्टी की कमी के संदर्भ के बिना एक-दो अध्याय से अधिक पढ़ना असंभव है। और पानी। हालाँकि, उस समय, यह मेरे लिए आश्चर्य की बात थी।

उसी क्षण मैंने कैलिफ़ोर्निया के एक हिस्से में उस स्थान के निकट भ्रमण किया जहाँ मैं पला-बढ़ा था, हालाँकि, यह इतना दूर था कि मैं लंबे समय से वहाँ नहीं गया था। मैं अपनी यादों में आए बदलावों से आश्चर्यचकित था। तब मुझे एहसास हुआ कि बाइबिल के लेखक उस नाजुक परिदृश्य पर असाधारण ध्यान देते हैं जिस पर वे रहते हैं और साथ ही हमारी संस्कृति में या उस समय हमारी भूमि के उपयोग के बारे में जो अनभिज्ञता है। कैलिफ़ोर्निया

और इज़राइल अपने परिदृश्यों में बहुत समान हैं। दोनों नाज़ुक, अर्ध-शुष्क हैं। यही कारण है कि मुझे लगा कि समय एक निश्चित तरीके से नष्ट हो रहा है। बाइबल में जिस भूमि को एक आदर्श माना जाता है, उसकी देखभाल और उसकी कमी जो मैंने अपने स्तर पर देखी, के बीच एक क्षुब्ध सादृश्य था।

इस बीच, मुझे पता चला कि जिन अध्यायों, पैराग्राफों के बारे में मैंने पहले लिखा है, या कई बार व्याख्यान दिए हैं, उन्हें पढ़ते हुए मैं उन्हें उस संदर्भ में देखता हं जो वे हमें उस भूमि के बारे में बताते हैं जिस पर हम रहते हैं और वहां के स्वास्थ्य के बारे में मैं देख रहा हं कि चीजें मेरे सामने आ रही हैं जिन्हें मैं पहले नहीं देख पाया था। यह ऐसी बहुत सी चीज़ें हैं जो मेरे लिए स्पष्ट हैं जिन्हें मैंने कभी समझने की कोशिश भी नहीं की।

आप उत्पत्ति को वश में करने वाली भाषा और विशेष रूप से "प्रभुत्व" से कैसे दूर हो जाते हैं - आपको क्या लगता है कि जिस तरह से हमने पाठ का अनुवाद और उपयोग किया है वह स्पष्ट नहीं है?

हिब्रू शब्द "युद्ध" एक बहुत ही मजबूत शब्द है जिसकी व्याख्या मैं "प्राणियों के बीच कुशल महारत हासिल करना" के रूप में करता हं। कुशल निपुणता का विचार एक शिल्प या मनुष्य के अभ्यास जैसा कुछ दर्शाता है। लगभग सभी बाइबिल लेखकों के दृष्टिकोण से, मनुष्य के अस्तित्व से इनकार नहीं किया जा रहा है। हर एक नहीं, बल्कि लगभग हर कोई - ब्रह्मांड के भीतर शक्ति, दायित्व के एक अद्वितीय स्थान पर कब्जा करता है। हालाँकि, हमारी कुशल महारत का अभ्यास करने की शर्त पिछले छंदों में समुद्र और स्वर्ग के प्राणियों के लिए पिछले आशीर्वाद द्वारा उल्लिखित है। उन्हें उत्पादक और बहुगणित भी होना है। इसलिए, हमारे लिए कुशल निपुणता का अभ्यास करने का जो भी अर्थ है वह पिछले आशीर्वाद को उलटने में सक्षम नहीं है। मुझे लगता है कि यह हमारे लिए काफी आश्वस्त करने वाला है क्योंकि हम प्रजातियों के विलुप्त होने के छठे महान युग में प्रवेश कर रहे हैं।

यह ध्यान रखना महत्वपूर्ण है कि, आपके शब्दों में, उत्पत्ति 1 एक धार्मिक कविता है। जिस तरह से हम पढ़ते हैं, यह क्या बताना चाह रहा है और यह हमसे क्या कह रहा है, इसका क्या मतलब है?

कविता वह भाषा है जो हमारे दिल की बात करती है। इस मामले में, मैं बाइबिल शब्द हृदय का उपयोग कर रहा हं। आधुनिक समय की भाषा में शब्द की सबसे निकटतम चीज़ कल्पनाशील क्षमता है। हृदय, जैसा कि बाइबिल जीव विज्ञान में वर्णित है, भावनाओं का केंद्र है और हमारे दिमाग का भी। इन दोनों पहलुओं को अलग नहीं किया जा सकता. काव्यात्मक भाषा सटीक है. यह विस्तृत है, और यह यथार्थवादी है, फिर भी यह केवल तथ्य का प्रवचन नहीं है। इसलिए यह ध्यान रखना महत्वपूर्ण है कि विभिन्न तरीकों से, बाइबल का आरंभ और दूसरा अध्याय हमें दुनिया में हमारी स्थिति के बारे में सूचित करता है, और हमें रिश्तों के जटिल जाल के बारे में बताता है जिसमें हम प्रजाति के रूप में पैदा होते हैं। हम ऐसे प्राणी हैं जिन्हें एक विशेष स्थान पर रखा गया है। हम एक निश्चित क्रम में हैं. यह

अपने बारे में सोचने का एक अलग दृष्टिकोण है, उसकी तुलना में जिसे हम आम तौर पर बाइबल का शाब्दिक पाठ मानते हैं। मेरी राय में, यह बाइबल का अध्ययन करने का एक प्रेरणाहीन तरीका है।

वर्षों के दौरान, जैसे-जैसे आप इस विषय पर गहराई से उतरे, आपने वेंडेल बेरी के साथ लिखा और सहयोग किया। आपने देखभाल और हानि की कविता को "प्राणियों की कविता" के रूप में वर्णित करके लिखा है।

स्वयं को प्राणी के रूप में विचार करने में मेरे लिए संदर्भ का प्रारंभिक बिंदु कैंटरबरी और कैंटरबरी के पूर्व आर्कबिशप रोवन विलियम्स का अवलोकन है, जिसमें कहा गया है कि "अब प्राणी होने की कला लगभग एक खोई हुई कला है।" विचार यह है कि हमें अध्ययन करना होगा कि हमें सक्षम होना चाहिए, और प्राणी बनने के लिए हमें शिक्षित होने की आवश्यकता है। वास्तव में, हम वास्तव में प्राणी हैं। हम प्राणियों को ऐसे व्यक्ति के रूप में देखते हैं जो मानव नहीं है।

यह वह शक्ति है जिसका हम अपने साथी प्राणियों पर आनंद लेते हैं।

यही कारण है कि मैं "प्रभुत्व" के बजाय "कुशल प्रभुत्व का अभ्यास" अर्थ को प्राथमिकता देता हूं क्योंकि यह मानव होने की कला को सुझाव देता है। किसी अनुदेशात्मक पुस्तिका या पाठ्यपुस्तक, या कोई अन्य चीज़ जिसे आप पढ़ना चाहते हैं, बिना अधिक ध्यान केंद्रित किए देखना आम बात है। जब तक आपको मुद्दे का सार पता नहीं चल जाता, तब तक आप बस इसके माध्यम से आगे बढ़ते रहें। लेकिन आप इस तरह कविता नहीं लिख पाते. कविता आपकी हृदय गति को धीमा कर रही है। हमारी आधुनिक दुनिया में, वर्तमान में जो कुछ भी हमें धीमा बनाता है उसे संजोया जाना चाहिए और शायद एक उपहार के रूप में, या यहां तक कि भगवान के आह्वान के रूप में भी।

एलेन पहले व्यक्ति थे जिन्होंने मुझे पर्यावरण धर्म की दुनिया से परिचित कराया जिसके अस्तित्व के बारे में मुझे पता भी नहीं था। इसकी सबसे प्रसिद्ध शख्सियतों में से एक, कैल डेविट एक जीवविज्ञानी और वैज्ञानिक हैं, जो तीन साल से अधिक समय से ग्रामीण डन, विस्कॉन्सिन के आसपास के आर्द्रभूमि में एक स्वस्थ समुदाय के भीतर रहने के साथ-साथ निर्माण भी कर रहे हैं। वह एक इवेंजेलिकल ईसाई भी हैं।

निर्माता और केल्विन डेविट के बीच इस बातचीत को सुनें

जब आपने पहली बार अपने पड़ोस में ऐसा करना शुरू किया था, तो 30 साल पहले विस्कॉन्सिन के जिस शहर में आप रहते हैं, उसे शायद कुछ हद तक कट्टरपंथी माना जाता था।

सबसे निश्चित रूप से। हमें अजीब समझा गया क्योंकि वास्तव में कोई समस्या नहीं थी, हालांकि मेरा मानना है कि यदि आप इसका पता लगाने की कोशिश करेंगे तो आप इसे उजागर कर सकते हैं। हालाँकि, हमने जो किया वह यह था कि हमने अपने शहर पर नज़र डाली। हमने वहां मौजूद हर चीज का जायजा लिया, उनमें खेत और दलदल, झरने और दलदल, पुराने स्थान, भारतीय रास्ते, इमारतें और हमारे तंबाकू के खेत शामिल थे। जब हमने यह अत्यंत सावधानीपूर्वक और व्यापक सूची तैयार की तो क्या हआ कि हमें इस क्षेत्र से प्यार हो गया। हमें यह भी नहीं पता था कि हम कहां हैं. हम अपने आस-पास की दुनिया की सुंदरता से अनभिज्ञ होकर बस अंदर-बाहर आते-जाते रहे।

मुझे धर्म की कैल डेविट की परिभाषा पसंद है, "पृथ्वी पर सही तरीके से जीने और सही जीवन जीने का जुनून।" उनके अपने लॉन में पौधों की सत्तर प्रजातियाँ हैं। उन्होंने इसे "जीवंत पौधों और जानवरों के जीवन के लिए एक बह-बनावट वाले वातावरण" के रूप में खुशी के साथ वर्णित किया है। वह बताता है कि कैसे, एक बार प्रवास के मौसम के दौरान तीन हजार रॉबिन केंचुए खाने के लिए उसके लॉन में आए "क्योंकि मैं इतने सारे केंचुए पैदा कर रहा हूं, कोशिश करके नहीं, बल्कि इसलिए कि ऐसा ही होता है।" कैल डेविट ने 1996 के लुप्तप्राय प्रजाति अधिनियम जैसे कानून के महत्वपूर्ण इवेंजेलिकल समर्थकों को तैयार करने में महत्वपूर्ण भूमिका निभाई थी। उनके औ सेबल इंस्टीट्यूट ऑफ एनवायर्नमेंटल स्टडीज की स्थापना उनके द्वारा की गई थी और यह 25 वर्षों तक चला, ईसाई विश्वविद्यालयों और कॉलेजों के लिए पाठ्यक्रम और पाठ्यचर्या विकसित की। वह मेरे दिमाग को नस्लीय तनाव की चकाचौंध से छिपे मानव पारिस्थितिकी तंत्र के बारे में बताता है, जो जीवन में बोया जाता है, ठीक उसी तरह जैसे उसके यार्ड में रॉबिन्स का दौरा होता है। वह उस मूलभूत महत्व की व्याख्या करते हैं जो धर्मशास्त्रीय गुण के रूप में धर्मांतरण से आता है, जो इवेंजेलिकल ईसाई धर्म के पास वास्तविक दुनिया के सामाजिक परिवर्तन के लिए है।

लेखक और केल्विन डेविट के साथ इस बातचीत को सुनें

इंजील जगत के भीतर मनुष्यों के अधिकार के बारे में गहरा संदेह है और बाइबल का ज्ञान हमारे जीवन, कार्य और दैनिक अभ्यास का स्रोत है। इसलिए, यदि बाइबल पढ़ने से पता चलता है कि सृष्टि की देखभाल करना मानवीय जिम्मेदारी का एक अनिवार्य पहलू है और हम इसमें देरी कर रहे हैं, तो यह पुन: रूपांतरण का समय है। इंजीलवादी इस धारणा के आदी हैं

रूपांतरण प्रक्रिया के नाम पर उनका मन बदलना ही सब कुछ है। 1970 के दशक की शुरुआत से लेकर मध्य तक विश्व में भूख के मुद्दों के संबंध में मैंने इसका अवलोकन किया। ब्रेड फॉर द वर्ल्ड की स्थापना ईसाइयों ने अन्य संगठनों के साथ मिलकर की थी, जिन्होंने भूख को कम करने में मदद की थी। यह उल्लेखनीय था, और वर्तमान में वाइनयार्ड बॉइस जैसी जगहों पर स्थिति बहुत कुछ वैसी ही है और वाइनयार्ड चर्च इडाहो में स्थित है। यह पेंटेकोस्टल है. वाइनयार्ड बॉइज़ के पादरी ट्राई रॉबिन्सन की एक बेटी है जो पर्यावरण

पाठ्यक्रम ले रही थी और अपने पिता से पर्यावरण के मुद्दों के बारे में बोलने का आग्रह कर रही थी। ट्राई रॉबिन्सन एक रूढ़िवादी रिपब्लिकन रैंचर हैं। उसने अपनी बेटी की मदद से यह महसूस किया कि उसे इसके बारे में कार्रवाई करने की ज़रूरत है। उसे यह जानने में एक साल का बाइबल अध्ययन लगा कि वह इसे बाइबिल के तरीके से कैसे व्यक्त कर सकता है। थोड़ी घबराहट और ढेर सारी प्रार्थनाओं के साथ, उन्होंने सृष्टि का एक अच्छा प्रबंधक होने के महत्व पर एक भाषण दिया। अविश्वसनीय रूप से, उनके जीवन के पहले ही क्षण में भीड़ आई और उपदेशक का खड़े होकर अभिनंदन किया।

उनके पास आक्रामक प्रजातियों को खत्म करने, सामग्रियों को रीसायकल करने और यहां तक कि पर्वतारोहियों को ट्रेल बनाने के लिए ले जाने के लिए नियमित आधार पर कार्यक्रम हैं। उनके पास एक भोजन पैंट्री भी है जो न केवल उनकी निजी रसोई के रूप में कार्य करती है, बल्कि 23 अतिरिक्त भोजन पैंट्री भी प्रदान करती है। यह क्षेत्र जीवंत और जीवंत है। यह भी स्पष्ट है कि चर्च में सदस्यों की संख्या नाटकीय रूप से बढ़ रही है क्योंकि सभी प्रकार के पर्यावरणविद् हैं जो वंचित हैं और चर्च के कार्रवाई करने की प्रतीक्षा कर रहे हैं और यह यहाँ है। यह हो रहा है। प्रतीक्षा करो।

कैल डेविट किंग जेम्स बाइबिल द्वारा "प्रभुत्व" शब्द की जड़ों में "प्रबंधन" और "सेवा" को उजागर करता है। एलेन डेविस और परिवर्तन की पूरी दुनिया की तरह, जिसका वह एक अभिन्न अंग है और वह जिन शब्दों का उपयोग करना चाहता है, वे उसके जीवन को बदल देते हैं। उन्होंने "पर्यावरण" के पीछे के अर्थ को जानने में भी समय बिताया है। वह मुझसे कहते हैं, यह शब्द चौसर द्वारा आसपास शब्द की रचना से अस्तित्व में आया। यह शब्द हमारे और प्राकृतिक दुनिया के बीच, हमारे साथ-साथ प्राकृतिक दुनिया और एक-दूसरे के बीच सीमाएँ स्थापित करने का एक रचनात्मक प्रभाव था, जो "सृजन" की दुनिया में नहीं बन सका। भाषाई रूप से कहें तो, हमने चौसर के माध्यम से चौसर की भाषा का निर्माण किया था, जो हमारे बीच एक-दूसरे से दूरी बनाने की एक विधि थी। "तो पुनरुद्धार के बारे में सबसे महत्वपूर्ण बात क्या है

वे कहते हैं, "शब्दों के जैसे शब्दों के जैसे शब्दों के निर्माण जैसे शब्दों का सृजन और सृजन की देखभाल करना," वह कहते हैं, "यह इन दो शब्दों को एक साथ लाता है।"

2002 में, सर जॉन हॉटन नाम के एक ब्रिटिश भौतिक विज्ञानी के साथ, डेविट ने जलवायु परिवर्तन के पीछे के कठिन विज्ञान के बारे में रूढ़िवादी इवेंजेलिकल नेतृत्व को उजागर करने के लिए एक कार्यक्रम का आयोजन किया, जो अपने दायरे में महत्वपूर्ण था। नेशनल एसोसिएशन ऑफ इवेंजेलिकल के वाशिंगटन, डी.सी. के पूर्व मुख्य प्रतिनिधि, रिचर्ड सिज़िक ने कहा है कि बैठक के बाद समूह को जलवायु परिवर्तन के विज्ञान में "रूपांतरित" कर दिया गया है। सिज़िक ने अन्य लोगों के साथ मिलकर देश भर के चर्चों में ऐसी चिंताओं के बारे में जागरूकता को बढ़ावा देना जारी रखा। यह विश्वासियों की एक नई पीढ़ी के विकास के साथ था, जो मानते थे कि पर्यावरण की देखभाल करना एक स्पष्ट कर्तव्य था। इन समुदायों में ईश्वर की प्रकृति के बारे में निरंतर बातचीत होती रहती है, वाइनयार्ड बोइस चर्च में जो हुआ वह अन्यत्र भी हुआ है। बच्चों ने अपने पादरियों के साथ-साथ माता-पिता

को भी चुनौती दी है और बाइबिल निकालकर जांच की गई है। सृष्टि में आस्था के उत्पादक दायित्वों पर चिंतन एवं क्रियाशीलता है। वाक्यांश "सृजन-संबंधी देखभाल" अब शब्दों की एक ऊर्जावान अभिव्यक्ति है, और एक व्यावहारिक आवश्यकता का स्रोत है, यहां तक कि उन लोगों के लिए भी जो मौजूदा मुद्दों के वैज्ञानिक स्पष्टीकरण को स्वीकार नहीं करते हैं। कैल डेविट अपने दलदल के बारे में कहते हैं, "यीश की शिक्षा, 'मैदान की लिली को देखो, हवा के पक्षियों को देखो,' वास्तव में यहां अच्छी तरह से ली गई है," और निहारना जीवन सूची में प्रजातियों की जांच करने से बहुत अलग है ।"

"सृजन देखभाल" शब्द को सृजनवाद के एक रूप के रूप में भ्रमित करना आसान है जो इसके विपरीत है। असल में इस भाषा को सांस्कृतिक युद्ध के एक छोर पर पटक दिया जाता है और दूसरे छोर से जलवायु परिवर्तन की आलोचना की जाती है। बीच के शून्य में, जब दोनों पक्षों के लोग एक-दूसरे को खतरे के रूप में नहीं देखते हैं, तो हम शब्दों की क्षमता को फिर से खोजते हैं जो हमें एक-दूसरे के करीब और दूर लाती है। साथ ही, हम यह सुनिश्चित करने के लिए नैतिकता की आवश्यकता पर लौटते हैं कि हम आवाज का आज्ञाकारी लहजा अपनाएं, हम जो कहते हैं उसमें जो उद्देश्य रखते हैं; हम जिन जगहों पर अपना जीवन जीते हैं, वहां हम आत्मविश्वास और दयालुता लाते हैं। अलग ढंग से बोलना सीखने का उद्देश्य जीवन को अलग ढंग से जीना है। यह एक नृत्य एवं सजीव कला है।

अंत नोट्स

मैरी होवे

कविता मारिया होवे के बोले गए शब्दों और हमारे द्वारा पालन की जाने वाली चुप्पी को देखने के तेजतर्रार और अनारक्षित तरीके का काम है। वह एक कवयित्री और कलाकार हैं जिनके पास कैथोलिक बचपन की कठोरता और सार्वभौमिक पारिवारिक नाटक और दैनिक दिनचर्या है जो हमें पोषित करती है। शायद उनका सबसे प्रसिद्ध काम उनका कविता संग्रह "व्हाट यू डू फॉर द लिविंग डू" है, जिसमें उनके भाई जॉन की 28 वर्ष की आयु में एड्स से मृत्यु हो गई थी।

लेखक के साथ-साथ मैरी होवे के बीच की इस बातचीत को सुनें

मुझे नहीं पता था कि कोई कवि था और अभी भी जीवित है। एक युवा के रूप में, मैं क्लासिक हार्वर्ड क्लासिक्स पढ़ रहा हं। वे लिविंग रूम में थे. मैं तस्करी करके लाई गई इन किताबों को पढ़ंगा और एक ऐसी भाषा खोजने की कोशिश करूंगा जो अनुभव करने योग्य हो या ऐसी भाषा ढूंढूं जो समझ से परे हो। मास में से कुछ लोगों ने ठीक वैसा ही किया। जैसा कि आप देखेंगे, दृष्टान्तों का प्रभाव हो सकता है। मैं इब्राहीम और इसहाक और कई अन्य अद्भुत पुरानी कहानियों के साथ-साथ नूह के दृष्टांतों और कहानियों का बहुत बड़ा प्रशंसक हं। मैंने पाया है कि वे कविताएँ हैं। वे रहस्य और जटिलताओं से भरे हुए हैं। एक कहानी हर जगह है लेकिन हम यह भी जानते हैं कि सच्चाई केवल कहानी नहीं है। असली कहानी

बयान करने लायक नहीं है. मुझे इसके बारे में यही पसंद है। मुझे घटनाओं के बीच अंतराल पसंद है.

और चूँकि आप अपने जीवन में कुछ समय बाद ही कविता के क्षेत्र में एक कैरियर के रूप में आए थे, मैं सोच रहा हूँ कि आपके अनुभव क्या थे और आपने इस बारे में कैसे विचार किया कि आपको कविता के बारे में क्या पसंद है जो हम अन्य भाषाओं के साथ नहीं कर सकते हैं और क्या यह हमारे जीवन में काम आता है?

खैर, कविता वह सत्य है जिसे व्यक्त नहीं किया जा सकता। यह कोई दृष्टांत नहीं है. यह कोई अनुवाद नहीं है. मैं जिस अद्भुत कविता का आनंद लेता हूं वह जीवित रहने का एक रहस्य है। यह एक शब्द-आधारित संग्रह है जो ऐसा लगता है जैसे यह दिया गया हो। वहाँ शानदार, महान और महान गद्य है, आप सुंदर गद्य जानते हैं। आप और मैं शायद आज उनमें से कुछ का उपयोग कर सकते हैं। कविता एक प्रकार का ट्रांस-जैसा चरित्र है। यह एक अनुभव की तरह है. जब यह हुआ तब मेरी बेटी घर पर थी।

दिन और वह यह त्वरित कार्य कर रही थी। "मुझे Z फॉर्मेशन/स्पष्टीकरण में अपनी उंगलियां चटकाने के लिए मत मजबूर करो/हाथ से बात करो, कलाई से बात करो/ओह, लड़की, तुम बस निराश हो गई।" यह एक मतलबी लड़की के लिए एक जवाबी जादू की तरह था। मैं सोच रहा था, यही वह चीज़ है जिसके साथ हम सब चल सकते हैं, कुछ जवाबी मंत्रों के साथ। कविता, जब आप इसके मूल के बारे में सोचते हैं तो वे हैं।

शब्द जो जादू करते हैं.

बिल्कुल। यह संभव है कि प्रारंभिक कविता में एक गीत हो जो एक माँ ने अपने बच्चे के लिए गाया हो, या मंत्रमुग्ध कर देने वाला गीत हो, सब कुछ ठीक है, सब कुछ ठीक है और सब कुछ ठीक है। यहां थे। सोने के लिए जाने के लिए तैयार हो जाओ. या हमने बारिश का अनुरोध किया या हमने मकई के देवताओं को धन्यवाद दिया या हम उन हिरणों के लिए गा रहे थे जिनका हम शिकार करने की योजना बना रहे थे। यह भड़काऊ है. यह ऐसा है जैसे इसकी जड़ें कभी भी पवित्र भूमि से दूर नहीं की जाएंगी।

मुझे आपकी लिखी कविता, "द मीडो" की अंतिम पंक्ति बहुत पसंद है:

"... संकटग्रस्त, मानव, जब आप जागते हैं तो आपका संघर्ष उन वाक्यों के बीच चयन करना है जो वर्तमान में आपकी जीभ पर घूम रहे हैं और यह महसूस करना है कि उनके बीच में और पूरी तरह से नया वाक्यांश है जो आपको हमेशा के लिए बदल सकता है।" भाषा कैसे काम करती है और यह हमारे जीवन में कैसे आई इसकी जटिलताओं पर विचार करना एक शानदार दृष्टिकोण है।

आज की भाषा इस समसामयिक दुनिया में लगभग सभी क्रियाकलापों से बनी हुई है। कम से कम हममें से कई लोगों के लिए, हम जो करते हैं वह वही बदल जाता है जो हमें कहते हैं

और हमारे जीवन की नैतिकता वास्तव में हम जो करते हैं उससे अधिक हम जो कहते हैं उसमें प्रकट होती है।

जॉन पॉल लेडेराच

तीन दशकों से अधिक समय तक, जॉन पॉल लेडेराच ने पच्चीस से अधिक देशों और पांच महाद्वीपों में मृत्यु और जीवन के संकट को दूर करने के लिए क्षेत्र में चार से पांच महीने बिताए। वह आज सबसे प्रशंसित मध्यस्थों में से एक हैं, साथ ही नोट्रे डेम के प्रशिक्षक और संयुक्त राज्य अमेरिका के आजीवन निवासी हैं।

मेनोनाइट शांति निर्माण के प्रति आजीवन समर्पण का प्रतीक है।

जॉन पॉल लेडेराच के बीच इस आदान-प्रदान को देखें।

मैं पिछले कुछ वर्षों में कविता, शांति और संबंध निर्माण के संबंध में बहुत उत्सुक रहा हूं। अंतर्दृष्टि मैं से एक और मेरे व्यक्तिगत अभ्यास का एक प्रमुख क्षेत्र जटिलता की एक प्रकार की हाइकू प्रशंसा का उपयोग करने के महत्व की खोज करना था। जैसा कि मैं इसे देखता हूं, यह कठिन को समझने में सक्षम होने की क्षमता है। एक तरह से, हाइकुवादक हमेशा मानवीय अंतःक्रिया की संपूर्ण गहराई को सबसे छोटे शब्दों में पकड़ने की कोशिश करते हैं। यह आकर्षक है. मैं हाइकु का बहुत बड़ा प्रशंसक हूं, और मैं उन कक्षाओं में हाइकु की जड़ों की ओर वापस जा रहा हूं जो जापानी कवियों द्वारा संचालित की जाती थीं। जिस तरह से उन्होंने यह समझा कि वे जो काम लिख रहे थे वह एक विशेष वातावरण, विशेष रूप से प्राकृतिक संदर्भ के भीतर होने के बारे में था। उन्होंने हमारे मानवीय अनुभवों और प्रकृति की सुंदरता को एक ऐसी शैली से जोड़ा जो वास्तव में समय और मौसम और मानवीय अनुभव को बहुत ही संक्षिप्त पाँच अक्षरों, सात अक्षरों, पाँच अक्षरों में व्यक्त कर सके। ओलिवर वेंडेल होम्स ने एक बार लिखा था, "मैं जटिलता के इस तरफ की सादगी के लिए कोई अनुमान नहीं लगाऊंगा, लेकिन मैं जटिलता के दूसरी तरफ की सादगी के लिए अपना जीवन दे दूंगा।"

मैं इसकी सराहना करता हूं.

हाइकुवादक इसी की तलाश में हैं। इसलिए मैं कई चीजें आज़माता हूं। उनमें से एक यह है कि मैं प्राकृतिक दुनिया और उसमें रहने के बीच संबंध के बारे में और अधिक जागरूक हो गया हूं, साथ ही जब हम हिंसा की स्थिति में होते हैं तो उन चीजों के बारे में भी जागरूक हो जाता हूं। मेरे लिए, यह एक तरह से री-सेट है। दूसरा है

इसीलिए, जब मैं अपनी नौकरी के लिए यात्रा करता हूं, तो हाइकु के लिए लोगों की बातचीत देखता हूं। मैंने जो देखा वह यह है कि कई बार, जब कोई कुछ कहता है, और हर किसी के मन में जो कहा गया था उसके बारे में एक अहा क्षण होता है, यह अक्सर जटिलता के बीच

उस सरलता को पकड़ने का एक तरीका होता है। यह अक्सर काफी करीब दिखाई देता है, लेकिन यह हाइकु के रूप में नहीं है। यदि आप चाहें तो मैं आपको इनमें से कुछ दे सकता हूँ।

हाँ।

मैं इन्हें बातचीत की कविताएँ मानता हूँ।

गुड फ्राइडे समझौते पर हस्ताक्षर करने के सात साल बाद, मैं उत्तरी आयरलैंड के भीतर एक शैक्षिक सेमिनार में था। लोग, हालांकि इस बात से संतुष्ट थे कि समझौता लागू हो गया है, उनका मानना है कि यह एक संकेत है कि उत्तरी आयरलैंड अपने धार्मिक और राजनीतिक तनावों में खो गया है। यह स्पष्ट था कि चीज़ें परिवर्तनीय नहीं थीं, और यह बहुत बेहतर भी नहीं हो सकती थीं। रात्रिभोज के दौरान बातचीत में उत्तरी आयरलैंड के मेरे एक सहकर्मी जिसके साथ मैं बैठा था, उसने यह विचार साझा किया और मैंने इसे हाइकु के रूप में प्रस्तुत किया। मैं हमेशा अपने हाइकु का नाम नहीं रखता और इसका नाम "इंद्रधनुष का अंत?"

हो सकता है वह यह कहे

उतना ऊँचा हो सकता है जितना कोई होने वाला है

शांतिपूर्ण कट्टरता.

एक और। मुझे बर्मा के एक जातीय समूह के साथ काम करने के कुछ अवसर मिले हैं। बहसंख्यक होने के बावजूद उन्हें जातीय अल्पसंख्यक कहा जाता है। इसका मतलब यह है कि वे बर्मी नहीं हैं। उनके पास सशस्त्र बल भी हैं और उनमें से कई वर्तमान शासन के खिलाफ वर्षों और दशकों से लड़ रहे हैं। मैंने ऐसे चुनिंदा लोगों के समूह के साथ काम किया, जिन्हें अपने स्वयं के कारणों से शटल के लिए मध्यस्थ के रूप में लाया गया था। वे उन व्यक्तियों के बीच चर्चा करने, बातचीत शुरू करने या किसी प्रकार का समझौता शुरू करने की कोशिश कर रहे थे जो बर्मी सरकार का हिस्सा थे और साथ ही विभिन्न जातीय समूह भी थे। प्रत्येक जातीय समूह के व्यक्तियों के सात या आठ छोटे समूह थे।

समूह. वर्ष 2003 में पहली बार मैं एक सप्ताह से अधिक समय तक बैठा रहा और उनकी कहानियाँ सुनीं। एक निष्पक्ष मध्यस्थ के नजरिए से यह अब तक की सबसे कठिन कहानियों में से एक है जो मैंने सुनी है।

मुझे एक ऐसे समूह की याद है जो बर्मा के साथ बांग्लादेशी सीमा के करीब स्थित था और उसे सीमा के माध्यम से एक बख्तरबंद समूह के कमांडर को जानकारी देनी थी जो विपरीत दिशा में स्थित था। हालाँकि, वे सीधे सीमा पार क्षेत्र में जाने में सक्षम नहीं थे। उन्हें यांगून तक जाना था, जो कि राजधानी है। यांगून और फिर पासपोर्ट प्राप्त करें। प्रत्येक यात्रा के बाद प्रत्येक पासपोर्ट वापस किया जाना चाहिए। उसके बाद, वे एक संदेश भेजने के लिए दूसरे देश के लिए उड़ान भरेंगे। फिर, संदेश को आगे ले जाने के लिए, बिल्कुल पीछे। कई

बार स्थानीय नेताओं या समूहों के साथ बैठकें होती थीं जो हिरासत में लिए गए लोगों को कई हफ्तों तक तब तक हिरासत में रखते थे जब तक कि वे यह निर्धारित करने में सक्षम नहीं हो जाते कि वे वैध थे या नहीं।

जब आप इन स्थितियों में होते हैं तो आपको जो परिप्रेक्ष्य दिया जाता है वह उन चुनौतियों के बारे में अद्भुत होता है जिनका उन्हें सामना करना पड़ता है। जिस समूह के साथ मैं बातचीत कर रहा था वह अपने समूह को "द मेडिएटर्स फ़ेलोशिप" के नाम से संदर्भित करता है। यही कारण है कि जब मैंने यांगून छोड़ा तो मैंने एक संक्षिप्त हाइकु लिखा और इसका शीर्षक था "मध्यस्थों की फ़ेलोशिप की सलाह।"

पहाड़ पूछने की जहमत मत उठाना

स्थानांतरित करने के लिए, आपको बस स्थानांतरित करने की आवश्यकता है, बस ले लो

हर बार जब आप जाएँ.

क्या आप दूसरे की तलाश में हैं?

हाँ!

ताजिकिस्तान. इसे ताजिकियन से अंग्रेजी में पुनः अनुवादित किया गया और जिस तरह से अनुवाद में इसे गाया गया वह एक हाइकु के रूप में दिखाई दिया जो लगभग सही था। मध्य एशिया के भीतर कुछ बहुत ही अजीब सीमाएँ हैं, जिन्हें स्टालिन ने स्थापित किया था और प्रमुख समूहों के छोटे-छोटे हिस्से बनाए हैं। प्रत्येक देश दूसरे देश की जनसंख्या का एक नगण्य हिस्सा है।

एक प्रकार के कुछ सबसे बड़े शहर ऐसे देशों में हैं जहां कोई आबादी नहीं है। यह वह कविता है जो प्रकाशित हुई थी:

देवताओं और लोगों को मानचित्र बहुत पसंद हैं

वे सीमाएँ खींचने के लिए उपयोग किए जाने वाले पेन का उपयोग करके सीमाएँ बनाते हैं

जीवन को कुल्हाड़ी की तरह विभाजित करें।

ऐन हैमिल्टन

सिमोन वेइल नाम के एक दार्शनिक ने प्रार्थना को "बिल्कुल अमिश्रित ध्यान" के रूप में परिभाषित किया। कलाकार एन हैमिल्टन ने अपनी विस्तृत कलाकृतियों के साथ इस

धारणा को मूर्त रूप दिया है जो हममें से कई लोगों की इच्छा को पूरा करने के लिए सभी इंद्रियों को एक साथ लाती है, उनके अनुसार "अकेले एक साथ रहना"।

लेखकों और ऐन हैमिल्टन के बीच इस बातचीत को सुनें

मेरी एक मित्र, जो एक अद्भुत लेखिका हैं, सुज़ैन स्टीवर्ट ने कहा कि जब हम अलग हो जाते हैं तो सुनना वह तरीका है जो हम महसूस करते हैं। यह सुंदर क्या नहीं है? इस तरह मैं विभिन्न तरीकों से अपनी परियोजनाएं शुरू करता हूं: मैं बस यह समझने का प्रयास करता हूं कि मैं क्या बनना चाहता हूं। या सर्वोत्तम प्रश्न की पहचान करने के लिए. बातचीत में सुनना स्पष्ट रूप से एक विशेष चीज़ है, यह रिक्त स्थान के प्रति मेरी प्रतिक्रिया में मेरे लिए एक अभ्यास है। एक कमरे की संरचना की गुणवत्ता की अनुभूति में पहले से ही यह सारी जानकारी होती है। अंतरिक्ष आपकी बात सुन रहा है.

मेरा मानना है कि सुनना एक कौशल है जिसका हमें अभ्यास करना चाहिए, क्योंकि हमारे दैनिक स्थान सुनने के स्थान के रूप में डिज़ाइन नहीं किए गए हैं।

हम जुड़े हुए हैं. मेरे लिए किसी भी तरह का हेडफोन या धूप का चश्मा पहनना वाकई मुश्किल है क्योंकि मुझे डर है कि मैं वहां किसी भी जगह पर नहीं हूं। मैं वहां नहीं हूं। वहाँ कुछ हैं

फ़िल्टर चल रहा है. हालाँकि, मुद्दा यह है कि आप अपनी आवाज़ पर कैसे ध्यान देते हैं?

आपको वह भाषा पसंद है जिसे "निर्माता" के रूप में संदर्भित किया जाता है... उतना ही, या शायद जितना कि "कलाकार" के शीर्षक के तहत बुलाया जाता है। और यह मेरा अपना अवलोकन है कि इस प्रकार की भाषा अन्य सभी पर भी लागू होती है कलाकार विशिष्ट और विशिष्ट होते हैं, हालाँकि निर्माण एक ऐसी चीज़ है जिसे हम सभी अपने अनूठे तरीकों के अनुसार और यहां तक कि अपने पारिवारिक जीवन में भी करते हैं।

बनाने के असंख्य तरीके हैं। मुझे शब्दकोश पढ़ने में आनंद आता है। उदाहरण के लिए, ऑक्सफोर्ड इंग्लिश डिक्शनरी में मुझे नहीं पता कि कितने पेज "बनाने" और "बनाने" और इसकी सभी संभावनाओं के लिए समर्पित हैं। यह दुनिया में उपलब्ध सभी पदार्थों की एक सूची बनाने जैसा है जिसे आप किसी भी तरह से बदल सकते हैं। यह जीवन भर अपना मनोरंजन करने का एक शानदार तरीका है। हम उन संभावनाओं से अंधे हो गए हैं जो हम करने में सक्षम हैं। इसलिए, इन संभावनाओं को उजागर करने के लिए मेरे पास ये छोटी-छोटी युक्तियाँ हैं जिनका उपयोग मैं स्वयं करता हूँ। हर किसी को इसे आज़माना चाहिए.

मुझे वास्तव में शब्दकोश पढ़ने के विचार में दिलचस्पी है। मैंने उस पर कभी विचार नहीं किया.

वाह, यह बहुत खूबसूरत है. जैसे सामग्रियों में जानवर या उस तकनीक का इतिहास होता है जिसने उन्हें बनाया है, या जहां वे पृथ्वी पर उत्पन्न हुए हैं, शब्दों में वे सभी कहानियां हैं। कुछ कारण हैं कि कुछ शब्द प्रभावी हैं, और यह उन कहानियों के कारण है जिनके बारे में वे हमें बताते हैं। इसलिए इसे मान्यता के स्तर तक उठाना जरूरी है।

विंसेंट हार्डिंग

मुझे विंसेंट हार्डिंग का साक्षात्कार लेने और उन्हें जानने का सौभाग्य मिला, जिनका 2014 में बयासी वर्ष की आयु में निधन हो गया। वह और उनकी पत्नी रोज़मेरी अटलांटा के मेनोनाइट सेंटर में मार्टिन लूथर किंग जूनियर को अहिंसा की अवधारणा और अभ्यास बनाने में मदद करने में सहायक थे, और उन्होंने किंग को अपना लेखन लिखने में भी मदद की।

एक विवादास्पद वियतनाम युद्ध भाषण. विंसेंट हार्डिंग ने अपनी मृत्यु से लेकर जीवन तक कई दशक युवाओं को उनके नागरिक अधिकार दिग्गजों और बुजुर्गों के संपर्क में लाने में बिताए। उन्होंने अपने अनुभवों को भी साझा किया, उन्होंने उन्हें इतिहास की किताबों में वर्णित पात्रों के रूप में नहीं, बल्कि "जीवित, जीवंत और शानदार" के रूप में वर्णित किया।

विंसेंट हार्डिंग के साथ लेखक की इस बातचीत को सुनें

मैं आपके विभिन्न अनुभवों और जाहिर तौर पर नागरिक अधिकारों के संघर्ष से विकसित हुई आध्यात्मिक कल्पना और नैतिक कल्पना के शीर्ष से आकर्षित हूं। इस समय अमेरिका में नागरिक और शिष्टता शब्दों का प्रयोग बार-बार किया जा रहा है। आपने यह स्पष्ट कर दिया है कि 1960 के दशक के दौरान जिस परिवर्तन में आपने भाग लिया था, उसे "नागरिक अधिकारों" तक सीमित करना सटीक नहीं था, और "नागरिकता" शब्द कोई बड़ा शब्द नहीं है। मैं जो सुन रहा हूं वह यह है कि बहुत से लोग सोचते हैं कि सभ्यता वर्तमान में भी उपयोग के लिए उपयुक्त शब्द नहीं है।

अविश्वसनीय रूप से, मैंने अभी तक वह संबंध नहीं बनाया है जो आप मेरे अपने विचारों से बना रहे हैं और यह बहुत अच्छा है। इसलिए हम सबको एक साथ रहना होगा.' मैं इस बात को लेकर आश्वस्त होता जा रहा हूं कि हम जो चर्चा कर रहे हैं वह यह नहीं है कि हम अधिक नागरिक चर्चाओं में कैसे शामिल हो सकते हैं। हम विशेष रूप से सामाजिक संदर्भ में जिस बात पर चर्चा कर रहे हैं वह यह है कि समावेशी बातचीत में कैसे शामिल होने में सक्षम हुआ जाए। यही वह चीज़ है जिसकी हमें आवश्यकता है। हम एक ऐसा स्वतंत्र राष्ट्र बनाने में विशेषज्ञ नहीं हैं, जिसमें अलग-अलग पृष्ठभूमि के कई अलग-अलग लोग शामिल हों, जिनके कई संबंध और दृढ़ विश्वास हों और जिनके पास कई तरह के अनुभव हों। यह समझना महत्वपूर्ण है कि एक-दूसरे को पहुंचाई गई तमाम ठेस के बावजूद हम एक खुला और ईमानदार संवाद कैसे जारी रख सकते हैं, जो एक तरह से हमें एक-दूसरे के सर्वोत्तम तर्कों और सबसे मूल्यवान योगदानों पर विचार करने के लिए प्रोत्साहित करता है। बेहतर एकता बनाने के लिए इन तत्वों को कैसे जोड़ें।

शुरू से ही, आपने कहा है कि लोकतांत्रिक कैसे बनें का मुद्दा वास्तव में "अधिक परिपूर्ण संघ" की अवधारणा में रहने के मुद्दे पर विचार करना शामिल है। मुझे लगता है कि यह शब्द को अधिक सुलभ बनाने के तरीके के रूप में उपयोगी है।

मैं, एक क्रिस्टा के रूप में, यह मुद्दा भी उठाता हूं कि वह क्या है जो हमें वास्तव में मानव बनाता है। लोकतंत्र उस मुद्दे पर चर्चा करने का एक और तरीका है। धर्म इस मुद्दे पर चर्चा करने का एक और तरीका है। विश्व में हमारी भूमिका क्या है? और क्या यह उद्देश्य स्वयं और समग्र विश्व के प्रति हमारे दायित्वों से जुड़ा है? पहली नज़र में यह सब विभिन्न भाषाओं के मिश्रण का प्रतिनिधित्व करता प्रतीत होता है जो एक ही चीज़ को समझने का प्रयास कर रहे हैं।

आइए यह न भूलें कि जिस समुदाय ने राजा के निर्माण में महत्वपूर्ण भूमिका निभाई थी, और जिसे उन्होंने बढ़ावा देने में मदद की थी, वह समुदाय एक था और आध्यात्मिकता और धर्म के जीवन में निहित था। यह उनके जीवन जीने के तरीके थे। उदाहरण के लिए, जब उसने कहा कि वह जो चाहता है वह केवल समानता या अधिकार नहीं है, तो उसके आस-पास के सभी लोग समझ गए कि वह इस पुरानी सुंदर भाषा को बेहद गंभीरता से ले रहा है। वह जो चाह रहे थे वह "प्रिय समुदाय" का विकास था। उन्होंने उन सभी चीजों को देखा जो हमारे उच्चतम मानव विकास और हमारे सबसे बड़े सामूहिक विकास के खिलाफ एक बड़ी बाधा थीं, जैसे लोगों का अलगाव और श्वेत वर्चस्व।

इन कानूनों, इन तरीकों को समाप्त करने के लिए कार्रवाई करने के अपने निर्णय में, वह ऐसा नागरिक अधिकारों के मामले के रूप में नहीं कर रहे थे, बल्कि गहरे आध्यात्मिक दायित्व के एक कार्य के रूप में कर रहे थे। जिमी बाल्डविन और अन्य जैसे लोग, मैल्कम कुछ समय के लिए यह कल्पना करने में असमर्थ थे कि मार्टिन उन संभावनाओं को क्या देख सकता था। हालाँकि, मेरा मानना है कि मार्टिन इसे देख रहा था क्योंकि उसने करुणा और प्रेम से भरी आँख से देखा था। वह आँख हमें उन चीज़ों को देखने की अनुमति देती है जिन्हें अन्यथा अनदेखा किया जा सकता था।

आपने कहा है कि आपके सामने आने वाले युवाओं के लिए सबसे दिलचस्प और शिक्षाप्रद नागरिक अधिकार कार्यकर्ताओं की कहानियाँ हैं जिन्होंने समाज की मदद की है और अभी भी खुद को बेहतर बनाने का प्रयास कर रहे हैं।

क्रिस्टा, मेरा व्यक्तिगत अनुभव यह है कि हमारे भीतर कुछ गहरा है जो स्वयं की कहानी पर निर्भर है। कहानियाँ इस बात को बढ़ावा देने का स्रोत हैं कि कहानी के बिना अपने लिए और एक दूसरे के लिए वास्तविक इंसान बनना असंभव है। और बिना कोई तरीका खोजे आप इसे दूसरों के साथ साझा कर सकते हैं, संवाद कर सकते हैं और इसे विकसित कर सकते हैं, जिससे युवाओं को अपनी कहानियां बताने में मदद मिल सके। हम युवा लोगों से

भी आग्रह करते हैं कि वे बुजुर्गों की मदद से उन लोगों की तलाश करें जो वहां रहे हैं, न कि मशहूर हस्तियों या टीवी सितारों की, बल्कि ऐसे व्यक्तियों की जिन्हें अन्य लोग नहीं जानते हैं और जिनका जीवन इतना शानदार रहा है। उन्हें ढूंढें, फिर उनके साथ समय बिताएं और उचित प्रश्न पूछना सीखें ताकि अवसर पैदा हों। मेरा मानना है कि जब तक हम बुजुर्गों की कहानियों को साझा करने की इस प्रक्रिया को और अधिक कुशलता से संस्थागत बनाने के तरीके नहीं खोज लेते, तब तक देश अपना सर्वश्रेष्ठ स्वरूप हासिल नहीं कर पाएगा।

जब आप कहते हैं कि इंसानों को कहानियों की स्वाभाविक ज़रूरत है तो आपका काम यह साबित करता है कि इंसान भी जानते हैं कि कहानियों से कैसे निपटना है, क्या आपको नहीं लगता? उसी तरह से सुनिश्चित करने के लिए, आप कहते हैं कि जिन बच्चों के साथ आप काम करते हैं वे समझते हैं कि इन कहानियों को आज की दुनिया में सशक्तिकरण के उपकरण और बिट्स के रूप में कैसे उपयोग किया जाए।

हाँ, वे अपने सर्वोत्तम कार्य के लिए उपकरण हैं। यह हमारे युवाओं और अन्य लोगों के लिए यह पूछने का आदर्श समय है कि हम यहां किस लिए आए हैं? क्या हम यहां चीन के साथ प्रतिस्पर्धा करने या सबसे प्रभावी तकनीकी प्रगति का पीछा करने के अलावा किसी अन्य उद्देश्य से हैं? क्या ऐसी चीज़ें हैं जिनके लिए हम डिज़ाइन किए गए हैं या जिन्हें पूरा करने, पूरा करने का इरादा है? जिमी बाल्डविन हमारे बारे में बात करना पसंद करते थे "खुद को हासिल करना," हम जो व्यक्ति हैं उसे ढूंढना, हम किस बारे में हैं और इसे एक-दूसरे तक लाना।

जब एक माँ और उसकी गोद में बैठा बच्चा कहानियाँ साझा करना शुरू करता है, तो यह केवल जानकारी प्रसारित करने के लिए नहीं होता है। अधिकांश समय, जहां भी मैं बोलता हूं, मैं लोगों से उनकी कुछ कहानियां बताने के लिए कहने से शुरुआत करता हूं। यह देखना दिलचस्प है कि लोग अपने जीवन, अपने रिश्तों और अपने जीवन के बारे में क्या सीखते हैं।

समुदाय। यह कुछ विषम परिस्थितियों में भी स्पष्ट है। यह अद्भुत है।

वाल्टर ब्रुगेमैन

वाल्टर ब्रूगेमैन की उपाधि तीन वर्षों तक ईसाई प्रचारकों और शिक्षकों के लिए "भविष्यवाणी कल्पना" शब्द का पर्याय रही है। जब आप उसके साथ बैठते हैं, तो आप उस परंपरा के क्रूर सत्य-कथन और उग्र आशावाद का हिस्सा बन जाते हैं जिससे वह परिचित है। वह एक जीवंत उदाहरण है कि हमारी आधुनिक, अराजक दुनिया में एक "भविष्यवाणी कल्पना" है। पैगंबर, उनका कहना है कि वे हमेशा कवि रहे हैं।

वाल्टर ब्रूगेमैन के साथ लेखक की इस बातचीत को सुनें

उस अधिक खुली धार्मिक परंपरा में जहां मेरा पालन-पोषण हुआ, हम केवल नैतिक मार्गदर्शकों के रूप में भविष्यवक्ताओं की भूमिका के बारे में बात कर रहे थे। उनके शिक्षण के कलात्मक या सौंदर्य संबंधी पहलू पर ध्यान नहीं दिया गया। हालाँकि, यही एकमात्र तरीका है जिससे आप लीक से हटकर सोच सकते हैं। दूसरे शब्दों में, न्याय के लिए उदारवादी अभियान केवल एक विचारधारा है जिसमें परिवर्तन करने की शक्ति नहीं है। यही कारण है कि यह कविता के बारे में इतना उल्लेखनीय है - यह इतना अस्पष्ट है कि इसे किसी सूत्र के रूप में नहीं बांधा जा सकता। न्याय को लेकर चिंतित उदारवादियों के लिए एक बड़ा आकर्षण यह है कि इसे एक फॉर्मूले में सीमित कर दिया जाए। . .

. . . एक और वाद बनाने के लिए.

यह सही है। फिर कविता प्रकट होती है और फिर खुलती है।

यह भाषा और भाषा के रूपों की शक्ति है। आपके लेखन में ऐसे शब्द हैं जो भविष्यसूचक लेखन से उत्पन्न हुए हैं, लेकिन भविष्यसूचक नहीं हैं।

आधुनिक भाषा का एक भाग है। विलाप उनमें से एक है. मुझे विलाप के बारे में कुछ बताएं.

विलाप मेरे अध्ययन और जुनून का एक महत्वपूर्ण हिस्सा है। यह विलाप की पुस्तक कविताओं का एक संग्रह है जो यरूशलेम के विनाश के लिए शोक मनाती है जिसे नष्ट कर दिया गया था। हालाँकि, भजनों की पुस्तक, इसका लगभग एक तिहाई, या भजनों की पुस्तक का कम से कम एक तिहाई, दुःख, हानि, शोक और क्रोध के लिए गीत या प्रार्थनाएँ हैं, जिसका अर्थ है कि जो कुछ हम जानते हैं उसका एक बड़ा हिस्सा आस्था का पुराना नियम का अनुभव हमसे छीना जा रहा है। जो बात दिलचस्प है वह यह है कि चर्च की संस्था में, लेक्चररी और लिटुरजी के साथ विलाप की रस्म को समाप्त कर दिया गया है।

हम नहीं जानते कि उन परेशान करने वाले अंशों के बारे में क्या करना चाहिए।

हम नहीं चाहते. अंत में, यरूशलेम को 9/11 के समतुल्य पुराने नियम के रूप में देखा जा सकता है। यह उनका 9/11 है.

9/11 के बाद के दिनों में, मैंने एक रब्बी के साथ-साथ एक इवेंजेलिकल धर्मशास्त्री जैसे कई लोगों से बात की, जिन्होंने मुझे विलापगीत की प्रारंभिक पंक्ति पढ़ी "शहर कितना अकेला बैठता है।"

यह एकदम सही फिट है. हमने दुःख के टुकड़ों को नज़रअंदाज कर दिया है, हम अपनी दुनिया में होने वाले नुकसान से निपटने के लिए तैयार नहीं हैं। हम दिखावा करते रहते हैं और दिखावा करते रहते हैं कि हमारे साथ कुछ नहीं हो रहा है।

हम पैटर्न और निरंतरता, योजनाओं और योजनाओं की पूर्वानुमेयता के बारे में सोचते हैं। बाइबिल में, हम बाइबिल काफी हद तक उन योजनाओं को तोड़ने और सूत्रों को तोड़ने की भगवान की क्षमता पर ध्यान केंद्रित कर रहे हैं। यदि वे सकारात्मक रुकावटें हैं तो बाइबल उन्हें चमत्कार के रूप में संदर्भित करती है। हम आम तौर पर उस वाक्यांश को नकारात्मक घटनाओं के लिए लागू नहीं करते हैं, हालांकि, इसका वास्तव में तात्पर्य यह है कि हमारे जीवन की वास्तविकता और भगवान की वास्तविक जीवन की वास्तविकता हमारी तर्कसंगत योजनाओं में प्रतिबिंबित नहीं होती है। इससे कोई फर्क नहीं पड़ता कि कोई इस पर ईश्वर के नजरिए से चर्चा करना चाहता है या नहीं, यह व्यक्तिगत पसंद का मामला है।

फिर भी, यह जीवन की वास्तविकता है, कि हमारा जीवन किसी भी प्रकार की अशांति के लिए मंच है जब चीजें उस तरह से नहीं बदलतीं जैसी हमने कल्पना की थी।

आप जिस बड़े तर्क पर चर्चा कर रहे हैं वह भविष्यवाणी परंपरा की साहित्यिक, सौंदर्यवादी काव्यात्मक संवेदनशीलता है। बात यह है कि ये शब्द अद्वितीय और परिवर्तनकारी हैं। यह उस आवाज़ को राजनीतिक दायरे से बाहर कर देता है। मैं इस बात से भली-भांति परिचित हूं कि ऐसे कई शब्द हैं जिनका धार्मिक लोगों द्वारा सम्मान किया जाता है और वे उनके लिए आवश्यक हैं - न्याय, शांति और शांति शब्द।

शब्द ही दागदार हैं. क्या वे व्यक्तिगत और राजनीतिक बोझ से भरे हुए हैं? वे या तो उदारवादी हैं या रूढ़िवादी हैं या किसी विचारधारा का हिस्सा हैं।

मैं इस बारे में लगातार सोच रहा हूं कि यह मेरे लिए कितना आश्चर्यजनक है कि पुराने नियम के भविष्यवक्ता शायद ही कभी किसी "मुद्दे" के विषय पर बात करते हैं। वे जो कर रहे हैं वह उन विषयों के नीचे जा रहा है जो वर्तमान में लोगों के लिए चिंता का स्रोत हैं, और अधिक मौलिक मान्यताओं की ओर जा रहे हैं जिन्हें एक मायावी भाषा में उजागर किया जा सकता है। अधिकांश चर्च संस्थान मुद्दों में व्यस्त हैं। जब हम मुद्दों पर ध्यान केंद्रित करते हैं तो हम परिवर्तन की शक्ति खो देते हैं। यह तब विचारधारा के विरुद्ध विचारधारा है, जो किसी भी व्यक्ति के लिए सर्वोत्तम परिणाम नहीं है।

क्या आप ऐसे उदाहरण के बारे में सोच सकते हैं जिसमें आपने धार्मिक नेता या समुदाय को नियमों को तोड़ते हुए देखा हो? आपका मतलब है, आधार से परे जाना?

हाँ, मार्टिन लूथर किंग ने कभी-कभार ऐसा किया। मेरा मानना है कि अपने चरम पर, वह एक बाइबिल कवि थे। यदि आप केवल "मेरा एक सपना है" पंक्ति के बारे में सोचते हैं - तो यह उड़ गया। वह नागरिक अधिकार कानून बनाने की संभावना पर चर्चा नहीं कर रहे थे, लेकिन यह उनका सपना था। समय-समय पर ऐसा ही होता रहता है।

लक्ष्य समस्या को फिर से परिभाषित करना है ताकि हम अपने समाज की वास्तविकता को फिर से अनुभव कर सकें, जो सीधे हमारे सामने है, लेकिन एक नए दृष्टिकोण से।

अध्याय 3: शरीर की कृपा

पदार्थ समुद्र, वृक्ष और आकाश से जुड़ा है; मांस और रक्त हमें उस वास्तविकता का हिस्सा बनाते हैं; इस सत्य को स्वीकार करना मुक्तिदायक और आरामदायक दोनों है।

मन और आत्मा एक दूसरे से अभिन्न रूप से जुड़े हुए हैं; हमारी समझ केवल उनके सह-अस्तित्व तक ही सीमित थी। निराशा से ख़ुशी तक की भावनाएँ और यादें हम सभी में गहराई से चलती हैं; हड्डी-गहरे प्यार, दिल टूटने, या फिरौन के "कठोर दिल" से - शब्द जो हम लंबे समय से इस्तेमाल कर रहे थे, अब उनकी कोई सार्थक व्याख्या हो रही है। हमारा मस्तिष्क भौतिक मार्ग बनाता है; शरीर लालसा और आनंद के साथ-साथ भय के अवतार के रूप में कार्य करते हैं।

चिकित्सा धीरे-धीरे हमारे पूरे भाग के बजाय हमारे अंगों का इलाज करने की एक कला बन गई है। धर्म ने हमें उच्च रहस्यमय धारणाओं के साथ और भी विभाजित कर दिया कि हमारी आत्माएं शरीर के अंदर फंसी हुई थीं, साथ ही धर्मशास्त्रों ने मांस और पाप को अप्रभेद्य बना दिया। आश्चर्यजनक रूप से, यहां तक कि ज्ञानोदय ने भी इस प्रवृत्ति में भूमिका निभाई; डेसकार्टेस ने अपने प्रसिद्ध कथन "मुझे लगता है, इसलिए मैं हूँ" के साथ कल्पना और आत्मा के लिए जगह छोड़ते हुए गणितीय साधनों के माध्यम से वास्तविकता को रेखांकित करने के नए विज्ञान के प्रयास को देखा। दुर्भाग्य से यह वाक्यांश बाद में एक प्रबुद्धता ध्वनि बन गया और उस समीकरण के हिस्से के रूप में आध्यात्मिक तत्वों को कम करते हुए हमें मानव बनाने वाली चीज़ों को कम कर दिया।

स्वाद, स्पर्श, गंध, देखना और सुनना मेरी इंद्रियाँ हैं जो मेरे मन में एक साथ आकर मेरे अनुभव और जीवन की कहानी बनाती हैं; मेरा जीवन इन संवेदनाओं के साथ तालमेल बिठाकर चलता है, जैसा कि बुक ऑफ कॉमन प्रेयर में अधिक काव्यात्मक भाषा में वर्णित है - इससे यह पता चलता है कि मैं कौन हूं!

दार्शनिकों और चिकित्सकों ने कभी भी हमें और अधिक ध्रुवीकृत करने का इरादा नहीं किया, फिर भी मनुष्य के रूप में ठीक यही हुआ, हम इच्छाओं, जरूरतों और अतिरेक से भरे हुए इस अराजक जीवन को नियंत्रित करने के प्रयास में सहज रूप से महान सत्य को चरम सीमा तक ले जाते हैं। हालाँकि, अब हम पृथ्वी पर वापस आ रहे हैं; संपूर्णता के लिए हमारी चाहत को उस शरीर क्रिया विज्ञान से पुनः जोड़ना जिसे हम अच्छी तरह से जानते हैं और साथ ही इसके न्यूरॉन्स जो यह ज्ञान प्रदान करते हैं, शक्ति है। शारीरिक, भावनात्मक और आध्यात्मिक कल्याण सभी एक दूसरे के साथ हमारी कल्पना से अधिक मजबूती से जुड़े हुए हैं और यह ज्ञान दोनों पर शक्ति प्रदान करता है।

अधिकांश इतिहास के लिए, धर्म एक गहन, पूर्ण-शरीर अनुभव था: हम नृत्य और गायन के साथ-साथ हंसते और रोते थे, जबकि अनुष्ठानों के माध्यम से जीवन के मार्ग को अनुष्ठान करते थे जिसमें नाचना और गाना, हंसना और रोना, सांप्रदायिक अनुष्ठानों में एक साथ रोटी तोड़ना या बस शामिल था। प्रार्थना करने या रोटी तोड़ने के लिए घुटने टेकना और हाथ जोड़ना; शोक मनाने, एकत्र होने या उत्सव मनाने के लिए अनुष्ठानिक अनुष्ठान - ये क्रियाएं समय और मुद्रा के आंतरिक कंटेनर बनाती हैं; वे कविता के भौतिक परिणामों की तरह हैं जिनका बड़ा प्रतीकात्मक मूल्य है; अनुष्ठान भावनाओं को मुक्त करने में मदद

करते हैं और साथ ही सामूहिक समय के माध्यम से स्मृति को मूर्त रूप देते हैं - वे समय और मुद्रा के आंतरिक कंटेनर बनाते हैं जो सामुदायिक समय-आधारित कार्रवाई के माध्यम से स्मृति को मूर्त रूप देते हैं जो समय और मुद्रा के आंतरिक कंटेनर बनाते हैं जो समय और मुद्रा में निरंतरता प्रदान करते हुए अपने महत्व को पूरा करते हैं। ;

और सभी परंपराएँ जो हमें अर्थ और नैतिकता प्रदान करती हैं, उनमें एक अवतारी हृदय होता है: बौद्ध धर्म अपने शिक्षक प्रदान करता है, हिंदू धर्म अपने देवता प्रदान करता है; यहूदी धर्म और इस्लाम के पैगंबर जो समय के माध्यम से स्वयं को मूर्त रूप देते हैं; जबकि ईसाई धर्म यह घोषणा करता है कि ईश्वर हमारे साथ भौतिक अस्तित्व में प्रवेश कर रहा है - खुशियाँ, दुःख, महिमा की चमक और असहायता में निरंतर वापसी को समान रूप से साझा कर रहा है।

मेरे बचपन की प्रोटेस्टेंट दुनिया ने पूजा को एक ऐसे अनुभव में बदल दिया जहां रीढ़ एक असहज पीठ पर सीधी होती है, आंखें सीधी आगे की ओर। सबसे पहले, जब मैं अपने बिसवां दशा में धर्म पर गंभीरता से विचार करने के लिए लौटा तो जिन पवित्र हस्तियों ने मुझे आकर्षित किया, वे सभी सतह पर भौतिकता और आध्यात्मिकता के बीच एक मजबूत सीमा का मॉडल बनाने के लिए दिखाई दीं; हालाँकि, अब मैं चीजों को विभिन्न लेंसों से देखता हूँ: रहस्यवादी ऐसी निहित, सुरक्षित भौतिकता को अस्वीकार करते हैं क्योंकि वे मांस और रक्त को उसकी कच्ची अवस्था में डुबो देते हैं - जैसे कि जब बुद्ध ने अपने महल को बाहर रहने के लिए छोड़ दिया था जहाँ उन्हें मानवीय पीड़ा की सीमा के बारे में पता चला या नॉर्विच के जूलियन को। जो अपनी कोठरी के अंदर अकेली रहती थी - जहाँ वह सभी प्रकार की मानवीय पीड़ाओं के प्रति जागृत हुई;

डेथ और पैशन नाटकों के माध्यम से ब्लैक डेथ पर प्रतिक्रिया करते हुए, इन प्राचीन लेखकों ने इन कृत्यों के माध्यम से भगवान को समझने की कोशिश की। ब्रदर लॉरेंस के लेखन भी थे जिनके ईश्वर की उपस्थिति के अभ्यास में ईश्वर की उपस्थिति के उनके दैनिक अभ्यास के हिस्से के रूप में हर बर्तन धोने जैसे पवित्र कार्य के रूप में सांसारिक दैनिक शारीरिक कार्य भी शामिल थे।

रूमी ने चलते समय संतुलित रहने के लिए घूमने वाले दरवेशों के बारे में लिखा है, और मैं प्रमाणित कर सकता हूं कि थिच नहत हान के साथ चलने वाला ध्यान व्यक्ति को शरीर, सांस और दिमाग में वास्तव में जीवित महसूस कराता है।

बौद्ध धर्म ने अपनी विभिन्न विविधताओं में दिल-दिमाग का एक परिष्कृत मनोविज्ञान विकसित किया है, अपनी मूल भाषाओं में दोनों को कभी अलग नहीं किया है। सहस्राब्दियों से इसने दैनिक अभ्यास के रूप में मन की जांच करने और उसे शांत करने के लिए चिंतनशील विषयों पर ध्यान केंद्रित किया है। जैसे-जैसे आधुनिकता और उपनिवेशवाद ने इस परंपरा को खतरे में डाला, वैसे-वैसे इसके संरक्षक के रूप में काम करने वाले मठवासियों ने इन प्रथाओं को सभी के लिए खोल दिया। और 1960 के दशक के दौरान सामाजिक अशांति के जवाब में, युवा पश्चिमी लोग ध्यान तकनीक सीखने के लिए भारत और बर्मा की यात्रा करने लगे। मैंने इनमें से कुछ अग्रदूतों का साक्षात्कार लिया: शेरोन साल्ज़बर्ग, जोसेफ गोल्डस्टीन, सिल्विया बूर्स्टीन और मीराबाई बुश - कई अन्य लोगों के बीच - जब वे प्रचारक के रूप में नहीं बल्कि आध्यात्मिक प्रौद्योगिकियों के आयातक के रूप में घर लौटे जो आज की आधुनिक दुनिया में तत्काल समाधान पेश कर सकते हैं।

जॉन काबट-ज़िन को पहली बार एमआईटी में आणविक जीव विज्ञान का अध्ययन करते समय ध्यान का सामना करना पड़ा। काबट-ज़िन के अनुसार, वैज्ञानिक उत्कृष्ट ध्यानी बनते हैं क्योंकि वे जो नहीं जानते उसे जानने में सहज होते हैं - ऐसा कुछ जिसे उन्होंने विशेष रूप से उन ऊर्जाओं को समेटने के प्रयास के रूप में उपयोगी पाया जो उनके बचपन के दौरान वैज्ञानिक और चित्रकार माता-पिता दोनों के साथ असहज रूप से सह-अस्तित्व में थीं। . समय के साथ उन्होंने महसूस किया कि उन्होंने जो सीखा वह बीमारी के उपचार, तनाव से राहत के लिए सुलभ और प्रासंगिक होना चाहिए; 1980 के दशक में उन्होंने एक संस्था की स्थापना की जिसे माइंडफुलनेस बेस्ड स्ट्रेस रिडक्शन के नाम से जाना जाने लगा; पश्चिमी चिकित्सा के परिवर्तन में मदद करने में महत्वपूर्ण योगदान दे रहा है जो आज भी जारी है।

जॉन काबट-ज़िन और डॉ. एमी लेफ़ेवर के बीच इस बातचीत को सुनें
ये प्रौद्योगिकियाँ या इंट्रासाइकिक प्रौद्योगिकियाँ - चाहे आप उन्हें कुछ भी कहें - हमें अपने भीतर जो सबसे गहरा और सबसे अच्छा है, उससे लगातार जुड़ने का अवसर प्रदान करती हैं। अब यह कुछ ऐसा नहीं है जिसे केवल हार्वर्ड कक्षाओं या अंगूर के बागों में दशकों तक काम करने के माध्यम से प्राप्त किया जा सकता है - आपके पास यह सब पहले से ही है, जिसमें बैठने की मुद्रा में ध्यान, लेटकर शरीर का स्कैन, सचेतन हठ योग या किसी अन्य औपचारिक या अनौपचारिक रूप से शामिल माइंडफुलनेस अभ्यास शामिल है - यह है जीवन ही, जिसमें सुनना, देखना, सूंघना, चखना, स्पर्श करना और "मनन करना" शामिल है।

आपकी सादृश्यता पूरी तरह से दर्शाती है कि दांव पर क्या है: वाल्डेन में थोरो के अनुसार, जिस भी क्षण को हम महत्वपूर्ण नहीं मानते हैं वह हमेशा के लिए खो जाता है: 'केवल वही दिन होता है जिसके प्रति हम जागते हैं।

केवल उसी दिन का उदय होता है जिसके प्रति हम जागते हैं। वाल्डेन की तीसरी से आखिरी पंक्ति का यह उद्धरण 1844 में कॉनकॉर्ड में उनके अहसास का वर्णन करता है - जिसे अक्सर सुखद जीवन के रूप में माना जाता है - अपने समय में खेती और शांति स्थापना के सुखद जीवन के दौरान। वाल्डेन वास्तव में वहां के निवासियों और किसानों के जीवन को शांत हताशा के रूप में चित्रित कर रहे थे, जो आज हम जिस तरह से ई-मेल या इंटरनेट को हमें खुद से विचलित करने वाला मानते हैं, उससे इतना अलग नहीं है।

मनुष्य एक ऐसी स्थिति में रहता है जिसे होमो सेपियन्स सेपियन्स कहा जाता है; यह नाम लैटिन सपेरे से आया है जिसका अर्थ है चखना या जानना; दूसरे शब्दों में, हम जानते हैं कि हम जानते हैं और यही वह हिस्सा है जो हमें परिभाषित करता है। शायद वास्तव में इस उपाधि को प्राप्त करने के लिए हमें मनुष्य के रूप में अपने मार्गदर्शक के रूप में जागरूकता के लिए जागरूकता पैदा करने की आवश्यकता है।
हमारे जीवन में हर मोड़ पर, हमें यह निर्णय लेने की ज़रूरत है कि हमें क्या निवेश करना है और हम कहाँ रहते हैं, अपने बच्चों को स्कूल कहाँ भेजना है और हमारे खाने की मेज पर किसे बैठना चाहिए। संक्षेप में, जीवन को जैसा जीना चाहिए, वैसे जीते समय प्रत्येक क्षण मायने रखता है।

जैसे-जैसे हम ये सबक हासिल करते हैं, उतनी ही अधिक संभावना होती है कि हम मौत की ओर नहीं भागेंगे, बल्कि खुद को जीवन के प्रति खोलेंगे। इन दोनों मार्गों के बीच बहुत बड़ा अंतर है और सभी उपलब्ध वैज्ञानिक प्रमाण बताते हैं कि जब लोग इस तरह से मृत्यु के बजाय जीवन चुनते हैं, तो उनके मस्तिष्क के रूप और कार्य के साथ-साथ प्रतिरक्षा प्रणाली प्रतिक्रियाओं के संदर्भ में भी परिवर्तन होता है, शरीर के तापमान विनियमन में नाटकीय रूप से परिवर्तन होता है - अंततः शारीरिक और मनोवैज्ञानिक रूप से हमारे बारे में जो सबसे ज्यादा मायने रखता है उसका ख्याल रखना, जिसमें दोस्तों, प्रियजनों और खुद के साथ संबंधों को बेहतर बनाना शामिल है।

मेरे दक्षिणी बैपटिस्ट उपदेशक दादाजी के पास प्रचुर ऊर्जा, एक संक्रामक हंसी और मेरी दादी के लिए जबरदस्त जुनून था। उनकी उपस्थिति उनके धर्मशास्त्र के लिए एक मारक थी, जो नियमों के दमनकारी सेट पर आधारित थी: शराब पीने, धूम्रपान या यौन संबंधों की अनुमति नहीं थी - फिर भी अन्य में नृत्य, ताश खेलना, तैराकी और शॉर्ट्स पहनना निषिद्ध व्यवहार के रूप में शामिल था। उनके उपदेशों में दुनिया को स्वाभाविक रूप से एक विश्वासघाती जगह के रूप में और हमारे शरीर को खतरे के संभावित प्रवेश द्वार के रूप में दर्शाया गया है। बाद में, मुझे एहसास हुआ कि उसके नियमों के पीछे एक बुद्धिमत्ता थी; प्रत्येक ने अपने जीवनकाल के दौरान एक आसन्न ढलान यात्रा का पूर्वाभास दिया। ट्वेल्व स्टेप्स के मुख्यधारा बनने से बहुत पहले मेरे दादाजी का पालन-पोषण ओक्लाहोमा के कठोर सीमांत क्षेत्र में हुआ था - इससे पहले कि जुआ या शराब जैसी लतों को अब मौत की सजा के रूप में नहीं देखा जाता था, इससे पहले कि गर्भावस्था के डर के बिना यौन गतिविधि हो सकती थी, बिना विवाह के बच्चे को जन्म देना एक रोजमर्रा की घटना थी और इससे पहले कि गर्भपात जीवन में तबाही ला सके।

जैसा कि मेरे माता-पिता ने किया, मैंने भी उनके नियमों का तिरस्कार किया। जन्म नियंत्रण की हमारी दुनिया में अब उनका कोई मतलब नहीं रह गया है और जोड़े शराब के साथ रातें गुजार रहे हैं क्योंकि इसका प्रभाव कम हो गया है, फिर भी हमने प्रकृति के प्रति एक आवश्यक विनम्रता खो दी है जिसे मेरे दादाजी की पीढ़ी पहचानने और सम्मान करने के लिए पर्याप्त रूप से जानती थी। इसके बजाय हमने प्रकृति को बड़े और छोटे तरीकों से जंगली पक्ष को प्रबंधित करने के लिए नीतियों और नुस्खों के माध्यम से नियंत्रित करने की एक मध्य-शताब्दी दृष्टि को जीया।

घर और पर्यावरण एक दूसरे पर निर्भर क्षेत्र थे: जनसंख्या नियंत्रण और प्रदूषण में कमी गरीबी से लड़ने में केंद्रीय थे; घर पर हमने फास्ट फूड बनाने के लिए माइक्रोवेव और एयर कंडीशनिंग के माध्यम से आग, हवा, पानी और पृथ्वी तत्वों को वश में किया। मेरी माँ ने गृह अर्थशास्त्र का अध्ययन किया, जैसा कि उनकी पूरी पीढ़ी ने किया; उन्होंने पहली बार बक्सों और डिब्बों से बाहर निकलता हुआ रात्रिभोज देखा। युद्धोपरांत अमेरिका में शरीर द्वारा प्रदान किए जाने वाले किसी भी ज्ञान को पछाड़कर सुविधा नया गुण बन गई।

आज मेरा मानना है कि हमारी इंद्रियाँ हमारी आत्मा के लिए अंतिम परीक्षा होती हैं। हालाँकि यह मेरे दादाजी के शब्दों से आपको परिचित लग सकता है, लेकिन आज इसमें हमारे शरीर के लिए एक व्यापक और अंतरंग प्रेम भी शामिल है जो उनके लिए विदेशी

होगा; इस जागरूकता के साथ कि आनंद एक परम गुण है और सुविधा केवल एक भ्रम है; भरोसा रखें कि आपके शरीर द्वारा प्रदान किया गया ज्ञान सर्वोपरि है और सामान्य परिस्थितियों में भी इसे पहचानना आसान है। सुविधा केवल अस्थायी राहत है जबकि श्रम वास्तविक रहता है - और फिर भी आनंद भी वास्तविक रहता है यदि निर्णय लेने की प्रक्रियाओं और परिणामों में इन बोझों को प्रक्रिया और परिणामों से हटाते समय प्राथमिकता दी जाती है; इन तथ्यों के बावजूद श्रम वास्तविक रहता है जबकि आनंद वास्तविक रहता है - पुराने/नए तरीकों से हम आनंद को अधिक ध्यान से देख सकते हैं और एक आदर्श गुण के रूप में आनंद पर जोर दे सकते हैं!

अरस्तू ने आनंद को अखंडता के माप के रूप में देखा; मानवता के चित्रण में बाइबल ने भी ऐसा ही किया। एक बार अराजकता से व्यवस्था बन जाने के बाद, उत्पत्ति अध्याय दो हमें ईडन में रखता है - आनंद से भरा वातावरण - जहां धार्मिक इच्छा सर्वोच्च थी। "आँखों को भाने वाले" पेड़ों से भरा एक सुंदर बगीचा ऐसे फल देता है जो खाने में स्वादिष्ट होते हैं; एलेन डेविस ने मुझे यह पहचानने में मदद की कि रोजमर्रा का मानव जीवन यौन संतुष्टि और पापपूर्ण आचरण के बारे में कम था, बल्कि जीवन के अस्तित्व के हिस्से के रूप में जीविका के बारे में अधिक था।

पृथ्वी की फलदायीता पर जोर दिया गया है। हिब्रू में लिखा है, "भूमि को घास पैदा करने दो।" "पृथ्वी पर हर किस्म के बीज वाले पौधों और फलदार पेड़ों को बीज सहित फल देने दें" और यह विषय दूसरे श्लोक में भी जारी है। इस बात पर लगातार जोर दिया जाता है कि कैसे हमारा ग्रह पृथ्वी उर्वरता और फलदायी की एक स्वायत्त स्व-स्थायी प्रणाली है जो मानवता सहित सभी जीवित प्राणियों का समर्थन करती है। भगवान ने मानवता को अध्याय 2 के अंत में याद दिलाया है, जब उन पर कुशल महारत हासिल करने का आरोप लगाया गया था, कि पृथ्वी पर हर बीज देने वाला पौधा और हर फल देने वाला पेड़ उनका भोजन स्रोत बन जाएगा; पशु-पक्षी भी।"
पृथ्वी पर सभी जीवन को अब उपभोग के लिए हरे पौधों के रूप में भोजन उपलब्ध है, इस प्रकार यह गारंटी है कि सभी को भोजन उपलब्ध है।

कम से कम यह मेरी समझ है: यह हमारा सबसे अच्छा और पहला संकेत हो सकता है कि मनुष्यों के लिए अन्य प्राणियों के बीच विशेषज्ञ प्रभुत्व का उपयोग करने का क्या मतलब है: मनुष्य एक ऐसी प्रजाति है जो इस बात से अवगत है कि सभी को जीवित रहने के लिए भोजन की आवश्यकता है।

तो यह मुझे सही और उचित लगता है, इस सदी में, कि यह उन शुरुआती बिंदुओं में से एक है जहां हम इस बात से अवगत होना शुरू कर रहे हैं कि हम कौन हैं और किस तरह का जीवन जीते हैं। चूँकि हम भोजन और खाने के संकट का सामना कर रहे हैं, हमारी प्रतिक्रियाओं में पारिस्थितिक तंत्र और अर्थव्यवस्थाओं के लिए भूमि के लाभों की जांच शामिल होनी चाहिए। उस सभी विश्लेषण के मूल में यह सीखना निहित है कि स्वाद नैतिक अच्छाई के संकेतक के रूप में काम कर सकता है - चाहे वह उपज की ताजगी हो, जानवरों का जीवन या मृत्यु हो, या मिट्टी की जीवन शक्ति हो। जैसे-जैसे हमारे लापरवाह भोजन का युग समाप्त हो रहा है, हम इसे सावधानी से उगाने और तैयार करने में उत्कृष्ट आनंद की फिर से खोज कर रहे हैं - यह पता लगाना कि ज्ञान, ज्ञान और स्वाद कैसे एक दूसरे से

जुड़ते हैं। डैन बार्बर एक ऊर्जावान इंसान हैं और भोजन के माध्यम से बुनियादी मानवीय अनुभवों को फिर से जोड़ने के लिए "फार्म टू टेबल" के उत्साही समर्थक हैं।

लेखक डैन बार्बर और डैन बेकर के बीच इस चर्चा को सुनें।

जब मैं बहुत छोटा था तभी मेरी माँ का निधन हो गया, और मेरे पिता मेरे लिए भोजन तैयार करने का एकमात्र स्रोत रह गए। उनके प्रयास उनकी क्षमताओं से बहुत कम थे - अक्सर तले हुए अंडे बनाते थे जो कठोर, जले हुए और अधपके होते थे; टॉन्सिलाइटिस की बीमारी के इन दौरों के दौरान, जब मैं 15 साल का था, जब मेरी चाची, एक विशेषज्ञ रसोइया, ने बाजार से फ्रेंच मक्खन का उपयोग करके डबल बॉयलर में ताजे तले हुए अंडों के साथ प्यार से भोजन तैयार किया था! यह व्यंजन मेरी बचपन की सबसे ज्वलंत स्मृति बनी हुई है। "भगवान, यह भोजन व्यक्तिगत है। यह असली लोगों द्वारा बनाए गए असली तले हुए अंडे हैं! यह प्यार है।" आप यह तर्क दे सकते हैं कि मैंने अपने पिता की उपेक्षा की, लेकिन वास्तव में, उनके अंडों ने मुझे अपनी चाची के अंडों की और भी अधिक सराहना करने में मदद की!

डैन बार्बर का दावा है कि जब भोजन की बात आती है, तो नैतिक विकल्प अक्सर आनंददायक विकल्पों के साथ मेल खाते हैं। मैंने इंडियानापोलिस आराधनालय के भोजन, भावना और कला उत्सव के हिस्से के रूप में उनका साक्षात्कार लिया; उसका एक रेस्तरां ऊपरी न्यूयॉर्क में एक कामकाजी फार्म के भीतर पाया जा सकता है - यहां वह ईव को बदले में एक रिडेम्प्टिव गाजर प्रदान करता है।

डैन बार्बर और लेखक के बीच बातचीत को सुनें।

आनंददायक चीजें और स्वादिष्ट स्वाद अक्सर एक-दूसरे के साथ मेल खाते हैं - मैं जो करता हूं उसका आनंद यही है! अच्छे स्वादों की तलाश में स्वादिष्ट भोजन पकाना हमेशा से मेरा जुनून रहा है, इसलिए स्वाभाविक रूप से वे अच्छे पारिस्थितिक विचारों के साथ-साथ चलते हैं। यह स्पष्ट प्रतीत होता है, फिर भी हम अक्सर भूल जाते हैं कि यह वहाँ है। अमेरिकी उपभोक्ता एक विस्तारित अवधि से गुज़रे जहां हम सबसे स्पष्ट तथ्य भी भूल गए - कि स्वादिष्ट गाजर और मेमने को चरागाह और क्षेत्र में लिए गए निर्णयों की आवश्यकता होती है जो नैतिक रूप से जागरूक और पारिस्थितिक रूप से अनुकूल दोनों हों। आप अनैतिक रूप से उगाए गए मेमने के व्यंजन को बिना सोचे समझे उगाए गए गाजर के साथ नहीं खा सकते हैं; यहां तक कि हमारे महानतम शेफ भी ऐसा करने के लिए संघर्ष करेंगे।

एक उदाहरण जिसे हमने हाल ही में प्रदर्शित किया है: हमने फरवरी में मोकम गाजर उगाई, उनकी कटाई की और उन्हें सीधे रसोई में ले आए जहां हमने एक रेफ्रेक्टोमीटर का उपयोग करके ब्रिक्स परीक्षण या चीनी परीक्षण किया, जिसमें प्रति बिलियन चीनी सामग्री का हिस्सा मापा गया।
रेफ्रेक्टोमीटर माप ने इस मोकम गाजर को 13.8 पर पंजीकृत किया। जिज्ञासा के लिए, हमने अपने रेस्तरां में स्टॉक के लिए उपयोग की जाने वाली एक अन्य गाजर पर ब्रिक्स

माप का प्रदर्शन किया; जो आपको होल फूड्स या इसी तरह की, उच्च गुणवत्ता वाली जैविक गाजर पर मिल सकती है। इसने ब्रिक्स पर क्या मापा? 0.0: चीनी से पता नहीं चल पाता! इस रहस्योद्घाटन ने मुझे पूरी तरह से हतप्रभ कर दिया क्योंकि मुझे पता था कि एक स्पष्ट अंतर होगा; आखिरकार मैं स्वयं ही अंतर का स्वाद चख सकता हूँ। लेकिन क्या यह इतना अप्रत्याशित रूप से नाटकीय था?

"जब मेरे लिए एक प्लांट फिजियोलॉजिस्ट का चयन करने का समय आया, तो मुझे जिस व्यक्ति से प्यार हो गया, वह तुरंत सामने आया: वह एक शौकिया कवि भी है! उसने मुझे जो बताया वह काफी काव्यात्मक था फिर भी सीधे तौर पर प्रासंगिक था: गाजर अपने स्टार्च को शर्करा में बदल रही है क्योंकि कठोर में जम जाता है, यह बर्फ का क्रिस्टलीकरण नहीं चाहता है जिसके परिणामस्वरूप इसकी मृत्यु हो जाती है; जिसे आप मिठास के रूप में चखते हैं वह वास्तव में उस जड़ वाली सब्जी का एक संकेतक हो सकता है जो आपको बता रही है कि वह इन कठोर परिस्थितियों में नष्ट न होने की इच्छा रखती है।
वैसे, ब्रिक्स स्तर और पोषक तत्व घनत्व के बीच एक दिलचस्प संबंध है - एक दिलचस्प घटना जब कोई इस पर विचार करना बंद कर देता है - और हमारे शरीर की उच्च ब्रिक्स स्तर वाले स्वादिष्ट भोजन की इच्छा, जैसे कि खेतों में उत्पादित - और उनके पोषण घनत्व। यदि हम अपने प्राथमिक लक्ष्य के रूप में मीठी मिठास वाली किसी चीज़ को चुनते हैं तो हम यह भी चुन सकते हैं कि उनके लिए पारिस्थितिक रूप से सही निर्णय क्या साबित होंगे!

आप दावा करते हैं कि आप नैतिकतावादी नहीं हैं, फिर भी आपकी चर्चा नैतिक मूल्य के साथ जीवन देने वाली किसी चीज़ से संबंधित है।

जैसे ही मैं रब्बी बन जाऊंगा, नैतिकता मेरी प्राथमिकता बन जाएगी।

लेकिन ये कार्य यहूदी परंपरा के भीतर नैतिक मूल्य रखते हैं।

सचमुच सच है. मैं इसे बेहद भाग्यशाली मानता हं कि मेरा पूरा दर्शन आनंद के इर्द-गिर्द घूमता है। क्या आप जानते हैं कि ऐसे मुद्दों का समर्थक होना एक बेहद फायदेमंद अनुभव होता है?
जैसे ही आप बेहतरीन खाद्य पदार्थों के लिए लालची होते हैं, परिभाषा के अनुसार यह हमारे पर्यावरण का जिम्मेदारी से उपयोग करने की आपकी इच्छा को दर्शाता है - यही स्थिरता को परिभाषित करता है!

मेरे दादाजी ने उपदेश देने, मवेशी पालने, पेड़ों से पेकान की कटाई करने और सब्जियों का बगीचा लगाने से सेवानिवृत्त होने के बाद एक खेत खरीदा। अब भी मुझे उनके अद्भुत प्याज का स्वाद याद है जो एक अविस्मरणीय स्वाद अनुभूति बनी हुई है; उन कई यादों में से एक जो अब मेरे लिए बहुत महत्व रखती हैं और अपने अर्थ में बहुत आध्यात्मिक हैं।

* मैं आत्मा (नेफेश) की यहूदी अवधारणा की ओर आकर्षित हूं, जो पहले से अस्तित्व में नहीं है, बल्कि उभरती है - जो भौतिकता और पारस्परिक अनुभव के माध्यम से बनती है। इससे

पता चलता है कि हमारे शरीरों को हमारी आत्माओं पर दावा करने की आवश्यकता है; हमारे शरीर गुण या दोष का स्रोत हैं, रहस्य तक पहुंच बिंदु हैं - यह प्रति-सहज ज्ञान युक्त लगता है लेकिन किसी तरह इसका सही अर्थ है: हमसे परे और ऊपर पहुंचना।

हमारा शरीर हमें जीवन का वह सत्य दिखाता है जो हमारा दिमाग नहीं दिखा सकता, वह यह है कि किसी भी क्षण हमें उतनी ही कोमलता की आवश्यकता होती है जितनी दृढ़ता की; हमेशा दूसरों से देखभाल और कोमलता की आवश्यकता होती है। जीवन निरंतर विकसित हो रहा है; कोई भी क्षण स्थिर नहीं रहता या सांसें नहीं ली जातीं। कभी भी पूर्ण नहीं, जीवित रहने का मतलब हमेशा अव्यवस्था और आश्चर्य से निपटना है जो इसके दौरान सामने आते हैं; कभी भी सुरक्षा और स्थिर ठहराव तक नहीं पहुंचने की इस वास्तविकता के प्रति हम खुद को कैसे खोलते या बंद करते हैं, यह ज्ञान की मुख्य सामग्री है।
हमारे बीच बहुत से बुद्धिमान शिक्षक बीमारी या संकट की स्थिति से जीवन की सच्चाई का एहसास करते हैं, जहां उनकी सच्चाई पहले से कहीं अधिक पारदर्शी हो जाती है। वे ठीक नहीं होते बल्कि पहले से अधिक संपूर्ण होकर उभरते हैं, रहस्यमय विचारों को मूर्त रूप देते हैं जो विदेशी लगते थे लेकिन सामान्य ज्ञान बन गए। इसके मूल में, जीवन सूक्ष्म और विनाशकारी दोनों तरह के नुकसानों के बारे में है - कैंसर, कार दुर्घटनाएं - लेकिन साथ ही प्यार करने और नुकसान या मृत्यु होने के बाद फिर से उठ खड़े होने के बारे में भी है - उम्र बढ़ना, प्यार की हानि, सपने टूटना, बच्चों का घर छोड़ना... दुःख और खुशी एक दूसरे से अलग मार्ग के रूप में सह-अस्तित्व में हैं; इनमें से कोई भी एक दूसरे से अनुभव के अलग मार्ग के रूप में मौजूद नहीं है...
हम जो भी कदम उठाते हैं, वह हमें उनकी सभी खामियों और खूबसूरती के माध्यम से अपने आप में और अधिक गहराई से स्थापित करने में मदद करता है।

मैथ्यू सैनफोर्ड का शरीर मेरे द्वारा देखे गए सबसे जीवंत शरीरों में से एक है और वह एक उत्कृष्ट योग शिक्षक हैं। चौदह साल की उम्र में मिसौरी रोड पर एक वाहन दुर्घटना में उनके माता-पिता दोनों की मौत के बाद कमर से नीचे का हिस्सा लकवाग्रस्त हो गया था, जिसके बाद से वह तीस साल से व्हीलचेयर पर हैं। सबसे पहले, डॉक्टरों और चिकित्सकों की सलाह के बाद, उन्होंने पैरों के बजाय बॉडी-बिल्डर हाथ विकसित करने का प्रयास किया - कुछ ऐसा जो अंततः अप्रभावी साबित हुआ। योग ने उन्हें अपने शरीर के सभी पहलुओं को ठीक करने में मदद की, इस बात पर जोर देते हुए कि वह ठीक हो सकते हैं, भले ही उनके पैर ठीक नहीं हो सके। तब से उन्होंने विकलांग लोगों, बुजुर्गों और एनोरेक्सिया से पीड़ित युवा महिलाओं के लिए अनुकूली योग का बीड़ा उठाया है। उनके अनुसार वह जीवन के सभी रूपों के प्रति अधिक दयालु हुए बिना घर पर इससे अधिक किसी व्यक्ति से कभी नहीं मिले - एक अद्भुत कथन फिर भी किसी तरह सही समझ में आता है!

मैथ्यू सैनफोर्ड और लेखक एरिक रेहबर्ग के बीच इस बातचीत को सुनें।

मेरा छह साल का बच्चा रो रहा है, और उसे मेरे आलिंगन की जरूरत सिर्फ प्यार के कारण नहीं है, बल्कि उसके अनुभव के चारों ओर सीमाएं बनाने के लिए है - यह जानने के लिए कि कोई भी असुविधा उसके पूरे अस्तित्व को सीमित नहीं करेगी और इस प्रकार एक आलिंगन

उसे खुद में वापस आने और किसी भी चिंता को कम करने में मदद करता है। या वह तनाव महसूस कर रहा है। एक आलिंगन के साथ वह तुरंत अपने आप में वापस लौट आता है।

जैसे ही मैथ्यू ने योग का अभ्यास करना शुरू किया, उन्होंने देखा कि हालांकि समय के साथ दुर्घटना की उनकी सचेत स्मृति धुंधली हो गई थी, फिर भी उनके शरीर को इसके प्रभाव याद थे; इस प्रकार तनाव और आघात जीवविज्ञान में एक उभरती हुई सीमा के साथ मेल खाता है - अनुभव हमारे शरीर में रह सकते हैं और उन्हें वहां संबोधित किया जा सकता है। उनके अनुसार, मैथ्यु की यात्रा ऐसी है जिसे हम सभी अपनाते हैं; भौतिक सीमा तक जल्दी पहुंचने और तेजी से गिरावट का अनुभव करने के मामले में वह दूसरों से आगे है।

मैथ्यू सैनफोर्ड और लेखक पॉल डुगुइड के बीच इस बातचीत को सुनें।

तो आप वर्णन करते हैं कि कैसे समय के साथ और सभी प्रकार के ऑपरेशनों और चोटों का अनुभव करने के बाद, जिसमें प्रारंभिक आघात के साथ-साथ बाद के आघात भी शामिल हैं, उपचार केवल फिर से चलने के अलावा कई रूपों में आ सकता है। इस सब के दौरान किसी बिंदु पर आपको यह एहसास होना शुरू हुआ कि उपचार भौतिक से परे कई अलग-अलग रूप ले सकता है। जब लोग कहते हैं, "मेरा शरीर मुझे विफल कर रहा है", जिसे आपके चालीसवें वर्ष के सभी सहकर्मी अब अक्सर कहते हैं - मैं जानता हूं कि हर किसी ने इसी तरह की टिप्पणियाँ की हैं - चाहे इसकी वजह से उनकी दृष्टि कमजोर हो रही हो, घुटने कमजोर हो रहे हों, पीठ की समस्याएं आदि...

और मैं यह बात अफसोस के साथ कह रहा हूं क्योंकि 13 साल की उम्र में मैंने अपने शरीर को हर तरह के आघात से बचाकर उसका फायदा उठाया। एक सबक जो तब से मेरे लिए गूंजता रहा है वह यह तथ्य है कि यह मेरा शरीर ही था जिसने मुझे जीवित रखा; जीवन एक ऐसी चीज़ है जिसमें यह अपना सर्वश्रेष्ठ प्रदर्शन करता है।
मेरे शरीर ने जोर से मारने और टूटने की मांग नहीं की, इसकी रीढ़ की हड्डी टूट गई और कई हड्डियां टूट गईं, फिर भी यह फिर से खड़ा हो गया, एक पूर्ण और सक्रिय जीवन जीने के लिए जल्दी से फिर से संगठित हो गया। मेरा केवल कुछ ही हिस्सा ठीक होने में विफल रहा - घटना के बाद रीढ़ की हड्डी का एक या दो इंच पुनर्जीवित होने में सक्षम नहीं था - फिर भी मैं सामान्य रूप से काम करने में कामयाब रहा, जहां आवश्यक हो वहां नई कोशिकाओं का उत्पादन किया और यथासंभव लंबे समय तक जीवित रहने की दिशा में काम किया।

प्राणायाम, या योगिक श्वास, योग मुद्राओं में संतुलन, शक्ति और लचीलेपन को बढ़ाने में मदद कर सकता है। जब आप साँस लेने के व्यायाम के इस रूप का अभ्यास उन मुद्राओं में करते हैं जिन्हें आप सीधे तौर पर महसूस नहीं करते हैं, तो प्राणायाम आपकी सांसों को उन स्थानों को भरने की अनुमति देता है जिन्हें आप महसूस नहीं कर सकते हैं; सिर्फ बाइसेप ही नहीं जिसे आप वास्तव में फ्लेक्स कर सकते हैं। आपका संतुलन बढ़ता है, ताकत मजबूत होती है और लचीलेपन का विस्तार होता है; इसे एक नैतिक पाठ बनाए बिना अपने शरीर का सम्मान करने की तो बात ही छोड़िए - व्यक्तिगत रूप से मैं "अनुग्रह" को प्राथमिकता देता हूँ।

अपने शरीर की कृपा को पहचानें

या यह महसूस करें कि आपके जिन हिस्सों को आप सुंदर नहीं मानते, वे भी अपने आप में सुंदर हैं - उन्हें खोया हुआ या अनुपस्थित मानकर नज़रअंदाज न करें; वे आपकी ताकत, फाइबर और लचीलेपन का हिस्सा बनते हैं; लकड़ी के दाने के समान जहां केवल एक प्रकार नहीं बल्कि दोनों प्रकार होते हैं जो ताकत जोड़ते हैं; समावेशन दुनिया को हल्का और आसान बनाता है जब आपका अधिक हिस्सा यहां शामिल होता है।

यह काम कठिन हो सकता है. धैर्य और दृढ़ता की जरूरत है. काश कोई ऐसी जादुई अंतर्दृष्टि होती जिसने सब कुछ आसान बना दिया होता; दुर्भाग्य से यह बाकी सभी चीजों की तरह ही काम करता है। मेरे विचार अक्सर स्थिर जीवन जीने की दिशा में मेरे शरीर की प्रगति के इर्द-गिर्द घूमते हैं: जहां त्वचा पुराने दबाव घावों या पुरानी चोटों के खिलाफ संघर्ष करती है और मैं यह सोचने की कोशिश नहीं करता हूं, "ओह, यह रुक नहीं रहा है!", इसके बजाय मेरा शरीर अपने प्रयास में कड़ी मेहनत कर रहा है . इसके बजाय मैं अपने आप से कहता हूं "यार! यह कड़ी मेहनत कर रहा है। मेरा शरीर जाने नहीं देता।"
मेरा शरीर उतनी कुशलता से ठीक नहीं हो सकता है, लेकिन जो करुणा मैं अपने और दूसरों के प्रति दिखा सकता हूं वह मेरे भौतिक शरीर को अन्य तरीकों से ठीक कर रही है।

टेइलहार्ड डी चार्डिन ने तस्वीर के एक आवश्यक हिस्से को नहीं पहचाना: आध्यात्मिक विकास जैविक महत्व को कम नहीं करेगा बल्कि इसे बढ़ाएगा, जिससे हमें अपने शरीर को अधिक सचेत और सम्मानपूर्वक रहने की आवश्यकता होगी। हममें से कुछ लोग दौड़ने, पैदल चलने, मार्शल आर्ट प्रशिक्षण, बागवानी या खाना पकाने - या अन्य कई तरीकों से इस दिशा में प्रगति कर रहे हैं। मैथ्यू सैनफोर्ड से मिलने से पहले मैं एक शौकीन तैराक था; उसके बाद मैंने योग करना शुरू किया, जिसने सचमुच मेरी जान बचाई है! अपने मूल में सूक्ष्म लेकिन अपने प्रभाव में गहरा। आवश्यकतानुसार इस बात पर ध्यान केंद्रित करना कि मेरी हथेलियाँ कहाँ थीं और मेरे पैर कहाँ थे, एक तत्काल राहत थी और तब से यह मेरी भलाई में मदद करने के लिए अमूल्य साबित हुई है। जैसे-जैसे मैं मध्य जीवन के करीब पहुंचा, मैंने पहली बार योग करना शुरू किया और यह देखकर चकित रह गया कि इसमें विशेषज्ञ न होना कितना फायदेमंद था - हालांकि योग मुद्राएं महत्वपूर्ण हैं, मुद्राओं के बीच संक्रमण भी उतना ही सुंदर है; मैं अपने दैनिक कामकाजी जीवन में इस भौतिक अनुभव को विभिन्न तरीकों से लागू करता हुआ पाता हूँ।

वहाँ बहुत सारे बुरे योग हैं, जैसे कि वहाँ बहुत सारे बुरे धर्म हैं। इसलिए जब बीस साल के शिक्षक मुझे अपने अभ्यास के लिए "एक इरादा निर्धारित करने" और इसे दुनिया में आशीर्वाद के रूप में भेजने का निर्देश देते हैं, तो मुझे नहीं पता कि मैं उन पर विश्वास करता हूं या नहीं; मैं निश्चित रूप से जानता हूं कि शरीर, सांस और इरादे को एक साथ लाने का ध्यान रखने से कुछ क्षणों में ध्यान देने की मेरी क्षमता बदल जाती है और मेरी दुनिया में आगे बढ़ने का तरीका बदल जाता है।

मेरे शरीर को उसकी सारी सुंदरता और खामियों के साथ अपनाना मध्य जीवन में एक अप्रत्याशित उपहार रहा है। उम्र बढ़ना हम सभी के लिए अपरिहार्य है, फिर भी कई बार इसके प्रभाव हमें आश्चर्यचकित कर देते हैं। बुढ़ापा अब क्रमिक रूप से नहीं आता है और

इससे कोई फर्क नहीं पड़ता कि मैंने कितना योगाभ्यास किया, एक समय ऐसा आया जब व्यवस्था और अराजकता के बीच मूल नृत्य को कुछ लक्षणों को छुपाने या छुपाने से छुपाया नहीं जा सकता था। जैसा कि मैंने अपने बच्चों को किशोरावस्था के प्रारंभिक कायापलट के माध्यम से बदलते हुए देखा, मैंने अपने स्वयं के परिवर्तन की प्रतिक्रियाओं में भयभीत प्रतिक्रियाओं के बजाय गले लगाने का फैसला किया; इसी तरह मुझे आशा है कि यह निर्णय उम्र बढ़ने के मेरे अपने कायापलट पर भी लागू होगा।

दुःख, भय और अविश्वास सभी जीवन का हिस्सा हो सकते हैं; फिर भी इस चुनौती को जितनी स्वीकार्यता के साथ मैं स्वीकार कर सकता हूँ, स्वीकार करने से एक अप्रत्याशित आशीर्वाद सामने आता है: शांति।

संतुष्टि हमेशा ऐसी चीज़ नहीं रही जिसे मैंने अनुभव किया हो या यह भी जाना हो कि मैं इसे कितना चाहता था। फिर भी शरीर विज्ञान का यह उपहार - मेरे बालों के झड़ने और त्वचा की उम्र बढ़ने के ठीक साथ - मुझे याद दिलाता है कि जब हमारा दिमाग छोटा था तो नए अनुभवों के लिए कैसे डिज़ाइन किया गया था। जीवन के इस पड़ाव पर लोगों को दिनचर्या से अधिक संतुष्टि मिलती है। धीमा होने से अवलोकन के लिए जगह मिल जाती है; अब मुझे वह जागरूकता प्राप्त हो गई है जो पहले मुझे नहीं मिली थी जब मेरी त्वचा अधिक चमकदार थी; अपने जीवन के रोजमर्रा के पहलुओं में सुंदरता पर ध्यान देने से मुझे बहुत खुशी मिली है। प्रत्येक सुबह की शुरुआत में, चाय के उस पहले कप का आनंद लेने की मेरी खुशी की बराबरी कोई नहीं कर सकता; मेरे बेटे का आलिंगन कभी मेरे आलिंगन को हरा नहीं सकता; या मेरे पिछवाड़े में साल-दर-साल मजबूती से खड़े सफेद चीड़ को देखने की सुंदरता।

* * *

संवेदी और आध्यात्मिक आनंद के बीच जीवनदायी पुल के रूप में सुंदरता की सराहना करना एक अप्रत्याशित लेकिन जीवन-परिवर्तनकारी गुण है, जिसे मैं उम्मीद से देर से समझ पाया। सबसे पहले, सुपरस्टार गुणों के प्रवेश द्वार के रूप में इसने मुझे आश्चर्यचकित कर दिया; शुरुआत में मुझे ओक्लाहोमा के अर्धरेगिस्तानी परिदृश्य में सुंदरता नहीं दिखी; हालाँकि अब मैं इसकी अपील देखता हूँ। डंक मारने वाले या जहर देने वाले नामों के अलावा किसी ने भी मुझे उनके नाम नहीं बताए; इस प्रकार मुझे किसी ने नहीं सिखाया कि कौन से पौधे या जीव हमें डंक मारते हैं या जहर देते हैं! विज्ञान परियोजनाओं के लिए मैं मेंढकों की तुलना में क्लोरोफॉर्मिंग करते समय टिड्डियों को सिगार के बक्सों पर पिन कर दूंगा; यह सोचकर हैरानी होती है कि लेडी बर्ड जॉनसन के आने से पहले और हम सभी को रुकने के लिए कहा था!

बर्लिन में रहने वाले एक युवा वयस्क के रूप में, मेरा ध्यान मेरे आंतरिक जीवन और मेरे चारों ओर भू-राजनीतिक साजिश दोनों पर दृढ़ता से केंद्रित था। यदि मुझसे सार्थक जीवन में सुंदरता के स्थान के बारे में पूछा जाता, तो मैंने शायद उत्तर दिया होता कि यह अच्छा है, लेकिन जरूरी नहीं कि प्रासंगिक या वास्तविकता पर आधारित हो। उन वर्षों के मेरे लेखन से भरे बक्से इस बात की पुष्टि कर सकते हैं - डॉट मैट्रिक्स किनारों के साथ ए 4 आकार के कागज पर निबंध, कहानियां और आधे उपन्यास और साथ ही गहन लेखन से भरी नोटबुक इसके सबूत हैं। जर्मनी के ऊँचे धूसर आकाश के पार मेरे लेखन में बहुत कम संवेदी साक्ष्य हैं; बस शब्दों पर शब्द ढेर हो गए।

ऊपर और बाहर देखने की मेरी पहली याद पच्चीस साल की उम्र में बर्लिन से स्कॉटलैंड पहुंचने की थी, जब मैंने बर्लिन से इंटरसिटी ट्रेन की सवारी की थी। हवाई अड्डे की शटल बस से उतरते समय, मेरी आँखें सामने जो कुछ था उसे देखकर खुली रह गईं: मेरे चारों ओर पहाड़, झीलें और जंगल।

स्कॉटलैंड ने तुरंत अपने तीखे कोणों, हरे और हीदर के व्यापक रंगों और असाधारण रोशनी से मेरा ध्यान आकर्षित किया। इसने मुझे कोणीय कोनों के अद्भुत परिदृश्य, हरे और हीदर के झरने वाले रंगों और असाधारण चमक से स्तब्ध कर दिया; मुझे वहां उनकी उपस्थिति को महत्वहीन बनाकर अपनी उलझन और बेचैनी से राहत मिली; इस अनुभव ने मुझे न केवल भव्यता बल्कि ठोस वास्तविकता को पहचानने में मदद की जिसने उच्च भू-राजनीतिक उथल-पुथल को शांत किया; इस अनुभव ने मेरे लिए व्यक्तिगत रूप से आध्यात्मिक जीवन की शुरुआत को चिह्नित किया।

मेरी रोजमर्रा की बातचीत के हिस्से के रूप में, सौंदर्य अक्सर सामने आता है: इसकी विविध अभिव्यक्तियाँ और राजनीतिक प्रवचन के रूप में वास्तविकता-आधारित प्रकृति कभी भी हो सकती है। यह विषय अक्सर वैज्ञानिकों के साथ चर्चा के दौरान उठता है: गणित के साथ काम करने वाले भौतिकविदों और गणितज्ञों के पास सुंदरता का वर्णन करने के लिए प्रचुर शब्दावली है; यदि कोई समीकरण उस सौंदर्य मानक के अनुरूप नहीं है, तो वे अक्सर यह दावा करेंगे कि यह संभवतः गलत है, जबकि समय से पहले दूरबीनों और रेडियो तरंगों का उपयोग करने वाले खगोलविद और खगोलशास्त्री भी हमारी सामूहिक कल्पनाओं में सुंदरता के बीज बो सकते हैं।
समय के साथ मेरे मुस्लिम वार्तालाप साझेदारों ने सुंदरता को आध्यात्मिक गुणों के साथ उत्साहपूर्वक जोड़ा है: सुंदरता एक प्रमुख नैतिक मूल्य के रूप में। मुझे यह उपहार पहली बार 9/11 की घटना के तुरंत बाद यूसीएलए के कानून प्रोफेसर खालिद अबू अल फदल से मिला था, जिनसे मेरी मुलाकात रब्बी हेरोल्ड शुल्विस के साथ लॉस एंजिल्स में सार्वजनिक संवाद के दौरान हुई थी। खालिद ने चरमपंथियों के खिलाफ इस्लाम की रक्षा के लिए अपनी जान की बाजी लगा दी है। मिस्र और कुवैत दोनों में जन्मे और पले-बढ़े, वह एक युवा के रूप में कट्टरपंथ से बाल-बाल बचे। उनका दावा है कि इस्लाम के भविष्य की कुंजी सुंदरता के मूल नैतिक मूल्य को फिर से खोजने में निहित है। ईश्वर सुंदरता से प्रसन्न होता है; इस्लाम सुंदरता सिखाता है और है। सौंदर्य विनाश और संतुलन के बजाय सृजन में निहित है; इसका अवतार मनुष्यों के भीतर निहित है और सृजन और ज्ञान के लिए पवित्र ग्रंथों को लागू करने की उनकी क्षमता है जो शिक्षा और समृद्धि प्रदान करती है।
उस शाम लॉस एंजिल्स के कार्यक्रम में, रब्बी शुल्विस ने एक विचारोत्तेजक यहूदी बाइबिल वाक्यांश को दोहराया: "पवित्रता की सुंदरता।" उनके अनुसार, यह सुंदरता संपूर्णता का प्रतिनिधित्व करती है - न केवल रूप और आकार बल्कि रिश्तों का भी। धर्म की विभाजनकारी शक्ति को बहुत पहले ही अस्वीकृत कर दिया गया था क्योंकि इसका आविष्कार मनुष्यों द्वारा किया गया था - स्वयं ईश्वर के विपरीत! हमने जीवन के कुछ सबसे कठिन मुद्दों का एक साथ पता लगाया जैसे कि धर्म विरोधाभासी रूप से ऐसी हिंसा और युद्ध के मूल में क्यों है - जो हमें अप्रत्याशित रास्ते पर ले जाता है; एक अन्य प्रकार की आलोचना की ओर जिसने हमें अंतर्दृष्टि और परिप्रेक्ष्य की अनुमति दी जिससे अंतर्दृष्टि प्राप्त हुई।

इन धार्मिक लोगों, दोनों यहूदियों और मुसलमानों, ने चर्चा की कि धर्म के नाम पर किए गए कौन से कार्य इसके लेखकों के बारे में प्रकट कर सकते हैं: क्या यह सुंदर है या बदसूरत? यह प्रश्न यह आकलन करने के लिए एक लिटमस टेस्ट के रूप में कार्य करता है कि क्या इसके बैनर तले किया गया कोई भी कार्य एक सर्व-प्रेमी और दयालु भगवान के प्रति श्रद्धा दिखा सकता है जो इस सारी सुंदरता का निर्माण कर सकता है?

सांस्कृतिक रूप से, सुंदरता को परिभाषित करना एक मुश्किल शब्द हो सकता है; हम सुंदरता के अपने विचार के रूप में पत्रिका के कवर पर पूर्णता देखने के आदी हैं; हालाँकि, जैसा कि जॉन ओ'डोनोह्यू ने अपने शानदार लेखन और सौंदर्य के दर्शन में प्रतिष्ठित किया: ग्लैमर एक और शब्द है। मैं उनकी परिभाषा का उपयोग हमारे रोजमर्रा के अनुभव में इसकी सभी बारीकियों को पहचानने के अपने उद्देश्यों के लिए करता हूं: सुंदरता वह है जो किसी तरह से हमारे लिए जीवन को बढ़ाती है और जॉन ओ'डोनोह्यू स्वयं दर्शन के अपने कार्यों को बनाते समय प्रेरणा के लिए पश्चिमी आयरलैंड के कोनेमारा से निकले थे। , सुंदरता के बारे में कविता और कविता, जो कविता, दर्शन और कविता का उनका रचनात्मक उत्पादन था, जिससे उनके कार्यों का निर्माण हुआ और मुझे मेरी परिभाषा लेने पर मजबूर होना पड़ा: सुंदरता हमें जीवंत महसूस कराती है!

जॉन ओ डोनोह्यू और लेखक के बीच बातचीत को सुनें।

चूना पत्थर से बना बुरेन क्षेत्र एक निराला और सुंदर परिदृश्य है। मुझे अक्सर ऐसा लगता है जैसे इसके रूप किसी पागल, अतियथार्थवादी देवता द्वारा बनाए गए थे; जब मैं एक बच्चा था और उस माहौल में आया तो यह मेरी कल्पना को जंगली होने का निमंत्रण जैसा लगा! इसके अलावा, समुद्र से इसकी निकटता का मतलब है कि समुद्र और पत्थर के बीच एक प्राचीन संवाद चल रहा है; सेल्टिक कल्पना द्वारा मान्यता प्राप्त कुछ: परिदृश्य जीवंत था! परिदृश्य आपको शांति, एकांत और मौन की याद दिलाता है ताकि आप वास्तव में इसके समय के उपहारों की सराहना कर सकें और शांति, एकांत और मौन के क्षणों की सराहना के क्षण प्रस्तुत कर सकें ताकि आप वास्तव में समय प्राप्त कर सकें!

जॉन ओ डोनोह्यू ने कठोर और खतरनाक परिवेश और अनुभवों के बीच भी खुद को महत्वपूर्ण बनाए रखने के लिए सुंदरता के हमारे अपने आंतरिक परिदृश्य बनाने के बारे में काव्यात्मक रूप से कहा। उन्होंने आंतरिक शांति और शारीरिक भलाई के बीच इस संबंध को आवाज दी।
उनका पसंदीदा शब्द दहलीज था; जीवन के ये किनारे जहां वास्तविकता अधिक स्पष्ट और स्पष्ट हो जाती है।

जॉन ओ'डोनोह्यू और लेखक के बीच इस संवाद को सुनें।

जैसा कि इसकी जड़ों से पता चलता है, "थ्रेसहोल्ड" "थ्रेसिंग" से निकला है, जो अनाज को भूसी से अलग करने की प्रक्रिया है। इसलिए, दहलीज को एक ऐसी जगह के रूप में देखा जा सकता है जहां व्यक्ति अपने जीवन में अधिक गंभीरता और चुनौती और योग्य पूर्णता की ओर बढ़ता है। हम जहां भी देखते हैं, ऐसी बहुत सी सीमाएं मौजूद हैं - प्रत्येक जीवन अपनी

यात्रा में महत्वपूर्ण बाधाएं प्रस्तुत करता है। कल्पना कीजिए कि आप अपने व्यस्त शाम के जीवन के बीच में हैं, आपके एजेंडे में 50 चीजें हैं, जब अचानक कोई ऐसा व्यक्ति जिसे आप प्यार करते हैं, अप्रत्याशित रूप से निधन हो जाता है; उस जानकारी को आसपास के सभी लोगों तक पहुंचाने के लिए केवल एक फ़ोन कॉल पर केवल 10 सेकंड लगते हैं। हालाँकि, एक बार फोन रख देने के बाद, एक अलग वास्तविकता सामने आती है। जो कुछ पहले महत्वपूर्ण लगता था वह चला गया है और अब आपका ध्यान स्थानांतरित हो गया है; आपकी वे सभी चिंताएँ अब अचानक अप्रासंगिक लगने लगी हैं क्योंकि सब कुछ बदल गया है। इसलिए जबकि हम जिस ठोस और मजबूत जमीन पर खड़े हैं, वह पहली नज़र में ऐसा प्रतीत हो सकता है कि वह वास्तव में बहुत अस्थायी है; दहलीज आत्मा के दो क्षेत्रों को अलग करने वाली रेखाओं का प्रतिनिधित्व करती है जो अक्सर परिभाषित करती है कि कौन उन्हें सफलतापूर्वक पार करता है या नहीं।

उसमें सौंदर्य कहाँ है?

सुंदरता कहाँ निहित है-सुंदरता त्वचा की गहराई से कहीं अधिक गहराई तक होती है। सौन्दर्य अधिक पूर्ण, पर्याप्त बनने में निहित है; जब हम अनुग्रह और लालित्य के साथ नई दहलीज पार करते हैं, तो यह उन पैटर्न से मुक्त हो जाता है जिनमें हम पहले कहीं फंस गए थे। इसलिए, मैं सुंदरता को बढ़ी हुई कृपा और लालित्य के साथ उभरती हुई परिपूर्णता के रूप में मानता हूं जो गहराई पैदा करती है और साथ ही हमारे जीवन की यादों को घर वापसी प्रदान करती है।
आपका दावा इस बात को ध्यान में रखते हुए सही है कि कैसे हम अक्सर सुंदरता को ग्लैमर से जोड़ते हैं। मुझे लगता है कि जब हम आम बोलचाल की बातचीत में सुंदरता शब्द सुनते हैं या उसके बारे में सोचते हैं, तो लोगों के दिमाग में तुरंत एक अति सुंदर चेहरे (या शायद सिर्फ "सुंदरता") की छवि आ सकती है? तो जब कोई सुंदरता का जिक्र करता है तो आपके दिमाग में कौन सी छवियां आती हैं?

जब मैं सुंदरता के बारे में सोचता हूं, तो उन लोगों के कुछ चेहरे तुरंत दिमाग में आते हैं जिनकी मैं परवाह करता हूं। अन्य समय में, वे सुंदर परिदृश्य भी मन में आते हैं जिन्हें मैं जानता हूँ। जब मैं उन लोगों द्वारा की गई दयालुता के अपने अनुभवों के बारे में सोचता हूं जिन्होंने उस समय मेरी देखभाल की थी जब मैं असहाय महसूस कर रहा था या जब मेरे प्यार और ध्यान को बढ़ावा देने की जरूरत थी। मैं अक्सर उन गुमनाम नायकों के बारे में सोचता हूं, जिन्हें अक्सर दूसरों ने नहीं देखा, जो मेरे लिए गुमनाम नायक बने हुए हैं, फिर भी असली गुमनाम नायक हैं: वे लोग जिनके नामों का शायद कभी उल्लेख नहीं किया जाएगा, लेकिन जो भयानक परिस्थितियों के बावजूद डटे रहते हैं, फिर भी मुक्त होने और उपहार देने के तरीके ढूंढते हैं संभावना और कल्पना और देखने की। जब सुंदरता की बात आती है, तो संगीत हमेशा दिमाग में आता है: संगीत ही मेरा स्रोत है। जबकि कविता भी इसका बखूबी प्रतिनिधित्व करती है; मुझे वहां भी सुंदरता दिखती है - फिर भी संगीत उस भाषा के करीब लगता है जिसे मौका मिलने पर भाषा बनना पसंद करेगी।

जॉन ओ डोनोह्यू के साथ मेरी बातचीत दो घंटे से अधिक समय तक चली और उत्साहवर्धक थी। दुर्भाग्य से, हमारे साक्षात्कार के दो महीने बाद 52 वर्ष की आयु में उनकी नींद में

अचानक मृत्यु हो गई और वे अपने पीछे कविता के साथ-साथ गिनाए जाने योग्य आशीर्वाद भी छोड़ गए; हमारा साक्षात्कार स्मारक और उत्सव दोनों के रूप में प्रसारित हुआ; जीवन हानि का चक्र है, क्योंकि इसमें सुंदरता पाई जाती है।

चूँकि मैं सौंदर्य को जीवन का एक अभिन्न अंग मानता हूँ, मैं अपने आप को कार्बन और क्लोरोफिल की तरह इसकी प्रकृति पर सवाल उठाते हुए पाता हूँ - क्या सौंदर्य को वास्तव में जीवन के आवश्यक तत्वों में से एक माना जा सकता है? सुंदरता हमारी प्राकृतिक दुनिया और धर्म/गैर-धर्म संबंधों को समान रूप से जीवन, आशा और यहां तक कि उत्कृष्टता भी प्रदान कर सकती है। क्या सुंदरता एक पुल के रूप में काम कर सकती है जिसे हम कभी-कभी एक-दूसरे से जुड़ने के लिए पार कर सकते हैं? भौतिक स्थानों में सुंदरता पर जोर देना जहां हम सीखते हैं, खेलते हैं, काम करते हैं और उपचार करते हैं, अब स्पष्ट होता जा रहा है: अधिक संतोषजनक और जीवन-पुष्टि करने वाले कार्यों में सुंदरता पर जोर देना; दूसरों की सुंदरता पर ध्यान देने से "दान/विकास"/विकास में लगे लोगों को उनकी सुंदरता पर ध्यान केंद्रित करने के लिए पुनर्निर्देशित करने में मदद मिलती है - उनके प्रक्षेप पथ को दान/विकास से दूर उनकी सुंदरता पर ध्यान केंद्रित करने की ओर पुनर्निर्देशित किया जाता है और इस प्रकार दान/विकास से दूर दूसरों में सुंदरता पर ध्यान केंद्रित करने में पुनर्निर्देशन किया जाता है। और दूसरों की सुंदरता पर ध्यान देने के बजाय दान/विकास से दूर जाना; दान/विकास से दूर पुनर्निर्देशन - इसमें भाग लेने से उसकी सुंदरता पर अधिक ध्यान देने के बजाय प्रत्येक व्यक्ति की ओर ध्यान देने से राजनीतिक दलों/आदि के बीच सम्मान/मेल-मिलाप के पुल बनाने में मदद मिल सकती है... इस हद तक यह भौतिक स्थानों में सुंदरता पर जोर देने की मांग करता है जहां लोग सीखते हैं/खेलते हैं/काम करते हैं/चंगा करते हैं, वे विनम्र होने में मदद कर सकते हैं या ऐसा करके उन्हें बचा सकते हैं, इन सभी गतिविधियों को और अधिक उपयोगी बना सकते हैं/अपराध में भाग लेने/मदद करके अपराध से बचा सकते हैं-पुनः-पुनर्प्राप्ति-संबंधित "दान/विकास"। दूसरों की सुंदरता पर ध्यान देना बस पुनर्निर्देशन है - पीछे लौटना - और इसके बजाय एक-दूसरे की सुंदरता में मदद करना - जिससे "दान/दान और हमें बचाने के बजाय - सब कुछ लगाना---इस सदी में अब---देखभाल करना" की ओर पुनर्निर्देशन है इस प्रकार अधिक का उपयोग दान के बजाय उपचार के लिए किया जा रहा है/अधिक फायदेमंद या उपचार को अधिक सुंदर बनाना इस शताब्दी में जीवन देने वाला है-"दान बनाम अधिक जीवन देने के बजाय अधिक जीवन में भाग लेने के लिए - अब से अधिक जीवन देने का तरीका '. "विकास"। एक-दूसरे के साथ शामिल होने से बहुत अधिक बचत करने में मदद मिल सकती है, जिसकी आवश्यकता है।" दान/विकास के बजाय दूसरे की सुंदरता पर ध्यान देना"।
मनुष्य ने दूसरों को समस्याओं के समाधान और सहायता के रूप में पहचानने की क्षमता खो दी है। दुनिया भर के कुछ सबसे गरीब स्थानों में काम करने वाली जैकलीन नोवोग्रात्ज़ अक्सर आंतरिक प्रचुरता को सामने लाने के लिए यह प्रश्न पूछती हैं: जब आप सबसे सुंदर महसूस करते हैं तो आप क्या कर रहे होते हैं?

इन दिनों, मैं खुद को दयालुता के कार्यों और अच्छाई के कार्यों की ओर तेजी से आकर्षित पाता हूं - ऐसे कार्य जो सुंदरता को अस्तित्व में लाते हैं, इसकी छाया को मांस और रक्त, समय और स्थान में शामिल करते हैं। जब मनुष्य मानवतावाद के साथ एक-दूसरे को छूने के लिए आगे बढ़ते हैं तो सौंदर्य दृश्यमान, स्पर्शनीय क्षण बन जाता है। 2013 में अपनी मृत्यु

से पहले, दुनिया के अग्रणी समाजशास्त्रियों में से एक, रॉबर्ट बेल्ला ने हमें बताया था कि उनका दृष्टिकोण विशेष रूप से एक अहसास से बदल गया था: जब स्तनधारियों ने अपने भीतर से जन्म देना शुरू किया तो आध्यात्मिक जीवन संभव हो गया। संतान के जीवित रहने के लिए मनुष्य और वानरों दोनों को माता-पिता की देखभाल की आवश्यकता होती है; जैसे-जैसे यह अवधि बढ़ती है, बच्चों की असहायता आत्म-समझ और साझा जीवन में नरमी, प्रयोग और रचनात्मकता के लिए जगह बनाती है - डर से खुद से परे देखभाल की ओर एक अक्षीय कदम - इस तथ्य को लंबे समय से धर्मों द्वारा मान्यता दी गई थी जिन्होंने इसे अपनी भाषा में अनुवादित किया - करुणा "गर्भ" के लिए हिब्रू और अरबी शब्दों से ली गई है।

* जब मैंने उन वर्षों पहले बर्लिन छोड़ा, तो मैंने अपने पालन-पोषण के दौरान जीवन में मिली शक्ति और सफलता पर सवाल उठाना शुरू कर दिया। हालाँकि धर्मशास्त्र का अध्ययन करने से मैं एक नियुक्त पादरी नहीं बन पाया; बल्कि इसने सामान्य रूप से जीवन पर चिंतन के लिए एक उत्प्रेरक प्रदान किया। मैंने मानव जीवन में शक्ति और अधिकार जैसी अवधारणाओं के अर्थ और आवश्यक बारीकियों का पता लगाने के साथ-साथ अपनी नैतिक कल्पना और क्षमता को विकसित करने के लिए आध्यात्मिकता का अध्ययन किया। मुझे आश्चर्य हुआ कि आध्यात्मिक जीवन जल्द ही मेरी केंद्रीय रुचियों में से एक बन गया। और मैं यह सुनिश्चित करना चाहता था कि यह मेरे द्वारा अनुभव की गई वास्तविकता की जटिलता को संबोधित कर सके। इसलिए सन्निहित पारगमन की खोज करने वाले रहस्यवादियों की खोज के साथ-साथ, मैंने उन स्थानों पर विशेष ध्यान दिया जहां आध्यात्मिक अंतर्दृष्टि मानव दैनिक अस्तित्व के भीतर पाए जाने वाले कठिन सन्निहित विरोधाभासों से जुड़ी हुई थी। शारीरिक और मानसिक विकलांगता वाले लोगों के बीच सामुदायिक जीवन के माध्यम से शक्ति और सामान्य स्थिति की चुनौतीपूर्ण धारणाओं को चुनौती देते हुए एल'आर्च ने हमेशा मेरी रुचि को आकर्षित किया है। अपने समुदायों के भीतर, अजनबी जन्म के समय बनाए गए बंधनों की तरह ही उग्र और कोमल देखभाल का अभ्यास करते हैं - जो अधिक "असहाय" लोगों के लिए बहुत आवश्यक सहायता प्रदान करते हैं।
किसी संगठन के भीतर विकलांग व्यक्तियों को मान्यता दी जाती है और उन्हें मुख्य सदस्य माना जाता है, जिसमें सक्षम प्रतिभागी समर्थन के रूप में कार्य करते हैं।

हेनरी नूवेन ने उनकी एक किताब पढ़ते समय मुझे एल'आर्च से परिचित कराया; उस समय वह एक प्रतिष्ठित आध्यात्मिक शिक्षक और लेखक थे, जिन्हें नोट्रे डेम, येल और हार्वर्ड विश्वविद्यालयों में पढ़ाने के लिए जाना जाता था - सार्वजनिक रूप से खुद को "बर्न आउट" घोषित करने से पहले। उन्होंने अपने जीवन के अंतिम वर्ष टोरंटो में एल'आर्च डेब्रेक समुदाय में एक निवासी सहायक के रूप में सेवा करते हुए बिताए। "मैं चला गया, यानी," उन्होंने समझाया, "सबसे प्रतिभाशाली और सर्वश्रेष्ठ के लिए एक संस्थान से एक ऐसे समुदाय में जहां मानसिक रूप से विकलांग लोग और उनके सहायक बीटिट्यूड्स के सिद्धांतों के अनुसार एक साथ रहने की कोशिश करते हैं। मेरा घर अब 10 लोगों को होस्ट करता है, जो सभी हैं मेरे परिवार का हिस्सा - धीरे-धीरे, मैं भूल जाता हूँ कि कौन विकलांग है या नहीं; हम सिर्फ जॉन, बिल, ट्रेवर, रेमंड रोज़ स्टीव जेन नॉओमी हेनरी एडम हैं।"

अपने रेडियो साहसिक कार्य की शुरुआत में, मैंने अपने लिए एल'आर्चे की तीर्थयात्रा की। मिसिसिपी के एक रमणीय खंड पर आयोवा में यात्रा करते हुए, मैंने एक आवासीय सड़क पर पेस्टल-पेंट घरों के बीच एक क्रांतिकारी समुदाय की खोज की - एल'आर्चे! सबसे पहले मेरी आंखों और अंतर्मुखी आत्मा को मानवता के इस अपरिचित क्रॉस सेक्शन के साथ तालमेल बिठाने में थोड़ा समय लगा, जिसने सबसे विरोधाभासी आध्यात्मिक शिक्षाओं में से एक का परीक्षण किया: अंधेरे में प्रकाश, कमजोरी में ताकत और मानव अस्तित्व की टूटन में भी सुंदरता हो सकती है। . लेकिन उनकी हिम्मत धर्मशास्त्र बनाने की नहीं है; बल्कि इसमें रोज़मर्रा की जिंदगी के दिए गए, अपूर्ण कच्चे माल को जीवंतता से शामिल करना शामिल है। "जीवन के सरल सुख" कभी भी ऐसी हँसी और खुशी नहीं लाए: खाना बनाना, एक साथ भोजन करना और कपड़े धोना; सुबह जल्दी काम छोड़ना और देर रात को लौटना; आस-पड़ोस में घूमना या पुस्तकालयों की यात्राएँ; संगीत बनाना या बस हंसी-मजाक करना और एक साथ गेम खेलना - ये सभी यहां रोज़मर्रा की जिंदगी का हिस्सा हैं। मैं शायद ही कभी अजनबियों से इस तरह के उदार आलिंगन का अनुभव करता हूं और इसकी इतनी सराहना करता हूं, जबकि साथ ही, और इसके विपरीत नहीं, दुःख, अपूर्णता और मानव होने के संघर्ष की वास्तविकता को हर पल में अधिक स्पष्ट रूप से संबोधित किया गया था। L'Arche आपके अपने परिवार की तरह है। एक ऐसा चुना गया जो रास्ते में कई जिंदगियों को छूता है। जैसे ही मैंने एल'आर्चे के मुख्य सदस्यों के साथ अपनी रोजमर्रा की मुठभेड़ों को नेविगेट किया, मैंने देखा कि कैसे उनकी उपस्थिति उन लोगों को थोड़ा परेशान करती थी जिनसे वे मिलते थे; उन्हें और अधिक आनंदमय और शालीन बनाना: बस ड्राइवर, लाइब्रेरियन, काम पर पर्यवेक्षक - जिनमें मैं भी शामिल हूँ! यह सचमुच अविश्वसनीय था। शरीरों द्वारा फैलाए गए आनंद और अनुग्रह ने मुझ पर एक छाप छोड़ी है; यह कई वर्षों बाद आज भी कायम है।

जीन वानियर, दार्शनिक और कैथोलिक मानवतावादी, जिन्होंने एल'आर्चे की स्थापना की, अक्सर मदर टेरेसा को उद्धृत करते हैं: "जिन वास्तविकताओं को हमें सहन करने के लिए कहा जाता है उनमें से एक है घृणा से करुणा और करुणा से आश्चर्य की ओर बढ़ना।" जब भी मैं वर्षों तक उनके काम का अनुसरण करने के बाद उनके साथ लंबी चर्चा के लिए बैठता हूं, तो मैं वास्तविकता का सही अर्थों में उपयोग करने की उनकी दृढ़ता की सराहना करता हूं: जो हो सकता है या होना चाहिए था, उसके लिए भ्रमपूर्ण इच्छाओं के बिना वास्तविकता से प्यार करना। वास्तविकता की सभी अपूर्णताओं से प्रेम करने से जीन वानियर को अपने और उस दुनिया में मौजूद और जीवित ईश्वर की खोज करने की अनुमति मिलती है जिसमें वह रहता है।
दूसरे के चेहरे पर आश्चर्य होना सरल सहनशीलता से आगे बढ़ने का एक शानदार तरीका है। जीन वेनियर के प्रारंभिक जीवन ने राजनीति या नेतृत्व में उनके अंतिम मार्ग का पूर्वाभास नहीं दिया; इसके बजाय वह एक प्रभावशाली फ्रांसीसी-कनाडाई परिवार से थे, 16 साल की उम्र में रॉयल नेवल कॉलेज में शामिल हो गए और अंततः युवा रहते हुए एक विमान वाहक की कमान संभाली। हालाँकि, उनका मन अर्थ और शक्ति के सवालों से घिरा हुआ था। इसलिए उन्होंने गरीबों के साथ काम करने, प्रार्थना करने और तत्वमीमांसा की अध्ययन करने के लिए समर्पित एक चिंतनशील समुदाय में डूबे हुए एक वर्ष बिताया। जीन वेनियर ने अरस्तू की "इच्छा की नैतिकता" की अवधारणा की खोज की और टोरंटो के सेंट माइकल कॉलेज में दर्शनशास्त्र के प्रोफेसर बन गए। हालाँकि, क्रिसमस के समय 1963 में, जीन

वेनियर मानसिक रूप से विकलांग पुरुषों के लिए पादरी के रूप में काम करने वाले एक दोस्त से मिलने के लिए फ्रांस गए। वह विशेष रूप से पेरिस के दक्षिण में एक विशाल शरणस्थल से प्रभावित हुए जहां अस्सी वयस्क पुरुष पूरे दिन कुछ नहीं करते थे बल्कि गोल-गोल घूमते थे और दो घंटे की झपकी लेते थे, अक्सर प्रत्येक दिन में दो बार। इस दृश्य से प्रेरित होकर, उन्होंने अंततः पास में एक छोटा सा घर खरीदा और इस आश्रम से दो लोगों को अपने साथ जीवन साझा करने के लिए आमंत्रित किया। L'Arche एक अंतर्राष्ट्रीय सफलता बन गई, और आज 35 देशों में स्थित 147 L'Arche समुदाय हैं, जो सभी प्रकार के लोगों के लिए तीर्थस्थल के रूप में सेवा कर रहे हैं और करुणा के साथ-साथ एक अभिन्न अंग के रूप में आतिथ्य प्रदान करते हैं। जीन वेनियर मैरीलैंड में संयुक्त राज्य भर के कॉलेज के छात्रों के लिए एक रिट्रीट का आयोजन कर रहे थे। इस अनुभव के हिस्से के रूप में मैंने उनका साक्षात्कार लिया। मैं उनमें से कुछ से मिला, और वे चमके। ठीक वैसे ही जैसे क्लिंटन ने वर्षों पहले मेरे लिए किया था। इससे भी अधिक सुंदर वह सज्जन थे जिनके पास अत्यधिक गर्मजोशी थी और उनका कद एक नौसैनिक कमांडर जैसा था। डैन बार्बर के समान, वह आनंद-संचालित व्यवहार और नैतिक विचारों के बीच संबंध बनाते हैं। जीन वेनियर और लेखक के बीच की इस बातचीत को सुनें।

आपकी टिप्पणियाँ बताती हैं कि अरस्तू की इच्छा की नैतिकता आज भी प्रासंगिक है: लोग अपने जीवन में अर्थ की इच्छा रखते हैं, जिसे अरस्तू ने पहचाना था और अगर अरस्तू आज जीवित नहीं होता तो उन्हें यह रोमांचकारी लगता! आपके अंश के अनुसार "इच्छा की नैतिकता ऐसे समय में अच्छी खबर है जब हमें कानून की नैतिकता से एलर्जी हो गई है"। कुछ लोग आपके जीवन और कार्य की तुलना हमारे आनंद-प्राप्ति, मनोरंजन-आधारित समाज से कर सकते हैं; फिर भी अरस्तू के बारे में चर्चा करते समय, आपके साथ उसके बारे में बात करते समय मैंने जो सुना वह यह है कि अरस्तू आनंद के लिए हमारी मौलिक प्रवृत्ति की निंदा नहीं करता है, बल्कि उस आवेग को और अधिक गहराई तक ले जाने और उसे पहले से कहीं अधिक आगे ले जाने का सुझाव देता है - जो कि अरस्तू का सुझाव है।

यह जानना महत्वपूर्ण है कि कौन सी गतिविधियाँ सबसे अधिक आनंद लाती हैं। जबकि कुछ लोगों के लिए इसका मतलब व्हिस्की पीना हो सकता है, मेरे लिए यह हमेशा दर्शन, यीशु, न्याय और संघर्ष रहा है जिसने मेरे जीवन में संतुष्टि और खुशी की भावना प्रदान की है। और यद्यपि मेरी खुशी की यात्रा में कठिनाइयाँ और संघर्ष आए हैं - मूल रूप से यह हमेशा सुखद और आनंददायक रहा है!

हालाँकि, मुझसे इस बारे में बात करें कि आनंद उस जगह से कैसे जुड़ता है जहां मुझे लगता है कि आपने अपना उद्देश्य पाया है या समझा है कि आपके लिए क्या सार्थक है। फ्रांस लौटने और शरण में लोगों से मिलने के बाद, किसी चीज़ ने मन को छू लिया और तब से उस संबंध में आपके जीवन की दिशा निर्धारित कर दी।

हां, मैं आनंद और अपनी इच्छाओं के साथ-साथ आपकी भी - मेरी सबसे गहरी और साथ ही आपकी इच्छाओं पर वापस आता हं। हमारी अंतिम इच्छा की सराहना की जानी चाहिए; यही वह चीज़ होनी चाहिए जो हम सभी को आगे बढ़ाए।

अरस्तू प्यार किये जाने और प्रशंसा किये जाने के बीच एक महत्वपूर्ण अंतर रखता है; जब लोग किसी की प्रशंसा करते हैं तो वे उसे ऊंचे स्थान पर बिठा देते हैं; लेकिन जब लोग किसी से प्यार करते हैं तो वे उन्हें साथ चाहते हैं। इसलिए जब मैं पहली बार विकलांग लोगों से मिला तो मुझे वास्तव में रिश्ते के प्रति उनकी पुकार का एहसास हुआ; कुछ मनोरोग अस्पतालों में थे जबकि सभी ने किसी न किसी रूप में चोट और अस्वीकृति का अनुभव किया था। यीशु ने पतरस से पूछाः क्या तू मुझसे प्रेम करता है? और घायल या परित्यक्त लोगों को एक ही प्रश्न महसूस हुआः यह सब एक साथ एक रोने में आता हैः मुझसे प्यार मत करो।

न केवल विकलांगता के संबंध में, आपने एक व्यापक प्रश्न की ओर ध्यान दिलाया है कि हम मनुष्य के रूप में दर्द का सामना कैसे कर सकते हैं? सभी प्रकार की पीड़ा और कमजोरी हमें एक व्यक्ति के रूप में परेशान करती है और यह बताती है कि यह समाज पर इतना कष्टदायी बोझ क्यों बन जाता है - फिर भी इससे इतना खराब तरीके से निपटा जाता है?

यहां कई तत्व शामिल हैं। सबसे पहले, हम नहीं जानते कि अपने दर्द से कैसे निपटें; तो जब दूसरों को पीड़ा का अनुभव हो तो हमसे कैसी प्रतिक्रिया की अपेक्षा की जाती है? इसके अतिरिक्त, जब कमजोरियों की बात आती है तो हम नहीं जानते कि उन्हें कैसे छिपाया जाए या छिपाया जाए - और इसलिए हमारे पास यह दिखावा करने के अलावा कोई अन्य विकल्प नहीं है कि वे मौजूद ही नहीं हैं। जब हमने अपनी कमजोरी को स्वीकार ही नहीं किया तो हम दूसरों की कमजोरी को पूरी तरह कैसे स्वीकार कर सकते हैं? मार्टिन लूथर किंग ने ऐसी प्रथाओं के खिलाफ दृढ़ता से बात की; उनका सवाल अक्सर इस बात पर केंद्रित होता था कि एक समूह - जैसे कि गोरे लोग - दूसरे - जैसे कि काले लोग - का तिरस्कार क्यों कर सकते हैं। और क्या ये हमेशा ऐसा ही रहेगा? क्या हमारे पास हमेशा ऐसे संभ्रांत लोग होंगे जो उन लोगों की निंदा करेंगे या उन्हें खारिज कर देंगे जिन्हें वे अयोग्य मानते हैं? और वह एक अविश्वसनीय और मजबूत भावना प्रस्तुत करते हैं: कि जब तक हम अपने भीतर जो घृणित है उसे पहचानते, प्यार नहीं करते और स्वीकार नहीं करते, तब तक हम दूसरों को तुच्छ समझेंगे; हमारे अंदर ऐसे तत्व हो सकते हैं जो अप्रिय हैं लेकिन जो हमारे नश्वर प्राणी होने का हिस्सा बनते हैं।
जैसा कि आपने अक्सर देखा है, हम सभी में कमजोरियाँ, सीमाएँ और विकृतियाँ होती हैं जो हमेशा हमारी शारीरिक सतह पर प्रकट नहीं होती हैं। फिर भी जब वे दिखाते हैं, तो हम सदमे में आ जाते हैं। आपने आध्यात्मिक दृष्टिकोण से लिखा है कि हाशिये पर रखे गए और असफल माने जाने वाले लोग हमारी दुनिया में संतुलन वापस लाने में मदद कर सकते हैं - क्या आप मुझे यह समझा सकते हैं?

शक्ति अक्सर हमारी दुनिया में संतुलन निर्धारित कर सकती है; अधिक ज्ञान, क्षमता या शक्ति होने से व्यक्ति को और अधिक करने की अनुमति मिलती है, जबकि इस तरह का नियंत्रण रखने से लोग जल्दी ही नीचे गिर सकते हैं। मैं जानता हूं, और तुम नहीं जानते। और इसी तरह मानव इतिहास सामने आता है। यह शिक्षा का मिशन भी है - व्यक्तियों को सक्षम बनाना और समाज में अपना उचित स्थान लेने के लिए तैयार करना - जिसका निस्संदेह बहुत महत्व है। लेकिन इसकी तुलना लोगों को खुद से जुड़ने, सुनने और खुद बनने के लिए शिक्षित करने से नहीं की जा सकती है - बल्कि यह दिल का संतुलन प्रदान

करता है। विचार करें कि परिवारों में या बच्चों के भीतर क्या होता है जब एक माता-पिता दूसरे पिता की तुलना में बहत मजबूत हो सकते हैं जो शायद नहीं। लेकिन जब वह घर लौटता है, तो वह बच्चों के साथ खेलने के लिए अपने हाथों और घुटनों के बल झुक जाता है - कुछ ऐसा जो वे उसे कोमलता, प्यार, एक माता-पिता के रूप में उनकी जरूरतों का ख्याल रखने और वापस संबंध बनाने के बारे में सिखा रहे हैं। बच्चे उल्लेखनीय प्राणी हैं क्योंकि उनका शरीर एकीकृत रह सकता है जबकि हम एक भावना को व्यक्त करते हुए दूसरी भावना को पूरी तरह से अनुभव कर सकते हैं।

बच्चे हमें एकता, निष्ठा और प्रेम के बारे में सिखाते हैं - विकलांग लोग भी ऐसा ही कर सकते हैं। कुछ लोग इतनी उत्कृष्ट सुंदरता और पवित्रता का प्रदर्शन करते हैं कि यह असाधारण है - हमें याद दिलाता है कि जीवन में केवल सबसे कमजोर और सबसे मजबूत व्यक्तियों के बीच प्रतिस्पर्धा शामिल नहीं है, बल्कि हर कोई अपनी जगह का हकदार है। जीन वेनियर ने एल'आर्चे को एक समाधान के रूप में नहीं बल्कि एक संकेत के रूप में वर्णित किया है, जो दृष्टि और संस्कृतियों को प्रसारित करता है; हालाँकि इसके वास्तविक प्रभाव को पल-पल या जीवन-दर-जीवन मापना कठिन है; फिर भी इसके अस्तित्व को नकारा नहीं जा सकता; जीन वेनियर की तरह इस शब्द पर दावा करना कपटपूर्ण होगा।

लोग अक्सर मुझसे पूछते हैं कि मैं जिन सबसे बुद्धिमान लोगों से मिला हँ उनमें क्या विशेषताएं हैं। ज्ञान का समर्थन और समर्थन करने वाले उनके सभी गुणों के साथ, जीन वेनियर मेरे अनुभव में इस विशेषता का उदाहरण देने वाले व्यक्ति के रूप में सामने आते हैं; जिन अन्य लोगों से मैं मिला हं, जैसे डेसमंड टूटू, वांगारी मथाई और थिच नहत हान की भौतिक उपस्थिति समान है। यह कैसा महसूस होता है और मैं क्या रिपोर्ट कर सकता हं: एक अप्रत्याशित, रचनात्मक परस्पर क्रिया में शक्ति और कोमलता को एक साथ रखने की एक सन्निहित क्षमता जो स्पष्ट, ताज़ा और स्पष्ट करने में कठिन है।
माइंडफुलनेस-आधारित शिक्षा के मेरे अनुभव ने शक्ति और उसके उद्देश्य के बारे में मेरी समझ को बदल दिया है, साथ ही साथ ज्ञान के अवतार की मेरी भावना का विस्तार किया है - शारीरिक रूप से मौजूद और सचेत आत्मा-वार दोनों।

टिप्पणियाँ/अंतिम टिप्पणियाँ/अंतिम टिप्पणियाँ।

बेसेल वैन डेर कोल्क व्यक्तियों और समाज पर भारी अनुभवों के प्रभावों का इलाज करने में एक प्रवर्तक हैं। जब हम जीवन या समाचारों में उनका सामना करते हैं, तो इन घटनाओं को आमतौर पर आघात कहा जाता है, फिर भी अक्सर लोग अपने समाधान के रूप में केवल टॉक थेरेपी का उपयोग करते हैं। वह जानता है कि कैसे कुछ अनुभव हमारे भीतर स्थायी प्रभाव छोड़ते हैं जिन्हें शब्दों के माध्यम से व्यक्त नहीं किया जा सकता है - जबकि हमारा दिमाग बाद में खुद को शारीरिक रूप से सुधारने का ख्याल रखता है।

चार्ल्स डार्विन और बेसेल वैन डेर कोल्क के बीच 1872 से चले आ रहे इस संवाद को सुनें! चार्ल्स डार्विन ने इमोशन्स नामक एक पुस्तक लिखी है जिसमें चर्चा की गई है कि दिल का दर्द या पेट दर्द जैसी भावनाएँ शारीरिक रूप से कैसे प्रकट होती हैं।

अनुभव शारीरिक रूप से महसूस किया जाता है। हालाँकि, जब लोग खुद को लगातार परेशान और व्यथित पाते हैं तो वे अक्सर भावनाओं को खुद से छिपाने और अपने शरीर से किसी भी तरह का संबंध बंद करने का प्रयास करते हैं।

ऐसा करने का एक तरीका नशीली दवाओं और शराब का उपयोग है; दूसरा तरीका आपके शरीर की भावनात्मक जागरूकता को बंद करना है। हमारे ट्रॉमा सेंटर और मेरे अभ्यास में, हम जिन आघातग्रस्त रोगियों को देखते हैं, उनमें से एक बड़ा प्रतिशत, मैं कहूंगा कि लगभग 70%, ने अपने शरीर से संबंध तोड़ लिए हैं; वे महसूस नहीं करते कि भीतर क्या हो रहा है या जब कुछ बदलता है तो उसे दर्ज नहीं करते; इसलिए यह बिल्कुल स्पष्ट हो गया कि हमें लोगों की उनके शरीर के भीतर संवेदनाओं को सुरक्षित रूप से महसूस करने, उनके जीव में जीवन के साथ तालमेल बनाने में मदद करने की ज़रूरत है जैसा कि इसे अक्सर कहा जाता है।

मैथ्यू सैनफोर्ड अंतरराष्ट्रीय स्तर पर प्रशंसित योग शिक्षक हैं। एक किशोर के रूप में रीढ़ की हड्डी में चोट लगने के बाद, उन्हें उस दुर्घटना की कोई याद नहीं थी जिसने उन्हें अधरांगिक बना दिया था; फिर भी उसका शरीर याद रहा। इस घटना को "शारीरिक स्मृति" कहा गया है, आपकी इस धारणा के समान कि आघात न केवल हमारे दिमाग पर अपनी छाप छोड़ता है। हाल ही में उन्होंने दिग्गजों के साथ-साथ एनोरेक्सिया से पीड़ित महिलाओं के साथ भी काम करना शुरू कर दिया है - यह समझना कि शरीर के मुद्दों के प्रति उनका जुनून वास्तव में उनके द्वारा किसी तरह से आघात किए जाने से उत्पन्न हो सकता है।

यह समझना कि आपका शरीर कैसे चलता है और आपके भीतर का जीवन सर्वोपरि है। पश्चिमी संस्कृति गहराई से असंबद्ध है; मैं हमें यह कहना पसंद करता हूँ कि हम शराब के बाद की संस्कृति से आते हैं; उत्तरी यूरोप में रहने वाले लोगों के पास किसी भी संकट से निपटने का केवल एक ही तरीका था: शराब।

उत्तर अमेरिकी संस्कृति अभी भी इस धारणा को कायम रखती है कि दुख की किसी भी भावना को दूर करने के लिए कुछ लेने से आपके भीतर संतुलन बहाल हो जाएगा। हालाँकि, दुर्भाग्य से, वह विश्वास सच नहीं है! आपका आंतरिक अस्तित्व कितना सामंजस्यपूर्ण लगता है, इसे बदलने के लिए आप कुछ भी नहीं कर सकते।
धर्म के बारे में शिक्षा स्कूलों और हमारी संस्कृति, चर्चों और धार्मिक प्रथाओं दोनों में पाई जा सकती है - लेकिन अगर हम दुनिया भर में देखें तो हम देखेंगे कि अधिकांश धार्मिक प्रथाएं नृत्य, घूमने, गाने या शारीरिक अनुभवों से शुरू होती हैं - फिर भी अधिक "सम्मानित" होती हैं। व्यक्ति बन जाते हैं, उनकी गतिविधियाँ किसी तरह सख्त हो जाती हैं।

पीटीएसडी ने मानव पीड़ा की वैज्ञानिक जांच के लिए द्वार कैसे प्रदान किया है, इसके बारे में आपका उद्धरण प्रभावशाली और महत्वपूर्ण था, मेरे लिए व्यक्तिगत रूप से यह इस क्षेत्र में गहरी आध्यात्मिक अंतर्दृष्टि का प्रतिनिधित्व करता है।

यह क्षेत्र दो दिशाओं में विकसित हुआ है। एक है आघात और जीवित रहना और पीड़ा; दूसरे, लोग शैक्षणिक और वैज्ञानिक दोनों दृष्टिकोण से मानवीय संबंधों का अध्ययन कर रहे हैं।

हो सकता है कि शुरुआत में लोगों की दिलचस्पी आघात की वजह से हुई हो, लेकिन मेरा मानना है कि कला और विज्ञान के क्षेत्र के रूप में मानवीय संबंधों को और अधिक समझने में हम तब से एक लंबा सफर तय कर चुके हैं।

विज्ञान भी मानव कनेक्शन की वैज्ञानिक जांच के माध्यम से खोज का एक शक्तिशाली माध्यम बन गया है, खासकर जब दो लोग बातचीत करते हैं। वैज्ञानिक इस बात की जांच कर रहे हैं कि वास्तव में क्या होता है जब दो लोग एक-दूसरे को देखते हैं, एक-दूसरे पर प्रतिक्रिया करते हैं, एक-दूसरे को प्रतिबिंबित करते हैं या एक साथ चलते हैं - नृत्य करना, मुस्कुराना या बातचीत करना दो शरीरों के एक साथ शारीरिक रूप से एकजुट होने के उदाहरण हैं। इंटरपर्सनल न्यूरोबायोलॉजी नामक एक पूरा क्षेत्र अध्ययन करता है कि हम एक-दूसरे से कैसे जुड़ते हैं - विशेष रूप से शुरुआती बातचीत मस्तिष्क के विकास को कैसे प्रभावित करती है।

वास्तव में, आपके अध्ययन से पता चलता है कि आघात आने पर अपने शरीर में रहना और अधिक आत्म-जागरूक बनना सीखने से लचीलापन पैदा हो सकता है।

बिल्कुल। यहां दो तत्व काम कर रहे हैं. सबसे पहले, यहां तक कि आपके सरीसृप मस्तिष्क के प्रभारी होने पर भी, आपके शरीर में चुपचाप सांस लेने से आपको यह नोटिस करने में मदद मिल सकती है कि तनावपूर्ण स्थितियां कब हो रही हैं और यह महसूस करने में मदद मिल सकती है कि सामान्य से कुछ अलग काम हो सकता है।
एक बार फिर, आघातग्रस्त लोग अक्सर यह नहीं पहचान पाते कि उनके साथ कुछ अप्रिय घटित हुआ है और वे उन अनुभवों को अपने ऊपर हावी नहीं होने देते; आघातग्रस्त लोग यह विश्वास नहीं करते कि वे अब स्वयं के स्वामी हैं और इसके बजाय अन्य चीज़ों को अपने ऊपर नियंत्रण करने देते हैं। जैसा कि हमने सीखा है, आघात के प्रति लचीलापन खुद पर पूरी तरह से नियंत्रण रखने और अपने निर्णयों और कार्यों की जिम्मेदारी लेने में निहित है। इसलिए, स्वयं के प्रति सच्चे रहना और आप जो हैं उसे पूरी तरह से स्वीकार करना, आघात के प्रति लचीलापन पैदा कर सकता है। इसलिए जब कोई आहत करने वाली या अपमानजनक बातें कहता है, तो प्रतिक्रिया में प्रतिक्रिया करने के बजाय, दृष्टिकोण अपनाएं: निरीक्षण करें और फिर उसके अनुसार अपनी प्रतिक्रिया तय करें। हम वास्तव में यह समझने लगे हैं कि मनुष्य प्रतिक्रिया के बजाय अवलोकन के इस कौशल को कैसे सीख सकते हैं।

बस इस बिंदु पर जोर देना चाहता हूं कि, इसके मूल में, सब कुछ सुरक्षित महसूस करने के लिए आता है - सिर्फ बौद्धिक ज्ञान के बजाय एक शारीरिक भावना। यहां हर चीज़ किसी न किसी तरह वापस जुड़ी हुई है।

आघात उपचार के भाग के रूप में, आपको वास्तव में यह महसूस करने और जानने की आवश्यकता है कि आपके अंदर क्या चल रहा है; इसका मतलब है कि यह महसूस करना कि अंदर क्या हो रहा है, यह जानना कि प्रत्येक पैर की अंगुली और छोटी उंगली शरीर के अन्य हिस्सों के संबंध में कहां है, यह जानना कि कब खाना असुविधाजनक हो जाता है, कब पेशाब नहीं होता है जहां जाना चाहिए, सांस लेने में दिक्कत होती है, आदि। ये सभी तत्व

निष्क्रिय हो जाते हैं जब आघात लगता है और शरीर के सभी मूलभूत कार्य बाधित हो जाते हैं; एक सुरक्षित स्थान बनाने के लिए जहां सोना, आराम करना और घूमना संभव हो, आघात का उपचार भीतर से शुरू होना चाहिए; ऐन हैमिल्टन आघात उपचार के भीतर इसकी सफलता सुनिश्चित करने के लिए ऐसा दृष्टिकोण प्रदान करता है: नींद, आराम के साथ-साथ आघात लगने पर शरीर के कार्यों पर आघात के प्रभाव से सुरक्षा और मुक्ति; उपचार इस मूलभूत बिंदु पर शुरू होना चाहिए, इसलिए उपचार भीतर से शुरू होना चाहिए - भीतर से शुरू होने वाले किसी भी उपचार को आगे बढ़ाने से पहले अपने भीतर से शुरू करना; यह सब आघात की ओर ले जाता है, उपचार आपके भीतर से शुरू होता है, इसलिए आघात का उपचार सफल परिवर्तन के लिए इस स्तर पर आवश्यक होने पर शरीर-मन के कनेक्शन से शुरू होना चाहिए, यदि आघात का उपचार नींद-आराम-आराम के इस प्रणालीगत ढाँचे के भीतर शुरू होता है, तो सुरक्षित आवाजाही महसूस की जा सकती है। तनाव-सोडियम-अफ्रिक की हमारी वर्तमान निदान प्रणाली के भीतर जगह लें-एन हैमिल्टन में एक और यहां शुरू होता है, उसका शरीर-शरीर यहां उसके अद्वितीय शरीर के साथ उसके दृष्टिकोण में शुरू होता है, इसलिए जैसे ही उसे पता चलता है कि उसके पैर की अंगुली कहां से शुरू होती है नींव के मामले में शरीर इतनी जल्दी उपचार शुरू कर देता है कि वह नींद, आराम, आराम सुनिश्चित करना शुरू कर देता है, जिससे उसके सभी मूलभूत घटक सुनिश्चित हो जाते हैं।
ऐन हैमिल्टन और लेखक स्टीव मार्टिन के बीच इस बातचीत को सुनें।

मेरी दादी मुझे बहुत प्रिय थीं और जब मैं छोटी थी तो सोफे पर उनके बगल में बैठने की मुझे बहुत याद आती है, खासकर उनकी बांह के नीचे जो भरी हुई थी। हम एक साथ बुनते थे या सुई लगाते थे, जब हमारे हाथ व्यस्त रहते थे तो वह हम दोनों को किताबें जोर-जोर से पढ़ती थी और साथ ही हमारा शरीर अंतरिक्ष में आवाज और आपके हाथ के नीचे अलग-अलग गति से जमा होने वाली सामग्री दोनों को अवशोषित करने और ध्यान केंद्रित करने के लिए खुल जाता था; दोनों सांद्रताएँ अद्वितीय आनंद प्रदान करती हैं; आप इसे प्रत्येक सत्र के दौरान सक्रियता से बढ़ते हुए देख सकते हैं, प्रत्येक अनुभव से अलग-अलग संतुष्टि पैदा कर सकते हैं जो वास्तव में संतोषजनक थे।

और वह स्वेटर बुन रही थी...

स्वेटर हमारी विशेषता थे; सुईपॉइंट, रजाई बनाना, बुनाई... इन सभी गोद परियोजनाओं ने हमारे खाली समय में एक साथ करने के लिए अत्यधिक आरामदायक गतिविधियाँ प्रदान कीं।

आपने एक व्यावहारिक बात कही है: कपड़ा वास्तव में हमारे शरीर का पहला घर है; "कपड़ा इसकी प्रारंभिक वास्तुकला के रूप में काम करता है।"

हाँ। हम चीज़ें कैसे सीखते हैं? ऐसे वातावरण में शिक्षा प्राप्त करने वाले बच्चे या छात्र होने के नाते, जो उन चीज़ों को महत्व देता है जिन्हें हम सीधे नाम दे सकते हैं या समझा सकते हैं, लेकिन ऐसे कई अन्य तरीके हैं जिनसे हम अपनी त्वचा, जो हमारे शरीर का सबसे बड़ा अंग है, के माध्यम से ज्ञान प्राप्त करते हैं। मेरा कपड़ा हाथ हमेशा चीजों की खोज के लिए मेरा

प्राथमिक साधन रहा है; जब बुनाई शामिल होती है तो पाठ और वस्त्र दोनों अनुभव के माध्यम से मेरे लिए जीवंत हो जाते हैं; जब मैंने पहली बार कपड़े से चीज़ें बनाना शुरू किया तो ऐसा लगा कि यह एक और त्वचा है जो खुद को ढकती भी है और प्रकट भी करती है। आप धागों की इस अवधारणा को भी सामने लाते हैं: जिनका उपयोग सिलाई के लिए किया जाता है और साथ ही वे जो विचारों या भाषण की पंक्तियों का प्रतिनिधित्व करते हैं - आप चर्चा करते हैं कि बुनाई की ये प्रक्रियाएँ शब्दों और पदार्थों दोनों के साथ कैसे होती हैं।

पुस्तकें पढ़ना एक प्राचीन एवं सार्वभौमिक कार्य है। पढ़ना हमें उनके पन्नों से कहीं आगे ले जा सकता है - जितना अधिक आप खुद को एक में डुबोते हैं, उतना ही समय और स्थान में आप खुद से दूर हो जाते हैं और इसके लेखक की वास्तविकता के दर्शन आपको ले जाते हैं।

जैसा कि आपको अपनी दादी की सुई की नोक पर कारीगरी और स्वेटर बनते हुए चित्र देखने से याद आएगा, ये प्रथाएं दूर की और लंबे समय से खोई हुई लग सकती हैं - फिर भी जब हम इन कौशलों को फिर से खोजते हैं तो यह हमें कुछ मानवीय और समाज में वापस जोड़ने योग्य प्रदान करता है।

जैसा कि मैं एक विश्वविद्यालय में पढ़ाता हूं, मेरे लिए यह विचार करना दिलचस्प है कि एक शिक्षक के रूप में ऐसे शैक्षणिक संस्थाने में सन्निहित ज्ञान कहां फिट बैठता है - हम इसे कैसे विकसित करते हैं और इस पर भरोसा करते हैं।

लेकिन विज्ञान ने प्रदर्शित किया है कि जिन भावनाओं का हम वर्णन करने का प्रयास करते हैं वे वास्तव में सबसे पहले हमारे शरीर में शुरू होती हैं। आघात एक अभिन्न भूमिका निभा सकता है, लेकिन दुनिया का हमारा अनुभव केवल मौखिक या मानसिक प्रक्रियाओं से कहीं आगे तक जाता है - कपड़ों या कहानियों या किताबों के शब्दों में बुना हुआ यह सामाजिक पहलू भी है जो हमारे आस-पास के सभी लोगों के साथ हमारा संबंध भी है।

खैर, एक सेकंड के लिए बुनाई पर वापस जाएं: इसकी संरचना में, बुनाई हमें प्रत्येक लूप को ऊपर और चारों ओर देखने की अनुमति देती है क्योंकि यह एक दूसरे से फिसलता है; हम इसके सभी घटक भागों का ध्यान कभी नहीं खोते हैं - यहां तक कि जब आप संपूर्ण को देखते हैं, तब भी आप इसके सभी भागों को देखते हैं, जैसा कि पार्कर पामर ने देखा। पार्कर पामर आध्यात्मिकता, पेशेवर जीवन और सामाजिक परिवर्तन के चौराहे पर सभी पृष्ठभूमि के लोगों को एक साथ लाता है। मुझे उनकी पुस्तक लेट योर लाइफ स्पीक विशेष रूप से प्रेरक लगती है क्योंकि उन्होंने अपने चालीसवें वर्ष में अवसाद के दो भयावह दौरों का खुलासा किया है जो मेरे और कई अन्य लोगों के लिए जीवनरक्षक साबित हुए - फिर भी उनकी सलाह अवसाद के अंधेरे दायरे से परे ज्ञान प्रदान करती है।

लेखक और पार्कर पामर के बीच एक आकर्षक संवाद सुनें।

आपकी पुस्तक में नैदानिक अवसाद का विवरण शामिल है। एक वाक्य इस प्रकार है: "मैंने ईसाई धर्म के एक ऐसे रूप को अपनाया जो सर्वशक्तिमान के प्रत्यक्ष अनुभव के बजाय

ईश्वर के बारे में अमूर्त अवधारणाओं के प्रति अधिक समर्पित था: एक परंपरा से इतनी सारी असंबद्ध अवधारणाएं कैसे उभरीं, जिसका मूल विश्वास 'शब्द बनना' है माँस?'"।

मेरे अनुभव पर सवाल उठाना, खासकर इसलिए कि अवसाद इतना गहरा और पूरे शरीर का अनुभव हो सकता है, जिसे मैं बहुत गंभीरता से लेता हूँ; अवसाद हमारे लिए एक निमंत्रण के रूप में प्रस्तुत होता है कि हम अपने बारे में उस समय की तुलना में अधिक गहराई से विचार करें जब जीवन उज्ज्वल और आरामदायक हो।

आइए एक सेकंड के लिए यहां रुकें। लंबे समय से यह आलोचना होती रही है कि ईसाई परंपरा अवसाद जैसी किसी चीज़ से पीड़ित लोगों को राहत नहीं देती है क्योंकि कभी-कभी पीड़ा को महिमामंडित किया जा सकता है। फिर भी जिस तरह से आपने इसे इस विशेष स्थिति में लागू किया है, उससे आप इस छवि को बदल रहे हैं।

मैं सहमत हं। दुर्भाग्य से, ईसाई परंपरा में अक्सर जीवन के इस पहलू को सार्थक या महत्वपूर्ण के रूप में गलत तरीके से प्रस्तुत किए जाने के संबंध में दुख को लेकर बहुत भ्रम है। जीवन में इसका भेद करना अत्यंत आवश्यक है।
मेरा अपना बचपन का अनुभव इस अंतर को समझने में बिल्कुल मददगार नहीं था: एक क्रॉस का मतलब हमेशा कुछ सकारात्मक होता था, भले ही इसमें पीड़ा शामिल हो।

"जीवन के बारे में मेरा दृष्टिकोण यह है कि ईश्वर जिसने मुझे यह दिया है वह चाहता है कि मैं इसके पूर्ण, समृद्ध अर्थ का अनुभव करूँ - शीघ्र और दर्दनाक मृत्यु नहीं।" जीवन को पूरी तरह और अच्छे से जीने के लिए. भले ही यह मुझे असुविधा के स्थानों से गुज़रता है - जैसे कि मैं जिस चीज़ पर विश्वास करता हं उसके लिए खड़ा होना और फिर उस विचार को समाज द्वारा अस्वीकार कर देना - जिन लोगों ने दर्द के उस रूप का अनुभव किया है, वे जानते हैं कि यह जीवन देने वाला हो सकता है; यह जानना कि आपकी सच्चाई क्या है, आपको प्रतिरोधी समाजों के माध्यम से बनाए रखने में मदद करती है। लेकिन पीड़ा का एक और रूप भी है, जो जीवन में मृत्यु से अधिक सीधे तौर पर जुड़ा हुआ है - हमें तब तक काम करना चाहिए जब तक कि दूसरे पक्ष पर प्रकाश न आ जाए।

क्वेकर परंपरा मौन पर जोर देती है। मुझे आपके मित्र के बारे में आपकी कहानी याद आ गई जिसने अत्यधिक भावनात्मक तनाव के समय सबसे अधिक सहायता प्रदान की; कोई ऐसा व्यक्ति जो केवल शारीरिक रूप से आपके साथ रहने और सुनने के लिए आएगा।

"हे भगवान, पार्कर!" लोग आते और मेरी मदद करने की कोशिश करते; दुर्भाग्य से, कई लोग बिल्कुल भी मददगार नहीं थे। उदाहरण के लिए, कुछ लोग इन पंक्तियों में कुछ कहेंगे: "जब बाहर इतना सुंदर दिन है तो आप यहाँ उदास होकर क्यों बैठे हैं - जाकर आनंद उठाएँ, अपनी त्वचा पर सूरज को महसूस करें और उन फूलों को सूँघें!" दुःख की बात है कि इससे चीज़ें और बदतर हो गईं; इसमें मुझे और अधिक निराशा हुई क्योंकि बौद्धिक रूप से मुझे पता था कि धूप और फूल जैसी चीजें अस्तित्व में थीं - खुशबू जैसी संवेदी उत्तेजनाएं मेरे शरीर में दर्ज नहीं हो सकीं - जिससे अवसाद और बढ़ गया; अन्य लोग यह कहते हुए आते थे: "हे भगवान! आप उदास क्यों हो रहे हैं? बाहर जाओ और सूरज को महसूस करो और उन

फूलों को सूंघो"। और अन्य लोग ऐसी बातें कहते हुए आएंगे: "हे भगवान! आप जीवन का आनंद क्यों नहीं ले रहे हैं!" अन्य लोग आते और ऐसा ही कुछ कहते: "हे भगवान पार्कर, आप जीवन का अधिक आनंद क्यों नहीं लेते!" अन्य लोग भी आकर ऐसा ही कुछ कहेंगे: क्या आप उदास महसूस कर रहे हैं? | क्या आप पागल होने से डरते हैं? >> "आपने दूसरों की मदद करने और लिखने में बहुत अच्छा काम किया है।"

"आप बहुत सफल हैं!"
यह केवल मेरे दुख को बढ़ाने का काम करेगा; क्योंकि यह मुझे यह सोचने पर मजबूर कर देगा कि "मैंने सिर्फ अपने लाभ के लिए किसी अन्य व्यक्ति का उपयोग किया था, लेकिन अगर वे वास्तव में अपनी प्रशंसा के पीछे के व्यक्ति को जानते थे तो वे मुझे जहां मैं पहले से ही हूं उससे भी अधिक अंधकार में धकेल देते"।

हर दोपहर लगभग 4:00 बजे, एक मित्र अनुमति माँगने के बाद आता था और मुझे मेरे लिविंग रूम की कुर्सी पर बैठाता था, मेरे जूते और मोज़े उतारता था, मेरे पैरों की मालिश करता था, फिर बिना कुछ कहे उन्हें वापस दे देता था; वह क्वेकर्स के बुजुर्ग थे। अपनी सहज समझ से, वह कभी-कभी संक्षिप्त टिप्पणियाँ देते थे जैसे, "मुझे आज आपका संघर्ष महसूस हो रहा है" या बाद में: "मैं इस समय मजबूत महसूस करता हूँ; इससे मुझे खुशी होती है"। हालाँकि, इन संक्षिप्त टिप्पणियों के अलावा वह अक्सर चुप रहते थे; कोई भी सलाह उसके काम नहीं आएगी। वह मेरे शरीर में एक स्थान ढूंढने में कामयाब रहे - विशेष रूप से मेरे पैरों के तलवे - जहां मुझे किसी अन्य इंसान के साथ किसी प्रकार का संबंध महसूस हुआ, और मालिश ने मुझे अप्रत्याशित और बेहद सुखदायक तरीके से मानवता से जोड़ा रखा।
मेरे मित्र ने मेरे लिए जो सबसे अधिक किया वह यह था कि जब मुझे किसी की जरूरत थी, वह मेरे दुख में चुपचाप लेकिन आराम से और चतुराई से मौजूद था। हालाँकि मेरे लिए उस कार्रवाई की पूरी सराहना व्यक्त करना कभी आसान नहीं रहा, लेकिन मैं जानता हूँ कि इससे मेरे लिए व्यक्तिगत रूप से एक महत्वपूर्ण अंतर आया। वह उस तरह के समुदाय के लिए एक शक्तिशाली प्रतीक बन गए, जिसे हमें इस तरह की कठिनाइयों का सामना करने वाले लोगों के आसपास बनाना चाहिए: एक ऐसा समुदाय जो न तो उनके रहस्य पर आक्रमण करता है और न ही उन्हें त्यागता है; बल्कि लोगों को रिश्तों के एक उचित, पवित्र स्थान पर रखता है जहां किसी तरह उपचार हो सकता है।
अंधेरे पक्ष के लोग आशा प्राप्त कर सकते हैं कि वे प्रकाश पक्ष की ओर अपना रास्ता बना सकते हैं।

ईव एन्सलर को उनके नाटक द वैजाइना मोनोलॉग्स के लिए व्यापक रूप से सम्मानित किया जाता है, जो महिलाओं और लड़कियों के खिलाफ हिंसा की प्रतिक्रिया में एक वैश्विक हिट है। लेकिन एन्सलर ने स्वयं बचपन में हिंसा का अनुभव किया; और कैंसर निदान के माध्यम से महिला शारीरिकता को समझने की उनकी आजीवन लड़ाई ने इस लड़ाई में नई राहत ला दी।

ईव एन्सलर और लेखिका ईव एन्सलर के बीच इस बातचीत को सुनें।

तो 2010 में, कांगो में सिटी ऑफ जॉय के नाम से जाने जाने वाले स्थान को स्थापित करने में मदद करते समय, आपको अपने गर्भाशय में एक विशाल घातक ट्यूमर का पता चला - जिसकी तुलना आपने कांगो द्वारा "दुनिया का शरीर" लाने से की थी। आपकी कहानी आधुनिक महिलाओं - विशेषकर अधिकांश पश्चिमी महिलाओं - के लिए प्रतिष्ठित बन गईं एक तरफ हम अपने शरीर के प्रति इतने सचेत रहते हैं जबकि दूसरी ओर ऐसा लग सकता है मानो हम उसमें पूरी तरह से निवास नहीं करते हैं या जानते हैं कि हम वहां के हैं ही नहीं।

सही। और दुनिया भर में महिलाओं के शरीर की खोज के लिए एक वकील के रूप में आपका समर्पण वास्तव में प्रेरणादायक है।

खैर, सब कुछ धीरे-धीरे और चरणबद्ध तरीके से होता है। मेरे पूरे जीवन का लेखन मेरे शरीर में वापस आने का एक प्रयास रहा है; प्रत्येक नाटक किसी न किसी स्तर पर इस यात्रा और पुनराविष्कार के प्रयास का प्रतिनिधित्व करता है। आप सोचते हैं कि कैंसर होने तक आप स्वयं को जानते हैं और फिर अचानक सब कुछ बदल जाता है।
नौ घंटे की सर्जरी और उसमें से सभी ट्यूब और कैथेटर बाहर आने के बाद, आपको एहसास होता है कि यह आपके जीवन में पहली बार है कि आपने वास्तव में अपने शरीर में जीवित महसूस किया है। वह अनुभव बिल्कुल आश्चर्यजनक था: किसी भी तरह से मेरे शरीर से अलग होने के बजाय उसका हिस्सा बनना अविश्वसनीय था।

हाल ही में मैं सोच रहा था कि डेसकार्टेस आज हमारी संस्कृति के लिए बहुत अधिक दोष के पात्र हैं - उनकी अवधारणा कि "मैं सोचता हूं, इसलिए मैं हूं।" पश्चिमी सभ्यता इस अत्यंत मस्तिष्कीय असंबद्ध पद्धति पर बनी है जिसे हमने संस्थानों का निर्माण करते समय अपनाया है; परिणामस्वरूप हम इसके लिए बहुत गरीब हैं और हमारी संस्थाएँ शेष समाज के लिए कम मूर्त लगती हैं। परिणामस्वरूप हमें बहुत छोटे हो गए हैं।

आपका यह कहना कितना हास्यास्पद था! कैंसर से जूझते समय मैं लगातार "मुझे लगता है इसलिए मैं हूं" दोहराता था। शारीरिक रूप से मौजूद होने से मेरा अस्तित्व और सांस मेरी मानवता का मूर्त अनुभव बन जाता है। दुर्भाग्य से, वस्तुनिष्ठता की यह धारणा - जैसे कि मस्तिष्क कभी भी आपके व्यक्तिपरक स्व को अलग कर सकता है - ने पृथ्वी पर पृथक्करण का एक स्तर पैदा कर दिया है; आप अपने आप को ऐसी सोच प्रणालियों में फंसा हुआ पा सकते हैं जो आपको अपना दिल पूरी तरह से खोलने से रोकती है।

मैंने हाल ही में एक कार्यक्रम में भाग लिया जिसमें सिएरा लियोन और उत्तरी युगांडा के तंत्रिका वैज्ञानिक, कलाकार, कवि और विचारशील लोग भी मौजूद थे। हमने बौद्ध "हृदय-दिमाग" के बारे में बात की, कि हृदय और मन दोनों एक हैं। इसके अतिरिक्त, पश्चिमी तंत्रिका विज्ञानियों ने सबसे पहले तिब्बती बौद्ध भिक्षुओं का अध्ययन तब शुरू किया जब वे ध्यान कर रहे थे; भिक्षुओं को यह इतना मनोरंजक लगा कि उन्होंने सीधे अपने सिर पर इलेक्ट्रोड लगाना शुरू कर दिया...

विज्ञान हमें यह पहचानने में मदद करता है कि हमारा मस्तिष्क एक अंग है और जो हम भावनाओं के रूप में अनुभव करते हैं वह हमारे शरीर के भीतर भी कहीं संग्रहीत होता है।

कुछ भी अलग नहीं है. हालाँकि एक समय में हर चीज़ अलग-थलग लग सकती थी, लेकिन अब हर चीज़ सीधे अपने आप से जुड़ती है - यही वह चीज़ है जो मुझे इस समय जीवित रहने के बारे में सबसे अधिक उत्साहित करती है: यह समझना कि हमारे बाहर की हर चीज़ भी जुड़ी हुई है। लोगों को पहले खुद से और एक-दूसरे से अलग हुए बिना नियंत्रित या हावी नहीं किया जा सकता है। जैसे-जैसे लोग आपस में और एक-दूसरे से अधिक गहराई से जुड़ते जाएंगे, हम नियंत्रित होने और कब्ज़ा किए जाने के प्रति उतने ही अधिक प्रतिरोधी होते जाएंगे। इतिहास के इस मोड़ पर, जुड़ना महत्वपूर्ण है। मेरा अभिप्राय अहंकारी या आत्म-अवशोषित अर्थ में यह नहीं है - बल्कि मेरा मतलब है कि हम अपने दैनिक जीवन को हर पहलू में खुद के साथ और अपने आस-पास की हर चीज के साथ कैसे जीते हैं ताकि पारगमन और वास्तविक परिवर्तनकारी ऊर्जावान परिवर्तन को बढ़ावा दिया जा सके।

कैंसर के बारे में आपकी पुस्तक इस धारणा के साथ समाप्त हुई कि हम "दूसरी हवा के लोग" हैं, जो अब आप भी इंगित कर रहे हैं।

मुझे अपनी दूसरी हवा खोजने की अवधारणा पसंद है, जब बहुत लंबे समय तक चलने से थककने के बाद आपको अचानक कुछ अतिरिक्त ईंधन मिल जाता है और आप आगे बढ़ सकते हैं। मैं हमेशा इस घटना से उत्सुक रहा हूं। इस दूसरे पवन स्थान के अंदर क्या है - यह आध्यात्मिक या शारीरिक रूप से हमारा कौन सा हिस्सा घेरता या समाविष्ट करता है? इससे पहले कि यह आप पर आ जाए आप इसके बारे में ज्यादा सोच-विचार नहीं करते हैं!

अनुभव अधिक समग्र है।

संपूर्ण शारीरिक कार्य. मुझे लगता है कि हम मानवता की दूसरी हवा में प्रवेश कर रहे हैं; या शायद इसके लिए मानवता की आमूल-चूल पुनर्संरचना और पुनर्संकल्पना की आवश्यकता है।
हम यहां कैसे आगे बढ़ रहे हैं? मुझे इस प्रयास की संभावना पर विश्वास है; इसके लिए बस इतना ही आवश्यक है कि पर्याप्त लोग इस पर विश्वास करें और एकजुट होकर इस हवा को गले लगाने के लिए तैयार रहें जो अब हमारी ओर बह रही है।

जोआना मैसी एक बौद्ध शिक्षक और विद्वान के रूप में सबसे ज्यादा जानी जाती हैं, लेकिन मैंने पहली बार पिछली शताब्दी के अंत में रेनर मारिया रिल्के की कविता के अनुवादक के रूप में उनकी प्रतिभा की सराहना की। जब उन्होंने वहां अर्थ की तलाश की, तो जोआना मैसी ने 20वीं सदी की घटनाओं के जवाब में रूप धारण किया, जिसकी वह भविष्यवाणी नहीं कर सकते थे; उस शब्द के वैश्विक बोलचाल में आने से बहुत पहले ही वह एक पर्यावरण कार्यकर्ता बन गए थे।

जोआना मैसी और लेखक, ब्रायन केली के बीच बातचीत को सुनें।

जैसा कि मैंने कई वर्षों तक एक पर्यावरणविद् के रूप में आपके और आपके जुनून के बारे में पढ़ा, एक पहलू जो मुझे विशेष रूप से उल्लेखनीय लगा, वह समाचार लेने में हमारे सामूहिक दुःख की आपकी मान्यता थी; आपने इसे स्वीकार करने और उनके शोक को गंभीरता से लेने के लिए लोगों के साथ मिलकर काम किया।

दुःख भयानक हो सकता है, इसलिए मुख्य बात इससे डरना नहीं है और जितना संभव हो सके इससे निपटना है। इसे बंद करने से केवल खुद को और अधिक नुकसान पहुंचाने का काम होता है; और यह देखने में हमारी कठिनाई कि हम अपनी दुनिया के साथ क्या कर रहे हैं, संवेदनहीन उदासीनता या अज्ञानता से नहीं बल्कि दर्द के डर से उत्पन्न होती है - कुछ ऐसा जो मैंने थ्री माइल द्वीप और चेरनोबिल आपदाओं के दौरान और उसके बाद परमाणु ऊर्जा के आसपास संगठित होने के दौरान सीखा था।

वह घटना शायद मेरे जीवन के निर्णायक क्षणों में से एक थी - वह भगवान के साथ नृत्य। असुविधा और निराशा के समय, हमें असुविधा, दुःख, आक्रोश या भय की भावनाओं से न भागने के लिए कहा जाता है। इसके बजाय, अगर हम इतने निडर हो सकते हैं कि अपने दर्द का सामना बिना पीछे हटे या उसे एक साथ नकारे कर सकें, तो इसका रास्ता दिशा बदल देता है; अन्यथा यह स्थिर रहता है; जब सीधे सामना किया जाता है और इसे पकड़कर और इसके साथ सांस लेते हुए इसके कारण पर विचार करने का समय दिया जाता है तो इसका चेहरा भी बदल जाता है - जीवन के साथ हमारे प्यार और संबंध को दर्शाता है क्योंकि इसका दूसरा चेहरा खुद को प्रकट करता है - उस अनिवार्यता को दर्शाता है!

पारिस्थितिक समस्याओं से निपटने में काव्यात्मक सोच हमारे विशिष्ट तथ्य-आधारित या तर्क-संचालित दृष्टिकोणों की तुलना में अधिक उपयोगी हो सकती है, यहां तक कि समान समस्याओं के लिए भी।

यह लोगों को यह स्वीकार करने से भी रोकता है कि वे परेशान हैं क्योंकि उनका मानना है कि किसी समस्या को प्रभावी ढंग से प्रबंधित करने के लिए बौद्धिक श्रेष्ठता प्रदर्शित करने के लिए आवश्यक सभी तथ्यों और आंकड़ों का होना आवश्यक है।

लेकिन हम तथ्यों, आंकड़ों और छवियों से अभिभूत हो जाते हैं; वे दुर्बल और पंगु बनाने वाले हो सकते हैं। शायद ऐसा इसलिए है क्योंकि हमारे पास दुःख से उत्पादक तरीकों से निपटने और उसे रचनात्मक बनाने के लिए आवश्यक कौशल का अभाव है; एक पत्रकार और मीडियाकर्मी के रूप में मैं अक्सर इसके बारे में सोचता रहता हूं।

यह सही है; प्रेमी और स्वयं के रूप में दुनिया एक ही चीज है, और इस खूबसूरत लेकिन क्रूर दुनिया के लिए हमारे दिलों का टूटना पूरी तरह से समझ में आता है। वहां महान बुद्धिमत्ता है: मनुष्यों ने ग्रह के साथ ऐसा व्यवहार किया है जैसे कि यह सिर्फ एक और आपूर्ति घर या सीवर था, कारों और हेयर ड्रायर के लिए संसाधनों को बाहर ले जाता है जबकि हमारे कचरे को इसके पानी में तब तक डंप करता है जब तक कि यह अपनी क्षमता से बाहर न निकल जाए; लेकिन हमारी पृथ्वी सिर्फ दोहन के लिए एक और संसाधन नहीं है, क्योंकि हम इसके साथ ऐसे व्यवहार करते हैं जैसे कि यह हमारा बड़ा शरीर हो: इसे सांस लेते हुए, अपने हर

हिस्से को अपने भीतर समाहित करते हुए इसके स्वादिष्ट स्वादों को चखते हुए। अब समय आ गया है कि हम जीवन के इस चमत्कारी पुष्प का सम्मान करें जो हमारे हरे पहलू को अपने आगोश में ले लेता है।

अब जब हम बातें कर रहे हैं तो मैं अपना हाथ देख रहा हूँ; 81 साल की उम्र से इसमें कई झुर्रियाँ हैं, लेकिन इतिहास भर में यह मेरे जैसे हाथों से जुड़ा हुआ है। इन हाथों ने अपने दैनिक जीवन के हिस्से के रूप में जमीन की सतहों को पकड़ना, चढ़ना, धक्का देना और ईख की टोकरियाँ बुनना सीखा; इसका एक अद्भुत इतिहास है जो इसकी शुरुआत से लेकर अब तक का है - जिसका हम मनुष्य के रूप में एक हिस्सा हैं!
जैसा कि हमें अक्सर आगे बढ़ने की चुनौती दी जाती है, हमें इस दुनिया के प्रति अपने प्यार की तीव्रता को बढ़ाने के लिए दबाव महसूस करने से रोकने के लिए कुछ भी नहीं है, चाहे भविष्य के दशकों में इसके स्वास्थ्य में सुधार हो या नहीं या हमें लगता है कि इसका अस्तित्व सुनिश्चित है। अभी आपका क्षण है! प्यार को इस बात पर निर्भर न बनाएं कि जिनकी आप परवाह करते हैं उनकी जिंदगी कितने लंबे समय तक बरकरार रहेगी - बस याद रखें कि यह मायने रखता है कि आप आज जीवित हैं।

अध्याय 4: प्यार का सीखा हुआ सबक

यदि हम होशियार जीवन जीने के बजाय बुद्धिमान जीवन जीने का प्रयास करते हैं, तो हमें यह समझने का प्रयास करना चाहिए कि प्यार में क्या शामिल है: इसकी उत्पत्ति और गहराई के साथ-साथ यह कब और क्यों खत्म हो जाता है।

निजी और सार्वजनिक हित दोनों के रूप में प्रेम को पुनर्जीवित करना। मेरा लक्ष्य इस अवधारणा को दिलों और कानों के लिए अलग ढंग से विकसित करना है - कम जटिल नहीं, लेकिन अलग तरह से। मांसपेशी के रूप में प्यार. लचीलेपन के रूप में प्यार. और प्रेम सामाजिक है: न केवल अंतरंग बल्कि एक ही बार में सार्वजनिक भी! मेरा लक्ष्य दैहिक व्यावहारिक प्रेम की ओर प्रयास करना है: एक ऐसा युग जो यौन आकर्षण को पार करते हुए पूरी भावना से परिपूर्ण रहता है। प्यार में इरादे के लिए निरंतर अभ्यास की आवश्यकता होती है; प्यार को न केवल सामना होने पर पूरा किया जाना चाहिए, बल्कि क्षणों में अपने चरम पर पहुंचना चाहिए। रचनात्मक अभिव्यक्ति हमारे बीच की दूरियों को पाटने के साथ-साथ उन्हें कम भी करती है। कविता किसी भी प्रयास के रूप में सीधे मानव अस्तित्व से बात करती है। अधिकांश लोग कम कठिनाई वाले सरल समाधानों की ओर प्रवृत्त होते हैं; लेकिन रिल्के ने अपने युवा कवि को याद दिलाया: हमें उस पर भरोसा करना चाहिए जो कठिन है।

जब बात अपने अस्तित्व और विस्तार की आती है तो प्रकृति कोई सीमा या बाधा नहीं जानती है, वह किसी भी तरह से अपनी रक्षा कर सकती है और विरोध के बावजूद खुद के प्रति ईमानदार रहने का प्रयास कर सकती है। हालाँकि हम यह बहुत कम समझते हैं कि यह कैसे काम करता है, एक बात निश्चित है - बाधाओं के बावजूद सब कुछ जीवित रहना चाहिए। हम भले ही बहुत कम जानते हों, लेकिन एक बात निश्चित है - प्रकृति को अपने रास्ते में हस्तक्षेप और बाधाओं के बिना फलना-फूलना चाहिए।
जो कठिन है उस पर भरोसा करना एक ऐसी निश्चितता है जिसे हम त्याग नहीं सकते; एकांत चुनौतीपूर्ण है; कोई चीज़ कठिन है तो उससे निपटने के लिए हमें केवल प्रोत्साहन देना चाहिए; प्यार करना एक और बड़ी चुनौती है - शायद पूरे जीवन में सबसे कठिन काम, उस प्रेम कहानी की तैयारी में किए गए अन्य सभी कार्यों के लिए अंतिम प्रमाण और पाठ जो हम अब जी रहे हैं।

प्यार सद्गुणों का सुपरस्टार गुण है और अंग्रेजी में सबसे अधिक दुरुपयोग किए जाने वाले शब्दों में से एक है: मुझे यह मौसम पसंद है और आपकी पोशाक इसके दो उदाहरण हैं। हमने प्यार के साथ जो किया है - एक संभावना, आवश्यक बंधन, कार्य - इसे रोजमर्रा की वस्तु में बदलना है: परिवारों के भीतर निजी रिश्ते जब इसकी ताकत आदिवासी सीमाओं को पार करने में निहित है; रोमांस को रोमांटिक बनाना जब उसका वास्तविक माप कायम रहना चाहिए, व्यावहारिक देखभाल; इसे एक अनुभव के बजाय एक एहसास के रूप में जीना, जिसे हमारे दैनिक जीवन को परिभाषित करना चाहिए: प्यार साझा करना या प्राप्त करना एक ऐसी चीज़ है जिसे हर कोई हर दिन किसी न किसी रूप में चाहता है!

यूनानी दार्शनिकों ने इरोस की पहचान प्रेम की उस शक्ति के रूप में की है जो हमारी इच्छाओं को प्रेरित करती है, खुशी और निराशा के बारे में हमारी कल्पना को केंद्रित करती है और हमारी पूर्णता की भावना को परिभाषित करती है। इसमें फ़िलिया - दोस्ती प्यार - और अगापे - करुणा है जो किसी के पड़ोसी या अजनबियों के प्रति दयालुता के कार्य के रूप में व्यक्त की जाती है। पाली संस्कृति में मेट्टा का अर्थ है प्रेमपूर्ण दया - "प्रेम दयालुता" के हिस्से के रूप में इसे अपने लिए विकसित करते हुए ज्ञात और अज्ञात दोनों लोगों की मदद करने में रुचि लेना।

"करुणा" जैसे "गर्भ" जैसे धार्मिक रूपक समान माप में सुंदर और भ्रमित करने वाले दोनों हो सकते हैं। जन्म देने की वास्तविकता के विरुद्ध माने जाने पर, वे इसकी अंतर्निहित जटिलता को प्रेम की संपूर्णता के एक ईमानदार चित्रण के रूप में प्रकट करते हैं - आनंद और जोखिम लेने से लेकर बलिदान तक; गलती से सीखने से लेकर अनंत आनंद तक का एक अंतहीन चक्र - और अंततः रोजमर्रा के आधार पर देखभाल।

प्रेम क्या है? इसे समझाने के लिए अपने जीवन की कहानी के माध्यम से यात्रा करें।

मुझे यह कहते हुए बड़ा किया गया कि प्यार के बारे में सच मत बोलो। हालाँकि मैंने संडे स्कूल में अपने पड़ोसी से प्यार करने के बारे में सीखा, लेकिन जरूरी नहीं कि यह विचार जीवन स्थितियों और अनुभवों के संदर्भ में वास्तविकता में तब्दील हो।

जब दैनिक जीवन में धर्म के व्यावहारिक अनुप्रयोग की बात आती थी तो मेरे माता-पिता मेरे दादाजी के नक्शेकदम पर नहीं चलते थे। उनके चर्च ने भी उनके उदाहरण का अनुसरण नहीं किया: इसका भजन, "लव डिवाइन, ऑल लव्स एक्सेलिंग," ईश्वर के बारे में था, हमारे बारे में नहीं; इतनी लगन से प्यार करना कि कोई अपने आप को बलिदान कर दे, वांछनीय नहीं था - फिर भी पवित्रशास्त्र में पाई जाने वाली अद्भुत कहानियों ने इसकी गहराई का प्रदर्शन किया। इस बीच, 20वीं सदी के मध्य के प्रोटेस्टैंटवाद में, जिसमें मैंने रविवार और बुधवार की रातें बिताईं, आधुनिक प्रासंगिकता को ध्यान में रखते हुए धर्मग्रंथ पढ़ा: इसने एक ऐसा वातावरण प्रदान किया जिसमें स्व-निर्मित पुरुष और परिवार पोषित महसूस करते हुए सही और गलत के बारे में धन्यवाद और अनुस्मारक दे सकते थे। अपने भीतर और इस प्रकार शारीरिक लाभ या सामाजिक स्तर पर सामाजिक प्रभाव के बिना पोषण प्रदान करते हैं।

मेरे माता-पिता विवाह को भूमिका निभाकर जीते थे। चूँकि कोई भी स्वयं को इतनी अच्छी तरह से नहीं जान सकता था कि एक-दूसरे को अच्छी तरह से जान सके, एकमात्र व्यक्ति जिसके साथ वे पूरी तरह से जुड़ सकते थे वह एक-दूसरे ही थे। मेरी माँ को यह सिखाया गया था कि संतुष्टि के लिए अपने पति की ओर देखें, जबकि वह स्वयं अपने भीतर के राक्षसों के विरुद्ध संघर्ष करता था - मेरी माँ को अपने पति में कहीं और इसकी तलाश करने के लिए छोड़ दिया गया था।

मेरे पिता अपनी शक्ति से अपने परिवार की देखभाल करते थे। उन्होंने कड़ी मेहनत करके और उनकी ज़रूरतें पूरी करके सराहनीय ढंग से ऐसा किया; जिसके लिए मैं सदैव अत्यंत आभारी रहूँगा। इसके अतिरिक्त, उन्होंने मेरी शिक्षा और प्रारंभिक साहसिक कार्य दोनों का समर्थन किया - इसके लिए, मैं सदैव आभारी हूँ।

मेरे पिता प्यार करने के इरादे से भव्य दिखते थे, फिर भी उन्हें हमेशा किसी भी संकेत से डर लगता था कि प्यार उनके जीवन में प्रवेश कर सकता है - जिसमें वह भी शामिल है जो उनके भीतर से आता है। डर ने उसकी जीवन-शक्ति को स्वतंत्र रूप से बहने से रोक दिया। हालाँकि दिखने में भव्य, उसके प्रेम के इरादे भीतर से खोखले लग रहे थे; वह स्नेह के संकेत से भी भयभीत लग रहा था - जिसमें स्वयं भी शामिल था। अब, दशकों बहुत देर हो चुकी है, मैं समझता हूं कि उसका घायल पशु स्थान हमेशा सतर्क था - एक आंतरिक शारीरिक स्मृति जिसे मैं अब केवल दशकों बाद ही पहचान सकता हूं। उसके अपमान से आगे रहने के लिए, जो किसी भी क्षण क्रूर हो सकता था, मैंने पत्रकारिता और कूटनीति को प्रभावित करके अपनी बुद्धि और महत्वाकांक्षा से उसे प्रभावित किया - उनके माध्यम से खुद को बेहद संतोषजनक तरीके से विस्तारित करने की उनकी भावना। जब मैंने फैसला किया कि मैं ऐसा करना जारी नहीं रखूंगी या पत्रकारिता या कूटनीति नहीं अपनाऊंगी, बल्कि उन्हें राजनीतिक रूप से प्रभावित करने के बजाय शादी के माध्यम से अर्थ और धर्मशास्त्र के सवालों का पीछा करूंगी - तो उन्होंने कभी भी मुझे नहीं समझा, न ही मेरे कार्यों के लिए मुझे माफ किया और न ही इसके लिए मुझे कभी माफ किया।

हालाँकि, वर्षों तक मैंने उस चीज़ को कसकर पकड़ रखा था जो हमारा पारिवारिक मंत्र बन गया था: हमारा खुशहाल घर; दो प्यारे माता-पिता; उनकी आदर्श शादी. यह शिखर मेरे लक्ष्य के रूप में कार्य करता था; यह गलत हो सकता है, फिर भी इसने मुझे आत्मविश्वास दिया जो किसी भी उचित माप से अधिक है - मैथ्यू सैनफोर्ड इस तरह की कथा को "उपचारात्मक कहानियाँ" कहेंगे।

खुद को शांत करना जरूरी है, लेकिन जो कहानियां हम खुद को सुनाते हैं, वे हमेशा सबसे फायदेमंद या स्थायी समाधान नहीं हो सकती हैं। जब मैं अपने मध्य 30 के दशक के अवसाद की सच्चाई को स्वीकार करने और उसके साथ जीने के लिए पर्याप्त मजबूत हो गया, तो एक बुद्धिमान चिकित्सक की मदद से मैंने वास्तविकता को पूरी तरह से उजागर करने और स्वीकार करने की लंबी प्रक्रिया शुरू की; अंततः इससे मेरे जीवन को नई आशा और उद्देश्य मिला।

अपने सबसे उग्र प्रेम का अनुभव करने से पहले मैंने बेतहाशा प्रेम और वैवाहिक आनंद का अनुभव किया है: मातृत्व का। किसी भी अन्य व्यक्ति की तरह, इन रिश्तों में भी उतार-चढ़ाव आते रहे हैं; कभी-कभी मैं सफल हो जाता था जबकि कभी-कभी असफल हो जाता था - जब चीजें बिल्कुल योजना के अनुसार नहीं होती थीं तो खुद को माफ करना सीखता था; ठीक वैसे ही जैसे मेरे प्यारे/प्यारे बच्चों को अपूर्ण माता-पिता या प्यारी/प्यारी बेटियाँ होने के कारण एक से अधिक बार मेरी ज़रूरत पड़ी है।

माइकल, मेरे बच्चों के पिता, और मैं स्कॉटलैंड में रोमांटिक रूप से सुखद परिस्थितियों में मिले - इसके लुभावने सुंदर इलाके से मंत्रमुग्ध - अकथनीय चुंबकत्व ने मुझे पहली नजर में मंत्रमुग्ध कर दिया। अपने जीवन के उस मोड़ पर, मैं पहले ही महाद्वीपों की यात्रा कर चुका था, कम उम्र में कुछ सार्थक हासिल कर चुका था और दिलचस्प रिश्तों का अनुभव कर चुका था। जैसे ही मैंने जीवन का यह आवश्यक निर्णय लिया, मैंने अपने आप को सुखद अंत वाली हर रोमांटिक कॉमेडी के सामने समर्पित कर दिया, जो मैंने कभी देखी थीं और हर प्रेम गीत जिसने कभी मेरी आँखों में आँसू ला दिए थे। मैं अपने माता-पिता के विवाह की वास्तविकता से निपटने के बजाय उसके आदर्श संस्करण से मजबूती से जुड़ा रहा; माइकल और मैं एक-दूसरे से बहुत प्यार करते थे। स्कॉटलैंड में हमारी शादी में दुनिया भर से दोस्त

दूर-दूर से आए थे और यह एक असाधारण पार्टी थी, सबसे भव्य पार्टी जो मैंने कभी दी थी। हालाँकि, हमारे बीच पृष्ठभूमि या जीवन के संदर्भ में बहुत कम साझेदारी थी; जब एक साथी हमारे साथ नहीं रह गया तो हमें अपने से परे किसी भी चीज़ ने नहीं जोड़ा।

जैसा कि आधुनिक विवाहों में अक्सर होता है, हम अपने जीवन के अंत में अकेले रह गए थे। उन लोगों से दूर चले जाना जो हमें अच्छी तरह से जानते थे और प्यार करते थे - जैसे कि वे दोस्त जो हमारी प्रतिज्ञाओं को देखने के लिए यात्रा करते थे - परमाणु परिवार हाल ही में और प्यार के लिए घातक दोनों है: एक-दूसरे के लिए सब कुछ होने की जोड़ों की एक अभूतपूर्व मांग, इतिहास खुद को बार-बार दोहरा रहा है उसे प्रतिध्वनि कक्ष के भीतर परत के बाद जिसे घर कहा जाता है। कोई भी सद्गुण कभी अकेले अस्तित्व में नहीं रह सकता: यहाँ तक कि यह भी।

मेरी शादी ख़त्म होने के बाद, मैंने एक समानांतर ब्रह्मांड में प्रवेश किया जो हमेशा से वहाँ था; दीर्घकालिक प्रेम के कई आधुनिक पीड़ितों में से एक गलत हो गया। आदर्शीकरण और पूर्णता के रूप में रोमांटिक प्रेम के प्रति हमारी सार्वभौमिक लालसा अभी भी अजनबी है; प्रेम गीत और फिल्में मनोरंजन के लोकप्रिय साधन बने हुए हैं। अपने तलाक के बाद, मैंने एक स्वागतयोग्य घर बनाया और अपने बच्चों का पालन-पोषण करने के साथ-साथ पुराने और नए दोस्तों के लिए खाना पकाने और सुंदर दूर-दराज की संपत्तियों में निवेश करने में बहुत आनंद लिया।

वर्षों बीत गए क्योंकि मैं समर्थन के लिए अपनी मित्रता और कार्य नेटवर्क पर बहुत अधिक निर्भर था; फिर भी वर्षों तक, मेरा मानना था कि कुछ कमी थी - शायद प्यार?

यह कहानी उपचार के विपरीत है: यह अन्यथा प्रचुर अस्तित्व में कमी को दर्शाती है। मेरे जीवन में विभिन्न रूपों में प्रेम है। अकेलेपन के साथ तालमेल बिठाने के बाद, मेरा प्यार रोज़मर्रा के और अधिक नाटकीय तरीकों से स्थिर हो गया। इसके तुरंत बाद एक दिन, मुझे एहसास हुआ कि मेरे स्नेह की कमी वास्तविक नहीं थी, बल्कि कल्पना की कमी या किसी आवश्यक शब्द की बहुत संकीर्ण व्याख्या के कारण थी।

कभी-कभी मुझे लगता है कि मेरी लापरवाही स्वयं को पराजित करने वाली है: प्यार की तलाश करते समय मैं अक्सर बस बदले में प्यार पाना चाहता था - कुछ ऐसा जो मुझे जीवन में एक अनावश्यक रास्ते पर ले गया। हालाँकि, अब मेरा उद्देश्य बदल गया है, और मैं प्यार के बारे में जानने के लिए सब कुछ सीख रहा हूँ - एक साहसिक कार्य जो अभी शुरू हुआ है। रिश्तों और संबंधों के बीच प्यार का अभ्यास करते हुए जीवन भर चलने का इरादा एक अद्भुत साहसिक कार्य जैसा लगता है।

* * *

हालाँकि, इस कदम को एक साथ उठाने में मेरी और हमारी क्षमता का भविष्य अस्पष्ट है। लेकिन उदारतापूर्वक पूछे गए और गंभीरता से लिए गए अच्छे प्रश्न शक्तिशाली उपकरण हैं। हाल ही में हमने इसके अस्तित्व को चिह्नित करने के लिए नए अपराध बनाकर सार्वजनिक जीवन में नफरत पर चर्चा शुरू की है - विशेष रूप से कानूनी श्रेणियां बनाना जहां सहिष्णुता समाप्त हो जाती है और मानव स्वभाव अपने सबसे खराब रूप में फूटता है - मुझे पता है कि हर मोड़ पर, मैं प्यार जैसे शब्दों को सामने आते हुए सुनता हूं सामान्य जीवन की लालसाएँ-अक्सर अप्रत्याशित कोनों से।

जैसे-जैसे अमेरिकी इस सदी के लिए आम जीवन के निर्माण की दिशा में काम कर रहे हैं, हम खुद को एक अविश्वसनीय, अस्थिर मोड़ पर पाते हैं। इस युग के लिए सामान्य जीवन का आविष्कार करने की कठिन चुनौती को स्वीकार करते हुए, हम खुद को नस्ल, आय और वर्ग के विभाजन से जूझते हुए पाते हैं जो लंबे समय से मौजूद हैं लेकिन अब पहले से कहीं अधिक तीव्रता से प्रकट हो रहे हैं। इसके अलावा दुख की एक व्यापक भावना भी नई है कि हमने सामूहिक रूप से खुद को जो उपचारात्मक कहानियां सुनाईं, वे कम पड़ गईं। पूरे अमेरिका में इस बात को लेकर असमंजस की स्थिति है कि पड़ोसियों के साथ रिश्ते बदलने की शुरुआत कहां से करें, जो या तो उनकी भलाई को फायदा पहुंचा सकते हैं या नुकसान पहुंचा सकते हैं; फिर भी हम यह नहीं जानते कि अजनबियों के साथ संबंध बदलने का सबसे अच्छा तरीका कहां और कैसे है, जिनसे हम एक-दूसरे की भलाई को प्रभावित कर सकते हैं या उनकी भलाई को कितना नुकसान पहुंचा सकते हैं या इसके विपरीत; किसी भी पक्ष के लिए उत्तर आसानी से नहीं आते; वह घबराहट एक ही समय में निराशाजनक और ताज़ा दोनों होती है: रिश्तों को कहां से बदलें जिससे संबंधों में सुधार हो या उन तरीकों को संबोधित करें जिनसे हमारी अपनी भलाई संभावित रूप से उनकी भलाई को प्रभावित कर सकती है या उन्हें सीधे नुकसान पहुंचा सकती है - हम नहीं जानते कि कहां या कैसे बदलाव शुरू करना सबसे अच्छा होगा उन अजनबियों के साथ संबंध जिनके बारे में हम अभी तक नहीं जानते हैं कि हमारे बीच संबंध कहां और कैसे बदलते हैं या ऐसे परिवर्तन जो बदलने लगते हैं कि हम उन अजनबियों के साथ कैसा व्यवहार करते हैं जो पड़ोसी हैं - उन रिश्तों को बदलने के लिए जहां कोई भी परिवर्तन एक प्रभावशाली रास्ता बनाना शुरू कर देगा और उनके नुकसान को नुकसान पहुंचाएगा? किसी भी पक्ष को यह नहीं पता कि कहां/कौन/न/किससे यह संबंध बदलना शुरू हो जाएगा, ये मतभेद ऐसे बदलाव शुरू कर सकते हैं, जिनके बारे में हम एक-दूसरे को नहीं जानते हैं, सिवाय इसके कि किसी भी पक्ष की भलाई एक-दूसरे को नकारात्मक रूप से प्रभावित नहीं करेगी-या हमारे अपना। यह या तो नहीं जानता कि कहाँ है और/एक दूसरे को नहीं जानते क्योंकि नहीं जानते। हमें पता नहीं। हम नहीं जानते कि हमारे पड़ोसी किसे नुकसान पहुंचा सकते हैं या खुद को बदल सकते हैं - लेकिन जानते हैं कि वे अपने पड़ोसियों को नुकसान पहुंचा सकते हैं या नुकसान पहुंचा सकते हैं, उन्हें नुकसान पहुंचा सकते हैं या बदलाव शुरू हो सकता है - या क्यों यह प्रक्रिया शुरू होगी, बदलाव शुरू होगा! पता नहीं.. ये नहीं पता. यह किसी भी तरह से नहीं पता है हमें इसे नहीं जानते हैं जब रिश्ते बदलते हैं तो हमारे रिश्ते कहाँ बदलते हैं या जब तक पता नहीं चलता है - और नहीं जानते... हम नहीं जानते हैं.. वे भी नहीं जानते हैं! या तो नहीं
लेकिन हम इस तरह नहीं जीना चाहते, मैं इस तरह नहीं जीना चाहता।

सहिष्णुता ने हमें नैतिक या आध्यात्मिक टिप्पणियों को अपने तक ही सीमित रखना सिखाया, उन्हें घर पर रखना या काम या अध्ययन के स्थानों के दरवाजे पर उनकी जाँच करना सिखाया। इसके बजाय, हमने इन भावनाओं को ऑक्सीजन प्रदान किए बिना, बंद रखा, जिससे सवाल और जवाब मिल सकते थे, जिन्हें एक इंटरैक्टिव संवाद में एक-दूसरे के साथ सामुदायिक रूप से खोजा जा सकता था। इस बीच, अक्सर श्रम, शिक्षा, आप्रवासन, शरणार्थी, जेल गरीबी स्वास्थ्य देखभाल सेवाओं आदि जैसे मानव जीवन को प्रभावित करने वाले मामलों पर आर्थिक तर्क हमारी अभिव्यक्ति का एकमात्र माध्यम बन गए।

इन "मुद्दों" को मानव जीवन के सामने आने वाली चुनौतियों के रूप में पुनः परिभाषित करें और इन "मुद्दों" पर विचार करते समय मनुष्यों के लिए क्या दांव पर लगा है, इस पर विचार करें, जिसमें लागू गुणों और राजनीतिक/आर्थिक ज्ञान पर सवाल उठाना शामिल है, जिन्हें प्रभावी ढंग से निपटने के लिए मार्शल करने की आवश्यकता है: मानव व्यवसाय का भविष्य; मुक्ति के लिए जगह बनाते हुए गलत काम करने वालों को दंडित करना, बहिष्कृतों, अजनबियों के साथ व्यवहार करना और लंबे जीवन काल में भूख से प्रभावी ढंग से राहत देना, बच्चों के दिमाग का पोषण करना ताकि वे उस दुनिया को नेविगेट करने और बनाने के लिए अच्छी तरह से तैयार हों जिसमें वे निवास करेंगे; अपने बच्चों को भविष्य के नेताओं के रूप में पोषित करना - क्योंकि अंदर से हम जानते हैं कि मनुष्य किसी भी आर्थिक परिणाम या राजनीतिक नुस्खे से कहीं अधिक बड़ा, जंगली और कीमती है; कि वे अपने भीतर ऐसे रहस्य रखते हैं जिन्हें केवल वे ही जानते हैं जो पूरी तरह से व्यक्त कर सकते हैं।

तो क्या हुआ, जैसा कि एलिजाबेथ एलेक्जेंडर ने 2009 में वाशिंगटन मॉल के उद्घाटन दिवस पर पूछा था, "प्यार सबसे शक्तिशाली शब्द है?" जब हमारी बातचीत और अंतःक्रियाओं में स्वतंत्र रूप से उपयोग किया जाता है, तो यह शब्द आगे की गणना और रणनीतियों के लिए आवश्यक अंतर्दृष्टि प्रदान करते हुए इसे कैसे संशोधित और चुनौती दे सकता है? कवि और राजनेता इस प्रश्न को अकेले नहीं उठा सकते, न ही यह प्रश्न स्वयं उठा सकता है। इसके बजाय, यह हममें से प्रत्येक को एकांत से बाहर निकलकर प्रेम की जीवंत आकांक्षा के माध्यम से एक-दूसरे से मिलने के लिए आमंत्रित करता है ताकि हम जागरूक हो सकें और अपनी पहचान का सम्मान कर सकें और पूरी तरह से संघर्ष कर सकें। लेकिन यह हमें फिर से मानवीय पहचान की विशालता से रूबरू कराता है। आध्यात्मिक प्रतिभाओं और संतों ने लंबे समय से मानवता से प्रेम करने का आह्वान किया है; समाज सुधारकों ने जीवन में भी परिवर्तन किया। नागरिक अधिकार नेताओं ने 1960 के दशक के दौरान प्यार के नाम पर अन्य लोगों के साथ मेल-मिलाप के लिए कड़ी मेहनत की। उनके राजनीतिक, आर्थिक और नस्लीय परिवर्तन "प्रिय समुदाय" बनाने के उद्देश्य से शुरू हुए।

बड़े होने पर मैं इस आंदोलन या इसके दृष्टिकोण को इतनी स्पष्टता से नहीं समझ पाया, हालांकि इसका खुलासा मेरे पूरे जीवनकाल में हुआ। जॉन लुईस, जो अब जॉर्जिया के एक कांग्रेसी हैं और जिसे ब्लडी संडे के नाम से जाना जाता है, के पीड़ित ने इसे मेरे लिए स्पष्ट रूप से घर ला दिया। जॉन लुईस ने मुझे टस्कलोसा, बर्मिंघम, सेल्मा और मोंटगोमरी के माध्यम से वार्षिक नागरिक अधिकार तीर्थयात्रा पर आमंत्रित किया - पवित्र स्थान जहां नागरिक अधिकार आंदोलन की शुरुआत हुई और जॉन और अन्य अनुभवी नेता अभी भी हमारे बीच हैं जिन्होंने मुझे अपने अतीत से बहुत कुछ याद करने में मदद की है। उनके द्वारा शुरू किया गया यह आंदोलन स्वयं के भीतर और फिर बड़े पैमाने पर समाज के साथ आध्यात्मिक टकराव का एक कार्य था। उनके द्वारा आयोजित किसी भी धरने या मार्च या सवारी से पहले, उन्होंने तैयारी के लिए धर्मग्रंथ, गांधीवादी विचार, अरिस्टोटेलियन दर्शन और थोरो के लेखन जैसे थोरियन कार्यों का अध्ययन किया। जैसे-जैसे उन्होंने शिष्टाचार और आचरण के व्यावहारिक विषयों को आत्मसात किया - जैसे दयालुता, आँख से संपर्क करना, कोट-टाई पहनने वालों को अनावश्यक शब्दों के बिना कपड़े पहनना - उन्होंने सगाई के इन नियमों में मानव मस्तिष्क के कामकाज के बारे में एक अंतर्निहित बुद्धिमत्ता को आत्मसात किया। तंत्रिका वैज्ञानिक अब मानव बुद्धि की इन जटिलताओं को स्वीकार करेंगे जैसे आज तंत्रिका वैज्ञानिक उनका अवलोकन करते हैं। इसके अलावा, गहन भूमिका

निभाना - जिसे सामाजिक नाटक के रूप में जाना जाता है - में लगे हुए थे, जिसमें गोरे लोगों ने उत्पीड़न का सामना कर रहे काले लोगों की भूमिका निभाई, जबकि दोनों जातियों के कार्यकर्ताओं ने खतरा महसूस करने वाले लेकिन नियंत्रण हासिल करने के आदेश के तहत पुलिसकर्मियों की भूमिका निभाई।

प्रेम केवल एक भावना नहीं थी; यह शिकायत को पार करने और धीरे-धीरे हिंसा को बदलने का एक तरीका था। आइंस्टीन ने प्रकाश और गुरुत्वाकर्षण को समझने के अपने प्रयास के हिस्से के रूप में प्रकाश की गति का पीछा करने के बारे में "क्या होगा" प्रश्नों का उपयोग किया; जॉन लुईस ने समान प्रश्नों को सामाजिक कीमिया के उपकरण के रूप में नियोजित किया: क्या होगा यदि प्रिय समुदाय पहले से ही वास्तविक था, सच्ची वास्तविकता और उसे बस इसे तब तक मूर्त रूप देने की आवश्यकता थी जब तक कि अन्य लोग इसे देख न सकें?

जॉन लुईस और लेखक शेल्डन मे के बीच इस बातचीत को सुनें।

11 साल की उम्र में, मैंने अपने चाचा-चाची और कुछ चचेरे भाइयों के साथ गर्मियों की यात्रा के लिए ग्रामीण अलबामा से बफेलो की यात्रा की - मैं पहली बार दक्षिण से बाहर गया - इस उम्मीद के साथ कि चीजें बेहतर होंगी और विश्वास था कि चीजें बेहतर होंगी ज़िंदगी। मैं विश्वास करना चाहता था, और विश्वास किया कि चीजें आखिरकार काम करेंगी।
बाद में मुझे एहसास हुआ कि यह विश्वास रखना जरूरी है कि आप जिस दिशा में काम कर रहे हैं वह पहले ही हो चुका है और यहां से केवल बेहतर ही हो सकता है।

और ऐसे जियो जैसे?
ऐसे जीने की कल्पना करें जैसे कि आप पहले से ही उसके सदस्य हों, जैसे कि आप पहले से ही उस समुदाय या एक परिवार और एक घर का हिस्सा हों। कल्पना करें या विश्वास रखें कि यह अस्तित्व में है, आपके लिए यह पहले से ही अस्तित्व में है। आंदोलन के शुरुआती दिनों में मेरा मानना था कि प्रिय समुदाय की हमारी भावना के लिए सच्चा एकीकरण केवल इसके आंदोलन का हिस्सा बनने के माध्यम से ही आ सकता है, क्योंकि मूल रूप से हम विश्वास का एक समूह बन गए हैं, भाइयों और बहनों का समूह जहां कोई फर्क नहीं पड़ता कि आप हैं या नहीं काला, सफ़ेद, उत्तरी, दक्षिणी - इससे कोई फर्क नहीं पड़ता कि कौन थे या कहाँ से थे; हम एक परिवार और एक घर थे!

आपका सपना सच हो गया है!

लेकिन लड़ाई में हमारे लिए तैयारी महत्वपूर्ण रही है; अहिंसा जैसी शांति-निर्माण प्रथाओं का अध्ययन स्वाभाविक रूप से नहीं होना चाहिए, बल्कि इसके बारे में सिखाया और सीखा जाना चाहिए। धर्म और नैतिकता एक बिंदु पर सहमत हैं - हम कह सकते हैं कि प्रत्येक मनुष्य के भीतर देवत्व का एक पहलू है जिसका मनुष्यों द्वारा किसी भी तरह से उल्लंघन नहीं किया जाना चाहिए। किसी भी इंसान को दूसरे इंसानों में मौजूद इस चिंगारी का दुरुपयोग करने का अधिकार नहीं है। इस अवसर पर, हमने चर्चा की कि जब कोई आप पर हमला कर रहा हो, मार रहा हो, या थूक रहा हो, तो आपको दूरगामी दृष्टिकोण रखना चाहिए और यह सोचना चाहिए कि वह व्यक्ति कब एक मासूम बच्चा था। क्या हुआ? क्या कुछ

गलत हुआ था या किसी ने उन्हें दूसरों से नफरत करना और दुर्व्यवहार करना सिखाया था? ऐसे उदाहरण में, आपको आशा छोड़ने के बजाय मनुष्य के रूप में उनकी अंतर्निहित अच्छाई की अपील करनी चाहिए - आप कभी भी किसी से आशा नहीं छोड़ते हैं!

यहां आपकी पुस्तक "अक्रॉस दैट ब्रिज" से एक उद्धरण दिया गया है: नागरिक अधिकार आंदोलन, सबसे पहले, प्रेम का एक कार्य था; फिर भी अब 50 साल बाद भी, कुछ ही लोग हमारे प्रयासों का वर्णन करने के लिए उस शब्द का उपयोग करेंगे।" यह वही दर्शाता है जो मैंने अभी कहा था; इसकी व्याख्या का एक हिस्सा प्रेम के आपके समृद्ध और बहुस्तरीय उपयोग में निहित है - कुछ ऐसा जो ज्यादातर लोग अच्छा नहीं करते हैं!

आप प्यार को हकीकत में कैसे ला सकते हैं और कैनवास पर तस्वीरें कैसे उकेर सकते हैं? जैसे कोई कलाकार अपने कैनवास का उपयोग कर रहा हो। लोग बिंदु A से B या यहां तक कि दो से तीन और उससे आगे तक कैसे बदल सकते हैं? प्यार की राह पर कायम रहना महत्वपूर्ण है।

जॉन लुईस इसे पूरी तरह से स्पष्ट करते हैं: प्रेम के इस कार्य ने नस्ल के बैनर तले अमानवीयकरण की बेतुकीता पर प्रकाश डाला और इसे सफलतापूर्वक नष्ट कर दिया। आज ऐसी किसी रणनीति के सफल होने की कल्पना करना कठिन होगा - शायद इसका समय पहले ही बीत चुका है?

लेकिन बर्मिंघम में मैं खुद को अपनी सतर्कता पर सवाल उठाते हुए पाता हूं; जॉन लुईस आधा मजाक में और आधा गंभीरता से सुझाव देते हैं कि अहिंसक भूमिका निभाना कांग्रेस का हिस्सा बनना चाहिए, कुछ ऐसा जो उन्होंने खुद को दूसरे व्यक्ति के स्थान पर रखने के लिए व्यक्तिगत प्रशिक्षण के रूप में आधी सदी पहले सीखा था।

16वीं स्ट्रीट बैपटिस्ट चर्च में फायरबॉम्बिंग से चार छोटी लड़कियों की मौत के बाद मार्टिन लूथर किंग ने सबसे प्रभावशाली बयानों में से एक दिया था: "जीवन क्रूसिबल स्टील जितना कठोर हो सकता है; फिर भी हमारे वर्तमान अंधेरे के बावजूद हमें विश्वास करना जारी रखना चाहिए हमारे श्वेत भाइयों में।"

अपने शत्रुओं की भी मानवता में अपना विश्वास कायम रखना और उसके अनुसार जीवन जीना; इस धारणा से शुरू करें कि प्यार मौजूद है लेकिन इसे वास्तविक बनाने में हमारी सहायता की आवश्यकता है - क्या हम अब ऐसे प्रयास की कल्पना कर सकते हैं?

जॉन लुईस द्वारा पहली बार व्हाइट हाउस में वोटिंग राइट्स एक्ट पारित कराने के लिए अपनी जान जोखिम में डालने के आधी शताब्दी बीत जाने के बाद भी, हम इसके प्रेम के अधूरे काम से रूबरू हैं। इसके बिना हमारे सभी कानून बहुजातीय विरासत वाले एक अश्वेत राष्ट्रपति को चुनने के बावजूद अपर्याप्त और अनिश्चित बने हुए हैं, जिन्हें नस्ल-आधारित मुद्दों पर चर्चा करते समय ज्यादातर नजरअंदाज कर दिया जाता है। हम ऐसे रंग-बिरंगे राष्ट्रपति का चुनाव करते हैं जो सार्वजनिक रूप से नस्लीय मुद्दों के बारे में बात करते समय कभी-कभार ही उन्हें स्वीकार करता है, इस तथ्य के बावजूद कि उसका राष्ट्रपति पद नस्ल को स्वीकार करता है।

अमेरिकियों के रूप में, हमारे पास अभी भी नस्लवाद पर चर्चा करने के लिए एक प्रभावी भाषा का अभाव है। नस्लवाद एक ऐसी चीज है जिससे हममें से अधिकांश लोग घृणा करते हैं और फिर भी बहुत से रंगीन बच्चे अपनी मानवीय क्षमता तक नहीं पहुंच पाते हैं और कुछ

को तो जन्म से ही शारीरिक खतरे का सामना करना पड़ता है - वह भयंकर सुरक्षात्मक प्रवृति जो हर प्रेम संबंध को रेखांकित करती है, यहां अमेरिका में मौजूद ही नहीं है; फिर भी हम अपने सभी सदस्यों के लिए समान अधिकारों वाला एक समावेशी समाज बनने से बहुत दूर हैं। जो बदल गया है, वह शायद पिछले अपराधों के लिए पश्चाताप करते हुए इन सबके प्रति हमारी बढ़ती स्वीकार्यता है, हालांकि कार्य योजनाओं और आवश्यक अगले कदमों के साथ प्रभावी ढंग से आगे बढ़ने के संकल्प के लिए हमारे सामने अभी तक कोई स्पष्ट रास्ता नहीं रखा गया है।

यहां "हम" का प्रयोग अधिक सोच-समझकर किया गया है। इक्कीसवीं सदी की शुरुआत में नस्लीय अशांति के बढ़ने के जवाब में, मैं केवल त्वचा के रंग के आधार पर नस्ल पर विचार करने की अपनी प्रतिक्रियाशील प्रतिक्रिया को पहचानता हूं - दूसरे शब्दों में, मुख्य रूप से रंग के लोगों से संबंधित एक मुद्दे के रूप में। हमारा समाज अपेक्षा करता है कि रंग-बिरंगे लोग नस्लवाद का मुकाबला करने और उसे दूर करने में हमारे भीतर दूरदर्शी के रूप में कार्य करें - उन्हें सुलह की दिशा में आगे बढ़ना चाहिए।
वे अक्सर ऐसा करते हैं. 2015 में, कॉन्फेडरेट ध्वज को अंततः कई दक्षिणी राज्यों में राज्य घरों से हटा दिया गया और संग्रहालयों में स्थानांतरित कर दिया गया; लेकिन एक युवा श्वेत वर्चस्ववादी द्वारा चार्ल्सटन में एक चर्च के अंदर नौ अफ्रीकी अमेरिकियों की नृशंस गोलीबारी करने के लिए इस्तेमाल किए जाने से पहले नहीं। इसी दिन और अगले दिनों में, मारे गए लोगों के रिश्तेदारों ने सार्वजनिक रूप से मां, पिता, बहनों, भाइयों, बच्चों की दुखद यादों को साझा करते हुए इस युवक के लिए माफी मांगने और अपनी चिंता व्यक्त करने की बात कही। अगले सप्ताहों में, एक छवि वायरल हुई जिसमें दक्षिण कैरोलिना स्टेट ट्रूपर फोर्स के लेरॉय स्मिथ को कॉन्फेडरेट ध्वज के स्थानांतरण के विरोध में एक रैली में गर्मी से उबरने के बाद धीरे से एक सफेद वर्चस्ववादी को सीट पर वापस ले जाते हुए दिखाया गया। न्यूयॉर्क टाइम्स के रिपोर्टर के अनुसार, स्मिथ ने जो देखा, वह संकट में पड़ा कोई व्यक्ति था: गंभीर मनोभ्रंश से पीड़ित एक वृद्ध सज्जन: उन्होंने कहा कि इस तस्वीर के लिए दुनिया भर में मिले ध्यान से आश्चर्यचकित होने के बावजूद, उन्हें उम्मीद है कि यह समाज को हाल के प्रकोपों से आगे बढ़ने में मदद करेगा। नफरत और हिंसा. यह पूछे जाने पर कि फोटो पर इतनी प्रभावशाली प्रतिक्रिया क्यों आई, उन्होंने एक सरल स्पष्टीकरण दिया: प्यार। "प्यार वह है जो लोगों को एक साथ लाता है," इस मोटे लेकिन मृदुभाषी सैनिक ने कहा, जो केवल पचास वर्ष का है, 'और यही कारण है कि इतने सारे लोग इससे प्रभावित हुए।'

जब मनुष्यों के बीच हिंसक और गैरकानूनी कार्य होते हैं तो प्यार हमेशा हमारी पहली प्रतिक्रिया नहीं हो सकती है। क्रोध को अन्याय की अग्रिम पंक्ति में एक वैध नैतिक प्रतिक्रिया के रूप में भी देखा जा सकता है जिसने अमेरिका में नस्ल संबंधों के मुद्दे को प्रकाश में ला दिया है।
नागरिक अधिकार बुजुर्गों का अहिंसक दृष्टिकोण आज के तनावपूर्ण नागरिक स्थानों में अक्सर अपर्याप्त महसूस होता है; इसका प्यार कभी-कभी अवास्तविक या अव्यावहारिक लग सकता है।

हालाँकि, साथ ही, मेरा मानना है कि यह इस बात पर ज़ोर देने लायक है कि जिन स्थानों पर भयानक घटनाएँ हुई हैं, वे हमें पूरी तरह से व्यक्तियों या लोगों के रूप में परिभाषित नहीं करते हैं। जबकि सामूहिक रूप से और राजनीतिक रूप से हम पुलिस संस्कृति में सुधार, रंग के लोगों की भलाई, और नागरिक संरचनाओं के भीतर असमानताओं के कष्टदायी सवालों का सामना करते हैं - वे दैनिक जीवन के अभिन्न अंग बने हुए हैं जिसमें शक्तिशाली आचरण - अरोमांटिक व्यावहारिक प्रेम - वास्तविकताओं को आकार देने की शक्ति रखता है समय के साथ बड़ी चुनौतियों का सामना कर सकता है और उन्हें आकार दे सकता है। एक ऐसे व्यक्ति के रूप में जो शब्दों की शक्ति में दृढ़ता से विश्वास करता है, मैं सराहना करता हूं कि कैसे प्रसिद्ध कानूनी और नस्लीय विद्वान जॉन पॉवेल ने नस्ल के इर्द-गिर्द चर्चा को एक ऐसी चर्चा के रूप में प्रस्तुत किया है जो अपनेपन पर केंद्रित है। नए सिरे से नस्लीय पीड़ा और लालसाओं की अग्रिम पंक्ति में उनकी सलाह और बुद्धिमत्ता की मांग की गई है। जॉन लुईस और अन्य नागरिक अधिकार नेता भले ही उम्र में बड़े हों, लेकिन फिर भी उन्होंने उनसे बहुत कुछ सीखा है। उनके पूर्वज दास और बटाईदार थे; स्टैनफोर्ड में, उन्होंने वहां ब्लैक स्टूडेंट यूनियन की स्थापना की। वह मुझसे कहता है कि वह नीग्रो, फिर काला, फिर अफ्रीकी अमेरिकी होने का अनुभव करने के लिए काफी समय तक जीवित रहा है; इसलिए वह तीव्र और क्रमिक दोनों परिवर्तनों को एक साथ समझता है; इस प्रकार परिवर्तन के लिए हमारी रणनीतियों और लक्ष्यों की योजना बनाते समय परिवर्तन की दोनों गतियों को ध्यान में रखने की आवश्यकता पर बल दिया गया है।

जॉन पॉवेल का मानना है कि दौड़ गुरुत्वाकर्षण के समान है: इसका अनुभव सभी करते हैं लेकिन इसे केवल अल्पसंख्यक ही समझते हैं। फिर भी नस्ल कभी भी एक ऐसा गुण नहीं रहा है जो कुछ लोगों के पास होता है जबकि दूसरों के पास नहीं होता है - बल्कि, यह रिश्तों को बनाने के बारे में है। मुझे लगता है कि विशेषाधिकार और मताधिकार से वंचित जैसे लेबल कंटेनर की तरह काम कर सकते हैं - वे हमारे लिए मनुष्य के रूप में कल्पना करना और सामान्य आधार ढूंढना कठिन बना सकते हैं। जॉन पॉवेल "श्वेतता" को एक सांस्कृतिक तरीके के रूप में परिभाषित करते हैं जो संस्कृतियों और कल्पनाओं में व्याप्त है, यहां तक कि जहां तीसरे व्यक्ति के खाते पश्चिमी संस्कृति पर हावी हो सकते हैं। सफेदी इसके मूल लोकाचार का हिस्सा है - हावी होने और वश में करने की प्रकृति - कि मैं मध्य अमेरिका के बीच बड़ा हुआ जहां कई स्व-निर्मित पुरुष और महिलाएं अकेले और अकेले रहते हुए सफल हुए।

डब्ल्यू.ई.बी. डुबॉइस ने "रंग रेखा" को इस सदी में समाज के सामने आने वाले प्राथमिक मुद्दों में से एक के रूप में पहचाना। आश्चर्यजनक रूप से, आधुनिक जीवन हमें रंग अंधापन जागरूकता की कठिन पहेली के साथ प्रस्तुत करता है: यहां तक कि इस नस में पारित अच्छे इरादों और कानूनों के साथ, हमारी प्रवृत्ति और प्रतिक्रियाएं जो हमारे वातावरण से विरासत में मिली हैं और हमारे अस्तित्व के भीतर अंकित हैं, अभी भी सचेत निर्णय के लिए अंतर्निहित हैं। हमारे दिमाग में एक रंग रेखा घूम रही है, फिर भी हम अब तक इसके अस्तित्व से अनजान थे। लेकिन जॉन पॉवेल "अंतर्निहित पूर्वाग्रह" के एक नए विज्ञान में गहराई से डूबे हुए हैं जो हमें इसे सीधे संबोधित करने का एक तरीका देता है। मानव स्वभाव हमारे सामने एक चुनौती प्रस्तुत करता है, हालाँकि नीतियाँ प्रगति के लिए रासायनिक और भौतिक रास्ते खोलते हुए सहज व्यवहार को बढ़ावा देने वाले नए अनुभव पैदा करके इसकी पूर्ति में सहायता और गति प्रदान कर सकती हैं। यह दृष्टिकोण यह समझने के लिए एक उपयोगी और सीधी रूपरेखा प्रदान करता है कि जब हम स्थायी हृदय

परिवर्तन की इच्छा रखते हैं तो हमारा क्या मतलब होता है, जबकि जॉन पॉवेल और अन्य लोगों ने शहर की सरकारों, पुलिस बलों और स्कूलों को इस नए विज्ञान पर आधारित प्रशिक्षण पद्धतियों की पेशकश शुरू कर दी है।

यहां जॉन पॉवेल और लेखक के बीच ऑडियो आदान-प्रदान सुनें।

हाल ही में, शोधकर्ताओं ने यह पहचान लिया है कि दुनिया के प्रति हमारी अधिकांश संज्ञानात्मक और भावनात्मक प्रतिक्रियाएँ अचेतन स्तर पर होती हैं। जबकि जिम क्रो युग और श्वेत वर्चस्व युग की चर्चाओं से आगे बढ़ने के हमारे प्रयासों के कारण समाज नस्ल पर चर्चा करने से दूर चला गया, हमारा अचेतन हमारे चेतन स्वंय को इतनी मेहनत करना बंद करने के लिए कह रहा था; नस्ल अभी भी जीव विज्ञान, संरचनाओं, व्यवस्थाओं और व्यवस्थाओं में गहराई से अंतर्निहित रहेगी, इसलिए आइए इसे पूरी तरह से भूलने के बजाय इसके बारे में बात करते रहें - और जब बातचीत या जागरूकता में नस्ल फिर से सामने आई तो इसने दृढ़ता से प्रतिक्रिया दी।
नस्ल को देखने के हमारे वर्तमान तरीके के लिए गुलामी के दो "माता-पिता" में से एक होने के बारे में आपकी बात बिल्कुल दिलचस्प थी, फिर भी आपने आज हम नस्ल को कैसे देखते हैं, इस पर एक और संभावित प्रभावक होने के बारे में एक दिलचस्प अंतर भी बताया। मैं उस धारणा से सहमत हूं.
ज्ञानोदय के बाद से, हमने यह विश्वास करना शुरू कर दिया है कि चेतन मन सभी ज्ञान तक पहुंच सकता है। उन्होंने हमें उचित होना भी सिखाया।

हाँ, संयुक्त राज्य अमेरिका वैयक्तिकता और स्वतंत्रता से अत्यधिक जुड़ गया, भले ही अन्य समूहों के साथ समान व्यवहार नहीं किया जाता था; अफ्रीकियों, भारतीयों, महिलाओं या श्वेत पुरुष संस्कृति से संबंधित किसी भी समूह के बारे में सोचें जो स्वतंत्र नहीं थे। इसके अलावा, एनलाइटनमेंट प्रोजेक्ट के अहंकार ने सुझाव दिया कि वे अपने आस-पास की हर चीज़ को नियंत्रित कर सकते हैं, भले ही हम मुश्किल से खुद को नियंत्रण में रख सकें!

और 1980 में, इस चर्चा के दौरान हम कह सकते थे: "आइए हम नस्ल पर ध्यान केंद्रित न करें; आइए सभी को व्यक्तियों के रूप में मानें। इतनी सारी श्रेणियां क्यों हैं?" लेकिन अब विज्ञान बताता है कि हमारा दिमाग इस तरह क्यों काम करता है; श्रेणियां ही हमारे मस्तिष्क को दुनिया को संसाधित करने में सक्षम बनाती हैं - श्रेणियों के बिना हम प्रजातियों के रूप में मौजूद ही नहीं होते।

लेकिन वह स्थिति जिसमें हममें से प्रत्येक अलगाव में रहता है - जिसे आप वर्चस्व वाली संस्कृतियों से जुड़े होने के कारण सफेदी से जोड़ते हैं - जारी नहीं रह सकती है, न ही इसे वांछनीय माना जा सकता है, और हम खुद को यह समझाने की सीमा तक पहुंच गए हैं कि यह ऐसा ही है।

ऐसी बहुत सी अभिव्यक्तियाँ हैं जो हमें इसे पहचानने में मदद करती हैं। जब लोग जुड़ने के लिए कुछ करने की आवश्यकता के बारे में बात करते हैं, तो यह वास्तविकता को कम कर देता है: हम पहले से ही जुड़े हुए हैं; हमें बस उस संबंध के प्रति जागरूक रहना है और उसे पूरी

तरह से जीना है। पृथक्करण के बारे में सोचें: यह कहने का एक औपचारिक तरीका है, "मैं हमारे संबंध से कैसे इनकार कर सकता हूँ?" सफेदी के बारे में भी सोचें: अमेरिका में इसके पूर्ववर्ती का मानना था कि काले खून की एक बूंद - चाहे इसका जो भी मतलब हो - सफेदी को नष्ट कर देगी; वास्तव में अधिकांश श्वेत अमेरिकियों में वास्तव में काले जीन होते हैं - कुछ ऐसा जो अधिकांश श्वेत अमेरिकियों के पास वास्तव में किसी न किसी स्तर पर होता है, लेकिन उन्हें एहसास नहीं होता कि वे भीतर मौजूद हैं। यह पता चला है कि अधिकांश श्वेत अमेरिकियों के शरीर में कहीं न कहीं कम से कम कुछ काले जीन मौजूद होते हैं! श्वेत रक्त और काला रक्त लंबे समय से मिश्रित हैं, और एक दूसरे को अस्वीकार करके हम स्वयं को अस्वीकार करते हैं क्योंकि इनकार करने के लिए कोई अन्य नहीं है; सभी संबंध अकेले हमारे भीतर ही मौजूद हैं। हम उस तथ्य को कैसे पहचानें और उसका जश्न कैसे मनायें?

जैसा कि हम उस भाषा और व्यवहार पर काबू पाने की कोशिश कर रहे हैं जिसने हमें विभाजित किया है, मैं वास्तव में आपकी संबंधित भाषा के उपयोग की सराहना करता हं। कृपया मुझे बताएं कि आपके लिए इसका क्या अर्थ है और यह हमें इस विभाजन से परे ले जाने में शक्तिशाली क्यों हो सकता है।

मानव का अस्तित्व अपनेपन पर निर्भर करता है। रिश्ते हमारी भलाई के लिए महत्वपूर्ण हैं; मैंने हाल ही में स्वास्थ्य के बारे में एक व्याख्यान दिया था। यदि आप अलग-थलग महसूस करते हैं, तो इसके स्वास्थ्य परिणाम धूम्रपान, मोटापे या उच्च रक्तचाप से होने वाले परिणामों से कहीं अधिक हो सकते हैं: बस अलग-थलग रहना! इसलिए, विकलांगता अधिकार संगठन या नस्ल-उन्मुख जैसे समूह केवल इस संबंध को बनाने के लिए मौजूद हैं; बस ब्लैक लाइव्स मैटर या इसी तरह के संगठनों को देखें - उनका प्राथमिक लक्ष्य सदस्यता और अपनेपन का बयान देना है; अंततः किसी एक के बारे में हमारी धारणाएं प्रभावित करती हैं कि हम खुद को कैसे देखते हैं और एक-दूसरे को कैसे परिभाषित करते हैं।"

सही।
और इसलिए जब हम दूसरों को खुद से अत्यधिक दूरी पर परिभाषित करते हैं, तो इसका मतलब है खुद के बड़े हिस्से को काट देना। स्कूल एकीकरण के इर्द-गिर्द शुरुआती बहसों में, श्वेत अलगाववादियों ने दावा किया कि यदि एकीकृत स्कूल अस्तित्व में हैं तो इससे काले और सफेद बच्चे रिश्ते बना सकते हैं, शादी कर सकते हैं और एक साथ बच्चे पैदा कर सकते हैं; जबकि नागरिक अधिकार नेताओं ने कहा, "यह शादी के बारे में नहीं है"। आखिरकार वे सही साबित हुए - जब लोग एक साथ आते हैं तो वे एक-दूसरे से प्यार करना सीखते हैं और इससे समाज ही बदल जाता है; यहां तक कि कुछ लोग एक-दूसरे से शादी करके बच्चे भी पैदा कर सकते हैं क्योंकि वे समाज को ही बदल सकते हैं! जब लोग चिंता करते हैं कि समलैंगिकों के मौजूद रहने से समाज पर नकारात्मक प्रभाव पड़ेगा, तो परिवर्तन आएगा; जब लोग चिंता करते हैं कि समलैंगिकों की उपस्थिति समाज को पूरी तरह से बदल सकती है, जब लोगों को चिंता होती है कि समलैंगिकों की उपस्थिति से इसका ताना-बाना बदल सकता है। जब लोगों को चिंता होती है कि समलैंगिकों की उपस्थिति से समाज का ताना-बाना बहुत अधिक बदल सकता है; इसी तरह जब लोगों को चिंता होती है कि समलैंगिकों के मौजूद रहने से समाज पूरी तरह से बदल सकता है या इसका ताना-बाना

बदल सकता है। जब लोगों को चिंता होती है कि समलैंगिकों के होने से समाज में व्यवधान आएगा, जब लोगों को चिंता होती है कि समलैंगिकों के होने से किसी तरह इसका ताना-बाना बदल सकता है। जब लोग चिंता करते हैं कि समलैंगिकों के मौजूद रहने से समाज पुरी तरह से बदल जाएगा, जब लोगों को चिंता होती है कि समलैंगिकों के मौजूद होने से किसी तरह समाज के ताने-बाने पर असर पड़ेगा, जिससे किसी तरह बदलाव आएगा या व्यवधान भी आ सकता है, भले ही। जब लोग चिंता करते हैं कि समलैंगिकों की उपस्थिति किसी तरह से समाज के ताने-बाने को बदल देती है, जब लोग वास्तव में सीखते हैं कि समलैंगिकों की उपस्थिति इतनी जल्दी ही समाज के ताने-बाने को बदल सकती है! जब ये चिंताएँ ताने-बाने में बदलाव के बारे में सामने आएंगी तो समाज अपने ताने-बाने में भारी बदलाव को प्रभावित करेगा! जब इस तरह के विचारों से ये चिंताएं सामने आती हैं तो यह एक और खतरा है क्योंकि समलैंगिकों के आस-पास होने से केवल ताना-बाना बदल सकता है, यह इतनी तेजी से बदल सकता है कि समलैंगिकों की उपस्थिति से समाज को मौलिक रूप से बदलना उतना फायदेमंद नहीं है, जब उनकी स्थिति को देखते हुए इतनी आसानी से मौलिक परिवर्तन होता है। बहत तेजी से दबाव बढ़ने के कारण बहते तेजी से होने के परिणामस्वरूप अधिक महत्वपूर्ण रूप से घटित होता है! जब आम तौर पर समलैंगिकों को केवल इसलिए शामिल किया जाता है क्योंकि इसमें समलैंगिकों को भी शामिल किया जाता है। जब केवल इसलिए हटाया जा रहा है क्योंकि अधिक समान लोग होने के कारण या तो केवल उन लोगों को स्वीकार कर लिया जा रहा है जिनके पास वास्तव में समलैंगिक हैं तो इतनी जल्दी नकारात्मक रूप से प्रभावित हो सकते हैं! जब एलजीबीटी लोगों के पास पर्याप्त नहीं है या समाज खुद से डरता है, तो समलैंगिकों को केवल दूसरों को शामिल किए जाने के कारण अलग तरह से माना जाता है, ठीक है कि उन्हें शामिल किए जाने से बदलाव नहीं हो सकता है, लोगों को मौजूद रखना उनके मुकाबले बहुत जल्दी है स्वीकार्य बनने का मतलब है कि लोग आवश्यकता से अधिक समय की चिंता करते हैं क्योंकि उन्हें ऐसा माना जाता है या समाज को बदलने के लिए किसी और चीज से कमतर होने के लिए बनाया गया है। जब यह कुछ ऐसा ला सकता है जो कुछ में बदलाव ला सकता है जैसे कि "उन्हें बस इतना आसानी से महसूस किया जा रहा है कि वे बहुत अधिक या इतने डरे हुए हैं, तो और भी बहुत कुछ हो सकता है (यानी उस प्राणी की तुलना में परिणाम हो सकता है, जब कोई अपने आप में (एलजीबीटी होने से पहले) सदस्य बस इतना ही। जब यह चिंता हो कि समलैंगिक बाहर हैं...
लोगों को चिंता है कि हमारे समुदायों में अधिक लैटिनो होने से विवाह का वास्तविक अर्थ बदल जाएगा - वे सही हैं! जब लोग मानते हैं कि यहां बड़ी संख्या में लैटिनो के रहने से अमेरिका बदल जाएगा, तो वे सही भी हैं। हम लगातार एक-दूसरे को बना रहे हैं, चाहे हमें इसका एहसास हो या न हो; इसका एक हिस्सा इस डर से उत्पन्न हो सकता है कि जिस चीज़ को हम प्रिय मानते हैं वह अधिक लैटिनो के शामिल होने से बदल सकती है; हालाँकि, यह वास्तव में समुदाय की और भी मजबूत भावना पैदा कर सकता है जो "हम" बनाती है। यदि सही ढंग से किया जाए, तो एक बड़े सामूहिक "हम" का निर्माण होगा!

लेकिन उस चुनौती, जिसका आपने अभी वर्णन किया, को केवल कानूनों, नीतियों या स्कूल सुधार के माध्यम से संबोधित नहीं किया जा सकता है। मैं डॉ. किंग और जॉन लुईस की "प्रिय समुदाय" की भाषा का उपयोग करना पसंद करता हूँ - जिसे आप स्वयं उपयोग कर रहे हैं।

यह सच है। तब से, हमने कुछ सबक सीखे हैं। उदाहरण के लिए, एक समय में हम एकीकरण को आत्मसात्करण के बराबर मानते थे; आर्थर स्लेसिंगर ने अपने कुछ कार्यों में इस बारे में बात की थी। यह स्पष्ट रूप से गलत था: हम सभी एक साथ एक-दूसरे में नहीं घुलेंगे। बहरहाल, प्रिय समुदायों का अस्तित्व सभी स्तरों पर होना चाहिए: स्थानीय से वैश्विक समुदाय समान और लोगों से परे; मेरा मानना है कि इस तरह से जीना समाज को अधिक प्रभावी ढंग से व्यवस्थित करने के लिए विभिन्न संरचनाओं को प्रतिबिंबित करता है।

"मुझे लगता है कि एक साथ मिलकर हम आराम करना सीख सकते हैं; तब हमें बल से डरने की ज़रूरत नहीं होगी।" हाँ, यह हमें उस चीज़ से परे धकेल सकता है जो आरामदायक है या हम वर्तमान में जो हैं; लेकिन मुझे लगता है कि हमें वहां पहंचने में मदद की ज़रूरत है; अभी हमारी भाषा इसकी अनुमति नहीं देती है क्योंकि ज्ञानोदय परियोजना अभी भी ऐसे शब्दों का उपयोग करती है, जैसे, "आप जो चाहें बन सकते हैं; अपने भाग्य को नियंत्रित और आकार दें।" यहां तक कि संप्रभुता की धारणा भी विवादास्पद है क्योंकि किसी भी समुदाय या राष्ट्र के पास वास्तव में ऐसे अधिकार नहीं हैं;
हम सभी रिश्तों में मौजूद हैं - चाहे अच्छे हों या बुरे, वे हम सभी के बीच मौजूद हैं।

ठीक है, आपने एक-दूसरे के साथ हमारे संबंधों को फिर से बनाने और संबंधित होने के बारे में जो कहा, वह आपकी टिप्पणी थी कि हम व्यक्तिगत मुद्दों के बजाय नस्ल, आय असमानता, स्कूल, अपराध, कारावास, अलग-अलग पड़ोस जैसे मुद्दों के समूहों पर ध्यान केंद्रित करते हैं। जैसे नस्लवाद, आय असमानता, स्कूल अपराध अपराध या प्राकृतिक संसाधनों की कमी (वैश्विक स्तर पर)। हालाँकि ये सभी समस्याएँ व्यक्तिगत चिंताओं के रूप में मौजूद हैं; जब इसे एक साथ जोड़ दिया जाता है तो यह भारी और पंगु हो जाता है - ऐसा नहीं है कि अपनेपन का काम आसान भी है..

नहीं, लेकिन मुझे लगता है कि शायद यह अभ्यास हमारे दिमाग को नए तरीकों से खोल सकता है और कार्रवाई के अवसर खोल सकता है।

मैं सहमत हं। मुद्दों के दुर्गम लगने का एक कारण यह है कि हम उन्हें समझने और संबोधित करने के लिए अप्रभावी उपकरणों का उपयोग कर रहे हैं; वास्तव में, यह एक गहन प्रतिमान बदलाव का प्रतिनिधित्व करता है - मानो कंप्यूटर को फैंसी टाइपराइटर के रूप में देखने की कोशिश की जा रही हो! टाइपराइटर की तरह, जब टाइपराइटर के ढांचे का उपयोग करके कंप्यूटर को समझने की कोशिश की जाती है तो यह बोझिल और अप्रभावी हो सकता है - आपको इस प्रतिमान बदलाव को शुरू से देखना चाहिए या ऑटोमोबाइल जैसे अन्य मॉडलों का उपयोग करना चाहिए, जहां शुरू में लोग उनके बारे में घोड़े रहित गाड़ियों की तरह सोचते थे - रूपक टूट जाते हैं नीचे और प्रभावी ढंग से काम नहीं करते। अभी, हम किसी चीज़ को समझने के लिए वैयक्तिकता और ज्ञानोदय की भाषा - जैसे कि व्यक्तिवाद - का उपयोग करने का प्रयास कर रहे हैं, जिसमें पूरी तरह से कुछ और शामिल है। इससे बातचीत बेहद जटिल हो जाती है. मैं कभी-कभी अपने छात्रों से यह कहता हं: यदि आप पूरे सैन फ्रांसिस्को में खसरा फैलाना चाहते हैं, तो किसी पर केवल एक बूंद डालने की जरूरत है।

बस किसी भी व्यस्त दिन पर बार्ट (हमारा सबवे सिस्टम) पर जाएं और इसे उजागर करें; एक बार जब आपका संदेश पर्याप्त लोगों तक पहुंच जाएगा, तो उनके रिश्ते आपके लिए बाकी काम करेंगे। यह पता लगाना कि सिस्टम के भीतर एक विभक्ति बिंदु कहाँ स्थित है, इसे पूरी तरह से आबाद कर देगा।

इस प्रकार, प्रश्न उठता है कि हम समुदायों के भीतर अपनेपन को कैसे बढ़ावा दे सकते हैं?

हम इसे संक्रामक कैसे बना सकते हैं? लोग समुदाय की चाहत रखते हैं, फिर भी उनमें प्यार में विश्वास की कमी है - इसके बजाय वे क्रोध और नफरत को शक्तिशाली ताकतों के रूप में अपना रहे हैं। प्यार बहुत ज्यादा काम लगता है जब क्रोध या नफरत जैसे अधिक प्रभावी उपकरण मौजूद होते हैं जो पर्याप्त शब्दों के बिना बयान देते हैं। और फिर भी जब हम दुनिया के साथ जुड़ते हैं, तो कई लोग मानते हैं कि क्रोध और घृणा के इर्द-गिर्द संगठित होना बेहतर है - जैसा कि गांधी और रेवरेंड डॉ. किंग जैसी दो शक्तिशाली हस्तियों ने प्रमाणित किया है। नेल्सन मंडेला एक तीव्र क्रांति से उभरे; फिर भी जब मैं उनसे मिला तो उन्होंने बहुत प्यार जताया। हालाँकि जेल से शीघ्र रिहाई की पेशकश की गई, लेकिन उन्होंने तब तक इनकार कर दिया जब तक इसमें दक्षिण अफ्रीका का पुनर्गठन और गोरों पर अश्वेतों का नियंत्रण बनाने के बजाय प्रिय समुदाय का निर्माण शामिल नहीं था। आज भी वह पूरे दक्षिण अफ्रीका और दुनिया भर में लोकप्रिय हैं।

इसलिए मुझे लगता है कि इसका एक हिस्सा कदम दर कदम चीजों को करने की कल्पना न करने में निहित है; हम अपने और दूसरों के जीवन का दावा करते हैं, इसका जश्न मनाते हैं और इसमें संलग्न होते हैं, और इसमें पूरी तरह से संलग्न होते हैं। तो मेरे लिए सवाल यह नहीं है कि "हम वहाँ कैसे पहुँचें," यह है कि "हम कैसे रहते हैं?" एक स्वस्थ परिवार या समाज में हम न केवल कहते हैं कि हम एक-दूसरे की परवाह करते हैं बल्कि वास्तव में एक-दूसरे की देखभाल करना सीखते हैं और इस तथ्य का जश्न मनाते हैं; नीति इस प्रयास में सहायता कर सकती है जैसे कि अच्छे सामरी कानून, लेकिन यह सब इस भावना से आना चाहिए कि हम एक-दूसरे को साझा करते हैं - कि हमारे बीच प्यार मौजूद है।

** **.. * सुपाठ्यता कारणों से इस पाठ को यहां जोड़ने की आवश्यकता नहीं है क्योंकि यह अनुभाग रिक्त रहेगा।
मैं इस अंतर पर बार-बार लौटता रहता हं कि हम अभी कौन हैं और हम कौन सा आदर्श बनना चाहते हैं--और प्रभावी, उपयोगी तरीके से इसे खोलने के लिए सबसे अच्छा तरीका क्या है। बौद्ध मनोविज्ञान मुझे यह समझने में सहायता प्रदान करता है कि प्रत्येक महान गुण के "निकट शत्रु" होते हैं, ऐसी प्रतिक्रियाएँ जो किसी की परवाह करने से आती हैं लेकिन हमें एक अप्रभावी मार्ग पर ले जाती हैं। दुःख को करुणा और प्रेम के सबसे निकट शत्रु के रूप में देखा जा सकता है। संवेदनशीलता सहानुभूति का मार्ग प्रशस्त करती है; फिर भी इसके प्रभाव अक्सर हमें इस भावना से ग्रसित कर सकते हैं कि हम जो कुछ भी करेंगे उससे कोई फर्क नहीं पड़ेगा - जिसे रोशी जोन हैलिफैक्स "पैथोलॉजिकल सहानुभूति" के एक रूप के रूप में वर्णित करते हैं। हमारे आस-पास भारी पीड़ा के समय, हममें से कई लोग पीड़ितों के प्रति सहानुभूति से उबर सकते हैं। जब ऐसा होता है, तो करुणा काम आती है और सब कुछ होते हुए भी प्रेम मौजूद रहता है।

सार्वजनिक जीवन में समय-समय पर ऐसे क्षण आते हैं, जब हम एक-दूसरे के साथ अपने संबंधों के प्रति गहराई से जागरूक हो जाते हैं और दुखद क्षणों में भाग लेते रहते हैं। 11 सितंबर 2001 ऐसा ही मौका है. तूफान कैटरीना ने भी शायद इस उद्देश्य को पूरा किया होगा, हालांकि हम शायद ही कभी इसे इस रूप में मनाते हैं। नस्लीय बहिष्कार, गहरी गरीबी और पर्यावरणीय असुरक्षा त्रासदी में बदल गई क्योंकि न्यू ऑरलियन्स में हजारों लोगों ने अपने शहर के बाढ़ के पानी के भीतर अमानवीय परिस्थितियों में आश्रय मांगा; जैसा कि दर्शक दिन-ब-दिन देख रहे थे, फेमा के अधिकारी बड़ी आध्यात्मिक स्पष्टता के साथ इस वास्तविकता को बता रहे थे: "हम ऐसे लोगों को देख रहे हैं जिनके अस्तित्व के बारे में हम नहीं जानते थे"।

कई दिनों तक, हम गवाही देने और उसमें भाग लेने से दंग रह गए। ऐसा कैसे हो सकता है? हमारे पड़ोसी होने का क्या मतलब है? जॉन पॉवेल के अनुसार, उस समय के एक प्रमुख सर्वेक्षण से पता चला कि 70 प्रतिशत अमेरिकी न्यू ऑरलियन्स के मानव संकट को कम करने के लिए कर बढ़ाने का समर्थन करेंगे; पैसा अक्सर अमेरिकी लोगों द्वारा जीवन में महत्वपूर्ण चीजों के प्रति हमारी सराहना दिखाने का तरीका होता है, यह प्रेम की एक क्रांतिकारी, संघीय घोषणा के समान होगा!

हालाँकि, उसके बाद, तस्वीरें बंद हो गईं और ध्यान फेमा की अयोग्यता की ओर चला गया; हमने प्यार पर चर्चा करने से मुंह मोड़ लिया क्योंकि हम इसे जी नहीं सकते थे; फिर भी न्यू ऑरलियन्स और प्रत्येक अमेरिकी समुदाय में प्रेम का प्रश्न अत्यावश्यक बना हुआ है; गरीबी नस्ल के साथ मौजूद है; यह संयोजन पंगु और विरोधाभासी है, फिर भी स्व-निर्मित लोगों के रूप में हमने अभी-अभी अपने भीतर इसके अस्तित्व को नोटिस करना शुरू किया है।

और फिर भी, और अभी भी, "आय असमानता" को लेकर एक बेचैनी पैदा हो रही है।

एंटीसेप्टिक भाषा हमारे मानवीय नाटकों को राजनीतिक और आर्थिक खांचों में बांट देती है और हमें उनके मूल कारणों से अलग कर देती है। फिर भी, हममें से अधिक से अधिक लोग अपनी आँखें खोलने के इच्छुक हैं, सभी प्रकार के वैचारिक, राजनीतिक या आर्थिक मतभेदों पर प्रेम के प्रश्न को ध्यान में रखते हुए, मामले के मूल को केंद्र बिंदु के रूप में देखना चुनते हैं। जनमत सर्वेक्षण, नागरिक तापमान को मापने का हमारा तरीका, इस वास्तविकता को स्पष्ट रूप से दिखा रहा है: आय असमानता एक ऐसा मुद्दा है जो पार्टी लाइनों से परे है। धार्मिक, धर्मनिरपेक्ष और वर्ग रेखाओं और आय वर्ग के पार देखभाल के प्रति-सहज ज्ञान संबंधी आवेग उभर रहे हैं; जैसे कि हममें से कई लोगों को याद है कि हम एक साथ हैं और उस वादे को साकार करना चाहते हैं।

सिस्टर सिमोन कैम्पबेल इन बहनों को रूप और आवाज देने में योगदान देने वाले कई व्यक्तियों में से एक हैं। वह 2012 में एक सड़क यात्रा "नन्स ऑन द बस" के चेहरों में से एक के रूप में जानी गईं, जिसमें सभी प्रकार के लोग उनका स्वागत करने के लिए सड़कों पर आए और उन्हें जो कहना था उसे सुनने के साथ-साथ उनके द्वारा सुना गया। . यदि हमें उसका वर्गीकरण करना है, तो वह दृढ़ता से अमेरिकी राजनीति के प्रगतिशील पक्ष पर आधारित है। लेकिन वह राजनीतिक और आध्यात्मिक दृष्टि से अलग हैं - हम सभी के बहुत करीब, जैसा कि मैं जोर देना चाहता हूं, सर्वांगीण उत्तरों वाली बाकी आवाजों की तुलना

में, जो हमारे नागरिक चर्चा स्थान पर बहुत अधिक कब्जा करते हैं। वह एक सक्रिय कैथोलिक बहन, वकील, पैरवीकार और गंभीर ज़ेन व्यवसायी हैं, जिनकी जड़ें नागरिक अधिकार आंदोलन से जुड़ी हैं। 1967 में उन्होंने सिस्टर्स ऑफ सोशल सर्विस - बेनेडिक्टिन परंपरा की कई कम-ज्ञात शाखाओं में से एक - के साथ शपथ ली। अपने समुदाय के प्रमुख के रूप में, ऑर्डर की संस्थापक हंगरी की पहली महिला राजनीतिज्ञ बनीं। उसने ज़ोर से सोचा कि अगर भगवान सचमुच उन लोगों को तुच्छ समझ रहे हैं जो उन पीड़ितों के आँसू पोंछने की कोशिश कर रहे हैं, तो क्या वह उन लोगों को भी आशीर्वाद देंगे जिन्होंने यह सुनिश्चित करने के लिए काम किया कि आँसू पहले स्थान पर स्वतंत्र रूप से न बहें?

सिस्टर सिमोन नेटवर्क की कार्यकारी निदेशक हैं, जो 1972 में वाशिंगटन डी.सी. में 47 कैथोलिक बहनों द्वारा 187 डॉलर के शुरुआती संग्रह के साथ स्थापित एक छोटा लॉबिंग संगठन है। 2012 में, उन्होंने वेटिकन द्वारा पोप बेनेडिक्ट की निंदा से प्राप्त प्रचार का इस्तेमाल रयान बजट के खिलाफ लाभ उठाने के रूप में किया, जिसमें "हमारे बीच सबसे कमजोर लोगों" की सेवा करने वाले कार्यक्रमों में कटौती का प्रस्ताव था। मैं प्रशंसा करता हूं कि कैसे सिस्टर सिमोन नेटवर्क की इक्कीसवीं सदी की नीति दृष्टि को "भविष्य की पीढ़ियों के लिए एक जीवित विरासत को लागू करने" के रूप में व्यक्त करती है।
"न्यूनतम वेतन का नामकरण," "एक ऐसा बजट तैयार करना जो सभी को 100 प्रतिशत लाभ पहंचाए," और "धन के अंतर को ठीक करना" - ये सभी गणितीय गणनाओं के रूप में आय असमानता को संबोधित करने के बजाय, एक फटे हुए कपड़े को ठीक करने के प्रयास का संकेत देते हैं।

सिस्टर सिमोन इस मामले में भी अलग दिखती हैं कि वह 21वीं सदी की शुरुआत की राजनीति में अपने राजनीतिक प्रतिद्वंद्वियों का प्रतिनिधित्व करने वाले रिपब्लिकन नेताओं के बारे में कैसे बोलती हैं। उदाहरण के लिए, हमारी चर्चा के दौरान उन्होंने पॉल रयान (रयान वर्तमान में हाउस बजट कमेटी के अध्यक्ष और सदन के अध्यक्ष हैं) के लिए प्रशंसा और सच्चा प्यार व्यक्त किया, इस बारे में कहानियां बताते हुए कि इस तरह के प्रतिकूल ढांचे के भीतर भी उनकी बातचीत उन दोनों के लिए कैसे फायदेमंद रही है। :

सिस्टर सिमोन कैम्पबेल और लेखिका के बीच इस संवाद को सुनें।

पॉल रयान और मैं अपना-अपना काम कर रहे हैं और हम अक्सर विभिन्न तरीकों से एक-दूसरे को परेशान करते हैं, हालाँकि मुझे उसे चीजों के बारे में चिढ़ाने में मज़ा आता है! कुछ मामलों में विरोधी पक्षों पर काम करते समय, हमारे अंतर्संबंध का हममें से प्रत्येक पर प्रभाव पड़ा है और यह पारस्परिक रूप से लाभप्रद रहा है; एक उदाहरण हाउस बजट कमेटी की अध्यक्षता कर रहे पॉल रयान के सामने गवाही देने का है जबकि मैं गवाही दे रहा था। जब एक रिपब्लिकन मेरे पीछे पड़ गया क्योंकि उन्होंने कहा कि वेटिकन ने मेरी निंदा की थी और इसलिए उस पर विश्वास नहीं किया जाना चाहिए, तो पॉल रयान मेरे बचाव में आए और कहा कि "वह चर्च की शिक्षाओं के अंतर्गत है, हालांकि हम कुछ मुद्दों पर भिन्न हो सकते हैं"।

मिनियापोलिस में हमारे स्टूडियो में सिस्टर सिमोन के साथ मेरी सोमवार शाम की बातचीत मुझे आश्चर्यचकित करती है; उसमें उनकी ख़ुशी और उसकी पसंद उन पर किस प्रकार प्रभाव डालती है। उनका उदाहरण चिंतन और क्रिया दोनों को एक साथ घटित होते हुए दर्शाता है और यह उनके सहसंबंध को मनोरंजक तरीके से उजागर करता है। सिस्टर सिमोन कैंपबेल और लेखिका सिमोन ब्लैक के बीच इस बातचीत को सुनें

आपका आध्यात्मिकता और प्रार्थना जीवन समय के साथ विकसित हुआ है जिसे आपने "इच्छा से चलने" के चिंतनशील जीवन के रूप में वर्णित किया है। इस कथन से आपका वास्तव में क्या तात्पर्य है?

खैर, मैं कौन हं इसके केंद्र में चिंतन है। गेराल्ड मे की अविश्वसनीय पुस्तक विल एंड स्पिरिट में कहा गया है कि चिंतनशील जीवन में हम जो कुछ भी लाते हैं वह एक खुला दिल है; डर और पकड़ या पकड़ ही इसे ठीक से काम करने से रोकते हैं। इसलिए मेरे लिए व्यक्तिगत रूप से, मेरी यात्रा में आशा, दृष्टि, दृष्टिकोण, अवसरों की ओर स्वेच्छा से कदम बढ़ाना शामिल है जो स्वयं प्रस्तुत होते हैं; हालाँकि यह इस पर निर्भर करता है कि लोगों को कहाँ भोजन की आवश्यकता है; मुझे जरूरतमंद लोगों द्वारा वहां आमंत्रित किया जाता है और मैं उन्हें कुछ सहायता प्रदान करने की पूरी कोशिश करता हं, बस उपस्थित रहं या सुनूं जब लोग अपनी कहानियां साझा करते हैं या मेरी कहानियां सुनाते हैं। जीवन से पूरी तरह दूर हो जाने के बजाय अपने आस-पास की हर चीज़ के प्रति खुला दिल रखें!

मैं जानता हं कि आप अपने व्यस्त जीवन और भारी कार्यभार के बीच भी सक्रिय ज़ेन अभ्यास बनाए रखते हैं। आप इस प्रयास के हिस्से के रूप में चिंतन और मनन के लिए समय निकालें।

ध्यान जरूरी है. मैं हर सुबह एनकिनो में मेरे समुदाय द्वारा संचालित रिट्रीट हाउस में ध्यान करता हं और जब मैंने वहां अपना पहला ज़ेन रिट्रीट किया तो मैं इससे पूरी तरह मंत्रमुग्ध हो गया। ऐसा महसूस हुआ जैसे इस ताज़ा पूल में गोता लगा रहा हूँ; इतना कि इसने मुझे रात में जगाए रखा; कुछ केन्द्रित प्रार्थना ने नहीं किया था। जब तक इस अनुभव ने एक द्वार नहीं खोल दिया।
ज़ेन ध्यान का एक अनुशासन है। मेरा अनुभव यह था कि हमेशा कोई न कोई भीतर से पुकारता रहता था; अपनी कल्पना के भीतर से इस निमंत्रण के प्रति खुला रहना मेरे जीवन का अब तक का सबसे बड़ा उपहार था। इस बात से अवगत होना कि हम सभी एक शरीर हैं, मुक्ति देने वाला था - यह जानने का मतलब सिर्फ अपना काम करना था - शब्द इसकी स्वतंत्रता के साथ न्याय नहीं करते हैं!

और मुझे लगता है कि आप यहां जो वर्णन कर रहे हैं वह वास्तव में उस ज्ञान में डूबा हुआ है, तो...

तो यह आंत्र है. क्या कोई ध्यान छोड़कर उस स्थान पर रह सकता है? आप लिखते हैं, "खुले हाथ रहना और पकड़ में न आना, ध्यान के लिए आवश्यक है, और इससे यह भी मार्गदर्शन

मिलना चाहिए कि हम एक साथ आर्थिक जीवन को कैसे देखते हैं।" यह कथन बहुत दिलचस्प है!

खैर, अगर हम खुले हाथ वाले हैं तो मैं कुछ चीजें जानता हं: कोई गारंटी नहीं; सब नाजुक है; हमारे पास जो कुछ भी है वह उपहार के रूप में आया है; जो मेरे पास है या जो मुझे दिया गया है उसे साझा करने के लिए तैयार रहना हमारे लिए जुड़ने के प्रमुख तरीकों में से एक बन सकता है। सगाई पर विचार करते समय कहानियाँ पैसे की तुलना में उतना ही महत्वपूर्ण तत्व बन जाती हैं; मैं तुम्हें छोड़ नहीं सकता!

हममें से कई लोग समाज, समुदाय और राष्ट्र में व्यक्तियों के बीच बढ़ती दूरियों से व्यथित हैं। और ऐसा इसलिए नहीं है क्योंकि हमें परवाह नहीं है; वास्तव में हम गहराई से देखभाल करते हैं - फिर भी यह नहीं जानते कि उस देखभाल को सार्थक और ठोस तरीकों से कैसे लागू किया जाए; इसके बारे में कुछ करो।

इस प्रक्रिया के विभिन्न स्तर हैं। कोई कुछ कर रहा है. मुझे अक्सर ऐसा महसूस होता है जैसे हम, संयुक्त राज्य अमेरिका में, खुद से सब कुछ ठीक करने की उम्मीद करते हैं और मानते हैं कि हमें सभी मुद्दों पर एक साथ कार्रवाई करने की ज़रूरत है - जो कि संभव ही नहीं है! इसके बजाय, कहानियों को गहराई से सुनना महत्वपूर्ण है: इस तरह अगर हर कोई अपना हिस्सा लेता है...

हमारी भूमिका चाहे जहां भी हो.

चाहे हमारा हिस्सा कुछ भी हो, बस एक काम करें और वह अच्छा काम करेगा। प्रगतिशील, उदारवादी या किसी अन्य प्रकार के व्यक्तियों के बीच एक आम गलती यह मानना है कि हमें सब कुछ स्वयं ही करना है और अभिभूत हो जाना है। मुझे मेल में ऐसे अनुरोध मिलते हैं जिनमें मेरी भागीदारी की आवश्यकता होती है, लेकिन जब सामुदायिक सेवा परियोजनाओं की ओर से किए जाने वाले इतने काम का सामना करना पड़ता है तो मैं कुछ भी नहीं करने के लिए पंगु हो जाता हं; यह सामुदायिक भागीदारी नहीं है - बल्कि प्रत्येक सदस्य अपनी भूमिका निभाने के लिए जिम्मेदार है और यह व्यक्तियों के लिए भारी नहीं बनना चाहिए।

मुझे "100 प्रतिशत" का समर्थन करने के बारे में आपका वाक्यांश पसंद आया। जिन मुद्दों और नीतियों का आप समर्थन करते हैं उनमें से कई मुद्दे और नीतियां वॉल स्ट्रीट पर कब्ज़ा करने और "99 प्रतिशत" जैसी भाषा के उपयोग से जुड़े हुए प्रतीत होते हैं।

जब हम बिजनेस राउंडटेबल्स की मेजबानी कर रहे थे, और मुझे कुछ उद्यमी-सी.ई.ओ प्रकार के लोगों से बात करने का मौका मिला, जिनके बारे में मैं उत्सुकता से सवाल करने के अवसर का इंतजार कर रहा था, हाल ही में जारी रिपोर्टों से पता चला कि सार्वजनिक रूप से कारोबार करने वाली कंपनी के एक औसत सी.ई.ओ ने सालाना वेतन में $ 10 मिलियन से अधिक कमाया; मैंने उनसे पूछा, "क्या यह उचित है?"

"जीवित रहने के लिए 11 मिलियन डॉलर कैसे लगते हैं?" सिस्टर सिमोन ने पूछा। एक आदमी ने तुरंत जवाब दिया कि यह पैसे के बारे में नहीं है; बल्कि यह है कि हम बहुत प्रतिस्पर्धी लोग हैं, किसी भी कीमत पर जीतने के लिए उत्सुक हैं, जबकि पैसा ही सफलता का वर्तमान माप है।"

इसलिए मैं अपने आप से पूछता हूं: क्या हम ऐसे उपाय ढूंढ सकते हैं जो कम विषैले हों? क्योंकि यह वास्तव में यही है: कोई भी पैसा जमा नहीं करना चाहता, वे सिर्फ जीतना चाहते हैं, इसलिए यदि हम आम भलाई के लिए उनकी प्रेरणा को बेहतर ढंग से समझ सकते हैं तो हम अन्य उपायों की खोज कर सकते हैं जो अधिक धन मुक्त करेंगे। उनके परिप्रेक्ष्य के बारे में जिज्ञासा पैदा करके हम हाथ में मौजूद हर चीज से लड़ने और उसका विरोध करने के बजाय अप्रत्याशित समाधान खोज सकते हैं - चिंतनशील जीवन का एक महत्वपूर्ण पहलू जो किसी चीज को तोड़ने के बजाय उसे मजबूत करता है।

अब, जिस चीज़ पर मैंने ज़्यादा चर्चा नहीं की है वह है आनंद। मुझे अक्सर मजाक करने में मजा आता है; आनंद इस यात्रा के मूल में है। अक्सर प्रगतिशील लोग गंदे दिखाई देते हैं; यह संभावित भर्तियों के बीच अधिक रुचि पैदा नहीं करता है! इसके बजाय, हमारा अविश्वसनीय उपहार यह है कि हमें यह जीवन एक साथ जीने का मौका मिलता है; बहुत सी जगहें ऐसी अविश्वसनीय विविधता और संभावनाएं प्रदान नहीं करती हैं जैसी हमारी दुनिया करती है - जीवन देने वाले अवसर देकर और बदले में जीवन जो देता है उसका आनंद लेते हुए अपना स्थान खोजें।

चिंतन और गतिविधि, जुनून और जिज्ञासा, कड़ी मेहनत और खेल के बीच संतुलन बनाने पर सिस्टर सिमोन का जोर अगापे, व्यावहारिक प्रेम या सार्वजनिक प्रेम की अवधारणा में गहराई और आयाम जोड़ता है। गहराई से सुनना एक स्थायी गुण है जो हर प्रकार के रोमांटिक रिश्ते को रेखांकित करता है और सिस्टर सिमोन बार-बार इसे एक पूर्ण और भावुक जीवन जीने के लिए अपने संदर्भ बिंदु के रूप में संदर्भित करती है। वह आत्म-मूल्यांकन की इन पंक्तियों को यह निर्धारित करने के लिए उपकरण के रूप में पेश करती है कि क्या कोई किसी भी स्थिति में गहराई से सुनने का अभ्यास कर रहा है: "क्या मैं उदारतापूर्वक, स्वार्थी या सम्मानपूर्वक जवाब दे रहा हूं? ऐसे प्रश्न एक व्यस्त श्रोता बनने की दिशा में प्रगति शुरू करने का अवसर प्रदान करते हैं।

प्रश्न 2: किस हद तक और किस तरह से प्रिय समुदाय बनने के लिए दैनिक प्रयास और फोकस की आवश्यकता होती है। और, विशेष रूप से, कहां से शुरुआत करनी चाहिए।

*** मैं अपने विचार को एक ऐसी कहानी के साथ समाप्त नहीं कर सकता जो प्रेम को पूरी तरह से व्यक्त करती है, या केवल एक आवाज के साथ जो सब कुछ स्पष्ट रूप से व्यक्त करती है। इसके बजाय, मैं स्मृतियों और रूपकों को अपने विचार के रूप में प्रस्तुत करता हूँ।

नताली बटाल्हा, एक आकर्षक और काव्यात्मक खगोल भौतिकीविद, मुझे बताती हैं कि विज्ञान में उनके करियर ने प्यार को देखने के उनके तरीके को बदल दिया है। उसके लिए, प्यार काले पदार्थ की तरह है - एक अदृश्य लेकिन अटूट शक्ति जो हमारी दुनिया के सभी पहलुओं में व्याप्त है जो अभी भी हमारे लिए समझने या शोषण करने के लिए बहुत रहस्यमय है। निवास के लिए ग्रहों की खोज से - वह कहती है कि एक प्रयास देर से शुरू होने

के बजाय जल्द ही शुरू होना चाहिए - वह इस बात पर सबसे भव्य दृष्टिकोण पेश करती है कि प्यार मौलिक अर्थ क्यों रखता है: जो मेरे लिए अच्छा है वह दूसरों को भी लाभ पहुंचाता है - और इसलिए अंतरराष्ट्रीय स्तर पर।

भूभौतिकीविद् ज़ेवियर ले पिचोन ने पृथ्वी के कार्यों की अपनी समझ में मानव समुदाय के मूल में देखभाल को समझने के लिए एक सादृश्य की खोज की है। वह 1960 के दशक के दौरान प्लेट टेक्टोनिक्स के अग्रणी थे, उन्होंने उन महत्वपूर्ण क्षणों में से एक में महत्वपूर्ण भूमिका निभाई जहां विज्ञान ने न केवल वास्तविकता के बारे में हमारे दृष्टिकोण में क्रांति ला दी बल्कि सभी मनुष्यों के इसे देखने के तरीके को भी बदल दिया। उन्होंने अपने परिवार के साथ देखभाल के समुदायों में दशकों बिताए हैं - उदाहरण के लिए फ्रांस में जीन वेनियर का एल'आर्चे समुदाय - जहां परिवार विकलांग या बाद में मानसिक बीमारी से पीड़ित हैं। वह ऐसे व्यक्ति हैं जिन्होंने प्यार से भरा जीवन जिया है। उनका दावा है कि नाजुकता को अनुकूलित करने की क्षमता महत्वपूर्ण, विकसित प्रणालियों की आधारशिला है, चाहे भूगर्भिक या मानव। निश्चित तापमान पर, भूवैज्ञानिक दोष गति और लचीलेपन की अनुमति देते हैं; दूसरों पर वे तनाव राहत वाल्व की तरह काम करते हैं जो अतिरिक्त दबाव छोड़ते हैं; भूकंप तब आते हैं जब कमजोरियों को ठीक से व्यक्त नहीं किया जा सकता है, जबकि कठोर समुदाय जो कठिनाई में पड़े लोगों की उपेक्षा करते हैं वे समय के साथ विकसित नहीं होते हैं; जब वे परिवर्तन करते हैं तो यह आमतौर पर हिंसक उथल-पुथल या क्रांति के माध्यम से होता है।

ज़ेवियर ले पिचॉन ने अक्षीय युग का एक व्यक्तिगत अध्ययन शुरू किया है, इसके गुणों को देखते हुए जिन्होंने पूरे इतिहास में बड़ी मानवीय क्षमता को जन्म दिया है। जब हम इतिहास का वर्णन विशुद्ध रूप से कौशल और उपकरणों से संबंधित मील के पत्थर के माध्यम से करते हैं, जैसे कि पुरातात्विक स्थलों पर पाए गए निएंडरथल साक्ष्य, तो उन्हें यह अजीब लगता है।
प्रारंभिक मनुष्यों ने घायल या विकलांग लोगों की देखभाल के लिए महान प्रयास और बलिदान किए।

यहां लेखक और जेवियर ले पिचॉन के बीच बातचीत सुनें।

शिशुओं के आसपास खुद को पुनर्गठित करना जीवन के लिए आवश्यक था, जैसा कि हर स्तनपायी करता है, फिर भी एक और विकास जिसने मानवीय समाज को जन्म दिया वह ऐसे संगठनों का उदय था जो बीमारी या विकलांगता से पीड़ित लोगों का समर्थन करते थे जिन्हें समर्थन की आवश्यकता थी - यह वह बन गया जिसे आमतौर पर मानवीय समाज के रूप में जाना जाता है फ्रेंच में; संगठन के इस रूप में कुछ बहुत नया और विशेष था: सबसे अधिक जरूरतमंद लोगों को सामुदायिक जीवन के केंद्र में रखने के लिए नए संपर्क सूत्र पेश किए गए।

पत्रकार और कैथोलिक मानवतावादी दोनों के रूप में डोरोथी डे मेरी सबसे बड़ी प्रेरणाओं में से एक है। मैं उनके जीवन के अधिकांश समय में उनकी बोहेमियन जीवनशैली को देखते हुए संत पद के लिए उनके नामांकन को आश्चर्यजनक मानता हूं। लेकिन मुझे यह भी दिलचस्प लगा कि उनका नाम आज के युवाओं के बीच बार-बार आता रहता है, जो समय

और स्थान के पार रोल मॉडल की तलाश में रहते हैं। ओकलैंड, कैलिफोर्निया में 8 साल की उम्र में जब 1906 के भूकंप ने सैन फ्रांसिस्को को तबाह कर दिया था तो उसे रोजी डी ग्रे के माध्यम से ताकत और प्रेरणा मिली क्योंकि उसने इसे गरिमा के साथ सहन किया था। अगले दिनों में, वह चुपचाप खड़ी रही क्योंकि ओकलैंड के लोग एक-दूसरे की सहायता कर रहे थे और सैन फ्रांसिस्को के अपने पड़ोसियों को नावों से पार करने में मदद कर रहे थे। यह बच्चा मंत्रमुग्ध होकर ध्यान से देखता रहा। डोरोथी डे ने एक महत्वपूर्ण और प्रासंगिक प्रश्न उठाया है जिसे उसने अपने मानवीय, अस्त-व्यस्त और साहसिक जीवन में जीया: हम हर समय इस तरह से क्यों नहीं रह सकते?

शब्दों और कार्यों के प्रति उसके जुनून के कारण वह उसकी ओर आकर्षित हुई। अपने संस्मरण, द लॉन्ग लोनलीनेस में, उन्होंने कैथोलिक वर्कर आंदोलन के बारे में सहज अंदाज में लिखा - जहां वह एक समय पर रहती थीं - लेकिन यह भी कि कैसे इसके संस्थापक डोरोथी डे ने इसे अमेरिका में सफलतापूर्वक चलाने में महत्वपूर्ण भूमिका निभाई थी। उन्होंने एक पत्रकारिता परियोजना और सामाजिक आंदोलन शुरू करने में मदद की जिसका वह आज भी समर्थन कर रही हैं: अमेरिकी शहरों में जरूरतमंद लोगों को खाना खिलाना और कपड़े देना।

"हम अभी बात ही कर रहे थे कि बाहर लोगों की कतारें इकट्ठा होने लगीं और चिल्लाने लगीं: 'हमें रोटी चाहिए!' हम उनसे बस यह नहीं कह सकते थे: 'जाओ और तृप्त हो जाओ।' यदि उस दिन के चढ़ावे से मछलियों के साथ छह छोटी रोटियाँ बच जातीं, तो उन्हें हमारे बीच बाँटना पड़ता था ताकि हमेशा पर्याप्त रोटी बनी रहे।" उसी समय सभी दिशाओं से लोग हमारी ओर बढ़ने लगे। हमने बातचीत जारी रखी क्योंकि अधिक अनुरोधों के कारण हमारी बातचीत बाधित हो गई। जो लोग इसे ले सकते हैं, उन्हें लेने दें। कुछ लोग बाहर चले गए, जिससे और लोगों को आने का मौका मिला; इसके परिणामस्वरूप दीवारों का विस्तार हुआ। हालाँकि कई बार खुशी आसानी से नहीं मिलती, लेकिन खुशी के अपने कर्तव्य को ध्यान में रखना महत्वपूर्ण रहता है। कुछ लोगों का मानना है कि कैथोलिक कार्यकर्ता का मुख्य गुण गरीबी में निहित है - इसमें शामिल होने पर विचार करते समय इसे ध्यान में रखना चाहिए। कई लोगों के अनुसार समुदाय सर्वोपरि है। अब हम अकेले नहीं हैं; प्यार ने अपनी पहचान बनाई है और हमेशा बनाए रखेगा। वर्षों के अकेलेपन को झेलने के बाद, प्यार समाधान बन गया - प्यार जो समुदाय के साथ आया - कुछ ऐसा जो आज भी जारी है।"
प्रेम के बारे में सार्वजनिक रूप से चर्चा करना कठिन हो सकता है, फिर भी जब लेरॉय स्मिथ या डोरोथी डे जैसा ईमानदार व्यक्ति इस बारे में बात करता है कि उनके जीवन में क्या मायने रखता है तो यह प्रतिध्वनित होता है। हम पहचानते हैं कि वे क्या वर्णन करते हैं। आप उनकी उदारता को ख़ारिज कर सकते हैं; संकट के चरम क्षण वीरतापूर्ण आवेगों को सामने लाते हैं जो अन्यथा सुप्त ही रहते; आप निश्चित रूप से यह तर्क दे सकते हैं कि प्रेम का सार्वजनिक प्रदर्शन मानवता को परिभाषित नहीं करता है; आप देख सकते हैं कि डोरोथी डे ने आत्म-बलिदान का एक अविश्वसनीय जीवन बनाया, जिसमें अंततः ब्रह्मचर्य का व्रत लेना भी शामिल था - हममें से कुछ लोग अपने जीवनकाल में ऐसा करने की आशा या कल्पना कर सकते हैं या जब समाज या परिवार के दबाव में ऐसा करने के लिए कहा जाता है!

मैं अक्सर समय-समय पर अनुभव होने वाले इस आंतरिक संघर्ष के बारे में बुद्धिमान और प्रेमपूर्ण साक्षात्कार विषयों से पूछता हूं। उदाहरण के लिए, लेखक पॉल एली नै थॉमस मर्टन, वॉकर पर्सी, फ़्लैनरी ओ'कॉनर और डे की जीवनी लिखते समय डोरोथी डे का अध्ययन किया। डे के जीवन पर एली के शोध के अनुसार उन्होंने पाया कि वह इस विश्वास के साथ जी रही थी कि प्रेमपूर्ण दयालुता केवल बड़े संकट के क्षणों तक ही सीमित नहीं होनी चाहिए, बल्कि किसी भी क्षण में प्रकट हो सकती है; अभी कहीं न कहीं कोई व्यक्ति इसका अनुभव कर रहा है।
पॉल एली और लेखक पॉल एली के बीच इस चर्चा को सुनें।

जब लोग अपने संकट से गुज़र रहे होते हैं तो उन्हें किसी की ज़रूरत होती है - उन्हें हस्तक्षेप करने से पहले तब तक इंतज़ार नहीं करना पड़ता जब तक कि सभी शहर जल न जाएँ। उनका मानना था कि समाज बदल सकता है क्योंकि उनका मानना था कि हम स्वाभाविक रूप से प्रेम की ओर झुके हुए हैं; हमारी रचना हमें एक दूसरे से प्रेम करने के लिए बुलाती है; कलह और युद्ध उस प्रेम की विकृति हैं; बल्कि इसे व्यक्तियों या एक-दूसरे के विरुद्ध बाहर की ओर निर्देशित करने के बजाय सामुदायिक प्रेम की ओर अंदर की ओर निर्देशित किया जाना चाहिए। वह एक प्रभावी कट्टरपंथी संगठनकर्ता थीं, लेकिन उन्होंने हमेशा यह स्पष्ट किया कि कैथोलिक वर्कर को जो मिला, वह कार्यक्रम संबंधी प्रयासों के कारण नहीं था, बल्कि इसके बजाय लोग वह कर रहे थे जो स्वाभाविक रूप से आता है: समुदाय में एक-दूसरे से प्यार करना - फिर बाद में इसके बारे में बात करना।

इतिहास और दुनिया भर में नैतिक विकास के बारे में एंथोनी अप्पिया की अंतर्दृष्टि मुझे आशा देती है, मुझे उनकी समझ से सांत्वना मिलती है कि कैसे न केवल सही बल्कि सम्मानजनक समझी जाने वाली जड़ें समय के साथ तेजी से बदल सकती हैं। 1950 के दशक में उनके माता-पिता के अंतरजातीय विवाह ने गेस हज़ कमिंग टू डिनर के लिए प्रमुख कहानियों में से एक प्रदान की। जीवन में किसी न किसी बिंदु पर, हर पीढ़ी के पास एक ऐसा क्षण होता है जब हम उस चीज़ को आश्चर्य से देखते हैं जो कभी सामान्य थी और खुद से पूछते हैं "हम क्या सोच रहे थे? हम इस तरह कैसे जी सकते थे?" अपने पारिवारिक जीवन और विद्वता दोनों में, डॉ. पेम्बर्टन ने एक ऐसे बिंदु का अनुभव किया है। अप्पिया ने जांच की कि चीन में पैर बांधना कैसे बंद हुआ; विवादों को सुलझाने के लिए द्वंद्वयुद्ध एक सम्माननीय सज्जन व्यक्ति का तरीका नहीं रहा; ब्रिटिश साम्राज्य के अंतर्गत दास प्रथा को समाप्त कर दिया गया। उनके शोध से पता चलता है कि संरचनाओं को ध्वस्त करने के लिए आंदोलनों और नेताओं के उभरने से पहले हर इंसान के दिल में बदलाव धीरे-धीरे शुरू होता है।

यह अंश यह समझाने का एक तरीका प्रदान करता है कि इक्कीसवीं सदी की शुरुआत में विवाह, प्रेम और लिंग संबंधों में क्या हो रहा है। यह हमें आखिरकार, बदमाशी का उचित ढंग से सामना करते हुए दिखाता है; मैं तर्क दूंगा कि यह दूसरों को जिम्मेदार ठहराने की तर्कसंगतता के बारे में कुछ समझ भी देता है।
प्रेम हमारे अस्तित्व की आधारशिला है; हमारी पृष्ठभूमि या परिस्थितियाँ कुछ भी हों।

रोजमर्रा की जिंदगी के लिए एंथोनी अप्पिया के नुस्खे ताज़गीभरे सीधे हैं। वह समाधान-आधारित दृष्टिकोणों के साथ उस पर सीधे हमला करने के बजाय, मतभेदों को "बहकाने" की वकालत करते हैं, जैसा कि अमेरिकी उन मुद्दों का सामना करते समय समर्थन करते हैं जिन्हें वे समस्याग्रस्त मानते हैं। नैतिक परिवर्तन पुराने जमाने की बातचीत के माध्यम से आता है - हमारी मानवता के सांसारिक पहलुओं के आसपास मानवीय संबंध बनाते हैं जो हमें व्यक्तियों के रूप में बनाते हैं।

जॉन पॉल लेडेराच की अंतर्दृष्टि - अंतरराष्ट्रीय ख्याति प्राप्त हाइक-लेखन संघर्ष समाधान और परिवर्तन व्यवसायी - कि जब हम सामाजिक परिवर्तन को समझने का प्रयास करते हैं तो कल्पनाएँ बहुत संकीर्ण रूप से केंद्रित हो जाती हैं, जिसने मेरे दिमाग पर एक अमिट छाप छोड़ी है। महत्वपूर्ण जनसमूह - रैलियां, रैली करने वाले नेता और सड़क पर बड़ी संख्या में निकाय - पुरानी वास्तविकताओं को चुनौती देने और बदलाव का मार्ग प्रशस्त करने के लिए एक रेचन आउटलेट प्रदान कर सकते हैं। लेकिन उन लोगों के साथ काम करने के उनके अनुभव से, जिन्होंने समय और महाद्वीपों में विरोधाभासी वास्तविकताओं को बदल दिया है, नई वास्तविकताओं की कल्पना की जाती है और उन रेचक बिंदुओं से पहले और बाद में - धैर्यपूर्वक और लगातार वर्षों और दशकों तक - छोटे असंभावित समूहों के बीच संबंधों के नए गुणों के माध्यम से लाया जाता है। लोगों की। पहली नज़र में, वे असंभावित सहयोगी लग सकते हैं; प्रत्येक सामाजिक परिदृश्य पर अलग-अलग स्थानों का प्रतिनिधित्व करता है और विभिन्न जुनून और दृष्टिकोण साझा करता है। फिर भी जब उन्हें दुनिया के विरोधी विचारों के अंत का सामना करना पड़ा, जिसमें उनका जीवन उलझ गया था, तो उन्होंने डर से सावधानी बरतने के लिए कदम उठाए - एक परिणाम जिसे जॉन पॉल लेडेराच "क्रिटिकल यीस्ट" बनाने के रूप में संदर्भित करते हैं।

यहां वे विशिष्ट गुण हैं जो उन्होंने उत्तरी आयरलैंड से लेकर कोलंबिया और नेपाल तक बदलती वास्तविकताओं में देखे हैं: वे हमारे बनाम उनके दृष्टिकोण के साथ विरोधी रुख अपनाने से बचते हैं; प्रेम और साहस से सुसज्जित हैं, और अपने कार्यों के हिस्से के रूप में जटिल रचनात्मकता के माध्यम से नैतिक कल्पना का उपयोग करते हैं; इस प्रकार वे स्वयं कलाकार बन जाते हैं।

प्रेमी कलाकार हैं. मैं उस वाक्य को खुशी के साथ लिखता हूं और तुरंत सावधानी और माफी के साथ इसे योग्य बनाता हूं। जीवन में सुरक्षा हमेशा सबसे पहले आनी चाहिए।

मेरे पिता और मैं कई वर्षों से अलग-थलग हैं। हालाँकि मैं इन पन्नों में इसकी विफलता की सच्चाई को साझा करने से डरता हूँ, लेकिन प्यार और खुद में इस विफलता को माफ करना हम दोनों के लिए आवश्यक है; प्यार हमेशा वैसा नहीं दिखता जैसा हम चाहते हैं या जैसा होना चाहिए वैसा कल्पना नहीं करते; कभी-कभी जीवन और मृत्यु की स्थितियाँ घटित होती हैं जिनमें प्रेम को अन्य सभी चीज़ों पर प्राथमिकता दी जानी चाहिए; अन्य समय में प्रेम केवल एक आदर्शवादी धारणा है जिसे हम व्यवहार में साकार नहीं कर सकते; दोनों मामलों में प्यार के लिए सामाजिक कलाकारों और सेतु लोगों के समूह की आवश्यकता होती है जो आवश्यक होने पर संघर्ष से प्रभावित लोगों के साथ खड़े होने के इच्छुक होते हैं - कभी-कभी सार्वजनिक रूप से निजी तौर पर प्यार करने का मतलब रास्ता देना होता है।

जीवन कभी-कभी जटिल और बोझिल हो सकता है, फिर भी हम सभी अपने आसपास के इलाकों में ऐसे लोगों को जानते हैं जो देखभाल के लिए खुद से आगे निकल जाते हैं। हालांकि वे संत या नायक नहीं हैं - ध्यान रखें कि सरल होने पर भी दयालुता का विस्तार करते समय - आप क्षीण होने के बजाय ऊर्जावान महसूस करते हैं - जो कुछ वैज्ञानिक अब दिखा रहे हैं वह सच है! दयालुता के कार्य वस्तुतः एक व्यक्ति से दूसरे व्यक्ति तक फैल सकते हैं - उन सभी में प्रेम सबसे प्रमुख है - फिर भी अक्सर तत्काल संतुष्टि प्रदान कर सकता है। हममें से कुछ को पड़ोसियों के बारे में जानने और उनके साथ मौजूद रहने का काम है, जिसकी तुलना मैं प्यार भरे रिश्तों से करता हूँ; ऐसे रिश्ते आम जीवन के मूल ताने-बाने का निर्माण करते हैं और हमारे बीच की दूरियों को पाट सकते हैं क्योंकि प्यार हमारे बीच की सीमाओं को पार कर जाता है और हमारे बीच की दूरियों को दूर कर राहत लाता है। नागरिक जीवन में खुली दरारों के सामने खड़ा होना उतना ही चुनौतीपूर्ण हो सकता है, लेकिन उन लोगों के प्रति मेहमाननवाज़ बने रहने की ज़रूरत से भी अधिक जटिल है जो हमें अपमानित करते हैं, नुकसान पहुँचाते हैं, या हमें रोज़मर्रा के आधार पर पागल कर देते हैं - लेकिन इसके लिए दूसरों के प्रति हमारे उचित धार्मिक आक्रोश के साथ सत्कारपूर्वक खड़े होने की आवश्यकता हो सकती है। प्रतिदिन हमें ठेस पहुँचाना या नुकसान पहुँचाना - दोनों चुनौतियों का डटकर मुकाबला किया जाना चाहिए!
आतिथ्य एक ऐसा शब्द है जो धीरे-धीरे चमकता है; यह क्रिया में प्रेम का स्वागत योग्य प्रवेश द्वार प्रदान करता है। हम कल्पना करते हैं कि अन्य समूहों के बीच एकरूपता है जिन्हें हम अपने भीतर नहीं पहचानते हैं, फिर भी परिवार, सहकर्मियों और मित्रता समूहों के भीतर हमेशा ऐसे लोग होंगे जिनकी हम प्रशंसा करते हैं और नापसंद करते हैं, कुछ को हम पसंद करते हैं और दूसरे जो हमें पागल कर देते हैं; हम रास्ते खोजते हैं - यदि संभव हो तो - रिश्तों में बने रहने के लिए, यह पता लगाने के लिए कि हमारे जीवन के विभिन्न क्षणों और समयावधियों में प्यार का क्या मतलब हो सकता है; हमारे सबसे करीबी लोग आमतौर पर जानते हैं कि किसी प्रकार के आदान-प्रदान के दौरान किसी भी बिंदु पर कब कुछ विषयों पर चर्चा नहीं करनी चाहिए या कब नहीं करनी चाहिए!
जिनकी हम सबसे ज्यादा परवाह करते हैं, अक्सर साथ रहना और बात न करना ही हमारे आस-पास की दुनिया के लिए पर्याप्त बुद्धिमत्ता है। प्रेम क्या है? आपने इसे आखिरी बार कब और कहाँ देखा था, इसके बारे में एक कहानी बताकर इस प्रश्न का उत्तर दें। और फिर क्रिटिकल यीस्ट बन जाओ!

एलिजाबेथ एलेक्जेंडर ने "प्राइज़ सॉन्ग फॉर द डे" की रचना की है, इसके अंतिम छंद नीचे उपलब्ध हैं।

बराक ओबामा ने 20 जनवरी 2009 को पदभार संभाला।

लेखिका एलिजाबेथ अलेक्जेंडर और एलिजाबेथ अलेक्जेंडर के बीच की इस बातचीत को सुनें

कुछ लोग अपने पड़ोसी से अपने समान प्रेम करके जीते हैं।

अहिंसा का पालन करके दूसरों को कोई नुकसान न पहुँचाएँ या उनसे आवश्यकता से अधिक न लें और केवल वही दें जो स्वयं के लिए और अधिक अच्छे के लिए आवश्यक हो। क्या आप मानते हैं कि प्यार हमारे पास सबसे मजबूत हथियार है?

वैवाहिक, पारिवारिक और राष्ट्रीय बंधनों से परे प्रेम

प्रेम जो प्रकाश का एक व्यापक दायरा फैलाता है वह अपरिहार्य दुःख है।

आज की चमकदार चमक, इस सर्दी की हवा में संक्रामक गर्मी है।

कुछ भी बनाया और लिखा जा सकता है, कोई भी वाक्य शुरू किया जा सकता है। किनारे पर, किनारे पर या सिरे पर - कुछ भी संभव है!

उस रोशनी में आगे बढ़ने के लिए गीत की सराहना की.

आपकी आरंभिक कविता "प्राइज़ सॉन्ग फ़ॉर द डे" के बारे में एक बात जो मुझे पसंद आई, उसने आर्स पोएटिका में कहा था कि कविता का ध्यान प्रेम पर नहीं होना चाहिए।

यह कविता उत्कृष्ट है.
प्रेम का आह्वान एक राजनीतिक क्षण, एक सार्वजनिक स्थान में किया गया। मुझे यह समझना मुश्किल हो रहा था कि अपने इरादों के प्रति सच्चे रहते हुए इसे राजनीतिक रूप से कैसे पूरा किया जा सकता था, फिर भी किसी तरह, आपने इसे शानदार ढंग से और ईमानदारी के साथ प्रबंधित किया। फिर भी इसमें अविश्वसनीय वजन के साथ-साथ विचित्रता भी थी; फिर भी इसकी असामान्य उपस्थिति शक्तिशाली लेकिन प्रभावी थी - विशेष रूप से आपके उद्घाटन के पांच साल बाद जब सभी प्रकार की गंभीर समस्याओं के कारण प्यार के बारे में बात करना उस दिन की तुलना में और भी कम प्रासंगिक लगता है।

खैर, जब मैं कहता हं कि कविता पूरी तरह प्रेम और रोमांस नहीं है, तो मैं उस रोमांटिक प्रेम की बात कर रहा हं जहां हम शब्दों से शुरू करते हैं। हालाँकि, कविता में रोमांस के अलावा और भी बहुत कुछ शामिल है: कविता लिखते समय संयम, गंभीरता और जिम्मेदारी सभी उत्पन्न होती हैं।

आपका प्रश्न था "क्या होगा यदि प्रेम ही अंतिम शक्ति हो?"

मेरी कविताएँ अक्सर अपने आप में यह वास्तविक प्रश्न उठाती हैं, और जब मैं एक साक्षात्कार के लिए आने के लिए तैयार हुआ तो मैंने सोचा कि मैं कितनी बार आध्यात्मिक अभ्यास के रूप में कविताओं में वास्तविक प्रश्न पूछता हँ। कभी-कभी ऐसा केवल मेरी अज्ञानता के कारण होता है; अन्य समय में क्योंकि कविताएँ शानदार स्थान प्रदान करती हैं जिसमें वास्तविक पहेली-वाई प्रश्न पूछे जा सकते हैं जो किसी चीज़ को समझने की राह पर ले जाते हैं, फिर भी अंत में वास्तविक प्रश्नों के साथ समाप्त होते हैं।

क्या होगा यदि प्रेम सबसे शक्तिशाली है?" एक दिलचस्प विचार प्रयोग है जो यह सवाल उठाता है: हमारे अत्यधिक विविध समाज और देश में, क्या प्यार असहमति से परे हो सकता है और लोगों को एक साथ ला सकता है? ताकतवर एक ऐसा विलक्षण शब्द है - हालाँकि इसका अर्थ और भी अधिक होना चाहिए! क्या ऐसा हो सकता है प्यार करने की एक स्थायी शक्ति बनें जो हम सभी को एकजुट करेगी जैसा कि मैं उम्मीद करता हूं? लेकिन प्यार हमेशा उस तरह से काम नहीं करता है।

शिकायत को रोकने के लिए प्रेम की आवश्यकता होती है जो वैवाहिक, पारिवारिक और राष्ट्रीय बंधनों से परे होता है - यहां तक कि उद्घाटन जैसे असाधारण राष्ट्रीय कार्यक्रम के दौरान भी। प्यार सिर्फ हमारे देश के लोगों के बारे में नहीं हो सकता; प्रेम को इस महत्वपूर्ण घटना से कहीं आगे बढ़ना चाहिए।

प्रेम एक उपयुक्त शब्द प्रतीत होता है जब हम अन्यता के साथ अपनी मुठभेड़ पर विचार करते हैं, जो आधुनिक जीवन और पारिवारिक रिश्तों की एक केंद्रीय विशेषता बन गई है। मैं स्वयं को 1960 के दशक के बाद इससे निपटने के हमारे तरीके के रूप में सहिष्णुता पर विचार करते हुए पाता हूँ; प्यार और भी बहुत कुछ मांगता है।

पूर्ण रूप से हाँ; खासकर अगर यह प्यार है जो शिकायत को दूर करने की जरूरत महसूस नहीं करता है। प्यार जो न केवल मतभेदों को सहन करता है बल्कि उन्हें तर्क-वितर्क में उलझाने के बजाय साथ बैठकर, सुनकर, स्वीकार करके और स्वीकार करके सक्रिय रूप से उन्हें गले लगाता है।

जिन लोगों को लगता है कि उनके साथ अन्याय हुआ है, उन्हें अपनी बात मनवाने में मदद करने के लिए कई प्रभावी तरीके हैं। हम सभी अपनी-अपनी शिकायतों का अनुभव करते हैं; जब इन चिंताओं को सीधे सुना जाता है और तदनुसार संबोधित किया जाता है, तो यह लोगों को आगे बढ़ने की दिशा में बहुत कुछ कर सकता है।

समस्याएँ अनसुलझी रहने पर भी साथ रहना? यही हमारा लक्ष्य होना चाहिए?

खैर, एक बात जिस पर मैं विशेष रूप से आकर्षित हूं, वह है सार्वभौमिक और विशेष के बीच का संबंध, और विशेष कैसे सार्वभौमिक को प्रकाशित करता है। हाल ही में मेरी ग्रेट ब्रिटेन के प्रमुख रब्बी के साथ एक दिलचस्प बातचीत हुई, जिन्होंने एक दिलचस्प दृष्टिकोण पेश किया: नैतिक कल्पना सार्वभौमिकता से शुरू होती है और विशिष्टता में समाप्त होती है - पश्चिमी संस्कृति अक्सर विविधता की व्याख्या कैसे करती है, इसके बिल्कुल विपरीत: हमारा लक्ष्य एक संतुलन तक पहुंचना चाहिए जहां हर कोई जो हमें एकजुट करता है उसका जश्न मनाते हुए यह पहचानता है कि सभी संस्कृतियों में कितनी समानता है; फिर भी आप "विविधता कोई नई बात नहीं है" जैसे शब्दों का उपयोग करते हैं।
आपकी कविताएँ गूढ़ "नीग्रो गूढ़ताओं, विचित्रताओं और विशिष्टताओं" को संग्रहित और संरक्षित करती हैं जिन्हें आपकी कविताएँ दस्तावेज़ और संग्रहित करती हैं। आप हमारे दैनिक जीवन में अद्वितीय काले अनुभव लाने की शक्ति को कैसे समझते हैं? शायद मैं यह गलत तरीके से पूछ रहा हूं लेकिन उम्मीद है कि आप मेरा संदर्भ समझ गए होंगे।

खैर, मेरे पास अनगिनत प्रतिक्रियाएँ हैं। जब हम बोलते हैं तो हमारी विशिष्टताएँ सामने आ जाती हैं; यह प्राचीन ग्रीस में उतना ही सच था जितना आज इंग्लैंड में; यह गोरे लोगों के लिए उतना ही लागू है जितना बाकी सभी के लिए। हम वही बोलते हैं जो हम जानते हैं और अनुभव किया है; इससे हम जो साझा करते हैं उसमें कुछ सार्वभौमिक खोजने का प्रयास करते हैं। लेकिन मेरा मानना है कि हमारी शिक्षा प्रणाली अपनी कथा के हिस्से के रूप में अफ्रीकी अमेरिकी अनुभव को पूरी तरह से शामिल नहीं करती है; इस प्रकार लोगों को कम जानकारी होती है कि अफ़्रीकी अमेरिकी अनुभव अमेरिकी जीवन के बारे में एक आख्यान प्रदान करता है जो बड़े पैमाने पर केंद्रित है। किसी को भी अमेरिका की याद नहीं आनी चाहिए; यह बहुत से लोगों द्वारा विनाशकारी रूप से गलत समझा जाएगा जो गहराई से दृष्टिकोण नहीं अपनाते हैं और स्वयं इससे नहीं गुजरते हैं। मेरे शिक्षक स्वयं की इस पर मेरे कवि स्वयं की तुलना में कहीं बेहतर पकड़ है, जो बिना किसी निश्चित योजना के अधिक सहज ज्ञान से काम करते हैं। एड्रिएन रिच ने इसे प्रसिद्ध रूप से "मलबे में गोता लगाना" के रूप में वर्णित किया है। यह बिल्कुल वही है जो मेरा कवि स्वयं चाहता है - न केवल कहानियाँ बल्कि स्वयं वास्तविक मलबा भी! मेरा वह हिस्सा इस उद्देश्य पर अधिक ध्यान केंद्रित करता है जबकि मेरे शिक्षक स्वयं अमेरिकी संस्कृति और राजनीति के भीतर अफ्रीकी अमेरिकी अनुभव को केंद्रित करने के लिए दृढ़ता से तर्क देते हैं।

खैर, अमेरिकी और मानवीय दोनों कहानियाँ यहाँ चलन में आती हैं।

बिल्कुल, सकारात्मक रूप से. एक क्षण चाहिए? जेवियर ले पिचॉन और लेखक के बीच इस बातचीत को सुनें।

कैथोलिक सामाजिक कार्यकर्ता डोरोथी डे ने पहली बार अनुभव किया कि आपदाओं के बाद क्या होता है जब वह सैन फ्रांसिस्को में आए भूकंप के दौरान अभी छोटी थी। आपदा आने के बाद लोग एक साथ आए और एक-दूसरे के प्रति अपनी चिंता और परवाह दिखाई - जिससे डोरोथी को प्रेरणा मिली कि उसने खुद से पूछा "यह हमारे लिए सामान्य क्यों नहीं हो सकता?" संकट टलते ही जीवन अक्सर अपनी सामान्य गति पर लौट आता है - क्या आपको इस बात का अंदाज़ा है कि क्या होता है जब लोग अपने जीवन का अधिकांश भाग इस दृष्टिकोण में बदल देते हैं और इसे अपना सामान्य बना लेते हैं? शायद समय के साथ आपकी अपेक्षा से अधिक लोग इसका अनुसरण कर सकते हैं?

यह एक अत्यंत प्रासंगिक प्रश्न है और मैं अक्सर स्वयं इस पर विचार करता हूं। मैं कुछ ऐसे व्यक्तियों को जानता हूं जिन्हें मैं उदार और खुला मानता हूं, फिर भी मैंने देखा है कि वे धीरे-धीरे खुद को बंद कर लेते हैं, बाहरी घुसपैठ से डरते हैं, उनके दिल एक बांध की तरह बंद होने लगते हैं। ऐसा क्यों होता है यह मेरे लिए अज्ञात है। अन्य अधिकाधिक खुले प्रतीत होते हैं। मैं कुछ उल्लेखनीय व्यक्तियों से मिला हूं। मदर टेरेसा और जीन वानियर उल्लेखनीय लोग थे; दोनों में खुले तौर पर दूसरों के साथ संबंधों में प्रवेश करने की असाधारण क्षमता होती है, वे हमेशा उन हिस्सों से तुरंत जुड़ जाते हैं जो छिपे हुए या आहत हो सकते हैं। मैंने नए जीवन में प्रवेश करने की उनकी क्षमता देखी जो समय के साथ गहरी होती गई - लगभग ऐसे जैसे दो अलग-अलग रास्ते एक ही समय में मौजूद हो सकते हैं! अब अधिकांश लोगों को ऐसा लगता है कि बीच में कहीं कुछ है।

जब आपदा आती है तो लोग अचानक जागृति का अनुभव कर सकते हैं - युद्ध या बड़ी दुर्घटनाओं से लेकर, परिवारों के भीतर अंतरंग त्रासदियों तक जो बदलाव की ओर ले जाती हैं। कभी-कभी लोग अलग-अलग प्रतिक्रिया देते हैं और आप लोगों को उन तरीकों से बदलते हुए देख सकते हैं जिनकी आपने अपेक्षा नहीं की थी।

दर्द भरे रिश्तों को लेकर अनिश्चितता अपरिहार्य है, फिर भी मेरा अनुभव बताता है कि एक बार जब हम अपने जीवन में पीड़ित लोगों के साथ चलना शुरू कर देते हैं और उनकी उपस्थिति को बिना खारिज या अस्वीकृति के स्वीकार करते हैं, तो उनकी उपस्थिति हमें उत्तरोत्तर शिक्षित और मजबूत करती है - हमें जीने के नए तरीके दिखाती है।

तुम्हारा हृदय शिक्षित हो जाता है। यह ऐसी चीज़ है जिसकी मैं प्रशंसा करता हूँ।

हाँ, हमें एक दूसरे से सीखना चाहिए। मेरा हृदय केवल मेरे द्वारा ही शिक्षित नहीं किया जा सकता। सीख रिश्तों से आती है. दूसरों द्वारा शिक्षित होने को स्वीकार करके - जब वे वर्णन करते हैं कि उनके लिए क्या हो रहा है तो उसे सुनकर या उनकी दुनिया में खुद को डुबोकर ताकि वे हमारी दुनिया तक पहुंच सकें - तब लोगों के बीच कुछ गहरा होने लगता है - हम इसे कम्युनियन कहते हैं और यह कुछ ऐसा है जो यीशु ने हमें जीवन के बारे में सिखाया है स्वयं - अपने पड़ोसियों के बीच स्थायी बंधन बनाना सीखें जैसा कि यीशु ने कहा था और फिर कुछ बिल्कुल नया खोजें!

ईव एन्स्लर और लेखिका जेनिफ़र एगन के बीच इस संवाद को सुनें।

कैंसर के दौर में रहते हुए आपने जो प्रमुख अंतर्दृष्टि प्राप्त की उनमें से एक प्रेम की प्रकृति के बारे में थी। कैंसर के बारे में आपका अनुभव मुझे गहराई से विचारोत्तेजक लगा; एक बात जिसने मुझे वास्तव में सोचने पर मजबूर कर दिया, वह यह थी कि कैसे उस चरम क्षण में, प्यार, जैसा कि हम आमतौर पर इसे समझते हैं - रोमांटिक प्यार, विवाह और प्रेमी - आपके लिए बिल्कुल नहीं आया; बहुत अधिक महसूस नहीं हुआ और फिर भी यह उस समीकरण में शामिल नहीं हुआ जो हम अक्सर ऐसे रिश्तों के बारे में बनाते हैं - फिर भी यह किसी भी तरह से कम प्यार के बराबर नहीं था - जैसा कि हममें से कई लोग अपनी अपेक्षाओं के अनुसार मानते हैं - और फिर भी आप समझ गए कि यह एक महत्वपूर्ण एहसास था: इसका इस बात से कोई लेना-देना नहीं है कि हम आम तौर पर ऐसे विषयों पर चर्चा करते समय क्या कहते हैं, इसकी तुलना में जो सामान्य रूप से जोड़ा जाएगा - जो बराबर नहीं होगा - आपका जीवन प्यार से भरा था, फिर भी किसी तरह यह आपसे अनुपस्थित लग रहा था। फिर भी करीब से निरीक्षण करने पर आपने इसे हर जगह पाया - रिश्तों में, प्रकृति में, यहाँ तक कि स्वयं में भी। इस शब्द या चीज़ के बारे में आपकी कल्पना बहुत सीमित थी।

रोमांटिक प्रेम, बिल्कुल। हालाँकि, प्यार के बारे में हमारी अवधारणा बहुत सरल और सरल लगती है: कि आप एक ऐसे व्यक्ति से मिलेंगे जो "आपका जीवनसाथी" बन जाएगा।

मैं कभी भी किसी ऐसे व्यक्ति से नहीं मिला जो उस अनुभव को साझा कर सके; हालाँकि ऐसे व्यक्ति भी हो सकते हैं जिनकी शादियाँ लंबे समय से चली आ रही हों। लेकिन मुझे

संदेह है कि कोई भी यह दावा करेगा कि उन्हें मुझमें अभी तक अपना आदर्श साथी मिल गया है; प्रेम के बारे में मेरी पुरानी अवधारणाएँ बहुत पहले ही ख़त्म हो चुकी हैं। और इसलिए अब मैं अपने जीवन में बहुत उत्साहित महसूस करता हूं, क्योंकि प्रेम की वे पुरानी धारणाएं दूर हो गई हैं। हालाँकि कैंसर अभी भी सता रहा है और बना हुआ है, लेकिन मेरे ठीक होने के बाद से इसने मुझे इतनी खुशी दी है कि हम इस स्थान को एक साथ साझा करते हैं। हम इसके इतने सारे मलबे से कैसे छुटकारा पा सकते हैं? आपको बस शुद्ध करते रहना है। लेकिन मेरे स्वास्थ्य में सुधार होने के बाद से आज आप सभी के साथ इस स्थान पर रहकर मुझे अविश्वसनीय संतुष्टि महसूस हो रही है। इस गर्मी में मैंने अपने दोस्तों के साथ इटली में नाचते, तैरते, बातें करते और अविस्मरणीय शामों का आनंद लेते हुए अपने दिन बिताए - हर पल मेरे और प्रिय के लिए बहुत कीमती था। हमारी पूर्ति वहां निहित है जहां हम झूठ बोलना चुनते हैं - यदि कहा जाए कि खुशी केवल यहीं मिल सकती है तो वह आपकी वास्तविकता बन सकती है - यह सोचने के बजाय कि यह एक दिन आएगी, जैसे "ओह, यह जल्द ही आएगी; एक दिन जब बड़ा प्यार आएगा ". लेकिन अब आपके लिए पहले से ही यहाँ है - हर सेकंड का आनंद लें!

आपने कांगो लोकतांत्रिक गणराज्य में उन लोगों की दयालुता के दैनिक, सूक्ष्म कृत्यों का अनुभव करने का उल्लेख किया है जो आपके लिए प्रार्थना कर रहे थे और अपनी मदद और प्यार की पेशकश कर रहे थे। आपने डीआर कांगो में आपकी ओर से प्रार्थना करने वाली महिलाओं की प्रार्थनाओं को प्रेम-प्रेषित इशारों के रूप में पहचानने का भी उल्लेख किया। बिल्कुल। पिछली रात उन बुरी रातों में से एक थी जहां मेरा मन पिछले प्रेमियों और पतियों के साथ-साथ मेरे जीवन में प्यार की विफलता - आज तक की यादों में भटक गया। मैं इसे समझ नहीं सका; इसके अलावा मुझे अपनी अंतरंगता संबंधी समस्याओं से भी निपटना था। यह महसूस करने के बाद कि कितने खूबसूरत लोग मेरे लिए आए थे, मुझे एहसास हुआ कि कितने लोग मेरी यात्रा का समर्थन कर रहे थे: मेरी सेसिल जो कीमोथेरेपी के दौरान हर सुबह मेरे लिए नाश्ता बनाती थीं; मेरी पोती जो आखिरी बार मेरी माँ से मिलने जाने पर मेरा बैग पैक करेगी; इन लोगों ने यह सब संभव बनाया। मेरी बहन हर पल मेरे साथ सोफे पर थी, मेरे माथे को आराम देने के लिए आरामदायक वॉशक्लॉथ दे रही थी, उस अविश्वसनीय क्षण का निर्माण कर रही थी जब मैंने सोचा "हे भगवान! मेरा जीवन बहुत समृद्ध है; प्यार और स्वर्ग दोनों यहीं हैं; स्वर्ग ठीक सामने है हमें। पूंजीवाद इंजीनियरी लालसा पैदा करता है; यह हमारे अंदर भविष्य में क्या हो सकता है इसकी इच्छा पैदा करता है - यह हमेशा अगले उत्पाद, अगली बड़ी चीज़ के लिए प्रयास करता है"।

अपने आसपास देखो; कपड़े हमेशा कुछ हॉट, सेक्सी जोड़े को प्यार के प्रतीक के रूप में जींस पहने हुए दर्शाते हैं। प्रलोभन के बारे में सब कुछ उनके साथ जुड़ा हुआ लगता है; जब हम जागते हैं तो हम बिल्कुल सही नहीं दिखते लेकिन वास्तविकता अभी भी अपने तरीके से स्वादिष्ट और गंदी और मानवीय हो सकती है। हो सकता है कि हम अक्सर अपने जीवन की तुलना सेलिब्रिटी संस्कृति से करते हैं, इसलिए हमारा जीवन वास्तव में जैसा दिखता है, वह उससे ठीक से मेल नहीं खाता है जिसे हम स्वर्ग मानते हैं; जो चीज़ों को बेहतरी के लिए नाटकीय रूप से बदल सकता है!

मैरी होवे और लेखक के बीच इस बातचीत को सुनें: कई लोगों के लिए, जॉन की एड्स से मृत्यु के बारे में आपकी कविताएँ बेहद मार्मिक और जीवन-पुष्टि करने वाली रही हैं। लेकिन

आपके काम में डूबते समय एक पहलू जिसने मुझे प्रभावित किया वह यह था कि आपकी शैली हमेशा कितनी सुसंगत रही है: व्यक्तिगत त्रासदियों के बारे में लिखते समय आप अक्सर भावनात्मक सामग्री के साथ मजबूत भाषा का उपयोग करते हैं - जैसा कि उनकी कविता "ऑल माई फ्रेंड्स आर डेड" के साथ सच था।
आपकी कविता अक्सर परिवार के बारे में बात करती है। या इसके विपरीत - कविता के बाद कविता पारिवारिक रिश्तों या स्वयं परिवारों के बारे में बात करती है।

परिवार हमारे जीवन के मूल में हैं; हमारा जन्म परिवार, हमारा चुना हुआ परिवार और वे जिन्हें हम दोस्तों या बच्चों के माध्यम से बनाते हैं। पारिवारिक जीवन नाटकीय हो सकता है; मैं अपने परिवार में 11 लोगों के साथ बड़ा हुआ; प्रत्येक दिन कुछ न कुछ घटित होने से भरा था; लड़के नीचे पूल में खेलते थे जबकि मेरी बहन पिछवाड़े में मेरे बच्चों की निगरानी करती थी और एक शाम में मेहमान 50 बार तक आ सकते थे! अब मेरी स्थिति काफ़ी बदल गई है; मैं अपनी बेटी को एक छोटे से किराये के अपार्टमेंट में अकेले पाल रहा हूँ।

वहाँ केवल एक ही रहा है.

उनमें से एक और मैं में से एक ग्रीनविच विलेज में एक छोटे से किराये के अपार्टमेंट में एक साथ रहते हैं, जो मुश्किल से मेरे मूल परिवार के घर के एक कमरे के रूप में योग्य होगा, जहां उन सभी लोगों के कारण कभी भी किसी ने पर्याप्त ध्यान नहीं दिया, जिनमें शराब से पीड़ित लोग भी शामिल थे। जिससे हमारे घर में अशांति आ गई। चीज़ें अक्सर तुरंत हिंसक या नाटकीय हो जाती थीं - जो मेरे पूर्वजों के बीच भी अक्सर होता था। हमारा भी कुछ अलग नहीं था.

मैं आपकी कविता 'लेटर टू माई सिस्टर' की एक पंक्ति के बारे में पूछना चाहता हूं।

ओ प्यारे। इसका "हमें किसी ने नहीं बताया" सत्य है भले ही हमने अभी जो कहा वह उस विचार का खंडन कर सकता है।

खैर, इतने बड़े घर में, अलग-अलग लोगों को अलग-अलग चीजों का अनुभव हुआ, यह इस बात पर निर्भर करता है कि आप कहाँ थे और उनकी उम्र क्या थी। हालाँकि एक बात जो मुझे याद है वह एक बहुत स्पष्ट पहलू था।
मेरी परवरिश में कई दृष्टिकोण और सच्चाइयाँ समाहित हो गईं; यह कविता मेरी बहन के लिए एक पुष्टि के रूप में थी जो आघात का अनुभव कर रही थी। मैं यह दिखाना चाहता था कि एकीकरण के प्रयासों के बावजूद शराब की लत रिश्तों को कैसे तोड़ सकती है; भले ही आप चाहते हैं कि सभी लोग एक साथ एक ही कमरे में हों, लेकिन इसकी प्रकृति किसी भी साझा समझ या अनुभव को खंडित कर देती है - इन पंक्तियों ने इस विचार को व्यक्त करने का प्रयास किया है: एक बहन अपनी स्थिति से सीधे बात करने की कोशिश कर रही है।

कला एक ऐसा तरीका है जिसे आपने लिखा है, या शायद किसी अन्य साक्षात्कार में कहा है, जिससे हमारे दिल पूरी तरह से खुल सकें। हमने आपके बचपन, पारिवारिक जीवन, मूल परिवार और एक वयस्क के रूप में माँ बनने से पहले जीवन में अपेक्षाकृत देर से कवि बनने

के बारे में बात की है। आप खुले दिल की मदद करने में कला के प्रभाव को कैसे समझाएंगे - इसने आपके और दूसरों के जीवन के विभिन्न चरणों और चरणों को समान रूप से कैसे प्रभावित किया है?

खैर, जब जीवन असहनीय होने लगे तो कला ही हमारा एकमात्र सहारा हो सकती है। जिन लोगों की हम गहराई से परवाह करते हैं वे चले जाएंगे। और एक दिन हम उनके साथ शामिल हो जाएंगे - अपने पीछे बच्चों को, पीछे पौधों को, ऊपर सूरज की किरणों को, गिरती हुई बारिश की बूंदों को और सब कुछ छोड़कर। कला इस ज्ञान को धारण कर सकती है जो हमें याद दिलाती है कि हम एक साथ जी रहे हैं और मर रहे हैं; भगवान का शुक्र है कि यह हो सका, क्योंकि कॉर्पोरेट अमेरिका में कोई भी चीज़ इस परिप्रेक्ष्य को वापस प्रदान नहीं करेगी।

आज लोग अकल्पनीय दर्द का अनुभव कर रहे हैं जिसे सहना मेरे लिए असंभव था; ठीक इसी समय दुनिया भर की जेलों में किसी को बिना वजह प्रताड़ित किया जा रहा है; मैं नहीं जानता कि मैं मानसिक रूप से विक्षिप्त हुए बिना इसे कैसे सहन कर सका; हालाँकि, जब जॉन की मृत्यु हुई, तो मैं जानता था कि या तो उसकी मृत्यु को खुलने दूँगा या अपने दिल को और बंद कर दूँगा।
ओपन ने मुझे यह देखने में सक्षम बनाया कि वहां कई अन्य लोग भी थे जो किसी करीबी को खोने का दुख झेल रहे थे। उनके समुदाय का हिस्सा बनकर बहुत अच्छा महसूस हुआ।

चार साल की उम्र में, ऑस्टिन, टेक्सास में अपना बिस्तर बनाते समय, मेरी बेटी ने पूछा कि उन्हें ऐसा क्यों करना पड़ा; मेरा उत्तर: क्योंकि मैंने तुमसे ऐसा कहा था। उसी समय, उसके सभी भाई-बहन अपने बिस्तरों के पीछे से दौड़ते हुए आये। मैं पीछे मुड़ा और देखा कि सभी लोग फिर से वहीं खड़े हैं... और जो कुछ हुआ था उस पर हम सभी एक साथ हंसे। वहाँ लाखों लोग तालियाँ बजा रहे थे, और मैं भी उनमें शामिल हो गया। ऐसी महान कंपनी के बीच रहना, हमारी दुनिया में चल रही हर चीज़ से अलग-थलग महसूस करने के बजाय दूसरों के साथ जुड़ना बहुत अच्छा लग रहा था; अन्यथा हम सोच सकते हैं कि यह केवल हमारे साथ ही हो रहा है। यह जीवन जीने का एक भयानक और गलत तरीका होगा, जो मुझे लगता है कि कला लगातार हमारे लिए दर्पण है - थॉमस हार्डी, डोरिस लेसिंग, वर्जीनिया वुल्फ या एमिली डिकिंसन की कविताओं को पढ़ने से लेकर एमिली डिकिंसन की कविताओं तक - बस मानवीय कहानियाँ दिखा रही हैं ताकि हम ऐसा न करें।' इतना अलग-थलग महसूस करना - यह सचमुच चमत्कारी है।

केट ब्रेस्ट्रूप मेन पार्को और जंगलों में काम करने वाले गेम वार्डेन, कानून प्रवर्तन अधिकारियों के लिए एक यूनिटेरियन यूनिवर्सलिस्ट पादरी हैं, जिन्हें खतरे या आपदा आने पर खोज और बचाव मिशन पर बुलाया जाता है।

उनके साथ उनका काम, उनके शब्दों में, उन्हें मानवीय अनुभव के महत्वपूर्ण क्षणों तक ले जाता है - जहां जीवन अचानक बदल जाता है जबकि अन्य अप्रत्याशित रूप से सामने आते हैं।

केट ब्रेस्ट्रप और लेखक के बीच इस बातचीत को सुनें: आपने देखा है कि तिब्बती दर्शन इंगित करता है कि हम अपना अधिकांश जीवन मृत्यु की तैयारी में बिताते हैं, फिर भी आपके द्वारा संभाले जाने वाले कई मामलों में ऐसे लोग शामिल होते हैं जिन्हें इस सच्चाई का एहसास नहीं होता है।
कोई भी अपने प्रियजनों की मृत्यु का सामना करने के लिए तैयार महसूस नहीं करता है, न ही यह कि जब ऐसी चीजें घटित होती हैं तो ब्रह्मांड का कोई मतलब नहीं होता है।

ठीक है, और यही कारण है कि यह फायदेमंद है कि हमें जानबूझकर तैयारी करने की आवश्यकता नहीं है।

क्रिस्टीना और अन्ना लव के बारे में भी आप एक कहानी सुनाते हैं।

यह उन नामों में से एक था जिसे मैंने अपनी पुस्तक में बरकरार रखा था।

एना लव एक अप्रत्याशित पुलिसकर्मी थीं जिनसे आपकी मुलाकात चमत्कारों और उनके सभी निहितार्थों पर विचार करते समय हुई थी।

क्रिस्टीना एक युवा महिला थी जिसका अपहरण किया गया, बलात्कार किया गया और जंगल में मृत अवस्था में छोड़ दिए जाने से पहले उसकी हत्या कर दी गई। इसके लिए कई अलग-अलग एजेंसियों की आवश्यकता थी - जिसमें वार्डन सेवा भी शामिल थी - उसके शरीर को बरामद करने के साथ-साथ जिम्मेदार लोगों के खिलाफ सबूत इकट्ठा करने और उनका विश्लेषण करने में सहयोग करना। सबसे पहले, यह अनुभव इसमें शामिल सभी लोगों के लिए अकल्पनीय रूप से दर्दनाक था - विशेषकर उसके परिवार के लिए। इस घटना ने मेन में रहने की हमारी समझ को परखा कि क्या हमारे बच्चे और हम सुरक्षित महसूस करते हैं। हम उस बुराई के बारे में क्या कर सकते हैं जो बिना किसी चेतावनी के हमला करती है? यहां चमत्कार तब सामने आते हैं जब एक युवा महिला को किसी विशेष सुबह 7 बजे पार्किंग स्थल में दूसरी युवा महिला से मिलने के लिए कई चीजों को ठीक से संरेखित करने की आवश्यकता होती है - यह किसी भी चमत्कार से अधिक असंभव लगता है जिसके बारे में मैं सोच सकता हूं!

इस वजह से, चमत्कार की मेरी परिभाषा में केवल ऐसी कोई चीज़ शामिल नहीं है जो दैवीय थी; ऐसा होने के लिए सभी टुकड़ों को संरेखित होना चाहिए। बुरी चीज़ें भी होती हैं - कभी-कभी बहुत बुरी चीज़ें भी होती हैं।
जब मैं इसे दूसरे दृष्टिकोण से देखता हूं - जिस तरह से मैं चीजों को देखता हूं - तो मैं भगवान की तलाश नहीं करता हूं या अपने दैनिक जीवन में उनकी उपस्थिति की तलाश नहीं करता हूं।
ईश्वर मेरे जीवन में जादू या टोटके से भी अधिक सूक्ष्म तरीकों से कार्य करता है; वह खुद को एक-दूसरे से प्यार करने वाले लोगों और सेवा के कार्यों के माध्यम से दिखाते हैं जिन्हें मैं हर दिन देखता हूं। इस घटना ने भगवान के कार्य को जांच के दायरे में ला दिया है, क्योंकि आम तौर पर कहें तो, मैं अक्सर यौन शिकारियों और हत्यारों के संपर्क में नहीं आता हूं - मैं

दुर्घटनाओं या ऐसे लोगों से निपटता हूं, जिन्होंने शराब के सेवन के कारण गलत विकल्प चुने हैं, लेकिन अपने व्यवहार में जानबूझकर दुर्भावनापूर्ण नहीं थे। .

इसलिए अगर हम इस स्थिति में प्यार के सबूत की तलाश कर रहे थे, तो एक स्पष्ट जगह उन लोगों के दिलों और हाथों में होगी जिन्होंने उसे ढूंढने और उसके परिवार के साथ सब कुछ ठीक करने की पूरी कोशिश की, यहां तक कि इसकी सभी सीमाओं के बावजूद।

उन्हें जल्द ही एहसास हुआ कि वे समय को वापस नहीं लौटा सकते या उसे फिर से जीवित नहीं कर सकते।

उस ग़लत घटना को दूर करें.

वे इसे ठीक नहीं कर सके. और उन्होंने अभी भी जो प्रतिक्रिया व्यक्त की वह मेरे लिए वास्तव में सुंदर है; जब वे कुछ ठीक नहीं कर सके तो प्रतिक्रिया देने की उनकी इच्छा आश्चर्यजनक रूप से सराहनीय है। जब ऐसा होता है तो सुपरमैन बनना बहुत संतुष्टिदायक होता है; जब उन्हें एक बच्चा मिलता है, इससे पहले कि उसकी आखिरी सांस उसके शरीर से निकल जाए। यह मेरे लिए आश्चर्यजनक है; हालाँकि, जो बात मुझे वास्तव में आश्चर्यचकित करती है, वह यह है कि इन पुलिस अधिकारियों और गेम वार्डन ने अपना जीवन कैसे निर्धारित किया है ताकि उन्हें जाकर ऐसे काम करने पड़ें जो बेहद दर्दनाक हो सकते हैं लेकिन जरूरी नहीं कि वे अपने आस-पास जो नुकसान या बुराई देखते हैं उसकी मरम्मत या पूर्ववत करने में मदद न करें। सचमुच असाधारण और सराहनीय है।

और इस विशेष उदाहरण में, अन्ना लव पीड़िता थी।

अन्ना मेरे मामले में मुख्य जांचकर्ता थे। वह एक अत्यंत गंभीर युवा महिला है जिसे मैं इस मामले पर साथ काम करने से पहले काफी समय से जानता था।
अब से बहुत पहले, एक जासूस के रूप में उसकी कल्पना करना आसान था; वह स्मार्ट है, गंभीर है और उसका चेहरा दिल के आकार का है - जिससे दर्शकों के लिए कल्पना करना आसान हो जाता है। इस सारी जानकारी की जांच करने और संभावित स्थानों के बारे में पता लगाने के बाद जहां संदिग्ध छिप सकते थे, उन्हें एक जगह मिली, जिसके लिए अपराध स्थल पर उसके साथ वापस जाने से पहले उससे बार-बार साक्षात्कार करने के साथ-साथ शामिल सभी गवाहों का साक्षात्कार करना आवश्यक था।

और सब कुछ सिर्फ तीन दिनों में?! उसने वास्तव में इस मामले को सफलतापूर्वक बंद कर दिया।

उसने किया। लेकिन इस सारी गतिविधि के बीच, वह लेफ्टिनेंट के कार्यालय में स्तन पंप से काट लेती थी; उसने हाल ही में बच्चे को जन्म दिया था और उसे अपने पति (जो एक पुलिस अधिकारी भी है) के साथ बोतलें घर भेजने की जरूरत थी ताकि वह सीधे उनके नवजात बच्चे को दूध दे सके। मुझे उस भाव-भंगिमा में सचमुच कुछ मनमोहक लगा।

आपके लेख में इस बात पर प्रकाश डाला गया है, "एक आदर्श संस्कृति में, युवा लड़कियाँ बैज और ब्रेस्ट पंप से सजी एना लव एक्शन फिगर के साथ खेलती थीं।

एना लव कई मायनों में इस मामले के लिए एक आदर्श जासूस थी। इस तरह के विरोधाभासों का समाधान नहीं किया जा सकता; आपको बस उन्हें अलग-अलग चीज़ों के रूप में अस्तित्व में रहने देना चाहिए। एक तरफ आपके साथ यह भयानक घटना हुई जो हर स्तर पर उचित और अनुचित नहीं थी; फिर भी इन सभी लोगों ने प्रतिक्रिया व्यक्त की, जिसमें स्तनपान कराने वाली मां के रूप में अन्ना लव भी शामिल थी, जिसने क्रिस्टीना की मौत का कारण बने इस व्यक्ति से बदला लिया था; फिर भी उसमें से कुछ भी नहीं बदला; बस यह कि दोनों पार्टियाँ एक साथ अस्तित्व में थीं - जो, मेरा मानना है, पर्याप्त भी है और पर्याप्त नहीं भी?
आपके शब्द एक ही समय में कुछ गहन लेकिन सरल बातें प्रकट करते हैं: जब चमत्कार अस्थायी रूप से जीवन को बहाल करते हैं, तो ये चमत्कार केवल थोड़े समय के लिए ही रह सकते हैं - अक्सर यह केवल शारीरिक बहाली के बजाय प्यार का पुनरुत्थान होता है।

ईसाई धर्म और मेरे बीच अक्सर मतभेद होते हैं, मुझे लगता है कि इसने उन सवालों का जवाब दे दिया जो मैं नहीं पूछ रहा था। यदि आपके जीवन में सबसे महत्वपूर्ण मूल्य सिर्फ सांस लेना और घूमना-फिरना, सैंडविच वगैरह खाना है तो यह हर चीज के लिए आपका उत्तर बन जाता है और मृत्यु अप्रासंगिक हो जाती है - क्योंकि इससे कोई फर्क नहीं पड़ता कि अब कौन जीवित है, वे सभी अंततः मर जाते हैं और हमें इन सभी अन्य अवधारणाओं को स्वीकार करना चाहिए जो हम नहीं करते हैं 'अभी तक नहीं देखा या कनेक्ट नहीं किया; फिर भी व्यावहारिक रुचि रखने वाले व्यक्ति के रूप में, यह मुझे संतुष्ट नहीं करेगा; मैं कुछ मूर्त, ठोस चाहता हूं जिसे मैं देख सकूं और उस पर सीधे कार्रवाई कर सकूं।

इसलिए यदि मैं इसके बजाय यह मानूं कि प्रेम सबसे आवश्यक है, तो अंत में मुझे पीड़ा, बुराई और दर्द से भरी दुनिया मिलेगी; फिर भी मुझे अभी भी कुछ सार्थक प्रयास करना है; कुछ ऐसा जिसके लिए प्रयास करना है और कुछ ऐसा है जिसमें मैं योगदान दे सकता हूं। व्यक्तिगत रूप से कहें तो यह बेहतर काम करता है।

जॉन पॉवेल और लेखक पीटर थिएल के बीच बातचीत को सुनें

एक समय ऐसा आया जब मैं हर चीज से अभिभूत महसूस कर रहा था और अपने पिता से बात कर रहा था, जब मुझे लगा कि मैं वास्तव में हर चीज पर नियंत्रण से बाहर हो गया हूं। उन्होंने मुझसे कहा कि मैं सब कुछ अपने आप करने की कोशिश न करूं, लेकिन उन्होंने मुझे याद दिलाते हुए मेरे संघर्षों को स्वीकार किया कि भगवान मेरे साथ हैं; हालाँकि मेरी गलती अपने आसपास के बजाय उसके इर्द-गिर्द संगठित होने की कोशिश करना थी। मुझे एहसास हुआ कि ईश्वर के इर्द-गिर्द उसी तरह से आयोजन करते समय उनकी सलाह न लेना मेरी गलती थी।
इसलिए...

आपका आरंभिक मोड सफ़ेद था।

बिल्कुल सही; इसलिए मेरा मानना है कि हम दोनों को अपने आराम क्षेत्र को छोड़ देना चाहिए और एक साथ मिलकर उनसे मुक्त होने पर काम करना चाहिए।

कुल मिलाकर, ये कथन एक अन्य साक्षात्कार में एक दिलचस्प अवलोकन प्रस्तुत करते हैं: आज अधिकांश गोरे 1950 की तुलना में एकीकृत पड़ोस और स्कूलों को पसंद करते हैं; हालाँकि इसका तात्पर्य क्या है यह अनिश्चित बना हुआ है; भले ही, हमारी दुनिया और जनसांख्यिकी बदल गई है; श्वेत एन्क्लेव आध्यात्मिक पोषण के मामले में बहुत कम प्रदान करते हैं और समय के साथ आध्यात्मिक रूप से भ्रष्ट हो गए हैं।" इसके अलावा आपने उल्लेख किया कि कैसे अधिकांश लोग, श्वेत, काले, लातीनी या अन्यथा चीजों को अलग तरह से देखना चाहते हैं "लेकिन दुर्भाग्य से वे नहीं जानते कि कैसे या यहाँ तक कि जीवन के कुछ अलग होने की कल्पना करें। इसके अतिरिक्त आपने यह कथन कहा: "मुझे लगता है कि ज्यादातर लोग, गोरे, काले लातीनी या अन्यथा कुछ अलग चाहते हैं, लेकिन यह नहीं जानते कि कैसे या वैकल्पिक वास्तविकता की कल्पना की है।"

आप मेरे और कई अन्य लोगों के लिए बोलते हैं जब आप कहते हैं कि यही वह चीज़ है जिसका हम सामना करते हैं; मुझे लगता है कि अलग ढंग से देखने की इस असमर्थता से सबसे पहले निपटना चाहिए। शिकागो के निकट ओक पार्क के बारे में आपकी कहानी वास्तव में उस कहानी को समझने में मेरे लिए सहायक थी; आमतौर पर लोग मानते हैं कि एकीकरण के कारण आवास मूल्यों में कमी आती है; इस बार आपने आवास मूल्यों में बदलाव न करने के लिए उठाए गए एक बहुत ही व्यावहारिक उपाय का वर्णन किया है - ये छोटी कहानियाँ भी उतनी ही महत्वपूर्ण हैं जितनी बड़ी कहानियाँ।

ओक पार्क शिकागो में स्थित है और इसके कई अलग-अलग क्षेत्रों में से एक है; कुक काउंटी में किसी भी अमेरिकी काउंटी में सबसे अधिक अश्वेत आबादी है और अलगाव के कई अध्ययन वहां हुए हैं। ओक पार्क एक असाधारण छोटे समुदाय के रूप में खड़ा है जो अलगाव के खिलाफ खड़ी है; इसलिए ओक पार्क को और भी विशिष्ट बनाया जा रहा है। उदारवादी गोरे मौजूद थे और अश्वेतों ने आना शुरू कर दिया, जिससे उदारवादी श्वेतों ने चिंता व्यक्त की कि तुरंत बेचे बिना उनके घर के मूल्य में गिरावट आ सकती है। इसलिए स्थानीय सरकार ने एक बीमा पॉलिसी का सुझाव दिया जो मूल्य घटने पर क्षतिपूर्ति करेगी - कुछ ऐसा जिसे अंततः लागू किया गया और नीति के रूप में अपनाया गया।

श्वेत निवासियों ने एक भी पॉलिसी का भुगतान नहीं किया है। गोरे लोग आगे उपनगरों में स्थानांतरित नहीं हुए। और यह 50 वर्षों से सच है - इसे कई स्तरों पर एक दिलचस्प अवलोकन बनाते हुए, क्योंकि आप तर्क दे सकते हैं कि ये गोरे लोग नस्लवादी थे; शायद वे अपनी बीमा पॉलिसियों को एक बहाने के रूप में इस्तेमाल कर रहे हैं। लेकिन क्या हम उनकी बात मानने और जहां वे खड़े हैं, उन्हें गले लगाने और उनसे जुड़ने के लिए तैयार हैं? लोगों को चिंताएँ होती हैं, यहाँ तक कि एक साथ कई चिंताएँ भी।
कैटरीना पर विचार करें; आपदाओं की ये कहानियाँ जो हमें परेशान करती हैं, हमारे चारों ओर हर जगह मौजूद हैं फिर भी हम उनके बारे में ज्यादा बात नहीं करते हैं। जैसे ही पानी बढ़ने लगा, अश्वेत लोग छतों पर फंस गए। जो बात सार्वजनिक नहीं की गई वह यह है कि

सभी अमेरिकियों, वास्तव में सभी जातियों ने उदारतापूर्वक दान दिया। यह अमेरिकी इतिहास में आबादी के बीच अब तक देखे गए सबसे बड़े नागरिक दान कार्यक्रमों में से एक था; इसलिए श्वेत अमेरिकियों, लातीनी अमेरिकियों और एशियाई अमेरिकियों सभी ने उन लोगों की मदद की जिन्हें वे काले अमेरिकी मानते थे। लोग इस बात पर जोर दे रहे थे कि हमारी मानवता साझा है, अंतरजातीय जोड़े सबसे तेजी से बढ़ती जनसांख्यिकी में से एक हैं। लैटिनो नहीं बल्कि अंतरजातीय जोड़े और अंतरजातीय जोड़े परिवर्तन में सबसे आगे हैं; जो लोग पहले से ही अपने आप में मौजूद थे और हमारे चारों ओर हर जगह इसकी अभिव्यक्तियों के साथ एक अलग अमेरिका की कल्पना करने की कोशिश कर रहे थे, अगर केवल हम देखना शुरू करते। देखने पर, अभिव्यक्तियाँ चारों ओर दिखाई देंगी - कई बार अप्रत्याशित रूप से।

उन्हें शायद ही कभी स्वीकार किया जाता है, चर्चा की जाती है या समायोजित किया जाता है - अब समय आ गया है कि हम उन्हें गले लगाएं और उनका समर्थन करें!

विंसेंट हार्डिंग और लेखक के बीच बातचीत को सुनें।

हाल ही में मैंने बीबीसी सुना, जो दूर से हमें देख रहा था। 1960 के दशक के साथ एक दिलचस्प तुलना की गई - सामाजिक उथल-पुथल और हत्याओं का एक और दौर - लेकिन एक पत्रकार ने कहा कि मुख्य अंतर आशा थीं: भारी उथल-पुथल और हिंसा के दौर में भी लोग महसूस कर सकते थे कि वे लक्ष्यों की ओर प्रगति कर रहे हैं, अब कुछ गायब है। इस विश्लेषण पर आपके क्या विचार हैं?

मूल रूप से, यह मुद्दा इतना जटिल है कि मैं इसे केवल सीमित सफलता के साथ ही सुलझा सकता हूँ। मैंने पूरे देश में देखा है - मैं जहां भी जाता हूं - लोग आशा और संभावना की भावना से काम करते हैं: चाहे वह डेट्रॉइट हो, अटलांटा हो, फिलाडेल्फिया में कैंपस जीवन हो, या चर्च हर जगह महिलाओं और पुरुषों से भरे हुए हैं। आशा और आशावाद का.

मेरी धारणा यह है कि 1960 के दशक में आशा की एक बड़ी भावना थी जिसे सभी द्वारा पहचाना और केंद्रित किया जा सकता था। पूरे अमेरिका में श्वेत समुदायों के लिए अब हो रहे गहन परिवर्तनों में से एक उनकी अपनी भूमिका, उनके स्वयं के नियंत्रण और उनके जीवन और स्वतंत्रता के लिए क्या मायने रखता है, के बारे में बढ़ती अनिश्चितता है। यह अपने आरामदायक क्षेत्र से बाहर निकलकर अज्ञात क्षेत्र में चला गया है, जहां पहले इसे खुद को तलाशने की इजाजत नहीं थी।

और यही वह जगह है जहां हम आज खुद को पाते हैं; इसलिए, यह जरूरी है कि हम समझें कि मार्टिन लूथर किंग किस बारे में बात कर रहे थे जब उन्होंने एक प्रिय समुदाय बनाने की बात की थी और यह माना था कि उस सपने को हकीकत में बदलने के लिए कुछ लोगों को वह छोड़ना होगा जो कभी पूरी तरह से उनका था। क्या कोई प्रिय राष्ट्र हो सकता है? आइए इसे आज़माएं और पता लगाएं।

आपका लेखन अक्सर एक दिलचस्प सवाल उठाता है: "क्या अमेरिका संभव है?" उस प्रश्न का उत्तर देते समय, सन्निहित आशा के उत्तर के रूप में क्या मन में आता है?

मेरे 80वें जन्मदिन के बाद जीवन जीने की सबसे बड़ी खुशियों में से एक कई अद्भुत लोगों से मिलना और उनके साथ समय बिताना रहा है। उदाहरण के लिए, फिलाडेल्फिया वह जगह है जहाँ मैं अपना अधिकांश समय बिताता हूँ। इसके उत्तर-पश्चिमी हिस्से में मैं एक असाधारण महिला पादरी के नेतृत्व वाले मेथोडिस्ट चर्च के साथ घनिष्ठ रूप से जुड़ा हुआ हूं, जिसने अन्य चर्चों में अक्सर हाशिए पर रहने वाले युवाओं के लिए अपना दिल और बांहें खोल दी हैं - उन्हें वह सब दिखाया है जो वे अपने काम के माध्यम से हासिल कर सकते हैं।

डेनवर की अपनी यात्रा के दौरान एक समय, फिलाडेल्फियावासियों का एक समूह हमारे प्रोजेक्ट का दौरा करने आया था और वे फिलाडेल्फिया की सड़कों के कपड़े पहने हुए थे; जब उन्होंने वहां के विभिन्न निवासियों के साथ बातचीत की तो उनका आंदोलन इस व्यवहार को प्रतिबिंबित करता था। दो युवा फिलाडेल्फियावासी - एक पुरुष और एक महिला - ने मुझे बस एक पल के लिए रोका: दो युवक अलग-अलग मेरे पास आए और पूछा, "क्या हम सिर्फ एक पल के लिए बात कर सकते हैं?" वे मुझे पहले से ही अंकल विंसेंट कहते थे और जानना चाहते थे कि मैं उनसे इतना प्यार क्यों करता हूँ। मैंने जो देखा वह यह था कि उनमें जागरूकता थी जिसने उन्हें मेरे इस प्यार को पहचानने में सक्षम बनाया; विदेश में नए लोगों से मिलते समय कई अमेरिकियों में कुछ कमी होती है। मैंने देखा कि वे जानते थे कि जब नए लोगों से मिलते हैं तो उन्हें अपने भीतर कुछ महानता का एहसास होता है, जिससे उन्हें मेरे जैसे किसी व्यक्ति से मिलने या यह समाचार सुनने पर एहसास होता है: यह जानना।
प्यार केवल भीतर से आ सकता है, और हर किसी को यह एहसास होना चाहिए कि उनके पास अपने समुदाय के लिए कुछ सकारात्मक योगदान देने की शक्ति और ज़िम्मेदारी है जो पहले प्रदान नहीं की गई थी।

मैं जानता हूं कि वे अस्तित्व में हैं क्योंकि मैं ग्रीन्सबोरो, उत्तरी कैरोलिना जैसी जगहों पर उनके साथ काम करने वाले कुछ वयस्कों को जानता हूं; डेट्रोइट, मिशिगन; न्यू मैक्सिको और लॉस एंजिल्स क्षेत्र में आरक्षण पर - हमने उन स्थितियों में युवा लोगों और वयस्क पालकों के बीच संबंध स्थापित किए हैं - क्योंकि जब मैं देखता हूं, महसूस करता हूं, उनकी स्नेहपूर्ण देखभाल प्राप्त करता हूं, तो मुझे पता है कि हमारे प्यारे समुदायों का निर्माण करने के लिए उनमें वह सब कुछ है जो आवश्यक है। सभी सृजन करना चाहते हैं।
मेरे काम में उन लोगों से जुड़ना शामिल है जिन्हें निराशाजनक, बेकार और उद्देश्यहीन माना जाता है - जैसा कि मैंने उन्हें 1960 के दशक के दौरान गहरे दक्षिण में देखा था - जिन्हें पिछड़ा माना जाता है और अपने राष्ट्र के लिए बदलाव लाने में असमर्थ माना जाता है। तियानानमेन चौक और प्राग के बारे में सोचने पर मुझे याद आता है कि कैसे मिसिसिपी और अलबामा में वही लोग, जिन्हें बेकार कहकर खारिज कर दिया गया था, विश्व स्तर पर बदलाव लाने में सक्षम थे - मैं देख रहा हूं कि इस देश में लगातार युवा लोग एक-दूसरे से प्यार करते हुए नई संभावनाओं की ओर बढ़ रहे हैं; इस प्रकार मेरा उत्तर "हां, जब तक हम इसे संभव बनाते हैं" मिलता है।

अध्याय 5- आस्था का इतिहास और विकास

जब मैं अपने प्रारंभिक जीवन के विश्वास को याद करता हूं, तो यह भय के साथ आता है। हालाँकि, सिर्फ डर ही नहीं - लालसा भी वहाँ रहती थी।

एक बार जब मैंने पढ़ना शुरू किया, तो बाइबिल पहेलियाँ मुझे परिवहन, आराम और संभावनाओं की एक स्फूर्तिदायक विशालता प्रदान करती थीं जो मुझे स्कूल और चर्च संगीत के माध्यम से बनाए रखती थीं - हालांकि उस समय इस रूप में नहीं! ऐसे भजन गाना जिसने मेरे छोटे से जीवन को ब्रह्मांड की भव्यता और अंतरिक्ष और समय में ईसाई नाटक के साथ जोड़ा, सांस-शरीर-मन और आत्मा के एक साथ आने के मेरे शुरुआती अनुभवों में से एक बन गया, जो परिचित और अपरिचित लोगों के साथ रहस्य और वास्तविकता दोनों को जीवंत करता है। ऐसा ही एक क्षण था; उस अनुभव ने यह आकार देने में मदद की कि मैं आज विश्वास को कैसे परिभाषित करता हूं: इसका मतलब है कि ईश्वर के बारे में बात करते समय या उसके लिए बोलते समय आप अपने बारे में जो विश्वास करते हैं, उस पर विश्वास करना! चौधरी मैं भगवान की ओर से बोलने वाला या उसकी ओर से बोलने वाला कौन होता हूं; लेकिन मुझे इस पर विश्वास है:
यदि ईश्वर का अस्तित्व है - जो अपने आप में एक अविश्वसनीय अतिसरलीकरण है - तो उसे हमारी सख्त जरूरत नहीं है; वह हमारी इच्छा करता है और हमें चाहता है, जिससे दैनिक जीवन में हमारी उपस्थिति कृतज्ञ, चौकस और साहसी हो जाती है।
जैसा कि ईश्वर की परिभाषाओं के बारे में मेरा पसंदीदा क्लासिक दृष्टिकोण है, यदि ईश्वर "ब्रह्मांड के पीछे का दिमाग" है, तो वह हमारे दिमाग का सम्मान करता है; जबकि हमारे "अस्तित्व की भूमि" के रूप में, वह हमारी पूर्णता को आशीर्वाद देता है।
मेरे लिए बचपन का धर्म पूरी तरह से मापने के बारे में था - नैतिक पूर्णता के बारे में, और कम पड़ने की शाश्वत लागत के बारे में। अब मेरे लिए विश्वास में नैतिक पूर्णता से अलग नैतिक कल्पना शामिल है; अभी भी यह निर्धारित करने का प्रयास कर रहा हूं कि वास्तव में इसका क्या अर्थ है और इसे अपने और दूसरों के भीतर कैसे बढ़ावा दिया जाऐ; इस भाषा को आम जीवन में अभिव्यक्ति कैसे मिले, इसके लिए संघर्ष कर रहे हैं; नतीजे अक्सर मुझे आश्चर्यचकित कर देते हैं क्योंकि वे जीवित स्मृति में सार्वजनिक धार्मिक छवियों से बहुत अलग हैं और जहां से मैंने शुरुआत की थी, उससे बहुत दूर हैं; फिर भी इस भाषा को दोबारा समझने से, महान परंपराएँ अपनी संपूर्ण महिमा में फिर से सुलभ हो जाती हैं।

आस्था गतिशील है; सभी संस्कृतियों और जीवनकालों में। यहां तक कि जो लोग दावा करते हैं कि वे ईश्वर या प्रार्थना में विश्वास करते हैं, उन्हें भी अंततः पता चल सकता है कि इन मान्यताओं में निरंतर संशोधन होता है क्योंकि यादें और अनुभव आकार देते हैं कि हम समय के साथ इन मूलभूत मान्यताओं की व्याख्या कैसे करते हैं। बुद्धिमत्ता इसमें निहित है कि हम रोजमर्रा की जिंदगी के आश्चर्यों और रहस्यों से कैसे निपटते हैं, न कि स्थिर ठहराव के विपरीत; जब अप्रत्याशित आश्चर्य आता है जिसे संक्षेप में प्रस्तुत या समझाया नहीं जा सकता; यदि अनुमति दी जाए तो ऐसे क्षण हमें भीतर से गहराई से बदलने की शक्ति रखते हैं।

पश्चिमी ईसाई धर्म ने अपनी कुछ परिवर्तनकारी शक्तियाँ खो दीं जब उसने खुद को साम्राज्य और बाद के विज्ञान के साथ जोड़ लिया। मेरे दादाजी अपने विशाल और सक्रिय दिमाग को लेकर असहज लग रहे थे; जब उन चीज़ों को स्वीकार करने की बात आई जो बाइबल में शामिल नहीं थीं या जिनकी व्याख्या नहीं की जा सकती थी, तो कुछ घबराहट वाली झिझक थी; डर था कि वे विज्ञान की ईश्वरविहीन निश्चितता के आगे झुक सकते हैं और विश्वास रखने वालों के बीच हमेशा के लिए खो जाएँगे। वह कभी नहीं सोच सकते थे कि बीसवीं सदी का विज्ञान अपनी अंतिम सीमा तक पहुंच जाएगा और फिर अवसरों के रूप में आश्चर्य का स्वागत करते हुए विनम्रता के अपने मूल गुण को याद रखेगा। अन्य चौंकाने वाले तथ्यों के अलावा, हमने पाया कि ब्रह्मांड का विस्तार धीमा नहीं हो रहा है बल्कि तेज़ हो रहा है; और, स्पष्टीकरण के माध्यम से, कि इसमें से अधिकांश में ऐसी ताकतें शामिल हैं जिनकी हमने कभी उम्मीद नहीं की थी और अभी भी पूरी तरह से समझ नहीं पाए हैं - "डार्क मैटर" और "डार्क एनर्जी।"

जैसे ही इस सदी की शुरुआत हुई, भौतिकविदों, ब्रह्मांड विज्ञानियों और खगोलविदों ने अब रहस्य को दूर करने की कोशिश नहीं की, बल्कि इसे वापस प्रोत्साहित किया। स्ट्रिंग सिद्धांत और समानांतर वास्तविकताएं अभी भी विज्ञान कथा की तरह लगती हैं, लेकिन वास्तव में आइंस्टीन के "हर चीज का सिद्धांत" बनाने के आदर्श को साकार करने का प्रयास है। , हमारी दुनिया कैसे काम करती है इसके सभी पहलुओं को हर चीज़ के लिए एक व्यापक स्पष्टीकरण में समेटना।

जैसा कि आइंस्टीन ने प्रसिद्ध रूप से उल्लेख किया है, ब्रह्मांडीय वास्तविकताओं के बारे में हमारी समझ सूक्ष्म स्तर, क्वांटम क्षेत्र पर उनके कामकाज के अनुरूप नहीं है। फिर भी क्वांटम भौतिकी - जिसे कुछ लोग कभी "वूडू" मानते थे - ने हमें सैल फोन और पर्सनल कंप्यूटर प्रदान किए हैं, ऐसी तकनीकें जिनका उपयोग हम बाहरी अंतरिक्ष के साइबर संस्करणों का पता लगाने के लिए हर दिन करते हैं।

गहन विज्ञान-संचालित अनुभव प्राचीन मानव अंतर्ज्ञान को पुनर्जीवित कर रहे हैं कि रैखिक वास्तविकता ही सब कुछ नहीं है; इसके अलावा आभासी वास्तविकता और साइबरस्पेस भी है, जैसे ऐलिस खरगोश के बिल में गिर रही है; हमारा ऑनलाइन जीवन हमें ऐलिस की तरह इस खरगोश के बिल में ले जाता है; हर सुबह जब हम उठते हैं तो हम पिछली कोठरी के दरवाज़ों या मस्तिष्क की कृत्रिम बुद्धिमत्ता मानचित्रण के माध्यम से नार्निया की ओर अपना रास्ता बनाते हैं - यह और भी अधिक आश्चर्यजनक हो जाता है कि हमारी चेतना अद्भुत दिखाई देती है।

हसीदिक यहूदी विरासत से जन्मे अज्ञेयवादी शेरविन नूलैंड ने अक्सर सेंट ऑगस्टीन की अंतर्दृष्टि को उद्धृत किया कि मनुष्य को जीवन में खुद की जिम्मेदारी लेनी चाहिए और यह चुनना चाहिए कि वे इसे कैसे खर्च करना चाहते हैं।

मनुष्य प्रकृति की विशाल ऊंचाइयों, समुद्र की विशाल लहरों और बहती नदियों, ब्रह्मांड के विशाल विस्तार और उस पर चमकते सितारों को देखकर आश्चर्यचकित होने के लिए प्रकृति में आगे बढ़ते हैं - फिर भी अक्सर यह महसूस किए बिना कि आगे की सुंदरता क्या है, खुद ही गुजर जाते हैं।

हमारे समय में, नए उत्साह के साथ उस रहस्य का पता लगाना फैशन बन गया है जो हममें है। आइंस्टीन ने विज्ञान, धर्म और कला के केंद्र में आश्चर्य के प्रति श्रद्धा देखी - कुछ आश्चर्य हमें बड़े उत्साह के साथ करने की अनुमति देता है। विभिन्न विषयों में अलग-अलग निश्चितताओं या शंकाओं के साथ रहस्य की साझा शब्दावली बोलना शुरू करने के लिए आश्चर्य करना भी एक प्रभावी तरीका है; मनोचिकित्सक रॉबर्ट कोल्स ने इस आवेग को बचपन के विकास के साथ-साथ आध्यात्मिक विश्वासों में इसके स्रोत के रूप में पहचाना; मैंने अपने रेडियो साहसिक कार्य के शुरुआती चरण में बोस्टन के बाहर उनके किताबों से भरे घर में रॉबर्ट का साक्षात्कार लिया, जिसने बाद में आगे के विकास के लिए इसे महान संदर्भ दिया।

रॉबर्ट कोल्स और लेखक, रॉबर्ट ए. कोल्स के बीच बातचीत को सुनें।
इसमें कोई संदेह नहीं: हम कहीं से भी आते प्रतीत होते हैं! हमारे माता-पिता स्वाभाविक रूप से मिले; फिर आता है हमारा शारीरिक विकास; अंततः हमारे मनोवैज्ञानिक और आध्यात्मिक स्वंय अनुभव, माता-पिता, पड़ोसियों, शिक्षकों, रिश्तेदारों और स्वयं द्वारा कुछ प्रकार की शिक्षा के माध्यम से उभरने लगते हैं - यह प्रक्रिया आश्चर्य का एक अंतहीन स्रोत बनी हुई है! बचपन की धार्मिक परंपराएँ इस बात के पर्याप्त प्रमाण प्रदान करती हैं कि प्राकृतिक जिज्ञासा को धार्मिक जिज्ञासा के साथ मिलाना इस विकास प्रक्रिया में एक बड़ी भूमिका निभाता है - इसमें कोई आश्चर्य नहीं, आज कई धर्म एक-दूसरे के साथ-साथ फल-फूल रहे हैं!

1960 के दशक के अशांत सामाजिक परिवर्तन युग के दौरान रॉबर्ट कोल्स को भाषा का यह रूप अनायास ही पता चल गया। न्यू ऑरलियन्स में एक युवा मनोचिकित्सक के रूप में, डॉ. क्रिस्टोफर व्हाइट ने वयस्कों की भीड़ को रूबी ब्रिजेस का मज़ाक उड़ाते देखा, क्योंकि वह दक्षिण में प्राथमिक विद्यालय से अलग होने वाली पहली अफ्रीकी-अमेरिकी बच्ची बन गई थी। वह उसकी गरिमा से मंत्रमुग्ध हो गया, उसके परिवार से दोस्ती कर ली और बच्चों के मनोवैज्ञानिक, राजनीतिक और नैतिक जीवन पर पुरस्कार विजेता किताबें लिखीं। बाद में अपने करियर में, अन्ना फ्रायड ने सुझाव दिया कि वह अपने सभी शोधों पर एक बार फिर से नज़र डालें और देखें कि क्या कुछ भी अतीत में छूट गया था। उल्लेखनीय रूप से, उन्होंने पाया कि उनके नोट्स बच्चों की धार्मिक और आध्यात्मिक टिप्पणियों से भरे हुए थे जिन्हें उन्होंने अकादमिक सम्मान के कारण नजरअंदाज कर दिया था। इन टिप्पणियों ने उस चीज़ का आधार बनाया जो उनका सबसे प्रसिद्ध काम बन गया: बच्चों का आध्यात्मिक जीवन।

रॉबर्ट कोल्स आध्यात्मिक जीवन को बचकानी नज़रों से नहीं देखते हैं: जब वह बच्चों के आध्यात्मिक जीवन के बारे में बात करते हैं, तो वह अत्यधिक उत्साह का उल्लेख नहीं करते हैं, बल्कि एक निरंतर और जिज्ञासु जिज्ञासा का उल्लेख करते हैं, जिसके कारण वयस्कता में महानता, रचनात्मकता और लचीलेपन का जीवन मिलता है; जैसे कि इस दुनिया में डोरोथी डे या विलियम कार्लोस विलियम्स या डिट्रिच बोन्होफर। रॉबर्ट के पास एक अविस्मरणीय रेडियो आवाज़ है जो उनके शो जैसे रेडियो कार्यक्रमों के लिए बिल्कुल उपयुक्त है: और वह अपने अस्सी के दशक के उन बुद्धिमान लेकिन जिज्ञासु व्यक्तियों में से एक हैं।

लेखक रॉबर्ट कोल्स और रॉबर्ट ओलिया के बीच बातचीत को सुनें।

यह दिलचस्प है कि आपने धार्मिक और गैर-धार्मिक दोनों पृष्ठभूमि के बच्चों में ऐसी "प्रश्न पूछने की भावना" देखी - यहां तक कि उन घरों में रहने वाले बच्चों में भी जहां परंपराएं अधिक कठोरता से निर्धारित की गई थीं। बच्चों के साथ बात करके और उनकी बातें सुनकर आपने जो सीखा वह बचपन के बारे में न केवल अधिक बताता है; यह धर्म के एक पहलू को उजागर करता है जिसे हम पूरी तरह से नज़रअंदाज कर सकते हैं।

यह वास्तव में घटनाओं का एक दुखद मोड़ है: जब कोई यहूदी धर्म पर विचार करता है, तो इसके महान विभूतियों में यिर्मयाह, यशायाह और अमोस जैसे पैगंबर शामिल हैं। इन भविष्यवक्ताओं ने कुछ सबसे गहरे और सबसे असुविधाजनक प्रश्न पूछे, अक्सर उन्हें उठाने के लिए सत्ता और विशेषाधिकार की सीमाओं के बाहर खड़े होने का साहस किया। और फिर नाज़रेथ के यीशु आये - जो एक शिक्षक बन गये। कोई उन्हें एक भ्रमणशील शिक्षक मान सकता है जो प्राचीन इज़राइल - जिसे अब इज़राइल, फ़िलिस्तीन और मध्य पूर्व कहा जाता है - में घूमता था - उत्तर ढूँढ़ता था, प्रतिक्रियाएँ खोजता था, रास्ते में मिले लोगों से प्रश्न करता था, उन्हें ऐसे प्रश्न पूछने का साहस करता था जिन्हें दूसरों को निषिद्ध या सिखाया जाता था। कुछ विषयों के बारे में नहीं पूछना. यीशु ऐसे साथियों की तलाश कर रहे थे जो उनकी आध्यात्मिक खोज में उनके साथ शामिल हो सकें; हम उन्हें अपनी भाषा में उनके दोस्त या परिचित कह सकते हैं। ये वे लोग थे जो आध्यात्मिक खोज की इस खोज में उसके साथ जुड़ने को तैयार थे, जिसे उसने खुद को उसकी ओर आकर्षित या अनुसरण करते हुए पाया था।

यहूदी धर्म और ईसाई धर्म जैसे धार्मिक संस्थानों में नियम निर्धारक होते हैं जो कभी-कभी सर्वग्राही या यहां तक कि दमनकारी भी लग सकते हैं; लेकिन बच्चे धर्म की भावना के प्रति सबसे अच्छी प्रतिक्रिया देते हैं: इसके प्रश्न, पूछताछ और हमारी दुनिया के भीतर उत्तर खोजने के बारे में उत्साह।

मेरा मानना है कि आप बच्चों और धर्म के बारे में जो कुछ भी समझ रहे हैं, उसका व्यक्तिगत रूप से उनकी साज़िशों से कुछ लेना-देना है।

रहस्य जीवन का एक अभिन्न अंग है; इसकी उपस्थिति जिज्ञासा और पूछताछ को प्रोत्साहित करती है। फ्लैनरी ओ'कॉनर - एक प्रभावशाली कैथोलिक लेखिका - अपनी आध्यात्मिकता में कैथोलिक धर्म से परे थी; कैथोलिक धर्म से परे उसकी जड़ें गहरी थीं। एक बार, वह इस बात पर चर्चा कर रही थी कि एक अच्छा उपन्यासकार क्या बनता है, उम्मीद कर रही थी कि एक दिन वह उनकी श्रेणी में शामिल हो सकती है, लेकिन कभी ऐसा मानने की हिम्मत नहीं हुई। उन्होंने खूबसूरती से कहा: 'उपन्यासकार का काम रहस्य को गहरा करना है।" "लेकिन रहस्य आधुनिक दिमागों के लिए शर्मिंदगी का कारण बन सकता है, जो हमें सभी रहस्यों को सुलझाने के लिए इसके खिलाफ संघर्ष करने के लिए प्रेरित करता है। दुर्भाग्य से, हमें इसका समाधान करना होगा; हम इसे रहने नहीं दे सकते; न ही जीवन का हिस्सा होने के बावजूद जीवन के हिस्से के रूप में इसकी उपस्थिति का जश्न मनाएं या इसकी पुष्टि करें; फिर भी रहस्य एक अभिन्न अंग है जो हमें एक साथ चुनौती देता है और

पुरस्कृत भी करता है। "हाँ," उसने घोषणा की "रहस्य काफी चुनौतीपूर्ण हो सकता है लेकिन एक अमूल्य साथी भी हो सकता है।

* एक बार मैंने रहस्य को ऐसी चीज़ के रूप में देखा जो बिना जाँचे छोड़ी गई सबसे अच्छी चीज़ थी; अब मैं इसके रहस्य से सांत्वना लेता हं और इसे एक अवसर के रूप में देखता हं। वैज्ञानिकों से यह सुनकर कि मनुष्य ब्रह्मांड में अब तक ज्ञात सबसे जटिल प्राणी हैं (ब्लैक होल कुछ मायनों में खोजे जा सकते हैं लेकिन जीवित प्राणी नहीं कर सकते), मुझे विश्वास है कि जीवन अंतहीन रूप से उलझन भरा बना हुआ है - कुछ आध्यात्मिक जीवन इसके दोनों उद्देश्यों को स्वीकार करने में मदद करता है और खतरे, इसकी सुंदरता और इसके नुकसान।

आध्यात्मिक जीवन को यथार्थ रूप से और वास्तविकता की ओर एक रास्ते के रूप में देखा जाना चाहिए, जिसमें पारगमन या उत्कृष्टता का कोई दिखावा न हो। अध्यात्म मानवता के सभी पहलुओं को स्वीकार करता है; दुःख और दर्द के साथ-साथ सौंदर्य और आनंद के साथ-साथ हम जो चाहते हैं या जिसकी आवश्यकता है उसका प्रतिरोध करने की हमारी क्षमता - यह जीवन को पूरी तरह से गले लगाती है!
रीनहोल्ड नीबहर की आधुनिकतावादी क्लासिक द नेचर एंड डेस्टिनी ऑफ मैन बिल्कुल सही ढंग से शुरू होती है: "मनुष्य अपनी नियति स्वयं है।" मैं मानव जाति के बारे में इस विचारोत्तेजक बयान के लिए रैनहोल्ड नीबहर की सराहना करता हूं क्योंकि मैं उनकी संक्षिप्त प्रारंभिक पंक्ति लिखता हं:
किसी भी चुनौतीपूर्ण समस्या का सामना करने पर हमेशा मेरे दादाजी की प्रतिक्रिया "मूल पाप" रही है; इसके बारे में उनकी शिक्षा मुझ पर इस तरह अंकित हुई जैसे ईसाई धर्म जैसे धर्मों द्वारा सदियों से पश्चिमी संस्कृतियों में दर्ज की गई है। फिर भी जैसे-जैसे समय बीतता गया और ओक्लाहोमा ने खुद को जीवन-पुष्टि करने वाले आनंद से भरपूर साबित कर दिया, यहां तक कि उन चीजों के बीच भी जिन्हें मैं एक बार पापपूर्ण व्यवहार के कृत्यों के रूप में देखता था, "पाप" कृत्यों की निंदा करने के बारे में कम और मनोवैज्ञानिक विकास और मानसिक स्पष्टता के लिए स्पष्टता प्रदान करने के बारे में अधिक हो गया।

25 साल की उम्र में मैंने फिर से धर्म की खोज शुरू की, इस बार एंग्लिकन। द बुक ऑफ कॉमन प्रेयर की काव्यात्मक भाषा और मानवता के वर्णन ने मेरी दिलचस्पी तुरंत खींच ली। थॉमस क्रैनमर ने राजा हेनरी अष्टम को लिखा और कहा, "हमने वे चीजें की हैं जो हमें नहीं करनी चाहिए," मानव स्वभाव के लिए एक रूपक जिसने इतिहास में लिखी हर चीज को मूर्त रूप दिया। "और हमने उन चीजों को अधूरा छोड़ दिया है जो किया जाना चाहिए था" - बाहरी वास्तविकता के साथ आंतरिक आकांक्षा को जोड़ने में हमारी रोजमर्रा की असमर्थता को उजागर करता है। सुंदरता की सराहना करने में विफलता, इसे चीजों को उनके स्थान पर रखने दें, नियमित आधार पर आभारी रहें, जरूरतमंद अजनबियों के लिए समय निकालें या जो मैं जानता हं उसे हमारे बीच के दुखों की मदद करने के लिए दें, जिन लोगों के साथ मैं जीवन या काम साझा करता हं उनके साथ अपना सर्वश्रेष्ठ व्यवहार करें साथ ही, जब दूसरे मेरे मानकों पर खरे न उतरें तो उन्हें माफ कर देना, आदि।
कई सांस्कृतिक गतिविधियाँ जो हम शुरू में करते हैं वे हमें सुन्न कर देती हैं और हमें खुद का सामना करने से बचने में मदद करती हैं - जो आत्म-ज्ञान और गहरी सजीव अखंडता की

ओर धकेलती हैं जिसकी हम वास्तव में इच्छा करते हैं। मेरी होवे नोट करती हैं कि कैसे कविता "प्रवेश पर थोड़ी चोट पहुँचाती है; यह हमें शांत भी करती है और एक ही बार में चोट पहुँचाती है"। जैसे तत्व जो आत्मा को आवाज देते हैं: मौन, गीत, सामुदायिक अनुष्ठान और सुनने के अनुभव और साथ ही दयालु उपस्थिति जैसे सुनना और दयालु उपस्थिति (जैसे कि आध्यात्मिक रोशनी के लिए बौद्ध शब्द)। फिर भी प्रत्येक क्षण हमें ध्यान भटकाने या आत्म-ज्ञान या गहरी सजीव अखंडता में गहराई तक जाने के बीच विकल्प प्रस्तुत करता है; सभी विकल्प मौजूद हैं जो भीतर छिपी इस दर्दनाक गणना से बचने में मदद करते हैं।

मूल पाप को अलग-अलग तरीकों से समझा जा सकता है: शायद प्रलोभन के आगे झुकने और आदतन उसमें लिप्त होने की अनैच्छिक खींचतान के रूप में। यह घटना विभिन्न रूप लेती है; यहां यह मेरी इच्छा के रूप में प्रकट होता है, इस पृष्ठ पर प्रत्येक वाक्य के साथ, प्रौद्योगिकी की पृष्ठभूमि कॉल का उत्तर देने और प्रौद्योगिकी की अंतहीन बदलती मांगों के कारण जांच की इस पंक्ति से विचलित हो जाना; शीत युद्ध के वर्षों के दौरान बर्लिन में यह प्रथा और भी नाटकीय हो गई: प्रत्येक ध्यान भटकाने वाले का भू-राजनीतिक महत्व होता था - हर कार्रवाई या निष्क्रियता के साथ भू-राजनीति चमकती थी - जबकि मैंने करीब से राजनयिकों को उनकी सभी जटिल रणनीतियों के साथ खेलते हुए देखा था - इस प्रकार यह एक वह अनुभव रोमांचकारी था लेकिन करीब से देखने पर राजनयिकों को भी भूराजनीति के मामले में पहले जैसा अनुभव मिला - सभी अब की तुलना में बहुत अलग हैं पत्रकार, नीति निर्माता और पत्रकार जिन्होंने शक्तिशाली बाहरी जीवन विकसित करने के लिए अपनी सारी व्यक्तिगत ऊर्जा समर्पित कर दी। मैंने उस समय ऐसी भाषा का उपयोग नहीं किया था क्योंकि मैं भी ज्यादातर राजनीतिक स्वभाव का था - फिर भी वे आध्यात्मिक रूप से अविकसित थे, सौंदर्य के आंतरिक परिदृश्यों को विकसित करने के आदी नहीं थे जो उन्हें काम से परे सहारा देंगे और बनाए रखेंगे - विशेष रूप से अंतरंग स्थान जहां हम सभी काम से परे रहते हैं - जिन राजदूतों के साथ मैंने काम किया, वे प्रसिद्ध परमाणु हथियार विशेषज्ञ थे, जिन्होंने सोवियत नेताओं के साथ मुकाबला करते हुए शानदार भाषण दिए, जिससे श्रोता मंत्रमुग्ध हो गए; फिर भी घर पर उसने कर्मचारियों के माध्यम से ऊपर अपनी पत्नी को, जो ऊपर थी, संक्षिप्त और अजीब संदेश भेजे।

हमारे बच्चे चाहते हैं कि हम अनजाने आत्म-विनाश के इस पैटर्न का महिमामंडन करना बंद कर दें: आंतरिक रूप से गरीब होते हुए भी बाहर से समृद्ध होना। उन्होंने सुधारात्मक उपाय के प्रयास के रूप में हमारी नागरिक शब्दावली में "पारदर्शिता, प्रामाणिकता और अखंडता" जैसे शब्द शामिल किए हैं; ऐसे नाजुक शब्दों ने अति प्रयोग या सरलीकरण का जोखिम उठाया है, फिर भी मैं उनमें हम सभी की ओर से एक आग्रहपूर्ण इनकार सुनता हूं कि हम जो जानते हैं उसे हम कौन हैं, कौन सी मान्यताएं हमें अपना जीवन कैसे जीते हैं, या एक-दूसरे कौन हैं, से अलग नहीं करती हैं; इन नाजुक शब्दों के पीछे हृदयविदारक लेकिन भीतर से पवित्र लालसाएं हैं - अपने भीतर से बुद्धि से ज्ञान की ओर बढ़ने का एक प्रयास - जो हमारे भीतर से बुद्धि से ज्ञान की ओर कदम बढ़ाता है।

आध्यात्मिकता एक ऐसी चीज़ रही है जिसके प्रति मैं अपने जीवन में हमेशा सावधानी बरतता हूँ, इसकी व्यापक व्याख्या और व्यक्तिगत आवश्यकताओं और चिंताओं पर सतही अनुप्रयोग से डरता हूँ। लेकिन मैंने आध्यात्मिकता के साथ हमारी सांस्कृतिक मठभेड़ और धर्म और संस्कृति के साथ इसके संबंध को पिछले कई दशकों में महत्वपूर्ण तरीकों से

विकसित होते देखा है। मैं निश्चित रूप से यह जानता हूं: कोई भी विश्लेषण इस बात का पूर्ण और निश्चित पूर्वानुमान नहीं दे सकता कि चीजें कैसे चलेंगी। अब सामाजिक बोलचाल का एक सामान्य हिस्सा, "आध्यात्मिक लेकिन धार्मिक नहीं" समय के साथ नाटकीय रूप से जो बदलाव आया है उसका केवल एक हिस्सा दर्शाता है। हमारी पीढ़ी उन पहले लोगों में से एक है जिन्हें आम तौर पर परिवार या जनजाति सदस्यता के माध्यम से धार्मिक पहचान विरासत में नहीं मिलती है, हालांकि बालों का रंग या स्थान ऐसी चीजों को निर्धारित कर सकता है। लेकिन जीवन की तरलता - व्यक्तिगत आध्यात्मिक मार्गों के चयन और विवेक के सभी विकल्पों के साथ - आध्यात्मिक गिरावट की ओर नहीं बल्कि इसके पुनरुद्धार की ओर ले जा रही है। हम सामूहिक रूप से बदल रहे हैं क्योंकि धर्म अप्रत्याशित तरीकों से सांस्कृतिक रूप से ताज़ा हो गया है। मैं हर साल पहले की तुलना में कई अधिक विश्वासियों से मिलता हूँ!

वैज्ञानिक जो "आध्यात्मिकता के बिना धार्मिकता" का उल्लेख करते हैं - अलौकिक रूप से उत्कृष्ट किसी चीज़ पर जोर दिए बिना मानव जीवन में अनुष्ठान और सामुदायिक मूल्यों के प्रति श्रद्धा का दृष्टिकोण - अक्सर जिसे नए मानवतावाद के रूप में जाना जाता है उसे नैतिक कल्पना और नैतिक जुनून के रूप में आवश्यक घटकों के रूप में संदर्भित करते हैं। .

जनमत सर्वेक्षणों की गणना के अनुसार, "कोई नहीं", आध्यात्मिक पहचान के सबसे तेजी से बढ़ते क्षेत्रों में से एक का प्रतिनिधित्व करता है। इस दशक की शुरुआत से, सर्वेक्षणकर्ताओं ने दर्ज किया है कि 15 प्रतिशत अमेरिकी निवासियों और 30 वर्ष से कम उम्र के एक तिहाई लोगों ने बहविकल्पीय धार्मिक संबद्धता प्रश्नों का उत्तर देते समय "कोई नहीं" कहा; बड़े पैमाने पर प्रसारण और प्रिंट कवरेज ने इस प्रतिसंस्कृति आंदोलन पर ध्यान केंद्रित किया है जो एक ईसाई राष्ट्र के रूप में अमेरिका की ऐतिहासिक आत्म-समझ को चुनौती देता है।

1980 और 90 के दशक के दौरान पैदा हुए युवाओं को धार्मिक घोषणा आश्चर्यजनक नहीं लगती, क्योंकि वे ऐसे युग के दौरान बड़े हुए हैं जिसमें जेरी फालवेल और पैट रॉबर्टसन जैसी धार्मिक आवाजें अमेरिकी संस्कृति में जहरीली ताकतें बन गई थीं। फ़ालवेल और रॉबर्टसन जैसी हस्तियों को "धर्म" के प्रतिनिधि व्यक्तित्व के रूप में अत्यधिक प्रसारण समय मिला, भले ही वे अब अधिकांश इवेंजेलिकल, कट्टरपंथियों या आस्था के लोगों का प्रतिनिधित्व नहीं करते - सभी ईसाइयों या आस्था वाले लोगों का तो बिल्कुल भी प्रतिनिधित्व नहीं करते।

अधिक विशेष रूप से: नॉन्स की विस्तारित दुनिया - नया गैर-धार्मिक - आधुनिक जीवन के सबसे आध्यात्मिक रूप से जीवंत और विचारोत्तेजक स्थानों में से एक है। आध्यात्मिक जीवन से रहित स्थान नहीं, बल्कि वह स्थान जो धार्मिक ज्यादतियों और छिछलेपन का विरोध करता है। हमारी दुनिया का बड़ा हिस्सा नैतिक दृढ़ विश्वास और जिज्ञासु धार्मिक जिज्ञासा से गुलजार है, जो अप्रत्याशित स्थानों और तरीकों से प्रकट होता है। नॉथन श्नाइडर पत्रकारिता, शिक्षा, सामाजिक सक्रियता और धर्म तक फैले एक नवोन्वेषी सार्वजनिक बुद्धिजीवी के रूप में उभरे हैं। उन्होंने 2008 के वित्तीय पतन के बाद ऑक्युपाई वॉल स्ट्रीट आंदोलन की उत्पत्ति के बारे में एक अपरंपरागत लेकिन सम्मोहक पत्रकारिता विवरण लिखा, जिसमें आध्यात्मिक गतिशीलता का उल्लेख किया गया था जिसे अन्य टिप्पणीकारों ने नजरअंदाज कर दिया था।

लेखक नाथन श्नाइडर और नाथन श्नाइडर के बीच इस बातचीत को सुनें।

वॉल स्ट्रीट पर कब्ज़ा करने वाले युवाओं ने अपना ध्यान चर्चों की ओर केंद्रित किया जब उन्होंने उनके बाहर विरोध प्रदर्शन शुरू किया; इसलिए नहीं कि वे उस बात से असहमत थे जिस पर इन विशेष मण्डलियों ने विश्वास करने का दावा किया था, बल्कि अधिक बार झुंझलाहट के एक कार्य के रूप में: इन प्रदर्शनकारियों ने कहा, "चर्च, एक चर्च की तरह कार्य करें!" कई लोगों ने पहले कभी चर्च या किसी भी प्रकार के धार्मिक समुदाय का अनुभव नहीं किया था या यदि उन्होंने पहले ऐसा किया था तो अलगाव की भावनाओं का अनुभव किया था; उनकी सामान्य पहचान नोन्स की है।

नाथन श्नाइडर 21वीं सदी की अपरंपरागत जीवनशैली जीते हैं। माता-पिता द्वारा उठाए गए, जिन्होंने उन्हें विभिन्न आध्यात्मिक परंपराओं से अवगत कराया और उन्हें अपनी खुद की परंपराएं बनाने के लिए प्रोत्साहित किया, उनके पास एक विविध अनुभव है जो वर्गीकरण को अस्वीकार करता है। उन्होंने किशोरावस्था के दौरान बौद्धिक और अनुभवात्मक दोनों तरह से खोज की - अठारह साल की उम्र तक उन्हें कैथोलिक चर्च में बपतिस्मा नहीं दिया गया। अब जबकि मनुष्यों को आनुवंशिक वंशानुक्रम के माध्यम से संप्रदाय विरासत में नहीं मिले हैं, हम उस रूढ़िवादिता को चुनने के लिए भी स्वतंत्र हैं जो हमारे लिए सबसे उपयुक्त है। नाथन ने "प्राचीनों से इंटरनेट तक" ईश्वर के साक्ष्य की खोज की खोज करते हुए एक और पुस्तक लिखी है, एक दृष्टिकोण जो मुझे उभरती पीढ़ियों में बुद्धिमान साधकों की विशेषता लगता है। नाथन मेरी भाषा का हवाला देते हुए सुझाव देते हैं कि हमें समकालीन समाज में धर्म की वैधता, उसके भीतर उसके स्थान और उसके द्वारा अनुभव किए जा रहे किसी भी बदलाव पर चर्चा करते समय सही करने की आवश्यकता है।

सुनिए जब नाथन श्नाइडर अपना ज्ञान साझा कर रहे हैं।

जैसे-जैसे मैं बड़ा हुआ, और धर्म का अधिक औपचारिक रूप से अध्ययन करना शुरू किया, एक बात मेरे लिए स्पष्ट हो गई: हमारे कई संघर्षों को धार्मिक परंपराओं के कुछ महान विचारकों और नवप्रवर्तकों द्वारा अच्छी तरह से जाना जाता है जिन्हें अब हम नियंत्रित करने और नियंत्रित करने का प्रयास करते हैं। यह विशेष रूप से 9/11 के बाद स्पष्ट हुआ जब नए नास्तिक उभर रहे थे।

क्या धर्म और हिंसा वास्तव में अलग-अलग संस्थाएँ हैं, या धर्म अपने अनुयायियों के बीच हिंसा का कारण बनता है? मैंने धर्म पर अपने ज्वलंत प्रश्नों के उत्तर के लिए अपने परिवेश की खोज शुरू की: क्या धर्म और हिंसा वास्तविक हैं; इसका हिंसा से क्या संबंध है; क्या वहां ईश्वर का अस्तित्व है/वहां कुछ है; जब मैंने उस प्रश्न का उत्तर देने की कोशिश करने वाले पारंपरिक दृष्टिकोणों में गहराई से गोता लगाना शुरू किया, तो मुझे एहसास हुआ कि ईश्वर के अस्तित्व को साबित करने के लिए दिए गए अधिकांश तर्क उस विशिष्ट प्रश्न का सीधे उत्तर देने की तुलना में मानवीय संबंधों के विवरण के माध्यम से ईश्वर को व्यक्त करने वाले रिश्ते बनाने के बारे में अधिक थे।

आपकी पीढ़ी, इस समय, ने इस घटना को जन्म दिया है जिसे "द नोन्स" के नाम से जाना जाता है। मेरा मानना है कि आप और वे यहां जो चर्चा कर रहे हैं, वह ईश्वर को परिभाषित करने की इतनी कोशिश नहीं है, बल्कि वे समय और स्थान के पार अपने मूल में इन

परंपराओं की समझ की तलाश कर रहे हैं और वे इसे कितनी अच्छी तरह से व्यक्त करते हैं।

सबसे पहले, जब मैं रोमन कैथोलिक बना, तो मैं इसकी मध्ययुगीन चिंतनशील परंपरा के साथ-साथ डोरोथी डे के कैथोलिक वर्कर और पूरे इतिहास और दुनिया भर में ऐसे कई अन्य उदाहरणों द्वारा प्रदर्शित साहसी सामाजिक साक्ष्य की परंपरा से आकर्षित हुआ। लेकिन कैथोलिक चर्चों का दौरा करने पर मैंने तुरंत देखा कि कई उपस्थित लोगों को वास्तव में ऐसे मामलों या उनकी परंपराओं के बारे में पता नहीं था - कई मामलों में वे वास्तव में यह समझे बिना कि वे वहां क्यों थे, बस चलते रहे; कई मामलों में कुछ जड़ता थी, हालांकि जरूरी नहीं कि सभी मामलों में।

दूसरी ओर, इन धार्मिक संस्थानों के बाहर जिन लोगों से मेरी मुलाक़ात हुई, वे इन मुद्दों में बेहद रुचि रखते थे और उनके मन में ऐसे सम्मोहक प्रश्न थे, जिनसे वे जूझ रहे थे। हालाँकि उन्हें यह महसूस नहीं हो रहा होगा कि वे इस समय किसी भी संस्थान के लिए पूरी तरह से प्रतिबद्ध हो सकते हैं, फिर भी वे जिज्ञासु बने रहे और समझना चाहते थे। ऑक्युपाई की वह पुकार मेरे मन में दृढ़ता से गूंज उठी; "एक चर्च की तरह कार्य करें।" आज तक, जब मैं अपने सैल फोन पर फेसबुक या ट्विटर जैसे सोशल मीडिया पेजों को एक्सेस करता हूं, तो मेरी पृष्ठभूमि स्क्रीन तूफान सैंडी के बाद की एक छवि दिखाती है, जब कब्जाधारियों ने अपने साथी मनुष्यों की सहायता के लिए चर्चों को राहत सामग्री से भर दिया था।

और यही वह चीज़ थी जिसके कारण ऑक्युपाई सैंडी को बढ़ावा मिला। दुर्भाग्य से, उस कहानी को व्यापक रूप से कवर नहीं किया गया था या लोगों के बीच ज्ञात नहीं था - बहुत कम लोग इसकी जड़ों के बारे में जानते हैं जो ऑक्युपाई वॉल स्ट्रीट में उत्पन्न हुई थीं - तो क्या आप उस कहानी का कुछ हिस्सा यहां साझा कर सकते हैं?

जैसे ही तूफान सैंडी ने न्यूयॉर्क और आसपास के क्षेत्रों को प्रभावित किया, ऑक्युपाई वॉल स्ट्रीट कार्यकर्ताओं के एक छोटे समूह ने फैसला किया कि वे किसी प्रकार के राहत प्रयास का आयोजन करने जा रहे हैं। कुछ ही घंटों में उन्होंने पहली वेबसाइट स्थापित की, ऐसे स्थान स्थापित किए जहां लोग आपूर्ति छोड़ सकें - चर्च - और राहत कार्य के शुरुआती चरणों में महत्वपूर्ण भूमिका निभाई।

लेकिन इस प्रक्रिया में, इस समूह को - जिनमें से कई लोग पारंपरिक धार्मिक संस्थानों के साथ सहज महसूस नहीं करते थे - धार्मिक लोगों और समुदायों के साथ काम करते हुए देखना दिलचस्प था। एक ओर वे इन धार्मिक समुदायों की ताकत और लचीलेपन को देखेंगे, जिसे उनका आंदोलन बनाने में कामयाब नहीं हुआ था; दूसरी ओर वे उन परंपराओं के इन विचारों से प्रेरणा लेंगे - विशेष रूप से यह पहचानते हुए कि धर्म के पीछे कुछ वास्तविक था जो बड़े पैमाने पर समाज पर उनकी निराशाओं से जुड़ा था। जुबली शब्द कुछ ऐसा बन गया जिस पर उन्होंने चर्चा शुरू कर दी, जबकि उन्हें एहसास हुआ कि कुछ वास्तविक था जो धर्मनिरपेक्ष अमेरिका और उनके आसपास के धार्मिक समुदायों के बीच इस टकराव के बावजूद उन सभी को जोड़ता था।

अभी हाल ही में मैंने दक्षिणी इटली का दौरा किया जहां प्रौद्योगिकी कार्यकर्ता - ज्यादातर यूरोप के हैकर्स एकत्रित हुए थे। यहां मैंने उन्हें यूरोप के सभी प्रकार के हार्डवेयर उपकरणों को अपनाते और उनके साथ खेलते हुए देखा।

हैकिंग सेंट बेनेडिक्ट। ये नवप्रवर्तक स्थायी समुदायों के निर्माण की प्रेरणा के रूप में सेंट बेनेडिक्ट के नियम को पश्चिमी ईसाई मठवाद के आधार के रूप में अपना रहे हैं। मठों ने पांडुलिपियों जैसी लेखन कला की रक्षा करते हुए अंधेरे युग में सभ्यता को आगे बढ़ाया। अब ये कार्यकर्ता धार्मिक परंपराओं को शून्य से शुरू करने के अवसर के रूप में उपयोग कर रहे हैं; इस बात पर विचार करते हुए कि आज उपयोग की जाने वाली प्रौद्योगिकी और जीवन शैली के बीच संबंधों में किस प्रकार के बदलाव किए जा सकते हैं, जैसा कि सदियों पहले भिक्षुओं ने किया था।

फिर, ये व्यक्ति विशेष रूप से किसी भी धार्मिक समुदाय से नहीं जुड़ते हैं; फिर भी इन परंपराओं के भीतर कुछ उन्हें अपनी ओर खींचता है। वहां कुछ पहचानते हुए भी उन्हें लगता है कि वे अन्वेषण उद्देश्यों के लिए मौजूदा संस्थानों तक नहीं पहुंच सकते हैं; इसलिए वे स्वतंत्र रूप से इसकी खोज कर रहे हैं।

संपूर्ण आध्यात्मिक परिदृश्य में मठवाद एक अंतर्धारा के रूप में प्रकट होता है। मुझे इसके संबंध बिंदु दिलचस्प लगते हैं: डेजर्ट फादर्स एंड मदर्स, बेनेडिक्ट या फ्रांसिस या लोयोला के इग्नाटियस कैथोलिक धर्म के लंबे इतिहास में विभिन्न बिंदुओं पर दूरदर्शी के रूप में सामने आए - वे सभी एक ऐसे चर्च से दूरी पर उभरे जिन्हें उन्होंने शाही, बाहरी रूप से पालतू, ठंडे, के रूप में अनुभव किया था। अपने आध्यात्मिक मूल के संपर्क से बाहर।

युवा ईसाई--इंजीलवाद से लेकर अन्य संप्रदायों की ओर--भी इस पीढ़ी के नोन्स आंदोलन के जवाब में बदलाव कर रहे हैं, इसकी कठोर पूजा प्रथाओं से तेजी से विकर्षित हो रहे हैं, लेकिन इसके बजाय उन्हें सुधारने के लिए दृढ़ संकल्पित हैं। एक प्रभावशाली आंदोलन, जो मठवाद की छतरी के नीचे शिथिल रूप से संबद्ध है, को न्यू मठवाद के रूप में जाना जाता है; शेन क्लेबॉर्न अब चालीस वर्ष की आयु में इसके मार्गदर्शक प्रकाशमानों और बुजुर्गों में से एक हैं। नैतिक बहुमत विचारधारा के चरम के दौरान टेनेसी में जन्मे, उन्होंने अपनी युवावस्था का अधिकांश समय उपराष्ट्रपति पद के लिए डैन क्वेले के प्रचार में बिताया। वह एक करिश्माई, करिश्माई खूंखार व्यक्ति है जो ऐसा दिखता है मानो वह डेजर्ट फादर्स एंड मदर्स से संबंधित हो। फिलाडेल्फिया के बाहर ईस्टर्न यूनिवर्सिटी में रहते हुए - एक इंजील कॉलेज जो सामाजिक कार्यों के लिए जाना जाता है - वह और कुछ दोस्त बेघर व्यक्तियों और उनकी देखभाल में परिवारों की एक बड़ी आबादी के समर्थन और देखभाल में सक्रिय रूप से शामिल हो गए।

सड़कों पर रहने वाले लोगों ने उत्तरी फिलाडेल्फिया में एक परित्यक्त चर्च में शरण ली थी और उन्हें जबरन हटाए जाने का सामना करना पड़ रहा था। उनकी विडंबना उन पर हावी नहीं हुई: वे आश्चर्यचकित होने लगे कि क्या यीशु पहचानेंगे कि वहां क्या हो रहा था और अन्य चर्चों में जहां वे बच्चों के रूप में जाते थे। वह अपने लंबे टेनेसी ड्रॉ में अपना खाता साझा करता है:

एक अकादमिक थीसिस लिखने के संबंध में लेखक शेन क्लेबोर्न और मेरे बीच के इस संवाद को सुनें।

जैसे ही मैंने यीशु के शब्दों को पढ़ा, मुझे आश्चर्य हुआ कि क्या आज भी कोई उन पर विश्वास करता हैं। एक व्यक्ति जो तुरंत दिमाग मैं आया, जो ईसा मसीह की इन शिक्षाओं को इतनी शानदार ढंग से अपनाता हुआ प्रतीत होता था, वह थीं मदर टेरेसा; उनका जीवन उनके सरल शब्दों और शिक्षाओं का इतना सटीक प्रतीक है कि हमने उन्हें एक पत्र लिखा। हमने ईमेल किया, "अरे, पता नहीं कि आप कलकत्ता में इंटर्नशिप की पेशकश करते हैं या नहीं, लेकिन हमें काम करने में खुशी होगी," लेकिन कभी कोई जवाब नहीं मिला; उसे बहुत सारे मेल मिले होंगे. इसलिए हमने इसके बजाय कलकत्ता को फोन किया और विनम्रतापूर्वक "मिशनरीज़ ऑफ चैरिटी, हम आपकी कैसे सहायता कर सकते हैं?" की अपेक्षा की। इसके बजाय एक कर्कश बूढ़ी आवाज़ सुनी: "हैलो? हैलो?" और मैं चिंतित था कि मेरे पास गलत नंबर था; प्रत्येक मिनट का मूल्य $4 है। इसलिए मैंने जल्दी से बोलना शुरू किया: मैंने उससे कहा कि हम मदर टेरेसा के मिशनरीज़ ऑफ चैरिटी तक पहुंचना चाहते हैं; जब उसने उत्तर दिया तो उसने कहा कि यह मदर टेरेसा है और "अच्छा यह मदर टेरेसा है और यह मदर टेरेसा है - आओ, आओ।" उसने तुरंत हमें अंदर आमंत्रित किया! और हम बाहर आ सके! उसने हमसे कहा कि हम शामिल हो सकते हैं। तो यह बहुत अच्छा था - आइए इसमें शामिल हों!

उस समय, मैंने बहुत कुछ सीखा। हम सामाजिक न्याय के लिए एक प्रभावशाली आंदोलन में फंस गए थे जिसमें गिरफ्तार होने के साथ-साथ अन्याय का विरोध करना भी शामिल था - हम जानते थे कि हम किसके खिलाफ थे; हम नहीं जानते थे कि किसलिए। कलकत्ता में एक कोढ़ी कॉलोनी का दौरा करने पर मुझे समाज द्वारा मजबूर किए गए लोगों से कुछ मार्गदर्शन मिला, जो कि उनकी पुरानी दुनिया के भीतर कुछ अलग बनाने के लिए थे - एक जागृति का क्षण जहां कुछ बेहतर करने के लिए मेरी दृष्टि उभरी जब मेरे नायक डोरोथी डे ने कहा, "आइए कुछ बनाएं" एक साथ!"
एक ऐसे समाज का निर्माण करें जहां लोगों के लिए एक-दूसरे के प्रति अच्छा व्यवहार करना आसान हो।
शेन और उनके दोस्त द सिंपल वे समुदाय बनाने के इरादे से कलकत्ता से घर लौटे, एक पारंपरिक मठवासी आदेश के रूप में नहीं बल्कि एक जानबूझकर समुदाय के रूप में जो एक दूसरे के साथ लय में और बड़े पैमाने पर शहर के जीवन के साथ जीवन की संरचना करने के लिए कुछ मठवासी ज्ञान का उपयोग करता है। . समय के साथ यह विभिन्न परियोजनाओं और मंत्रालयों के साथ एक घर से बढ़कर छह हो गया है और विभिन्न पृष्ठभूमि के युवाओं के लिए तीर्थ स्थान के रूप में कार्य करता है; एक छत्र संगठन के रूप में सेवा करते हुए कई स्थानों पर समूहों को एक साथ जोड़ना और साथ ही चर्च आध्यात्मिक जीवन को नए सिरे से तैयार करना।

शेन क्लेबोर्न और लेखक के बीच इस चर्चा को सुनें।

एक दिन, हममें से एक समूह ने पहले की तरह चर्च करने का प्रयास करने का निर्णय लिया: हमने अधिनियमों में पढ़ा कि सभी विश्वासियों ने आपस में सब कुछ समान रूप से साझा

किया; किसी ने भी उनके स्वामित्व वाली किसी भी चीज़ पर स्वामित्व का दावा नहीं किया और उनके बीच कोई जरूरतमंद व्यक्ति नहीं था। हालाँकि हममें से कई लोगों को चर्च के विभिन्न रूपों (इवेंजेलिकल और असंतुष्ट कैथोलिकों को समान रूप से पुनर्प्राप्त करने) का अनुभव था, उन्होंने फैसला किया कि अब इसके बारे में शिकायत करने के बजाय, वे पहले जो आया था, उससे अपने सपनों का चर्च बनाने का प्रयास करेंगे।

हमारे पड़ोस के लिए कोई भव्य दृष्टिकोण मन में नहीं था; बल्कि, हमने प्रत्येक दिन को सीखने वालों के रूप में देखा और हर जरूरतमंद के लिए अपने दरवाजे खोल दिए। हमारा मिशन केवल ईश्वर से प्रेम करना, लोगों से प्रेम करना और यीशु का अनुसरण करना था। यदि हम मिलकर इसका समाधान निकाल पाते तो हमारा कार्य सफल हो जाता; इस प्रकार हमें कई बेघर व्यक्तियों का सामना करना पड़ा जो घर में आए थे और साथ ही बच्चों को स्कूल के काम में सहायता की आवश्यकता थी। नतीजतन, कई बेघर लोग घर आए; साथ ही कई बच्चे जिन्हें शैक्षणिक मुद्दों पर सहायता की आवश्यकता थी।
हमने जो कुछ भी किया उसका परिणाम है। उत्तरी फ़िलाडेल्फिया संघर्ष से भरी जगह है, लेकिन साथ ही बहुत सारी आशाएँ भी हैं; हमारा उद्देश्य एक-दूसरे को आशा देना और परित्यक्त स्थानों को पुनः प्राप्त करने में मदद करना था। दुर्भाग्य से मैं आज सारी बागवानी करने से चूक गया। हमारा पड़ोस उस स्थान पर बगीचे बनाकर और वहां अपना छोटा सा थ्रिफ्ट स्टोर चलाकर, पहले कचरे और सुइयों से भरे हुए दो भूखंडों को पुनः प्राप्त करने के लिए कदम उठा रहा है। जल्द ही, मैं यहां से चला जाऊँगा और हमारा फूड बैंक जरूरतमंद लोगों को 50 बैग वितरित करेगा। हमारे समुदाय को आरंभ करने का मतलब संकट का जवाब देना था। लेकिन जैसा कि डॉ. मार्टिन लूथर किंग ने इतनी स्पष्टता से कहा है, अंततः हम सभी के लिए "अच्छे लोगों" के रूप में आगे बढ़ने, दूसरों को संकटपूर्ण स्थितियों से बाहर निकालने का समय आ गया है - अंततः यह महसूस करते हुए कि जेरिको को स्वयं सभी के लाभ के लिए बदलने की आवश्यकता है।

आपके दृष्टिकोण में कुछ गड़बड़ है - न केवल ईसाई धर्म के लिए बल्कि व्यापक दुनिया के लिए भी। आपका समग्र दृष्टिकोण आज ईसाई समुदायों के बीच अद्वितीय लगता है; उदाहरण के लिए, पुरानी कहावत को लेते हुए कि किसी को मछली पकड़ना सिखाने से उसे जीवन भर खाने का मौका मिलेगा, आप कहते हैं कि हमें यह पूछने से पहले यह भी पूछना चाहिए कि तालाब का मालिक कौन है और किसने इसे प्रदूषित किया है "हमें यह भी पूछना होगा कि तालाब का मालिक कौन है और इसे किसने प्रदूषित किया है" यह; शायद मनुष्य कभी ऐसे युग में नहीं रहा जहां इस तरह सोचना संभव था, इसलिए निश्चित रूप से पिछले युगों के दौरान रहने से पहले की पीढ़ियों ने अपने पीढ़ीगत इतिहास के बारे में गहराई से सोचा है? क्या आपने इस संबंध में सोचने की दिशा में कोई विचार किया है या आपकी पीढ़ी और इस समय?

मैं जहां भी जाता हूं, लोगों द्वारा पूछे जाने वाले सवालों से मैं प्रोत्साहित होता हूं, यहां तक कि इवेंजेलिकल चर्च में भी जो अक्सर ऐसी पूछताछ करने से कतराता है। इस इवेंजेलिकल परंपरा के अंतर्गत मैं जिन अधिकांश युवा वयस्कों से मिलता हूं, वे एक बेहतर दुनिया बनाने के तरीकों की तलाश में बाएं/दाएं प्रतिमानों को पार करते हैं और समझते हैं कि हमारा नाजुक अस्तित्व हम सभी को एक साथ और पहले की तुलना में अधिक कल्पना के साथ

अलग तरह से जीने की मांग करता है। वे कहते हैं, एक व्यक्ति के रूप में यह हम सभी पर निर्भर है कि हम एक व्यक्ति के रूप में और एक ईसाई के रूप में हम कौन हैं, इसके प्रति सच्चे रहते हुए अलग तरीके से जीने के तरीकों का पता लगाएं।
रचनात्मकता हमें अपने दोस्तों के निजी नेटवर्क से परे विस्तार करने की अनुमति देती है।

यह मेरे लिए उत्साहजनक है, और मेरा मानना है कि अगर ईसाई चर्च इस पीढ़ी को खो देता है तो ऐसा इसलिए नहीं होगा क्योंकि हम उनका मनोरंजन करने में असफल रहे, बल्कि इसलिए कि हमने उन्हें जीवन और जीवन के बारे में सच्चाई से चुनौती नहीं दी। इसलिए नहीं कि हमने सुसमाचार को बहुत चुनौतीपूर्ण बना दिया है, बल्कि इसलिए कि हमने इसे बहुत आसान बना दिया है - बस बच्चों के साथ खेल खेलने के बजाय उन्हें इस बात पर विचार करने के लिए प्रोत्साहित करें कि उनकी जीवनशैली दूसरों को कैसे प्रभावित करती है। युवा पीढ़ी के बीच जो कुछ चल रहा है, उसकी मैं सबसे अधिक प्रशंसा करता हूं, वह यह अहसास है कि सभी मनुष्यों में विरोधाभास हैं, और यह मानने की कोई आवश्यकता नहीं है कि हमने सब कुछ सुलझा लिया है। किसी ऐसे चर्च में जाने से बढ़कर मुझे कोई चीज़ आकर्षित नहीं करती जो यह मानती हो कि उनमें सब कुछ एक साथ है, जैसे कि मेरे गृहनगर का चर्च, जो ऐसा प्रतीत होता था। समान विचारधारा वाले व्यक्तियों के साथ जुड़ने में कुछ सम्मोहक है जो कहते हैं: 'अरे, हमें अभी तक यह सब पता नहीं चला है; आइए हम सब एक-दूसरे पर भरोसा करें।"

आधुनिक किसी को अक्सर समावेशी, मानवतावादी और पार-धार्मिक होने के रूप में जाना जाता है; फिर भी उनकी कतार में आध्यात्मिक विद्रोही और साधक हैं जिनका लक्ष्य सेवा-उन्मुख उत्कृष्टता की तलाश करते हुए परंपरा को उसके अदम्य, प्रति-सांस्कृतिक मूल में पुनर्स्थापित करना है।

* * * इसका धर्म जीवन प्रदान करने से कहीं अधिक करता है। मानव इतिहास और आधुनिक दुनिया के दौरान, धर्म अच्छे और बुरे दोनों को बढ़ाने वाली - दोनों को बढ़ाने वाली भूमिका निभा सकता है। भय और क्रोध - हमेशा जुड़े हुए हैं, एक भावनात्मक सिक्के के दो पहलू - जब एक लौकिक विश्वदृष्टि और शब्दावली के साथ मिश्रित होते हैं तो विस्फोटक हो सकते हैं जो गलत काम को बुराई या निंदा के साथ जोड़ते हैं। दुनिया भर में दूसरे सबसे बड़े धर्म इस्लाम के नाम पर की जाने वाली हिंसा इस सदी का प्रमुख संकट बन गई है; जब बर्लिन की दीवार इतनी शांति से गिरी तो ऐसी हिंसा की कोई कल्पना भी नहीं कर सकता था। हमने देखा होगा कि शीत युद्ध की समाप्ति से जातीय और धार्मिक तनाव बढ़ गया था, जिसे विश्व मामलों में महाशक्ति के प्रभुत्व ने दबा दिया था। जिन लोगों का भाग्य लंबे समय से इतिहास द्वारा तय किया गया था, वे अब अपनी सीमाओं का एक बार फिर से विस्तार देख सकते हैं क्योंकि स्वतंत्रता घर लौटने लगी है।
भू-राजनीतिक अटकलों और व्यापार से दूर रहना किसी भी तरह से भय रहित दुनिया में सुखद परिवर्तन के लिए अनुकूल नहीं है, जिसमें गुस्सा सार्वजनिक और निजी दोनों तरह से प्रकट होता है। भय शत्रुता उत्पन्न करता है।

हमेशा कोई ऐसा व्यक्ति रहा है जिसकी मैं बहुत प्रशंसा करता हूं - चाहे वह व्यक्ति देश के किसी अन्य हिस्से से हो या कहीं और से हो। इसलिए जब लगभग एक साल पहले स्कॉटलैंड

में चैरिटी के लिए बाइक की सवारी पर निकले एक समूह में शामिल होने का अवसर आया तो मैंने बिना किसी हिचकिचाहट के इसे स्वीकार कर लिया और रास्ते में कुछ अविश्वसनीय यादें बना लीं! मानव स्वभाव, वैश्वीकरण के साथ इस्लाम की संस्कृतियों का आपस में जुड़ना और उन संस्कृतियों का जिनमें युवा बिना किसी परंपरा के बड़े हो रहे हैं लेकिन इन सब से भटके हुए हैं - इन सभी कारकों ने मिलकर उस अराजकता को जन्म दिया है जो आतंकवाद है, जो ज्यादातर अन्य मुसलमानों को निशाना बनाता है लेकिन जो, वैश्वीकरण के कारण, हम सभी को प्रभावित करता है। इस्लाम ईसाई धर्म से छह सौ साल छोटा है, फिर भी, उन छह सौ वर्षों में ईसाई पवित्र युद्ध लड़ रहे थे, प्राचीन पवित्र स्थानों को अपवित्र कर रहे थे और विधर्मियों को दांव पर लगा रहे थे। इस्लामवादी आतंकवादी और क्रूसेडर इंटरनेट युग में उच्च दृश्यता के साथ काम करते हैं, जबकि वे आधुनिक पश्चिमी आत्म-समझ से बिल्कुल अलग हैं। आश्चर्यजनक रूप से, धार्मिक कल्पनाओं का उनका उपयोग अप्रत्याशित और सम्मोहक तरीके से पुनर्जीवित हुआ; खुद को इस्लामिक स्टेट कहने वाले संगठन द्वारा बनाए गए सीरिया के शरणार्थी शिविरों में से एक का दौरा करने के बाद, हार्वर्ड-शिक्षित, दक्षिण कोरियाई मूल के बौद्ध धर्म में पले-बढ़े संयुक्त राष्ट्र महासचिव बान की मून ने इसे "नरक का सबसे गहरा घेरा" करार दिया।

समय के साथ, मुझे ऐसे ईश्वर पर विश्वास करने का अर्थ कम होता जा रहा है जो परवाह करता है और सुनता है। फिर भी, उसी समय, मुझे एहसास हुआ कि हमारे आधुनिक विज्ञान का एक निर्विवाद पहलू पत्रकारिता में परिलक्षित होता है, जैसा कि मैंने पहली बार इसका अभ्यास किया था, वह एक भ्रम के रूप में निष्पक्षता की स्वीकृति है। सीधे शब्दों में कहें तो, हम जिस ब्रह्मांड में रहते हैं उसमें मनुष्य हमेशा भागीदार होते हैं और कभी पर्यवेक्षक नहीं होते हैं। हमारी व्यक्तिपरकता, उपस्थिति और इच्छाएँ सभी वैश्विक रूप से मायने रखती हैं, चाहे हम इसे पसंद करें या नहीं। मेरी आध्यात्मिक कल्पना यह प्रश्न प्रस्तुत करती है: यदि हमारी ओर से कोई सच्चा वैराग्य नहीं है तो क्या वह संभवतः इस ब्रह्मांड को परिभाषित कर सकता है जिससे हम आए हैं?

हालाँकि मैं विश्वास के कुछ पहलुओं के बारे में अनिश्चित हो सकता हूँ जो मेरे दादाजी को चिंतित करते होंगे, मैं उनकी सिखाई गई बात पर पहले से कहीं अधिक दृढ़ता से कायम हूँ: ईश्वर प्रेम है। सामान्य रूप से आध्यात्मिक मामलों और विशेष रूप से मेरे शहर से बढ़ती दूरी महसूस करने के बावजूद, मेरी आँखें निकट और दूर दोनों की त्रासदियों के प्रति खुली रहती हैं; फिर भी मैं समझता हूं - बुद्धि और हृदय दोनों से - कि ईश्वर अस्तित्व में है और सभी लोगों से समान रूप से प्यार करता है; फिर भी किसी तरह सभी चीजों के भीतर वह संभावना मौजूद है जो उस अवधारणा के साथ आती है: प्रेम ही ईश्वर है।

देखभाल जो हमें बदल देती है - प्यार जो मजबूत और लचीला है - अंतर्निहित वास्तविकता की अभिव्यक्ति है, जो रचनात्मक शक्ति के भीतर अंतर्निहित है जो जीवन को इसका उद्देश्य देती है।

गणित के इतिहास में चल रही बड़ी बहसों में से एक यह है कि क्या गणित का आविष्कार हुआ या खोजा गया। क्या आइंस्टीन ने अपने समीकरण $e=mc2$ का आविष्कार किया था या क्या उन्होंने इसे वास्तविकता में कहीं छिपा हुआ पाया था, जो देखे जाने की प्रतीक्षा कर रहा था? मानव जीवन और आस्था के इतिहास में, प्रेम एक शाश्वत आधारभूत वास्तविकता की तरह कार्य करता है जिसे हम जीवन भर खोजते हैं - यात्री इसकी संभावनाओं को पहचानते हैं, साहसी इसके रहस्यों का सामना करते हैं। मुझे यह जानकर थोड़ा आराम

मिलता है कि मैं यह महसूस करने वाला अकेला नहीं हूं कि "इस अस्तित्व के केंद्र में प्यार से धड़कता एक दिल है।" डेसमंड टूटू ने एक बार इसे संक्षेप में कहा था:

मेन गेम वार्डन चैप्लिन सर्विस की केट ब्रेस्ट्रुप मुझे प्रेरित और आश्वस्त करती हैं। वयस्कता से ही एक यूनिटेरियन यूनिवर्सलिस्ट, केट का कहना है कि ईश्वर प्रेम है, इसका विश्वासों या अतिक्रमण से कोई संबंध नहीं है, बल्कि इसका संबंध कार्यों और लोगों से है। यह अवधारणा मेरे साथ प्रतिध्वनित हुई क्योंकि मैं जानता हूं कि ऐसे ही वैज्ञानिक इस दृष्टिकोण को साझा करते हैं।

लेखिका केट ब्रेस्ट्रुप के बीच इस बातचीत को सुनें।

इसके मूल में, मेरे लिए भगवान वह प्रेरक शक्ति है जो हमें एक-दूसरे को अधिक पूरी तरह से देखने, एक-दूसरे को अधिक ईमानदारी से देखने, एक-दूसरे की अधिक कोमलता से देखभाल करने और अधिक उचित प्रतिक्रिया देने के लिए प्रोत्साहित करती है। इसे विकसित करना ही काफी है; इसे विकसित करना, इसकी पूजा करने के बारे में सोचना और इसकी देखभाल करना, इसे अपने भीतर या अन्य लोगों के भीतर बढ़ावा देना जीवन का काम है; मुझे किसी बड़ी चीज़ की ज़रूरत नहीं है; भगवान को मेरे व्यक्तिगत संबंध के अलावा कहीं और मौजूद होने की आवश्यकता नहीं है - यह भगवान जिसके साथ मैं काम करता हूं वह प्रचुर मात्रा में है!
अब सवाल उठता है - और मैं जानता हूं कि यह एक ऐसी चीज है जिससे आप हर समय जूझते हैं - कि हम अपने भीतर से प्रेम के इस भगवान से कैसे जुड़ें।
क्या आपने बच्चों के लापता होने, पति-पत्नी द्वारा झील की बहुत पतली बर्फ पर स्केटिंग करने, या युवा महिलाओं के साथ बलात्कार करने और फिर उन्हें जंगल में छोड़ दिए जाने की कहानियाँ सुनी हैं?

खैर, पहले दो चरण अपेक्षाकृत सीधे होने चाहिए। एक बच्चे से प्यार किया जाता है और उसके लोग उसे ढूंढने की कोशिश में तत्परता से जुट जाते हैं। और एक बार जब हम स्वीकार कर लेते हैं कि मृत्यु हम सभी के लिए अपरिहार्य है, तो यह देखने और स्मरण करने योग्य बात बन जाती है।

उनके आसपास मौजूद प्यार और देखभाल अनमोल उपहार हैं।

हाँ। जब लोग मुझसे पूछते हैं कि इसमें भगवान कहां थे, तो मेरा जवाब होगा कि वह उन सभी लोगों के बीच मौजूद थे जो आपकी सहायता करने और आपके बच्चे को ढूंढने की कोशिश में एक साथ आए थे। इससे लोगों को काफी मदद मिलती है; यह सब सच है.

"सवाल यह नहीं है कि क्या हमें कठिन, अप्रिय चीजें करनी हैं; यह एक पूर्ण प्रदत्त है; बल्कि, सवाल यह है कि क्या हमें इन बाधाओं का सामना अकेले करना है या नहीं।"

प्यार की तुलना डार्क मैटर से करने वाली खगोल वैज्ञानिक नताली बटाल्हा ने मुझे बताया कि कार्ल सागन ने इसे सबसे अच्छा कहा था: हमारे जैसे विशाल ब्रह्मांड में रहने वाले

मनुष्यों के लिए, प्यार वह है जो इसे सहनीय बनाए रखता है - हालांकि कार्ल खुद एक नास्तिक थे जो ऐसा नहीं चाहते थे प्रेम की इस भावना को ईश्वर नामक किसी अवधारणा से जोड़िए।

मैं ब्रह्मांड विज्ञानियों और भौतिकविदों के साथ की गई बातचीत को बहुत महत्व देता हूं। उनका सुविधाजनक बिंदु मानव इतिहास में इतने लंबे समय तक धार्मिक विचारकों के वर्चस्व वाली जमीन पर खड़ा है, जो ब्रह्मांड की प्रकृति और उसके भीतर हमारे स्थान की कल्पना करता है। यद्यपि उस शब्द के किसी भी पारंपरिक अर्थ में केवल एक मामूली अनुपात ही धार्मिक है, उनका गणित अंतिम वास्तविकताओं के रूप में मानवीय इच्छा और पसंद या प्रेम के लिए कोई जगह नहीं दिखाता है; उनके बारे में हमारा अंतर्ज्ञान केवल शक्तिशाली प्राकृतिक शक्तियों के कारण उत्पन्न भ्रम हो सकता है जो वर्तमान में हमारी इंद्रियों के लिए अदृश्य हैं।
प्यार पर चर्चा करते समय ब्रायन ग्रीन की शानदार व्याख्या चंचल और उत्तेजक दोनों थी: मेरी धारणा इस मेज पर पाए जाने वाले कणों से बनी है जहां मैं अभी लिख रहा हूं। मेरी चेतना इसी स्पेक्ट्रम के भीतर कहीं निहित है।
यह कि यह मेज ठोस और लाल है, या कि आकाश नीला है, वास्तविकता नहीं है; बल्कि यह मेरी व्याख्या है जो मेरे हाथों और आंखों से प्राप्त संवेदी इनपुट पर आधारित है। हम यह भी मानते हैं कि समय सभी के लिए एक समान गति से चलता है, फिर भी यह भी एक भ्रम है। जेम्सन के दृष्टिकोण के अनुसार, वास्तविकता, जहाँ तक हम अभी इसे समझ सकते हैं, मानव विकास के इस चरण में मौलिक रूप से हमसे छिपी हुई है; इसलिए मुझे समझ में नहीं आता कि ये ताकतें दुनिया में मेरे कार्यों को कैसे प्रभावित करती हैं - बल्कि, मेरी इंद्रियाँ, अनुभव और विश्वास मुझे गुमराह करते हैं।

स्ट्रिंग सिद्धांत एक ऐसे परिदृश्य का प्रस्ताव करता है जिसमें हमारी वास्तविकता को कहीं और सूचना आधार के होलोग्राफिक प्रक्षेपण के रूप में समझा जा सकता है; उदाहरण के लिए, सभ्यता और हम ज्ञान के उस खाके/आधार पर गगनचुंबी इमारतों के रूप में काम करते हैं - लेकिन वह आधार किसी एक व्यक्ति या उनकी कल्पनाओं से परे, कहीं और मौजूद है। यह धारणा मुझे मेरे बचपन के दौरान उठाए गए कठिन प्रश्नों पर वापस लाती है: यदि ईश्वर ने ब्रह्मांड को बनाया, तो ईश्वर को किसने या किसने बनाया? इसके अलावा, कोई भी उचित रूप से पूछ सकता है: वह खाका किसने बनाया या डिज़ाइन किया?
ब्रायन ग्रीन के साथ मेरी बातचीत एक और दिलचस्प विचार को जन्म देती है: भौतिकी की हमारी विकसित होती समझ एक दिन उस चीज़ को भर सकती है जिसे हमारी कल्पना और शब्दों ने हमेशा भगवान के रूप में पहचाना है; या हो सकता है कि विज्ञान का विकास एक ऐसे अपरिभाषित "ईश्वर" की ओर इशारा करता हो जिसके बारे में हमने कॉपरनिकस, गैलीलियो और न्यूटन के साथ सपने में भी नहीं सोचा होगा - वैज्ञानिकों का मानना था कि प्रकृति की उनकी जांच से इसके निर्माता का पता चल जाएगा - जिसकी कल्पना भी नहीं की जा सकती? ब्रायन ग्रीन के साथ मेरा आदान-प्रदान दोनों पक्षों के लिए इस प्रकार समाप्त होता है:

फॉक्स न्यूज़ के ब्रायन ग्रीन और ब्रायन स्कॉट के बीच की इस बातचीत को सुनें।

मुझे वास्तविकता का छिपापन हतप्रभ करने वाला लगता है। यह सुरुचिपूर्ण प्रतीत नहीं होता--वह शब्द जिसका उपयोग आप विज्ञान के माध्यम से खोजे गए सत्य का वर्णन करने के लिए करते हैं। एक बार, आपने उल्लेख किया था कि जीवन को रोजमर्रा के चश्मे से देखना एक खाली कोक की बोतल के माध्यम से वान गाग को देखने जैसा होगा। क्वांटम यांत्रिकी हमें 10 दशमलव स्थानों तक गणना करने में सक्षम बनाती है - जैसे 13596, उदाहरण के लिए - गणितीय गणना। जब हम चुंबकीय गुणों को मापते हैं, तो हमारे अवलोकन कागज पर लिखी गई हमारी गणनाओं से बिल्कुल मेल खाते हैं! इससे कोई भी अवाक रह जाएगा और आश्वस्त हो जाएगा कि क्वांटम भौतिकी वास्तविकता के बारे में कुछ गहन सत्य प्रकट करती है जो प्रत्यक्ष धारणा से दूर छिपी हुई है - फिर भी गणित इस कहानी को और अधिक उल्लेखनीय बनाता है!

आइंस्टीन अक्सर अपने संदेश के हिस्से के रूप में छुपेपन के बारे में अपनी बात को स्पष्ट करने के लिए ब्रह्मांड के पीछे "बुद्धि" या "दिमाग" की छवि का उपयोग करते थे - जरूरी नहीं कि भगवान -। यदि कोई वास्तविकता के पीछे ऐसी किसी इकाई की कल्पना करता है, तो हम उसके उद्देश्य या अर्थ की कल्पना कैसे कर सकते हैं?

याद रखें कि कई भौतिक विज्ञानी नास्तिक दृष्टिकोण अपनाते हैं। हम हर चीज़ के पीछे किसी प्रकार की अलौकिक शक्ति नहीं मानते हैं, बल्कि यह मानते हैं कि काम कर रहे शक्तिशाली कानून हैं जो उम्मीदों पर पानी फेरने वाले कारनामे कर सकते हैं। लेकिन मुझे अक्सर आश्चर्य होता है कि कैसे सामान्य सापेक्षता, क्वांटम यांत्रिकी में सरल समीकरण और कण भौतिकी के मानक मॉडल आपके और मेरे जैसे जटिल संज्ञानात्मक प्राणियों को सामने लाने में कामयाब रहे हैं? हम विकासवादी परिवर्तन के माध्यम से कार्य करने वाले केवल भौतिक नियमों से कैसे विकसित हो सकते हैं, फिर भी इतने जटिल और जटिल हैं कि स्वतंत्र इच्छा वाले प्राणियों के रूप में भी हम आसानी से उभर सकते हैं? लेकिन यह गणित की शक्ति है। इसलिए यदि आप चाहें, तो यह माना जा सकता है कि भगवान ने हमें आज यहां लाने के लिए हमारे समीकरणों के माध्यम से अपना हाथ खेला है। मैं बस इसे गणित के छिपे हुए हाथ के रूप में संदर्भित करूंगा जो हमें शुरू से अंत तक लाता है। हालाँकि पहली नज़र में यह एक अच्छा समाधान प्रतीत होता है, क्योंकि नियमित रखरखाव की आवश्यकता वाली किसी भी चीज़ में समस्याएँ उत्पन्न हो सकती हैं - इस बार हालांकि मेरे दाँतों के संबंध में! तो इस बार ऐसा लग रहा है कि उम्मीद बन सकती है. एक बार फिर, हम देखते हैं कि हमारे सम्मानित सहकर्मी हमारे लिए महत्वपूर्ण प्रयास कर रहे हैं और परिवार या काम से समय निकालकर दान कार्य में शामिल हो रहे हैं। * * * एक विचार जो मैंने अपनी बातचीत की यात्रा के आरंभ में सीखा था, वह आज भी गहराई से प्रतिध्वनित हो रहा है: वैज्ञानिक आध्यात्मिकता और रहस्यवादी आध्यात्मिकता के बीच गठबंधन का: दोनों सत्य को समझने का प्रयास करते हैं, जबकि परे जो है उसके प्रति खुले दिमाग रखते हैं। लिंडन ईव्स, एक आकर्षक आनुवंशिकीविद और एंग्लिकन पादरी, जिन्होंने दीर्घकालिक जुड़वां अध्ययनों में अग्रणी भूमिका निभाई। उन्होंने मेरे साथ साझा किया कि अपने भीतर वैज्ञानिक और धर्मशास्त्री दोनों की दोहरी भूमिकाओं में सामंजस्य बिठाना कितना मुश्किल हो सकता है। उन्होंने मुझे समझाया कि कितनी बार इन अलग-अलग हिस्सों को उनके भीतर शांतिपूर्वक सह-अस्तित्व की आवश्यकता होती है। वह ईसाई धर्म के महान पंथों की तुलना अपनी प्रयोगशाला में क्रियाशील परिकल्पनाओं से

करता है - जो इस स्तर पर जितनी सटीक हो सकती हैं उतनी सटीक हैं, फिर भी पूर्ण नहीं हैं। रहस्यवादी और वैज्ञानिक दोनों ही पहले से की गई खोजों के बारे में आत्मविश्वास से जीते हैं और साथ ही भविष्य में होने वाली भविष्य की खोजों के लिए भी खुले दिमाग रखते हैं।

अपनी पहली पुस्तक लिखते समय, मैंने आयरलैंड के पश्चिमी तट पर इसके हरे-भरे, ऊबड़-खाबड़ किनारों के पास शरण ली, जिसने मुझे स्कॉटलैंड की याद दिला दी, जहाँ पहली बार मेरे अंदर सुंदरता जागृत हुई थी। प्राचीन सेल्ट्स द्वारा इन परिदृश्यों को पतले स्थानों के रूप में जाना जाता था; यहाँ, अस्थायीता और अनंत काल के बीच की सीमाएँ समय के साथ ख़त्म होती जा रही हैं। कई आगंतुकों ने इस प्रतिष्ठित लेखक के निवास से मैरी मैडिसन नाम की एक महिला की तीर्थयात्रा की थी, जो एक आकर्षक लेकिन उम्रदराज़ व्यक्ति थी जो कथित तौर पर पत्थर पढ़ सकती थी। सबसे पहले, आध्यात्मिक जीवन की खोज के प्रति मेरी प्रतिबद्धता के बावजूद, मुझे पत्थरों को पढ़ने सहित "नए युग" की किसी भी चीज़ पर संदेह था। फिर भी समय-समय पर, लोग आश्चर्यचकित होकर वापस आये कि इस रहस्यमय महिला ने किसी तरह उनकी आत्माओं, मूल परिवारों, जीवन के अनुभवों और समय से परे प्रेम संबंधों को देखा।

जुलाई की एक दोपहर को, मैंने पाया कि मैं उसकी खिड़की के पार समुद्र के किनारे से एकत्र किए गए सुंदर पत्थरों से भरे कटोरे में अपने पैर डुबोए हुए नंगे पैर बैठा था। लेकिन पत्थर वास्तव में मुद्दा नहीं थे; इस महिला के पास एक असाधारण उपहार था जिसे अभी भी पर्याप्त रूप से समझाना या वर्णन करना कठिन है। इनपुट के रूप में केवल मेरा पहला नाम देकर, वह मुझे मेरे पेशे और बच्चों के व्यक्तित्व के बारे में सभी प्रकार की आकर्षक जानकारी देने लगीं - उन्होंने यहां तक कि मृत रिश्तेदारों के बारे में भी बात की जो अभी भी मौजूद हैं और मेरे दैनिक जीवन में उनकी उपस्थिति का संचार कर रहे हैं: उन्होंने मेरे दादाजी को गंभीर व्यक्ति के रूप में देखा था और कहा कि उनके पास सख्त आत्म-नियंत्रण के लिए क्या करें और क्या न करें की लंबी सूची रही होगी क्योंकि उनके पास सख्त मानक रहे होंगे जैसा कि उन्होंने खुद के साथ भी किया था!
मैरी मैडिसन ने वाक्पटुता से कहा: वह अब समझ गया है कि जब जांच अधिक मूल्यवान हो सकती है तो हम बंद दिमाग वाले हो जाते हैं।" मैं उसकी बाहरी तपस्या में इस मनोरंजक विरोधाभास को भूल गया था - वह अपनी कारों से प्यार करता था! (मैं उस प्रफुल्लित करने वाली असंगति के बारे में पूरी तरह से भूल गया था।) मेरे आजीवन शराब पीने वाले दादाजी ने आप दोनों के लिए एक गिलास उठाया और ऐसे शब्द बोले जो सीधे मेरे दिल तक पहंचे: अब उन्हें समझ में आया कि जब जांच को प्राथमिकता दी जानी चाहिए तो हम कैसे बंद दिमाग वाले हो जाते हैं।

जहां यह विचार सबसे पहले उत्पन्न हआ--मैरी मैडिसन का दिमाग; जो भी स्वर्ग मौजूद है, वहां से मेरे दादाजी; या शायद किसी अन्य ब्रह्मांड की प्रतिध्वनि से जहां उसके विचार इस अवलोकन को बनाने के लिए विकसित हो सकते हैं - मेरे लिए एक दिलचस्प रहस्य है। मुझे लगता है कि परिचित बंद श्रेणियों पर जांच के गुण की अवधारणा प्रेरक और संतोषजनक दोनों तरह से व्यक्त की गई है। इसके अलावा, मैं उन सिद्धांतों और धर्मशास्त्रों को स्वीकार करता हं और उन्हें महत्व देता हं जो पीढ़ियों और समय के बीच बातचीत के माध्यम से उभरे हैं। लेकिन हमारी कई श्रेणियां, जो उन रूपों और संस्थानों के भीतर परिभाषित और लिपटी हुई थीं जो अब पूरी तरह से काम नहीं करतीं, बहुत संकीर्ण हो गई थीं। कुछ प्रकार की

धार्मिकता ऐसे बक्से बन गए जो बहुत कम रोशनी और हवा को अंदर या बाहर आने देते थे; इसी प्रकार कुछ अविश्वास मान्यताओं के साथ भी। हठधर्मी नास्तिकता हठधर्मी आस्था से अधिक बौद्धिक रूप से विश्वसनीय नहीं है, दोनों विपरीत साक्ष्य के बावजूद अप्रमाणित मामलों में पूर्ण निश्चितता मानते हैं। जांच की भावना और जांच का गुण आमतौर पर बारीकियों की ओर प्रवृत्त होता है। जीवन, धर्म और विज्ञान सभी रहस्य के कुछ तत्वों के साथ समान रूप से रहते हैं जो इसकी जीवन शक्ति और विकास में योगदान देता है।

आध्यात्मिकता जो आश्चर्य को गले लगाती है और निरंतर खोज की संभावना हर परंपरा के रूढ़िवादी लोगों को धार्मिक अन्यता और अविश्वास सहित हमारी साझा दुनिया के रहस्य के साथ जीने के लिए आगे बढ़ने का मार्ग प्रदान करती है। हमारी सभी परंपराएँ उस चीज़ का सम्मान करने पर जोर देती हैं जो अज्ञात रहती है और जिसे एक जीवनकाल के भीतर समझाया नहीं जा सकता; यह हमें प्रत्येक व्यक्ति की गरिमा को बनाए रखते हुए हमारी विशिष्टताओं और जुनून को आम जीवन में शामिल करने के लिए आमंत्रित करता है - एक निमंत्रण एक परिशिष्ट के रूप में नहीं बल्कि स्वयं वफादारी के हिस्से के रूप में।
रब्बी लॉर्ड जोनाथन सैक्स, राष्ट्रमंडल के संयुक्त हिब्रू संघों के प्रमुख रब्बी - जिन्हें आमतौर पर यूके के मुख्य रब्बी के रूप में जाना जाता है - 2013 तक दो दशकों से अधिक समय से धार्मिक प्रस्तुतियों और मुक्ति दोनों पर हमारे अग्रणी विचारकों में से एक हैं। वह यहूदी परंपरा और आम तौर पर धर्म में ऐसे उपकरण ढूंढता है जो उसे "वर्तमान" को संबोधित करने में सक्षम बनाते हैं।
"अंतर की गरिमा" और विश्वास, विज्ञान और सांस्कृतिक सीमाओं के पार जीवंत पहचान को संरक्षित करना जीवंत समुदायों को बनाए रखने के लिए सर्वोपरि है।

रब्बी लॉर्ड जोनाथन सैक्स और लेखक जोनाथन सफरन फ़ॉयर के बीच बातचीत को सुनें।

हर बार फूलों के बगीचे में घर आना कुछ खास और यादगार होता है! मैं जानता हं कि मैं अकेले इस संबंध में हमारे निर्माता द्वारा निर्धारित आदर्शों पर कभी खरा नहीं उतर सकता! 11 सितंबर 2001 के बाद, एक बुद्धिमान अमेरिकी पत्रकार ने कहा कि घटनाओं की इस श्रृंखला ने प्रदर्शित किया कि 21वीं सदी में यहूदी धर्म, इस्लाम और ईसाई धर्म जैसे एकेश्वरवादी धर्मों को जीवित रहने और समाज में रचनात्मक योगदान देने के लिए, उन्हें विशेष सत्य दावों को छोड़ना होगा। आपका तर्क कई लोगों को गहराई से समझाने वाला था। आपकी बात मेरी बात के समान है कि परंपराएँ इक्कीसवीं सदी का उत्पादक हिस्सा हो सकती हैं, फिर भी आप एक वैकल्पिक मार्ग अपनाते हैं। आइए चर्चा करें कि कैसे यहूदी धर्म अपने सार, सच्चाई के दावों और मतभेद की गरिमा को बरकरार रखता है, जबकि धार्मिक दूसरों के साथ खुद को कम करने के बजाय विस्तार करता है।

मेरे रूपक कुछ लोगों की मदद कर सकते हैं और दूसरों की नहीं। एक दृष्टिकोण जैव विविधता पर विचार करना हो सकता है: क्रिक और वॉटसन की डीएनए की खोज और मानव और अन्य जीनोम के डिकोडिंग के लिए धन्यवाद, अब हम समझते हैं कि सभी जीवन का स्रोत एक ही है; जीवन और पौधों की सभी तीन मिलियन प्रजातियाँ एक ही मूल से आती हैं; सभी जीवित चीजों में आनुवंशिक कोड वर्णमाला के रूप में लिखे होते हैं जो डीएनए वर्णमाला को साझा करते हैं। एकता विविधता लाती है. इसलिए एक ईश्वर और एक

सत्य के संदर्भ में सोचने के बजाय, बल्कि इस बात पर विचार करें कि एक ईश्वर ने 6,800 भाषाएँ बनाईं, जिनका उपयोग हम उसके साथ अपने संबंध पर विचार करते समय प्रतिदिन संवाद करने के लिए करते हैं।

बाइबल हमें लगातार याद दिलाती है: ईश्वर को कुछ सरल समझने की भूल न करें। वह वहां पाया जा सकता है जहां आप उससे उम्मीद नहीं करेंगे। हालाँकि, रोजमर्रा की जिंदगी में हम अक्सर यह भूल जाते हैं।
"आप कौन हैं?" बर्निंग बुश में मूसा ने भगवान से पूछा और उन्होंने तीन शब्दों के साथ जवाब दिया जिनका अक्सर अंग्रेजी में गलत अनुवाद किया जाता है: "हयाह आशेर हयाह।" इन तीन हिब्रू शब्दों का अंग्रेजी में गलत अनुवाद किया जा सकता है, "मैं वही हं जो मैं हं," फिर भी इन तीन हिब्रू शब्दों का अर्थ अधिक है: मैं कौन बनूंगा या कैसे या कहां रहूंगा, इस प्रकार हमें याद दिलाता है कि मुझे भविष्यवाणी न करें; भगवान हमें अप्रत्याशित मुठभेड़ों जैसे बौद्ध भिक्षुओं या सिख आतिथ्य परंपराओं या हिंदू उदारता के माध्यम से उन सभी के भीतर भगवान को प्रकट करके आश्चर्यचकित करना पसंद करते हैं। अन्य संस्कृतियों के लोगों से बात करते समय यह मत सोचिए कि धर्म उसे या हमें सीमित करता है - ईश्वर सीमाओं से परे है! यह मत सोचिए कि धार्मिक श्रेणियाँ ईश्वर को अपनी श्रेणी की सीमाओं के भीतर सीमित कर देती हैं! ईश्वर धर्म से परे है!

यद्यपि आप इस बात पर जोर देते हैं कि ईश्वर धर्म से बड़ा है - मैं इसे "या" कथन के बजाय "और" मानता हं - एक विशेष संबंध बना हुआ है जो विशेष रूप से यहूदी लोगों के लिए पवित्र ग्रंथों और अनुबंधों के माध्यम से प्रमाणित होता है, इसलिए भले ही आप सम्मान करते हों आज हमारे बीच मतभेद हैं, तो आप विशिष्टता को भी सम्माननीय पहलू के रूप में कायम रख रहे हैं।

वह बनकर जो मैं केवल बन सकता हं, मैं मानवता को वह देता हं जो केवल मैं ही दे सकता हं। स्वयं बनकर और मानवता की साझी विरासत में अपने अद्वितीय गुणों का योगदान देकर। यह इब्राहीम के बाद से यहूदी अनिवार्यता को सारांशित करता है: किसी के विश्वास के प्रति वफादार रहना, जबकि दूसरों को उनकी परवाह किए बिना आशीर्वाद देना, इसकी गहराई तक पहुंचने में विरोधाभासी रूप से फायदेमंद है।

यह तो मुझे भी समझ नहीं आता; एक यशायाह आता है और अपनी भविष्यवाणियों को किसी आस्था, स्थान और समय के लिए इतना विशिष्ट बना देता है कि वे उस धर्म, स्थान या समय के भीतर गहराई से गूंजती हैं - फिर भी वे विश्व स्तर पर गूंजती हैं! इसीलिए मैं यशायाह को "आशा का महाकवि" कहता हूँ। मार्टिन लूथर किंग ने अपने "आई हैव ए ड्रीम" भाषण के दौरान अपने चरम पर यशायाह, अध्याय 40 से दो पंक्तियों को शब्दशः उद्धृत किया - ऐसा यशायाह ने 27 शताब्दियों पहले अनुमान नहीं लगाया होगा जब मध्य पूर्वी मिस्र में लेखन कभी काले नागरिक अधिकार कार्यकर्ताओं तक पहुंचेगा दुनिया भर की संस्कृतियों में! जैसा कि कहा गया है, उनकी विशिष्टता गहराई से प्रतिध्वनित हुई और कई दिलों को छू गई कि यह पूरे महाद्वीपों में प्रतिध्वनित हुई!
मार्टिन लूथर किंग ने एक बार कहा था, "एक व्यक्ति के रूप में हम ऐसे ही हैं। कोई नहीं जानता कि क्यों या कैसे, लेकिन प्रामाणिक अनुभव हमें सामान्य और सार्वभौमिक लोगों

की तुलना में जीवन में अधिक समृद्ध महसूस कराते हैं, जैसे कि एक के बाद एक ब्रांड की कॉफी। " मौलिकता और विशिष्टता से रहित जीवन इसके विपरीत निर्जीव, अरुचिकर और अंततः गैर-रचनात्मक होता है।

धर्म के संबंध में आपकी टिप्पणियों को पहली बार भारत के एक युवा मुस्लिम अंतरधार्मिक नेता इबू पटेल द्वारा उद्धृत किया गया था। आपने कहा: "धर्म वह नहीं है जो प्रबुद्धता ने कल्पना की थी कि यह मूक, सीमांत और सौम्य हो जाएगा - और हमें इसकी लौ की रक्षा करनी चाहिए। आज आपकी परंपरा और अन्य परंपराओं के भीतर गहरी नैतिक और आध्यात्मिक कल्पना के बीज कहां से पैदा हो रहे हैं, जैसा कि और कोई आशा कहां पा सकता है?"

21वीं सदी की शुरुआत में भगवान ने हमारे सामने एक बहुत बड़ी चुनौती पेश की है: अपनी विनाशकारी क्षमता के साथ अंतर के इतने करीब रहना वास्तव में एकमात्र विकल्प है जो वह हमें देता है, डब्ल्यू एच ऑडेन को उद्धृत करने के लिए: हमें एक दूसरे से प्यार करना चाहिए या मरना चाहिए! मैं आशावान महसूस करता हुं क्योंकि चूंकि एक-दूसरे से सच्चा प्यार करना काम कर सकता है, इसलिए बहुत उम्मीद है कि हम मानव जाति के रूप में एक साथ जीवित रहेंगे।

* * * हमारी परंपराएँ इस बात पर समृद्ध स्रोत सामग्री प्रदान करती हैं कि हमें एक-दूसरे से कैसे प्यार करना चाहिए और आशापूर्ण जीवन जीना चाहिए, हालाँकि उन्होंने हमेशा निजी या सार्वजनिक सेटिंग में, न ही मतभेद की कुछ सीमाओं के पार इसका सख्ती से अभ्यास नहीं किया है। लेकिन वे बुद्धिमत्ता और प्रथाओं के रखवाले बने हुए हैं जो 21वीं सदी के लिए तत्काल ज्ञान प्रदान करते हैं, जिनमें वे गुण भी शामिल हैं जिनका मैं समय-समय पर बातचीत में और इस लेखन के माध्यम से जिक्र करता हुं; करुणा, मेल-मिलाप, दया और सचेतनता जैसे गुण - बड़ी और छोटी आदतों का समूह जो करुणा, मेल-मिलाप, दया, सचेतन को जोड़ता है - पड़ोसी और दुश्मन के लिए समान रूप से प्यार। हमारे युग में जो नया है, वह ऐसे ज्ञान का प्रसार और हस्तांतरण है: पिछले युगों की तुलना में आध्यात्मिक तकनीकों के रूप में सद्गुण।
विभिन्न संस्कृतियों की परंपराओं से संबंधित स्वतंत्र रूप से उपलब्ध सामग्री को पढ़ें और सुनें; ऐसी परंपराएँ भी उपलब्ध हैं जो व्यक्तिगत और सामुदायिक आवश्यकताओं को सूचित करती हैं।
मुझे जो क्रांतिकारी लगता है वह यह है कि कैसे सामाजिक और जीवन विज्ञान यह समझाने में अभिन्न भूमिका निभाते हैं कि गुण और शिक्षाएँ कैसे कार्य करती हैं और वे क्यों मायने रखती हैं; उनका अनुप्रयोग आगे यह पता लगाता है कि क्या कुछ भौतिक विज्ञानी मानव चेतना के बारे में जो दावा करते हैं उसके बावजूद हमारे पास वास्तव में पसंद, नैतिकता और प्रेम की कोई क्षमता है। जीवविज्ञानी, तंत्रिका विज्ञानी और मनोवैज्ञानिक अब आधुनिक दर्शकों के लिए प्राचीन ज्ञान को उजागर करने में महत्वपूर्ण भूमिका निभा रहे हैं। वे महान गुणों - क्षमा, करुणा, सहानुभूति और प्रेम - को प्रयोगशाला में ले जा रहे हैं और यह पता लगा रहे हैं कि हम अपने बीच उनके विकास को कैसे बढ़ावा दे सकते हैं। रब्बी सैक्स ख़ुशी से इस काम को प्राचीन पवित्र बुद्धिमत्ता को समृद्ध और नवीनीकृत करने वाले के रूप में देखते हैं: इसके "ऑपरेटिंग निर्देशों" को विकसित और परिष्कृत करना।

लेखक और रब्बी लॉर्ड जोनाथन सैक्स के बीच बातचीत को सुनें।

यहां, हम मात्रात्मक और प्रायोगिक विज्ञान के साथ उन निर्देशों पर दोबारा गौर कर रहे हैं और खोज रहे हैं कि ज्ञान की महान परंपराएं तीन या चार सहस्राब्दी पहले क्या कह रही थीं। आज हम समझते हैं कि दूसरों की भलाई करना, मजबूत और सहायक रिश्ते रखना, और यह महसूस करना कि जीवन सार्थक है, खुशी के तीन आवश्यक निर्धारक हैं - ये प्राचीन, महान सत्य हमारी इच्छा के विरुद्ध फिर से हम पर थोपे जा रहे हैं - अब पहले से कहीं अधिक असुविधाजनक स्थिति में हैं धार्मिक नेताओं, वैज्ञानिकों, सामाजिक वैज्ञानिकों और समाजशास्त्रियों के बीच अजीब सहयोग।

माइकल मैकुलॉ उन स्थितियों की खोज कर रहे हैं जो क्षमा को अधिक संभावित और लंबे समय तक चलने वाली, साथ ही जैविक रूप से स्वाभाविक बनाती हैं। रिचर्ड डेविडसन ने दलाई लामा के अनुरोध पर ध्यान करने वाले तिब्बती बौद्ध भिक्षुओं पर तिब्बती बौद्ध ध्यान का अभ्यास करने वाले तिब्बती भिक्षुओं के मस्तिष्क पर किए गए अध्ययनों से न्यूरोप्लास्टीसिटी की खोज में मदद की।
अब वह अपने दृढ़ विश्वास की खोज कर रहे हैं कि बच्चे करुणा सीखने के लिए उसी तरह से दृढ़ हैं जिस तरह वे भाषा सीखते हैं। दयालुता और कृतज्ञता के कार्यों से जुड़े स्वास्थ्य और सामाजिक परिणामों दोनों पर काफी अध्ययन किया गया है। अब ऐसे प्रयोग चल रहे हैं जिनका उद्देश्य एमिग्डाला को सिकोड़ना है - हमारे मस्तिष्क का वह हिस्सा जिसमें हमारी लड़ाई या उड़ान की प्रवृत्ति होती है, जो नश्वर खतरे से सुरक्षा के रूप में विकसित होती है लेकिन अक्सर हमें व्यक्तिगत और सामूहिक रूप से अनैतिक कार्य करने के लिए प्रेरित करने के लिए जिम्मेदार होती है। राचेल येहदा ने प्रदर्शित किया है कि कैसे शारीरिक और मनोवैज्ञानिक आघात समय-समय पर पीढ़ियों को प्रभावित करते हैं, इस अंतर्दृष्टि का उपयोग समय-समय पर लचीलापन और उपचार को बढ़ावा देने की शक्ति के रूप में किया जाता है। बर्कले और स्टैनफोर्ड जैसे संस्थान विस्मय और सहानुभूति जैसे विषयों पर चल रहे अध्ययन के साथ-साथ करुणा सिखाने के लिए नवीन आभासी वास्तविकता अनुप्रयोगों की खोज करते हुए सिलिकॉन वैली का दोहन कर रहे हैं।

इस नए समीकरण के दूसरी तरफ धार्मिक संस्थान हैं जो अपने संस्थागत स्वास्थ्य और उभरती दुनिया में योगदान की फिर से कल्पना करने का प्रयास कर रहे हैं। इस संघर्ष ने ही पवित्र स्थानों को सामान्य स्थानों के रूप में जन्म दिया है, जहां जिन गुणों को हम बेहतर ढंग से समझते हैं, उनका अभ्यास और कार्यान्वयन किया जा सकता है - उन चर्चों की तरह, ऑक्युपाई सैंडी के बच्चों को उनका विरोध करने पर भी आश्रय मिला।
मठ भी इस कहानी में एक आवश्यक भूमिका निभाते हैं। प्रार्थना, आध्यात्मिक निर्देशन, एकांतवास और ध्यान को केन्द्रित करना लंबे समय से मठवासी समुदायों का दायरा माना जाता था - मठवासी भिक्षु या नन या हमारी सभी परंपराओं के भीतर समर्पित भिक्षु और तीर्थयात्री। हालाँकि, आज, कई पश्चिमी मठवासी समुदाय जैसे कि कॉलेजविले के बेनेडिक्टिन या सिस्टर सिमोन की बहनों का समुदाय पहले की तुलना में संख्या में कम होने के बावजूद - प्रार्थना और एकांतवास के लिए उनके भौतिक स्थान आराम, मौन या

ध्यान केंद्रित करने की प्रथाओं के लिए आने वाले लोगों से खत्म हो गए हैं। परिवारों, कार्यस्थल समुदायों या स्कूलों में।

नाथन श्नाइडर ने अस्तित्व संबंधी खोज के एक गहन अस्तित्ववादी काल के दौरान अपनी गैर-धार्मिक मां द्वारा भेजे गए एक ट्रैपिस्ट समुदाय में एकांतवास पर विश्वास ढूंढना शुरू किया, और एक सम्मोहक कहानी बताती है जो विश्वास के इस क्षण की करुणा और विडंबना दोनों को पकड़ती है - जो अजीब है फिर भी परिचित है आज आस्था से संबंध.

नाथन ने मेरे साथ साझा किया कि कैसे आस्था जीवन भर और पूरे समाज में जीवित रहती है, मर जाती है और पुनर्जन्म लेती है। हमारी बातचीत तब शुरू हुई जब मैंने विलियम ब्लेक की कुछ कविताओं के बारे में पूछताछ की, जिन्हें उन्होंने अपने लेखन में महत्वपूर्ण बताते हुए उद्धृत किया है: "खुद को खुशी से बहुत कसकर बांधना निश्चित रूप से इसे मार देगा / जबकि खुशी को चूमना जैसे वह चढ़ता है, अनंत काल का सूर्योदय ला सकता है"। नाथन ने समझाया।

नाथन श्नाइडर और नाथन फैरो के बीच बातचीत को सुनें।

मेरे बपतिस्मा प्रायोजक के मठ में, मुझे ये पंक्तियाँ उसकी दीवार पर चिपकी हुई मिलीं। वह मेरे जीवन के सबसे महान गुरुओं में से एक थे, फिर भी हमारे अधिकांश समय साथ रहने के दौरान वह धीरे-धीरे मर रहे थे - अक्सर उनके शरीर से जुड़ी मशीनरी के कारण एक के बाद एक डर पैदा होता था - हर डर किसी न किसी मशीन से जुड़ा होता था। एक मठ में प्रवेश करने से पहले और फिर दोबारा प्रवेश करने के बाद एक समृद्ध और जटिल जीवन उनके साथ रहा। जब मुझे ये उनकी दीवार पर मिले तो मैंने पूछा कि उनकी मृत्यु की प्रक्रिया के दौरान ईश्वर में उनके विश्वास ने क्या भूमिका निभाई; रास्ते में इसने उसे कितना आराम दिया था।

उसने मुझे कुछ ऐसा बताया जिस पर मुझे संदेह था - कि अब उसका वह विश्वास नहीं रहा - जिसने मुझे सदमे, दुःख और हानि से झंकझोर कर रख दिया; लेकिन इस बारे में उनकी ईमानदारी ने मुझे एक ही समय में कृतज्ञ, आनंदित और विनम्र महसूस कराया - उदाहरण के लिए कि जिस व्यक्ति ने अपना विश्वास खो दिया था, उसने मुझे इसमें मार्ग दिखाया था!

कई बार मैं आज आध्यात्मिक जीवन की नई गतिशीलता को प्राचीन ज्ञान के उपहार के रूप में देखता हूं - यहां तक कि वे विश्वास को चुनौती देते हैं क्योंकि हम इसे हमेशा के लिए जानते हैं। धर्म, संस्कृति और विज्ञान की सीमाओं के पार ज्ञान का हस्तांतरण अभ्यास को अधिक सुलभ बनाते हुए आध्यात्मिक प्रौद्योगिकियों को मजबूत करता है।

सद्गुण, वास्तव में धार्मिकता के आवश्यक तत्व, मानव जाति के लिए आज से अधिक प्राप्य कभी नहीं रहे हैं। आधुनिक लोग उन तरीकों का भी विस्तार कर रहे हैं, जिन्हें बुद्धिमान लेखक पिको अय्यर, जो भारत में आश्रमियाना में ऋषि आश्रम जैसे आश्रमों में नियमित रूप से जाते हैं, "आंतरिक दुनिया" और "शांति की कला" कहते हैं, की खोज कर रहे हैं। आकांक्षाएं और सद्गुण लंबे समय से हमारे भीतर संतुलन पर निर्भर रहे हैं; कई लोग सीख रहे हैं कि आज की व्यस्त, अनिश्चित दुनिया के सामने इसे और अधिक सचेत रूप से कैसे बनाए रखा जाए। हम सीख रहे हैं, भले ही अपूर्ण और असंगत रूप से, आंतरिक ज्ञान

विकसित करना जो बाहरी जीवन को आकार देता है और दुनिया को जीवंत बनाता है जिसे हम देख और छू सकते हैं। इस प्रकार विश्वास को जीवित रहने का एक रास्ता मिल गया है जिसके माध्यम से यह पहले से कहीं अधिक गहराई से अपने मूल सार में विकसित हो सकता है।

अंतिम नोट्स पर नोट्स (अंतिम नोट्स)

पिको अय्यर खुद को पारंपरिक अर्थों में आध्यात्मिक शिक्षक या व्यवसायी नहीं मानते हैं, हालांकि ईटन, ऑक्सफोर्ड और हार्वर्ड से उनकी डिग्री उन्हें बौद्धिक और आध्यात्मिक दुनिया को जोड़ने के लिए विशिष्ट रूप से योग्य बनाती है। पारिवारिक जड़ें बौद्ध धर्म से लेकर अपने युग के पुनर्जागरण कैथोलिक विधर्मी तक फैली हुई थीं; हिंदू पुरोहित संस्कृति; और थियोसोफी प्रभावित करती है, उनका पारिवारिक जीवन इस लक्ष्य के लिए एक सेतु का काम करता है।

लेखक पिको अय्यर और स्वयं अय्यर के बीच इस दिलचस्प चर्चा को सुनें।

जैसे-जैसे मैं बहुत अधिक यात्रा करते हुए बड़ा हुआ - जब मैं 7 साल का था तब मेरे परिवार के कैलिफोर्निया में स्थानांतरित होने से पहले इंग्लैंड में भारतीय माता-पिता के घर पैदा हुआ था - स्थानीय निजी स्कूलों में जाने की तुलना में छुट्टियों के दौरान इंग्लैंड में अपनी शिक्षा जारी रखना बहुत सस्ता हो गया; इस प्रकार, लगभग 9 बजे से, मेरा जीवन हवाई जहाज़ पर रहना ही बन गया।
स्कूल में मैंने उत्तरी ध्रुव को अकेले उड़ाया। बाद में अपने जीवन के 20वें दशक में मैंने यथासंभव अधिक से अधिक देशों और स्थानों का दौरा करके विश्व का मानचित्र बनाने का प्रयास शुरू किया; और अपने 30 के दशक में इस सब से मुक्त होने पर मैंने तुरंत बस यही करने की कोशिश की - जितनी जल्दी मैं कर सकता था उतना मानचित्र बनाने की कोशिश कर रहा था - यह याद करते हुए कि उस पीढ़ी का हिस्सा होने पर मुझे कितना भाग्यशाली महसूस होता था जो एक सुबह जाग सकता था और कुछ ही दिनों बाद खुद को तिब्बत, बोलीविया या यमन जैसी किसी जगह पर पाएंगे - कुछ ऐसा घटित होने की मेरे दादा-दादी ने कभी कल्पना भी नहीं की होगी!

हमारे जीवनकाल में इस असाधारण परिवर्तन पर नियमित रूप से रुकना और विचार करना उचित है, है ना?

हां, और उस नाटकीय परिवर्तन के साथ नाटकीय परिवर्तन भी आया, जहां मेरे दादा-दादी का घर उनके समुदाय, जनजाति और धर्म में उन्हें जन्म के समय दिया गया था, जबकि मेरे लिए यह कुछ ऐसा है जिसे अपना बनाया जा सकता है - जो चुनौतियां पेश कर सकता है लेकिन कर सकता है अविश्वसनीय अवसर भी प्रस्तुत करते हैं। कुछ बिंदु पर, मुझे एहसास हुआ: ठीक है, मैं कई स्थानों पर जाने के लिए वास्तव में भाग्यशाली रहा हूं। अब असली रोमांच मेरे भीतर है: अतीत के अनुभवों की यादों को इकट्ठा करने में बिताए गए समय के माध्यम से भावनाओं, छापों और अनुभवों को इकट्ठा करना। अब, मैं बस इतना चाहता हूं कि वर्षों तक शांत बैठूं और अपने आंतरिक परिदृश्य का पता लगाऊं, क्योंकि जो कोई भी

यात्रा करता है वह जानता है कि यात्रा अपने आप को इधर-उधर घुमाने से कहीं अधिक प्रेरित होने के बारे में है। सबसे पहले, जो आप देख सकते हैं वह सिर्फ ग्रांड कैन्यन या महान दीवार नहीं हो सकता है; बल्कि, वे आपके भीतर मनोदशाओं या सूचनाओं या स्थानों का प्रतिनिधित्व करते हैं जिन्हें आप आमतौर पर अपने दैनिक जीवन के दौरान नोटिस नहीं करते हैं। मुझे हेनरी डेविड थोरो और थॉमस मर्टन की याद आई जो अज्ञात क्षेत्रों की खोज कर रहे थे; मैं इस विशाल अज्ञात क्षेत्र की खोज करके उनके नक्शेकदम पर चलना चाहता हूं जो अभी तक अज्ञात है।

आपका जीवन और उसके चिंतनशील अभ्यास, जिसे मैं स्थिरता के रूप में संदर्भित करूंगा, का एक प्रेरक नाम है: शांति। आपने उस शब्द को अपने लेखन और दैनिक जीवन में कितने शानदार तरीके से पेश किया है!

क्या हम देख रहे हैं कि जब लोगों ने आंतरिक भावना को इस तरह से लेबल करने के लिए इस तरह के शब्दों का उपयोग करना शुरू कर दिया?

जैसा कि मैंने पहले ही नोट किया है, मैंने हमेशा काफी यात्राएं की हैं; अपने 30 के दशक में ही मैंने देखा कि मैं पहले ही अकेले संयुक्त राज्य अमेरिका की एक एयरलाइन पर दस लाख मील की दूरी तय कर चुका हूँ! तो यह मेरे लिए स्पष्ट हो गया कि मेरे जीवन में बहुत अधिक गति है लेकिन संभवतः बहुत कम शांति है। लगभग इसी समय, सांता बारबरा में मेरा पारिवारिक घर जलकर राख हो गया, जिससे मैं अपनी सारी संपत्ति खो बैठा - सिवाय उस शाम पूरी रात के लिए खुला रहने वाला सुपरमार्केट टूथब्रश खरीदने के अलावा - इसलिए अगली सुबह, मुझे बहुत भटका हुआ और अकेला महसूस हुआ। तो मेरा जीवन और अधिक अशांत हो गया। मेरे स्कूल शिक्षक मित्र ने सुझाव दिया कि मैं कुछ समय कैथोलिक आश्रम में बिताऊँ। लेकिन यद्यपि मैं न तो कैथोलिक हं और न ही साधु, उन्होंने मुझे एक ऐसी जगह के बारे में बताया जहां वह हमेशा कक्षाएं लेते थे, जिससे उनके सबसे विचलित, बेचैन, टेस्टोस्टेरोन-ईंधन वाले किशोर लड़के को भी वहां कक्षाओं में भाग लेने पर शांत और स्पष्ट महसूस करने में मदद मिली। और चूँकि कोई चीज़ किशोर लड़कों के लिए इतने प्रभावी ढंग से काम करती है, तो निश्चित रूप से जो चीज़ काम करती है वह मेरे लिए भी काम करनी चाहिए?

और मैं समुद्र का अनुसरण करते हुए तट के साथ-साथ उत्तर की ओर चला, जैसे-जैसे मैं इसका अनुसरण करता गया, संकरी और संकरी सड़कें बनती गईं; अंततः एक और भी संकरी बर्मुशकल पक्की सड़क तक पहुंचने तक, जो इस मठ तक पहुंचने के लिए एक पहाड़ से दो मील तक का रास्ता तय करती थी, जहां हवा ऊर्जा के साथ दृढ़ता से स्पंदित होती थी। सबसे पहले, यह बहुत शांत था - इसलिए नहीं कि कोई शोर नहीं था, बल्कि इसलिए क्योंकि भिक्षुओं द्वारा बनाई गई इन पारदर्शी दीवारों ने हमारे दैनिक जीवन में हमारे लिए उपलब्ध होने के लिए बहुत मेहनत की थी। जब मैंने रहने के लिए अपने छोटे से कमरे में प्रवेश किया, तो यह काफी सामान्य था: वहाँ केवल एक बिस्तर और डेस्क था; उनके ऊपर कुर्सियों वाले बगीचे की ओर देखने वाली एक लंबी चित्र वाली खिड़की थी; जिसके परे केवल प्रशांत महासागर का विस्तार था।

गाड़ी चलाते समय मैंने एक बात नोटिस की कि मेरा दिमाग विचारों, वार्तालापों या तर्कों से दौड़ रहा था; अपनी माँ को पीछे छोड़ने का अपराधबोध और यह डर कि कहीं मेरे बॉस मेरी देरी से नाराज़ न हो जाएँ, ये दोनों लगातार साथी थे।

इस स्थान पर पहुंचने के तुरंत बाद, मुझे एहसास हुआ कि वास्तव में इससे कोई फर्क नहीं पड़ता कि मैं कहाँ हूं और यहां रहकर, मैं अपनी मां, दोस्तों और मालिकों को जो भी सहायता की आवश्यकता होगी, उन्हें बेहतर ढंग से प्रदान करने में सक्षम होऊंगा। इस विषय पर अंतिम टिप्पणी: मेरी मां अब कैलिफोर्निया में ठीक 1,200 फीट की ऊंचाई पर रहती हैं - मठ की ऊंचाई के बिल्कुल बराबर - और अपने पहाड़ी घर से समुद्र के आश्चर्यजनक दृश्यों का आनंद लेती हैं। बाहर से देखने पर उसका घर शांत और सुरक्षित दिखाई देता है; फिर भी जब मैं घर पर अकेले किताब पढ़ रहा होता हूं तो मैं लगातार तैयार रहता हूं कि या तो मेरे फोन पर नए मेल की घंटी बजेगी, या कोई मेरे दरवाजे पर दस्तक देगा जो मुझे बताएगा कि मेरा मेल दूसरे कमरे में आ गया है। इसलिए मैं खुद को लगातार बाधित करके आगे बढ़ने के लिए मजबूर करता हूं - भले ही इसका मतलब सिर्फ लेकर्स गेम देखना हो! और जब भी मेरे विचार तारों को देखने की ओर बढ़ते हैं, तो मेरा मस्तिष्क तुरंत मुझे याद दिलाता है कि अन्य कार्य भी प्रतीक्षा में हैं। या यदि कोई गहरी बातचीत होती है, तो लेकर्स गेम जल्द ही टीवी पर आ सकता है - सितारों पर फिर से नज़र डालने से पहले कुछ और करने की ज़रूरत है। घर पर, मेरा जीवन हमेशा मेरी स्पष्टता और एकाग्रता में हस्तक्षेप करता है; यह मुझे याद दिलाता है कि क्यों मेरे जैसे लोगों को मौन और स्थिरता में कदम रखने और इसके कायाकल्प लाभों की खोज करने के लिए सचेत कदम उठाने चाहिए - वास्तव में हमें किसी भी चिंता या तनाव से मुक्त करना चाहिए।

1994 से, मैंने कार्मेल वैली रेंच की नियमित यात्राएँ की हैं। 70 से अधिक समय बीत चुका है, और यह वास्तव में मेरे गुप्त घर जैसा लगता है - मेरी पत्नी और माँ के साथ यह परिवर्तन और कभी-कभी अस्थिरता से भरी दुनिया में स्थिर रहता है। कहीं और यात्रा करते समय मैं हमेशा उस छोटे से कमरे के बारे में सोचता हूँ जहाँ से नीचे प्रशांत महासागर का दृश्य दिखाई देता है और उसका चैपल - दोनों यादें संघर्ष और अनिश्चितता के समय मुझे शांत करने और सहारा देने का काम करती हैं।

इसके मूल में एक ऐसा आवश्यक संदेश निहित है: चूंकि आपने शारीरिक और अपने भीतर शांति की तलाश की है, इस खोज और दुनिया में लौटने के बीच एक महत्वपूर्ण तनाव रहा है। आपने यहां जो लिखा है वह मुझे विशेष रूप से पसंद आया: "शांति की तलाश करने का उद्देश्य केवल एक स्थान या दूसरे स्थान पर अधिक शांति या शांति जोड़ना नहीं है; बल्कि इसे पूरे समाज में शांति लानी चाहिए।"

ग्राहम ग्रीन पर आपकी पुस्तक आने के बाद, मैंने न्यूयॉर्क पब्लिक लाइब्रेरी में आपके और पॉल होल्डेंग्रेबर के बीच हुई बातचीत में भाग लिया। आपने वहां कुछ ऐसा कहा जिससे मैं आपसे इस बारे में बात करने के लिए उत्सुक हो गया: आध्यात्मिकता पानी की तरह थी जबकि धर्म उसके कंटेनर का प्रतिनिधित्व करता था; आपने कहा कि वे चाय के कप की तरह आगे बढ़ते हैं लेकिन समय के साथ संभावित रूप से टूट सकते हैं - मुझे आश्चर्य हुआ कि क्या आध्यात्मिकता पानी की तरह थी जबकि धर्म कप की तरह काम कर सकता है, समय के साथ इसे अपना आकार दे सकता है लेकिन संभावित रूप से किसी भी क्षण लड़खड़ा सकता है?

मुझे कप का रूपक बहुत पसंद है. और यदि आपने अब मुझसे आध्यात्मिकता के बारे में पूछा है, तो मैं उत्तर दूंगा कि यह हमारे भीतर जो सबसे गहरा है और हमारे आंतरिक प्रकाश के साथ हमारे भावुक रिश्ते के बारे में है जो कभी-कभी मंद हो जाता है, फिर भी कभी-कभी उज्ज्वल चमकता है। धर्म हमें एक समुदाय, ढांचा, परंपरा और सहयोगी प्रदान करता है जिनके साथ हम जो कुछ भी पाते हैं उसे साझा कर सकते हैं। मैं ऊपर कही गई अधिकांश बातों से सहमत हूँ - विशेषकर आपके अंतिम वाक्य से! जैसा कि मैंने ऊपर उल्लेख किया है, पानी और चाय पर चर्चा करते समय मैं दलाई लामा से भारी मात्रा में उधार ले रहा होगा। वह अक्सर इस बात पर जोर देते हैं कि जीवित रहने के लिए दयालुता कितनी महत्वपूर्ण है - इसके बिना हम नष्ट हो जायेंगे! वह दया को पानी के समान और धर्म को चाय के समान देखता है। चाय एक विलासितापूर्ण अनुभव है जो जीवन के स्वाद को बढ़ा देती है, इसलिए इसे पीने से इसका आनंद काफी बढ़ सकता है और यह सब आपके अनुभव को समृद्ध कर सकता है। हालाँकि, पानी अभी भी आवश्यक है और इसलिए दैनिक दयालुता और जिम्मेदारी को हर जीवन यात्रा का आधार बनाना चाहिए - ग्रंथों या पूर्ण अवधारणाओं के अर्थ पर बहुत गहराई से सोचने से पहले खुद को उन लोगों में शामिल करने का एक उत्कृष्ट अनुस्मारक जिनकी हम परवाह करते हैं।

भौतिक विज्ञानी और चिंतनशील आर्थर ज़ाजोनक का मानना है कि विज्ञान की सबसे दूर की सीमाएँ मूल्यों के आमूल परिवर्तन की ओर ले जा रही हैं।
ज़ाजोनक के अनुसार, विज्ञान और मानविकी को एकीकृत करना बात करने का एक और तरीका है, "हम कौन हैं उन सभी को इस दुनिया को बनाने वाली चीज़ों से जोड़ना"।

आर्थर ज़ाजोनक और आर्थर ज़ाजोनक के बीच बातचीत को सुनें।

आध्यात्मिकता को केवल आस्था के इर्द-गिर्द घूमने की ज़रूरत नहीं है; बल्कि, उसे स्वयं को जानने के प्रति प्रतिबद्ध समझना चाहिए। मेरे 20 के दशक से नियमित रूप से अभ्यास किए गए ध्यान और चिंतन के माध्यम से, ध्यान ने मुझे इस विश्वास तक पहुंचाया है कि चिंतनशील आध्यात्मिकता के भीतर एक अनुभवात्मक डोमेन मौजूद है जिसे स्पष्ट किया जा सकता है; कुछ अर्थों में वैज्ञानिक भी - क्योंकि इसका आधार हजारों वर्षों से साझा किए गए मानवीय अनुभव पर आधारित है और जिसे हम आज अपने वैज्ञानिक कार्यों के अनुकूल तरीकों से जोड़ सकते हैं।

यहां नैतिकता की आपकी परिभाषा है: "नैतिकता अन्य लोगों के साथ हमारे संबंधों और उस व्यापक वातावरण को संदर्भित करती है जिसमें हम रहते हैं।

मेरे लिए नैतिकता की जड़ें मेरी कैथोलिक परवरिश में हैं; इसलिए इसमें अक्सर अपराधबोध शामिल होता है। तुम्हें पता है, पाप और शिरापरक पाप...

गलत कदम.
और फिर भी आप हमेशा भयभीत रहते थे कि किसी न किसी तरह, कोई आपको पकड़ लेगा, लेकिन किसी बिंदु पर यह असंभव लग रहा था; इस मुद्दे को केवल चर्च के पदानुक्रम द्वारा

निर्धारित नहीं किया जा सकता है; कोई अन्य स्रोत होना चाहिए। और इन सबके पीछे कोई ऐसा व्यक्ति भी होना चाहिए जो इसे बेहतर ढंग से समझता हो।

नैतिकता महत्वपूर्ण थी, अपने संपूर्ण रूप में नहीं बल्कि आपके व्यक्तिगत आचरण के हिस्से के रूप में, इसलिए विज्ञान नियतिवादी सोच की विफलताओं का पता लगाने का एक आकर्षक तरीका बन गया। अराजकता की गतिशीलता या क्वांटम यांत्रिकी एक संकेत देती है कि चीजें कम कठोर हो सकती हैं; जैविक अनिवार्यताएँ पूर्ण नहीं हो सकतीं; स्वतंत्रता के लिए जगह हो सकती है; नैतिक रूप से उचित कार्रवाई भी हो सकती है। लेकिन अगर हम माता-पिता, पुजारियों, शिक्षकों, सहकर्मी समूह या जीव विज्ञान द्वारा हम पर लगाए गए सभी बलों को हटा दें - जो सभी अत्यधिक बल लगाते हैं - और अपने लिए जगह बनाते हैं, तो आपका नैतिक दिशा-निर्देश या साधन क्या होगा? क्या मैं काल्पनिक रूप से या ध्यान के माध्यम से इसकी खोज कर सकता हूँ? और क्या कोई ऐसा दृष्टिकोण है जो नैतिक रूप से जुड़ा हुआ महसूस करता है और मुझे अपना जीवन एक के भीतर रखने में मदद करता है? मेरे लिए वह मेरा अनुभव बन गया है.

उपस्थिति एक ऐसी चीज़ है जिसे आप पल-पल विकसित करते हैं।

सही। लेकिन आपकी बात स्पष्ट है. वास्तविकता व्यापक है, व्यक्तिपरकता वास्तविकता में मौजूद है और हमारी मित्र है; वास्तव में यह नया विज्ञान "जीवन के प्रति एक क्रांतिकारी पुनअभिविन्यास" का प्रतिनिधित्व करता है, जो नैतिक जीवन के लिए आधार प्रदान करता है।

हाँ। तर्क कुछ इस प्रकार है: 17वीं शताब्दी के बाद से, तंत्र और पदार्थ की प्रधानता रही है। हालाँकि, 1900 और 1925 के बीच, भौतिकी एक अविश्वसनीय क्रांति से गुज़री क्योंकि हमें एहसास हुआ कि हम पर्यवेक्षकों को पूरी तरह से नज़रअंदाज नहीं कर सकते; हालाँकि कुछ हद तक हम ध्यान से देखे बिना उनका अनुमान लगाकर ऐसा करने में सक्षम हो सकते हैं; लेकिन तब नहीं जब हम अपना विज्ञान ठीक से कर रहे हों; इसके बजाय हमें हमेशा क्वांटम यांत्रिकी और सापेक्षता या सामान्य विज्ञान में व्यक्तिपरक आयामों के माध्यम से किसी न किसी तरह फंसाया जाता है - कुछ ऐसा जो हमारे पूर्ववर्तियों को तब महसूस नहीं हुआ था जब उन्होंने अभी हाल तक तंत्र और पदार्थ का एक साथ अध्ययन किया था!

हर जगह एक पर्यवेक्षक है - चाहे वास्तविक हो या काल्पनिक - जो देखता है कि क्या हो रहा है, जिसकी ब्रह्मांड को हमसे आवश्यकता है। हम इसे चीज़ों को देखने का कोई सुखद तरीका कहकर ख़ारिज नहीं कर सकते; किसी भी ब्रह्मांड को अर्थपूर्ण बनाने के लिए इस तत्व का अस्तित्व में होना आवश्यक है। ऐसा कोई बाहरी परिप्रेक्ष्य नहीं है जिससे आप हर चीज़ के घटित होने पर उसे देख सकें--इसलिए मेरे लिए यह हमेशा मेरे सामने घटित होने वाली एक बड़ी कहानी की तरह महसूस होता है।

अनुभव, इतिहास और आख्यान कुछ अर्थों में एकमात्र सच्ची चीज़ें हैं।

यह जितना अजीब लग सकता है, व्यक्तिपरक वास्तविकता का अनुभव हमें अनुभव और व्यक्तिपरकता में वापस लाता है - मनमाने ढंग से या सनकी तरीके से नहीं - बल्कि मेरे व्यक्तित्व से जुड़ी वास्तविकता के रूप में। इस सुविधाजनक दृष्टिकोण से, व्यक्तिपरकता

मेरे जीवन में शत्रु होने के बजाय एक सहयोगी बन जाती है। एक बार ऐसा होने पर, नैतिक आयाम जीवन में लौट आते हैं क्योंकि व्यक्तिपरक अनुभव को स्वच्छ करके आप नैतिक संभावनाओं के लिए कोई जगह नहीं छोड़ते हैं।

हमेशा की तरह, नैतिकता फिर से सामने आती है क्योंकि आप जो करते हैं वह अंततः मायने रखता है?

वास्तविकता वह है जो आप करते हैं और अनुभव करते हैं, फिर भी किसी तरह हम अपने रोजमर्रा के जीवन में जो अनुभव करते हैं वह वास्तविक है - बच्चों और पीड़ा से लेकर बढ़ते बूढ़े और बच्चों को जन्म देने तक - अलग-अलग चीजों के संदर्भ में पुराने प्रतिमानों के माध्यम से समझाया जाता है। कभी-कभी मैं इसे मूर्तिपूजा के रूप में सोचता हूं: आप देवताओं की ओर इशारा करते हैं लेकिन उन्हें देख नहीं पाते इसलिए आप मूर्तियां बनाते हैं; इसी तरह भौतिकी में जहां मॉडल मौजूद हैं लेकिन उत्तर देने के लिए कोई वास्तविक परिणाम अभी तक सामने नहीं आए हैं जो वास्तविकता का बेहतर प्रतिनिधित्व कर सकते हैं, लेकिन इसके बजाय श्रद्धेय के बजाय पूजा की जाती है क्योंकि जो वास्तव में इसका प्रतिनिधित्व करता है उसकी पूजा करने के बजाय उन्हें पूजा जाना चाहिए; आपका अनुभव प्राचीन सोच या किसी अन्य स्रोत की मंशा की पूजा करने के बजाय वास्तविकता बन जाता है।
यह समझना मुश्किल है कि इस विभाजन का कौन सा पक्ष केंद्र में है, फिर भी आपको प्रत्यक्ष अनुभव, एपिफेनी और अंतर्दृष्टि को पैटर्न में पुनर्जीवित करने के लिए कभी-कभी एक आइकॉनोक्लास्ट की तरह कार्य करने की आवश्यकता होती है जो जीवित अनुभव में वापस ले जाती है। ऐसा करने से नैतिक और नैतिक आयाम भी खुलते हैं जो मुझे जीवन को पूरी तरह से फिर से खोजने की अनुमति देते हैं।

रिचर्ड रोड्रिग्ज स्वयं और समाज पर अमेरिका के महान लेखकों में से एक हैं। वह देखता है कि अमेरिका के "भूरा होने" के कारण पिछली पीढ़ियों में नस्ल संबंध कैसे बदल रहे हैं; इसके अलावा, एक रोमन कैथोलिक के रूप में उन्होंने 9/11 के बाद की दुनिया में मुसलमानों के संबंध में समझ की तलाश की है। रिचर्ड का जीवन बाएं से दाएं, आप्रवासी से लेकर बौद्धिक और साथ ही धर्मनिरपेक्ष धार्मिक परंपराओं तक फैला हुआ है।

रिचर्ड रोड्रिग्ज और लेखिका एमी आइडलमैन के बीच की इस बातचीत को सुनें।

मेरी परवरिश रोमन कैथोलिक में हुई, फिर भी यह न्याय नहीं करता। मैं सैक्रामेंटो, कैलिफ़ोर्निया में एक ऐसे पड़ोस में पला-बढ़ा हूँ जिसे सबसे अच्छी तरह से वर्णनातीत कहा जा सकता है; "सफ़ेद" पूरी कहानी नहीं बताता है: क्या आपके पिता कोयला खनिक के रूप में काम करते थे, या क्या आपके बेटे की डोंगी चलाते समय दुखद मृत्यु हो गई थी। मेरे स्कूल का अनुभव मुख्य रूप से श्वेत था: मेरे सभी सहपाठी कैथोलिक थे, एक अपवाद बॉबी राइट था जो एपिस्कोपेलियन था और जब हम एक साथ प्रार्थना करते थे तो अपना सिर झुकाते थे। आयरिश आवाज़ों ने मेरी कक्षा को भर दिया और अंग्रेजी शब्दों और संस्कृति से मेरा परिचय कराया। जैसा कि अक्सर होता है, आयरलैंड मेरे लिए अंग्रेजी सीखने का प्रवेश द्वार था - सभी पुजारी, नन और वेदी के लड़के आयरिश महिला होने के कारण मैंने पहली

बार अंग्रेजी भाषा सीखी। इसके अतिरिक्त, एक वेदी लड़के के रूप में मैंने पुजारी को लैटिन में जवाब देकर लैटिन सीखा। आज भी यह कुछ ऐसा है जिसके बारे में सोचकर मुझे मुस्कुराहट मिलती है।

मुझे याद है कि मैंने एक घंटे में अंकगणित की कक्षा में जल्दी लौटने से पहले एक ताबूत को उसकी कब्रगाह से खुले गड्ढे तक ले जाने में मदद की थी - तब जीवन ऐसा ही था। फिर भी युवा मनों पर स्मृति, कविता और गद्य का शक्तिशाली प्रभाव तब प्रमाणित होता है जब पुजारियों को लैटिन वाक्यांशों के साथ जवाब दिया जाता है, 'मैं भगवान की वेदी पर जाऊंगा जो मेरे युवाओं को खुशी देता है। तो जब लोग पूछते हैं कि अब चर्च का मेरे लिए क्या मतलब है? मेरा उत्तर: यह बहुत ही आकर्षक था।

आपके संस्मरण हंगर ऑफ मेमोरी ने एक दिलचस्प बयान दिया है जो मुझे विशेष रूप से प्रभावशाली लगा: आपने लिखा, "उनके जीवन में शामिल सभी संस्थानों में से, केवल कैथोलिक चर्च को मेरी मां और पिता के विचारक होने और लोगों को उनके अपने अनुभव के बारे में पता था।" ज़िंदगियाँ।

हाँ। हमें अपने जीवन पर विचार करने के लिए प्रेरित करने की धर्म की शक्ति मुझे ऐसा लगता है कि यह एक आंतरिकता को बढ़ावा देती है जिसे बौद्धिक कहा जा सकता है। क्रिस्टा, यह मेरे लिए सचमुच आश्चर्यजनक है कि कैसे किसान चर्च अभी भी दुनिया भर में इतने सारे लोगों को इतनी सांत्वना देता है - यहां तक कि उन लोगों को भी जो स्वयं धर्म में विश्वास नहीं करते हैं! अब, मेरा अधिकांश समय गैर-धार्मिक या गैर-धार्मिक व्यक्तियों के बीच व्यतीत होता है। मेरा भाई स्वयं को नास्तिक ही नहीं, आस्तिक-विरोधी भी मानता है। उनके लिए, 'नास्तिकता' शब्द धर्म के संबंध में उनकी भावनाओं को पूरी तरह से व्यक्त नहीं करता है; इस प्रकार धर्म के बारे में लिखते समय मुझे चिंता होती है कि यदि मेरा लहजा अत्यधिक धार्मिक या बहुत अधिक धार्मिक लगता है तो मेरे धर्मनिरपेक्ष पाठक मेरे लेखन के बारे में क्या सोचेंगे।

क्या वे धर्मनिरपेक्ष दर्शकों के लिए उपयुक्त हैं या धार्मिक लेखकों के लिए बहुत स्टाइलिश हैं? मेरे विचार से, ये पुस्तकें संभवतः किसी भी श्रेणी में आएंगी; कभी-कभी धार्मिक लेखन में व्यंग्य और विरोधाभास का प्रयोग अनदेखा रह जाता है।

जैसे ही 11 सितंबर आया, यह हमारी संस्कृति में एक महत्वपूर्ण मोड़ था जहां इस्लाम - एक अरब से अधिक अनुयायियों वाला यह धर्म - एक "अन्य" के रूप में दिखाई देने लगा। आपने उसी एकेश्वरवादी ईश्वर की पूजा करके आतंकवादियों के साथ अपनी रिश्तेदारी की खोज करने और अपनी प्रतिक्रिया लिखकर इन लोगों के साथ अपने संबंधों की खोज करने का एक दिलचस्प प्रतिसांस्कृतिक कदम उठाया: "मैंने अपने पिता के भगवान की भी पूजा की थी, इसलिए वहां कुछ संबंध होना चाहिए"। आप यह समझने के लिए निकले हैं कि उस परिप्रेक्ष्य से क्या हुआ था।

खैर, पहली चीज़ जो मैं समझता हूँ वह है रहस्य। मध्य पूर्व के रेगिस्तान में जाने के बाद, मैंने देखा कि इब्राहीम के भगवान - जो यहूदियों, ईसाइयों और मुसलमानों द्वारा समान रूप से साझा किए गए थे - ने खुद को वहां प्रकट किया। पवित्र होते हुए भी, यह लोगों को चिंतित भी कर सकता है क्योंकि हम यह महसूस करते हुए आते हैं कि ईश्वर हमारे लिए

उतना ही अकेला है जितना वह अपने लिए लगता है; जनजातीय निष्ठा आवश्यक हो जाती है; इस प्रकार दोनों सांत्वनादायक सांत्वना के साथ-साथ हिंसक संघर्ष की ओर भी अग्रसर हुए जो हम अब देखते हैं।

जैसे ही आप रेगिस्तान पार करते हैं, यह स्वीकार करना महत्वपूर्ण है कि सूरज की रोशनी कितनी उज्ज्वल और चकाचौंध कर देने वाली हो सकती है; फिर भी अँधेरा और छाया कितना सुखद है। कई धर्म छाया और अंधकार को ईश्वर का उपहार मानते हैं; मोहम्मद को अपना रहस्योद्घाटन भी एक गुफा में हुआ था जो केवल प्राकृतिक प्रकाश से जगमगाती थी। यहूदी धर्म भी मूसा को एक बंद गुफा के अंदर रखता है ताकि उसकी चमक से वह अंधा न हो जाए; पुनरुत्थान तो दूसरे के अंदर भी हुआ। हम कभी-कभी भूल जाते हैं कि हम अंधेरी जगहों के बीच रहते हैं - हालाँकि अंधेरे को अपने विश्वास के हिस्से के रूप में स्वीकार करने से इसे मजबूत करने में मदद मिलनी चाहिए।
खैर, यह मुझे आपके प्रश्न की ओर ले जाता है। आप यह कैसे समझ पाए हैं कि रेगिस्तान और गुफाओं की परंपरा ने आपकी कैथोलिक आध्यात्मिकता को कैसे आकार दिया है, जिसे आप मोक्षदायी मानते हैं?

हमारे महान अमेरिकी नास्तिक और केबल टीवी कमेंटेटर क्रिस्टोफर हिचेन्स ने हमें यह विश्वास दिलाने को अपना मिशन बना लिया कि भगवान मर चुके हैं। मैं आंशिक रूप से लंदन में रहता हूं और आपको आश्वस्त कर सकता हूं कि भगवान निश्चित रूप से यहां मरा नहीं है: मुस्लिम और हिंदू दोनों वहां बहुतायत में पाएं जा सकते हैं। मदर टेरेसा की मृत्यु के बाद, विश्वासपात्रों और बिशपों को लिखे गए कई पत्र सामने आए, जिसमें दिखाया गया कि उनके अस्तित्व के अंतिम 40 वर्षों के दौरान उनका जीवन अंधकारमय था।
मैं पूछना चाहता था कि आपने अपनी पुस्तक को इस तरह से समाप्त करने का निर्णय क्यों लिया, जबकि क्रिस्टोफर हिचेन्स ने अपने पूरे जीवन में मृत्यु तक ईश्वर-विरोधी दर्शन में अपने विश्वास की घोषणा की, जबकि मदर टेरेसा अपनी निराशा में निराशाजनक रूप से धार्मिक बनी हुई हैं।

"मैं एक बार उसके साथ सैन क्वेंटिन जेल गया था। वह सबसे उल्लेखनीय दोपहर थी जिसे मैं धार्मिक रूप से याद कर सकता हूं: वहां मौत की कतार में बैठे ठगों का एक समूह था जो स्कूली लड़कों की तरह व्यवहार कर रहे थे; उसने अपनी छोटी आवाज में उनसे कहा कि भगवान को देखने के लिए उन्हें ऐसा करना चाहिए उनके बगल में मौजूद लोगों को देखें - गर्दन पर टैटू बनवाए कैदी या जिन्होंने दूसरों की हत्या और बलात्कार किया था: यहीं उनका चेहरा पाया जा सकता है। पहले मैंने सोचा, लेकिन मुझे एहसास नहीं हुआ: इतने समय से मैं देख रहा था इसके बजाय पवित्र चित्र; वह क्षण जब इसका अधिक अर्थ होता। फादर जॉर्ज कॉयने और भाई गाइ कंसोलमैग्नो उस दोपहर सैन क्वेंटिन जेल में हमारे साथ थे।
चंद्रमा पर तीस से अधिक वस्तुओं का नाम जेसुइट्स के नाम पर रखा गया है; आखिरकार, जेसुइट्स ने इसकी सतह का नक्शा बनाने में मदद की। जेसुइट आधुनिक खगोल भौतिकी के अग्रदूतों में से थे; अकेले इतिहास में चार - लोयोला के इग्नाटियस उनमें से एक हैं - उनके नाम पर क्षुद्रग्रह रखे गए हैं - वेटिकन के खगोलशास्त्री ब्रदर गाइ कंसोलमैग्नो और फादर जॉर्ज कॉइन को वर्तमान में इस तरह से सम्मानित किया जा रहा है।

लेखक ब्रदर गाइ कंसोलमैग्नो और आध्यात्मिक सलाहकार फादर जॉर्ज कॉइन के बीच इस बातचीत को सुनें।

मुझे यह सुनना अच्छा लगेगा कि आपके दोनों दृष्टिकोण, जो कि विज्ञान द्वारा काफी हद तक सूचित हैं, सामान्य रूप से कैथोलिक धर्मशास्त्र और परंपरा के साथ कैसे मेल खाते हैं। गाइ ने कहीं लिखा है कि कैथोलिक बौद्धिक उपलब्धि में "इसके केंद्र में धन और करुणा के साथ-साथ मानवीय पतनशीलता भी शामिल है।" निश्चित रूप से आप केवल कैथोलिक धर्मशास्त्र के बारे में ही नहीं बल्कि समग्र रूप से साहित्य, कला, कविता और संस्कृति पर इसके प्रभाव के बारे में बात कर रहे थे?

भाई लड़का: ठीक है. जब मैंने इसे लिखा था, तो मुझे याद है कि मैंने सोचा था: यह वापस आएगा और मुझे परेशान करेगा! हालाँकि, इन विचारों को लिखने से मुझे यह देखने में मदद मिली कि यह कहाँ ले जा सकता है और इसे बौद्धिक और भावनात्मक रूप से समझने में मदद मिली। कैथोलिक धर्म की खुशियों में से एक हमारी लंबी बौद्धिक परंपरा है जिसमें गंध, घंटियाँ और भजन भी शामिल हैं जो इस जागरूकता को प्रतिबिंबित करते हैं कि यह ईश्वर है और मैं उसके बारे में कुछ करना चाहता हूं।

फादर कॉइन: मुझे बस एक छोटी सी बात जोड़ने दीजिए। अज्ञानी होना रोमांचक है, और विज्ञान में हमारी अज्ञानता विश्वास से संबंधित हो सकती है - जिसमें ईश्वर के साथ प्रेम के संबंधों को लेकर अनिश्चितता शामिल है जिसे मैं विश्वास कहता हूं। उदाहरण के लिए, एक वैज्ञानिक बैठक में मैंने आयु निर्धारण विधियों में अनिश्चितताओं पर भाषण दिया था। ब्रह्माण्ड का अस्तित्व कब से है? इस मुद्दे का पता लगाने के लिए विभिन्न विधियाँ मौजूद हैं, प्रत्येक विधि में अलग-अलग स्तर की सटीकता शामिल है। वैज्ञानिक सम्मेलनों में भाग लेते समय, मैं आमतौर पर धार्मिक पोशाक नहीं पहनता; इससे मामला और उलझ जाएगा! लेकिन मैंने अभी-अभी एक चर्च या किसी चीज़ में अपना रोमन कॉलर पहनकर भाषण दिया था। चर्चा के दौरान एक सज्जन खड़े हुए और उन्होंने मुझसे सबसे पहली बात कही, "पिताजी।" सबसे पहले मुझे उनके द्वारा मुझे "पिता" के रूप में स्वीकार करने पर नम्रता महसूस हुई, लेकिन फिर उन्होंने कुछ गहन बात कहकर हमारी चर्चा को गहरा कर दिया: "पिताजी, यह आश्चर्यजनक होगा कि वैज्ञानिक गतिविधियों में मौजूद सभी अनिश्चितताओं के बावजूद आपके पास अभी भी समर्थन के स्रोत के रूप में विश्वास है . "किसने कहा कि मेरा विश्वास हमेशा वहाँ था?" मैंने बदले में जवाब दिया। "हर सुबह जब मैं उठता हूँ तो मेरे मन में संदेह और अनिश्चितताएँ होती हैं। प्रत्येक दिन इसे आगे बढ़ाने में मदद करने का एक प्रयास है क्योंकि विश्वास ही प्रेम है; जिस तरह शादी, दोस्ती, भाई-बहन का प्यार हमें सहारा देने के लिए हमेशा स्थिर नहीं रहता।

मेरे कहने का मतलब यह है कि विज्ञान में अज्ञानता विज्ञान करने का उत्साह पैदा करती है, और जो कोई भी इससे जुड़ता है वह जानता है कि खोजें केवल और अधिक अज्ञानता को जन्म देती हैं। ब्रदर गाइ: जैसे-जैसे और अधिक खोजा जाता है, वैसे-वैसे हमें एहसास होता है कि हम अभी भी नहीं जानते हैं।

और क्या आप सहमत हैं कि आस्था आपके लिए भी समान महत्व रखती है?

भाई गाइ: बिल्कुल सही. आस्था के विपरीत होने की बात करते समय ऐनी लैमोट ने एक उपयुक्त वाक्यांश गढ़ा; निश्चितता इसका विरोधी है। यदि कोई चीज़ आपके लिए पर्याप्त निश्चित लगती है, तो विश्वास अनावश्यक हो जाता है।

संदेह होने पर विश्वास सामने आ सकता है, चाहे उनमें विज्ञान शामिल हो या नहीं। क्या उसने आस्था का भी संज्ञा के स्थान पर क्रिया के रूप में उल्लेख नहीं किया?

भाई लड़का: हाँ. जॉर्ज अज्ञानता के संबंध में जो चर्चा कर रहे हैं वह सुकरात से जुड़ी एक पुरानी परंपरा है, जिन्होंने कहा था, "मैं बाकी सभी से अधिक बुद्धिमान हं क्योंकि मैं अपनी अज्ञानता जानता हं"। 14वीं शताब्दी के दौरान अलौकिक प्राणियों के बारे में लिखने वाले कूसा के निकोलस ने इस विषय के बारे में किसी न किसी नाम से लिखा जैसे कि द बुक ऑफ इग्नोरेंस या कुछ इसी तरह का जैसा कि इसके अनुवाद से पता चलता है।

फादर कोयने: विज्ञान ने हमेशा इस अवधारणा का प्रदर्शन किया है, लेकिन हाल के दशकों में हम यह पहचानने लगे हैं कि ब्रह्मांड कितना विशाल होता जा रहा है। हमें आश्चर्य हुआ कि इसका विस्तार हमेशा के लिए विस्तारित होने या ढहने के कगार पर खड़ा लग रहा था - ठीक संभावनाओं की दहलीज पर। संक्षेप में, यह अपने आप में अद्भुत है। इसकी शुरुआत में कल्पनीय सभी संभावित परिदृश्यों से - इतनी तेज़ी से विस्तार हुआ कि कोई आकाशगंगा या तारे नहीं बने; या धीरे-धीरे इतना कि जैसे ही इसका विस्तार शुरू हुआ, लगभग अपने आप ढह जाए - हमारा ब्रह्मांड इन चरम संभावनाओं के ठीक बीच में था, हाल तक हमें प्रसन्न और आश्चर्यचकित कर रहा था, दूर के क्वासरों के सटीक अवलोकनों के लिए धन्यवाद, हम जानते हैं कि यह तेजी से विस्तार कर रहा है।
न्यूटन के बाद से गुरुत्वाकर्षण लंबे समय से मानव समझ के मूल में रहा है। लेकिन यह विचार आधारशिलों के रूप में गुरुत्वाकर्षण के स्थान को चुनौती देता है।

लेकिन मेरा मानना है कि आप यहाँ जो सुझाव दे रहे हैं वह यह है कि अज्ञानता आनंद लेने की चीज़ हो सकती है।

फादर कोयने: ज्ञान अज्ञान को जन्म देता है।

ब्रदर गाइ: यह एहसास कि हम सभी उत्तर नहीं जानते हैं। यदि ऐसा होता, तो हमारा जीवन अर्थहीन हो जाता; जीवन वास्तव में अर्थहीन हो जाएगा।
नौ साल की उम्र में, मुझे एक दोपहर याद है जब बारिश ने मुझे बाहर खेलने से रोक दिया था और इसके बजाय किसी कारण से मुझे अंदर रखा था। रविवार की उस बरसाती दोपहर में जब मेरी माँ बाँटने के लिए ताश का एक डेक लेकर आईं और हमने साथ में रमी खेला - मेरी उम्र के कारण मेरी माँ अक्सर मुझे ताश में हरा देती थीं; लेकिन हम इसीलिए नहीं खेले! इसके बजाय यह उसके लिए यह दिखाने का एक तरीका था कि वह सीधे तौर पर "बेटा, मैं तुमसे प्यार करती हूँ" कहे बिना मुझसे प्यार करती है। विज्ञान हमें सृष्टि का ऐसा गहन ज्ञान प्रदान कर सकता है जो स्वयं ईश्वर के प्रेम का एक और कार्य है; इस प्रकार हमें एक अंतरंग ज्ञान मिलता है जो चंचल होने के साथ-साथ स्वयं प्रेम का कार्य भी है!

फादर कोयने: यह एक दिलचस्प विचार है - या तो वह या भगवान हमारे साथ खेल खेल रहे हैं। दोनों सही हो सकते हैं: उसने एक आकर्षक ब्रह्मांड बनाया। मेरे लिए विज्ञान करना ईश्वर की खोज करने जैसा है; विज्ञान कभी भी निश्चित उत्तर नहीं देता क्योंकि इसकी प्रकृति इसके रहस्य में योगदान देती है। अगर मुझे अपने आस-पास की हर चीज़ के बारे में सब कुछ पता होता, तो मैं बस एक ताड़ के पेड़ के नीचे जिन और टॉनिक के साथ बैठ जाता और जीवन को गुजरते हुए देखता!
भाई गाइ: कभी-कभार यह इतना बुरा विचार नहीं होगा। फादर कोयने: कभी-कभी यह काफी नीरस हो जाता था।

मार्गरेट वर्थाइम ने मानव इतिहास और संस्कृति में वैज्ञानिक जांच के रोमांच को व्यक्त करने के लिए विज्ञान लेखन में परिवर्तन से पहले भौतिकी का अध्ययन किया - जिससे इसकी प्रासंगिकता हम सभी के लिए व्यक्तिगत हो गई। ऑस्ट्रेलिया में जन्मी मार्गरेट ने अपनी समान जुड़वां बहन और कलाकार बहन के साथ लॉस एंजिल्स में इंस्टीट्यूट फॉर फिगरिंग की स्थापना की।

मार्गरेट वर्थाइम और मार्गरेट एडैकर के बीच इस संवाद को सुनें
एक बच्चे के रूप में, मैं प्रकृति में गणितीय अवधारणाओं की प्राकृतिक अभिव्यक्तियों से गहराई से प्रभावित था। 6 या 7 साल की उम्र में, स्कूल में पाई (वृत्तों का एक अविभाज्य हिस्सा) के बारे में एक पाठ प्राप्त करने के बाद, घास के एक टुकड़े पर लेटे हुए सूरज की ओर देखते हुए, मेरे विचार इस ओर मुड़ गए कि क्या यह संख्या वास्तव में अस्तित्व में है: क्या पाई वास्तविक है या सिर्फ कल्पना की? इसका क्या मतलब है कि हमारे सूर्य, हबकैप्स या आपके द्वारा देखी जाने वाली किसी भी गोलाकार वस्तु के मूल में कोई रहस्यमय संख्या है? और जितना अधिक कोई भौतिकी का अध्ययन करता है, उतने ही उल्लेखनीय उदाहरण मिलते हैं कि गणित प्रकृति में हर जगह है - हमें इस घटना की व्याख्या कैसे करनी चाहिए? इसका क्या मतलब है कि लेजर जैसी घटनाओं का वर्णन करने वाले ये बेहद जटिल समीकरण हैं? और, इन समीकरणों को समझकर, क्या हम माइक्रोचिप्स जैसी प्रौद्योगिकियों तक पहुंच सकते हैं? यह केंद्रीय दार्शनिक प्रश्न है जिसे मैं जीवन में बेहतर ढंग से समझना चाहता हूं: गणित हमारे दैनिक जीवन का हिस्सा क्यों है?

इसलिए, मुझे यह दिलचस्प लगता है कि विज्ञान मानता है कि प्रकाश एक कण और तरंग दोनों के रूप में मौजूद हो सकता है, यह इस बात पर निर्भर करता है कि आप इसके बारे में कैसे पूछते हैं। यह कुछ ऐसा प्रदर्शित करता है जिसे हम सभी अनुभव करते हैं: कि वास्तविकता के लिए विरोधाभासी स्पष्टीकरण दोनों सही हो सकते हैं। "तरंग कण द्वंद्व हमारी दुनिया के मूल में है, या बल्कि, इसका गणितीय प्रतिनिधित्व है।" लेकिन यह महसूस करना महत्वपूर्ण है कि हमारी छवियां कितनी भी अस्पष्ट क्यों न हों, ब्रह्मांड संपूर्ण है और असंबद्ध टुकड़ों में विभाजित नहीं हो रहा है। वास्तव में, यह आकर्षक पूर्णता भौतिकविदों को आगे बढ़ाती है क्योंकि एक अनंत आकर्षक प्रकाश करीब और करीब आता है; फिर भी हमेशा पहुंच से बाहर।" वाह यह बहुत सुंदर है। क्या आपके पास इस विचार में जोड़ने के लिए कुछ और है?

हाँ। एक सदी से भी अधिक समय से भौतिकी के पास वास्तविकता का वर्णन करने के दो तरीके थे - तरंगें निरंतर घटना के रूप में और कण असतत या असतत घटनाओं के रूप में - दोनों का उपयोग उसने अपने विवरण के लिए किया। क्वांटम यांत्रिकी ने वास्तविकता पर इस द्वंद्वात्मक दृष्टिकोण का प्रतिनिधित्व किया।

सामान्य सापेक्षता कणों का विवेकपूर्वक वर्णन करती है जबकि क्वांटम यांत्रिकी तरंग जैसे निरंतर गुणों का वर्णन करती है। सामान्य सापेक्षता ब्रह्माण्ड संबंधी पैमाने पर संचालित होती है जबकि क्वांटम यांत्रिकी उपपरमाण्विक पैमाने पर शानदार ढंग से पनपती है, फिर भी गणितीय रूप से कहें तो ये सिद्धांत एक साथ अच्छी तरह से मेल नहीं खाते हैं। पिछले 80 या उससे अधिक वर्षों में, भौतिकी में परिभाषित प्रश्नों में से एक यह रहा है कि "क्या हम एक एकीकृत ढांचा ढूंढ सकते हैं जो सामान्य सापेक्षता और क्वांटम यांत्रिकी को एक गणितीय संश्लेषण में जोड़ता है?" कुछ लोगों का मानना है कि स्ट्रिंग सिद्धांत यह समाधान प्रदान कर सकता है। समसामयिक भौतिक विज्ञानी हमारी दुनिया के बारे में ऐसे लिखते हैं जैसे कि यह एक मूलभूत समस्या हो; लेकिन वास्तव में यह मनुष्य के लिए एक असुविधा मात्र है; बाकी सब कुछ प्रकृति में अपेक्षा के अनुरूप चलता रहता है।

ठीक है, इसलिए मैं नहीं मानता कि ब्रह्मांड सिज़ोफ्रेनिक है - बल्कि, हम इंसान हैं। और इसका मतलब यह नहीं है कि भौतिक विज्ञानी जो कर रहे हैं उसमें कुछ गड़बड़ है; क्वांटम यांत्रिकी और सामान्य सापेक्षता दोनों ही प्रयोग के 20 दशमलव स्थानों के भीतर सटीक साबित हुए हैं; यह वास्तव में प्रभावशाली है. फिर भी उनकी अतुलनीयता दर्शाती है कि हमारी दुनिया के बारे में जानने के लिए अभी भी बहुत कुछ बाकी है!

आपने कहा है कि तंत्रिका विज्ञान हमें कभी भी खुद को समझाने के लिए एक सर्वव्यापी सिद्धांत प्रदान नहीं करेगा - खुशी, प्यार और दर्द - या हम जो करते हैं वह क्यों करते हैं; तुम्हें लगता है कि कुछ और बाकी है; मैंने आपको अपने कई बयानों में यह कहते हुए सुना है कि आप खुद को कैथोलिक और नास्तिक दोनों मानते हैं।

नहीं, मैं स्वयं को नास्तिक नहीं मानता; लेकिन आइए इसे इस तरह से कहें: हालांकि मैं पारंपरिक अर्थों में भगवान में विश्वास नहीं कर सकता, मेरी पसंदीदा पुस्तक डिवाइन कॉमेडी है और वह कुछ प्रकाश डाल सकती है। दांते ब्रह्मांड के हृदय में प्रेम को खोजने के लिए उसके ताने-बाने में प्रवेश करता है; मेरा भी मानना है कि ऐसा कोई सार मौजूद है और मैं इसकी खोज के बारे में दांते के दृष्टिकोण के लिए आभारी हूं। तो मुझे लगता है कि कोई कह सकता है कि मैं ईश्वर में विश्वास करता हूं। और यह उस अवधारणा का हिस्सा है जो "क्या आप नास्तिक हैं या नहीं?" कठिन। मेरी चिंता यह है कि देवत्व के बारे में हमारी समझ इतनी तुच्छ और साधारण हो गई है कि हठधर्मिता का सहारा लिए बिना इस प्रश्न का उत्तर देना लगभग असंभव हो गया है। इसके अलावा, समाज के भीतर उग्रवादी नास्तिकता की बढ़ती प्रमुखता दुखद है; मुझे इसकी विनाशकारीता अनुपयोगी लगती है और नहीं लगता कि यह विज्ञान को बिल्कुल भी आगे बढ़ाती है।

और मैं समझता हूं कि आप यह कहकर क्या संकेत दे रहे हैं कि भगवान के आसपास की भाषा उपयोग या विवाद के माध्यम से बदनाम हो सकती है, इसलिए भले ही आप उस शब्दावली का उपयोग करें या नहीं, मेरी धारणा यह है कि विज्ञान के हमारे मानव इतिहास में अपने इतिहास अनुसंधान के माध्यम से आप नहीं बोलते हैं यह धर्म का इतना अधिक

"वाद" है, बल्कि कुछ "परे" के बारे में है, जो मानवता या वैज्ञानिक भौतिकवाद के बीच एक काल्पनिक अस्तित्व और वास्तविकता को बदनाम करने के बीच किसी प्रकार का तीसरा रास्ता प्रदान कर सकता है।

खैर, मुझे लगता है कि विज्ञान के संबंध में ईश्वर के मुद्दे को समझने का एक तरीका यह है: कि आधुनिक विज्ञान की शुरुआत से पहले, ईश्वर की ईसाई अवधारणाएँ दो कार्यों को पूरा करती थीं। वह ब्रह्मांड के निर्माता और मानवता के उद्धारक दोनों थे। हालाँकि, आधुनिक विज्ञान के आगमन के साथ, मुक्तिदाता के रूप में उनकी भूमिका अलग हो गई और सभी प्रश्न और सार्वजनिक चर्चाएँ निर्माता के रूप में उनकी भूमिका के इर्द-गिर्द केंद्रित होने लगीं - यही कारण है कि डार्विन ऐसे मूर्तिभंजक बन गए; उनके तर्क सृष्टिकर्ता के रूप में ईश्वर की अवधारणा को कमज़ोर करते प्रतीत हुए।
आज पश्चिम में, ईश्वर और उसके रचनात्मक कार्य के बारे में बहस प्रमुख है; धर्मशास्त्रीय दायरे के बाहर हम मुक्ति पर प्रभावी ढंग से चर्चा करने में सक्षम नहीं लगते हैं। मुझे लगता है कि हमें मोचन पर अधिक स्वतंत्र रूप से चर्चा करने की आवश्यकता है। मुक्ति पर चर्चा करने के लिए आपको किसी मूल पाप अवधारणा पर विश्वास करने की आवश्यकता नहीं है; प्रत्येक व्यक्ति हर किसी की तरह गलतियाँ करता है - सामूहिक रूप से बड़ी गलतियाँ करता है; प्रश्न यह है कि हम सुधार करने के लिए स्वयं को कैसे मुक्त कर सकते हैं?

रेजा असलान दुनिया भर में धर्म पर एक चुनौतीपूर्ण लेकिन ताज़ा परिप्रेक्ष्य प्रदान करता है - जो इतिहास और मानवता दोनों को ध्यान में रखता है जिसे समाचार चक्र अक्सर संबोधित करने की उपेक्षा करते हैं। तेहरान में जन्मे लेकिन सैन फ्रांसिस्को खाड़ी क्षेत्र में पले-बढ़े, असलान ने कॉर्नेल में धर्मों का अध्ययन किया और मध्य पूर्वी देशों से स्वतंत्र मीडिया और जानकारी का प्रबंधन करते हुए इस्लाम और यीशु के बारे में सबसे अधिक बिकने वाली किताबें लिखने के लिए प्रसिद्ध हैं।

रेज़ा असलान और रेज़ा आरिफ़ के बीच इस बातचीत को सुनें।

उस समय, मैंने उनकी चेतावनियों को गंभीरता से नहीं लिया और सोचा कि जब तक चीजें थोड़ी और सामान्य नहीं हो जातीं, तब तक ईरान छोड़ना ही बुद्धिमानी होगी। वह 30 साल पहले की बात है - चीजें शांत नहीं हुईं!

धर्म को केवल आस्था से अधिक समझा जाना चाहिए: यह उसका इतिहास है।"

खैर, यह निर्विवाद है कि सभी महान धर्म निरंतर विकसित हो रही आधुनिक दुनिया के साथ सामंजस्य बिठाने का प्रयास करते समय राजनीति और हिंसा से संबंधित समान मुद्दों का सामना करते हैं। ऐसा प्रतीत होता है कि अधिकांश आस्थावान लोगों के बीच यह ग़लतफ़हमी है कि भविष्यवक्ता कहीं से भी सामने आते हैं और पूर्वनिर्धारित संदेश देने के लिए तैयार होते हैं, और एक पल में पूरी तरह से नए धर्मों का निर्माण करते हैं। लेकिन पैगंबर धर्मों का आविष्कार नहीं करते हैं - वे बस उन लोगों के सुधारक के रूप में कार्य करते हैं जिनमें वे पले-बढ़े हैं। यीशु ने ईसाई धर्म का आविष्कार नहीं किया था - वह स्वयं यहूदी थे

और यहूदी धर्म में सुधार कर रहे थे, जबकि बुद्ध, एक अन्य हिंदू, हिंदू धर्म में सुधार कर रहे थे।

धार्मिक इतिहासकारों के रूप में, हमें यह स्वीकार करने की आवश्यकता है कि भविष्यवक्ता उस वातावरण से घनिष्ठ रूप से जुड़े हुए हैं जहाँ से वे उभरे थे। विशेष धर्मों की उत्पत्ति पर चर्चा करते समय, मेरा मानना है कि यह ध्यान देना महत्वपूर्ण है कि पूर्व-मुहम्मडन युग से पैगम्बर-हुड और उससे आगे-पैगंबर काल तक का संक्रमण कितना सहज है; मुहम्मद एक उत्कृष्ट उदाहरण हैं।

जैसा कि मुझे मुसलमानों के साथ बातचीत करने का अधिक अनुभव प्राप्त हुआ है, मैंने देखा है कि यह विचार कि इस्लाम में सुधार की आवश्यकता है, अच्छी तरह से लागू नहीं होता है। उदाहरण के लिए, ईसाई यह नहीं कह सकते, "इस्लाम और मुसलमानों को वास्तव में हमारे जैसे सुधार की आवश्यकता है"।
हालाँकि, मैंने देखा है कि आप उस भाषा का उपयोग करते हैं और एक दिलचस्प सुझाव देते हैं कि इस्लाम के भीतर सुधार लगभग 100 वर्षों से पहले ही हो चुका है - कि यह पहले से ही यहाँ है और हम इसके माध्यम से जी रहे हैं। क्या आप बता सकते हैं कि इस कथन में क्या शामिल है और इसका सटीक वर्णन क्या है?

"सुधार" एक ऐसे संघर्ष का वर्णन करता है जो सभी धार्मिक परंपराओं में अंतर्निहित है: कौन निर्धारित करता है कि आस्था को कैसे परिभाषित किया जाना चाहिए: क्या यह संस्था है, या व्यक्ति? ईसाई धर्म के मामले में, यह अंततः संस्था और व्यक्तियों के बीच का विभाजन था जिसने उस चीज़ को जन्म दिया जिसे हम आज प्रोटेस्टेंट सुधार बनाम कैथोलिक अकर्मण्यता के रूप में संदर्भित करते हैं जिसके कारण इसका जन्म हुआ - जैसे कि प्रोटेस्टेंट सुधार ने कुछ जादुई तरीकों से कैथोलिक अकर्मण्यता पर जीत हासिल की हो! लेकिन सच तो यह है कि चीज़ें वास्तव में इस तरह काम नहीं करती थीं।

मार्टिन लूथर एक अन्य व्यक्ति थे जो एक बेहतर कैथोलिक बनना चाहते थे।

सही। और वह व्यक्ति जो अपनी व्याख्या से असहमत होने वाले किसी भी साथी सुधारक को बिल्कुल माफ नहीं कर रहा था।

हाँ, ठीक है, वह भी।

हालाँकि, एक बार जब हम व्यक्तियों को उनकी व्यक्तिगत धारणाओं के अनुसार धर्म की व्याख्या करने की अनुमति देते हैं, तो हम कीड़ों की अंतहीन आपूर्ति खोल देते हैं। जब हर व्याख्या समान रूप से मान्य हो जाती है और हर व्याख्या समान रूप से मान्य हो जाती है, तब न केवल आवाजें एक साथ उठती हैं बल्कि सबसे ऊंची और सबसे हिंसक आवाजें समय के साथ जीत जाती हैं। औपनिवेशिक शासन समाप्त होने के बाद से इस्लाम में संस्थागत सत्ता से व्यक्तिगत हाथों में सुधार का एक लंबा इतिहास रहा है - जो एक सतत प्रवृति है। जैसे ही हमने सूचना के नए और नए स्रोतों तक व्यापक पहुंच देखी और मध्य पूर्व और मुस्लिम-बहुल देशों में साक्षरता और शिक्षा में नाटकीय वृद्धि देखी, प्राधिकरण कमजोर

होने लगा। इसके अतिरिक्त, उपनिवेशवाद ने अफ्रीकी लोगों में व्यक्तिवाद की भावना को तीव्र कर दिया। जैसा कि अक्सर ऐसी परिस्थितियों में होता है, एक व्यक्तिवादी व्याख्या सामने आती है जो शांति, सहिष्णुता, नारीवाद और लोकतंत्र को बढ़ावा देती है। व्यक्तिवादी व्याख्याएँ हिंसा, स्त्रीद्वेष, घृणा और आतंक को बढ़ावा देती हैं। वैश्विक स्तर पर 1.6 अरब से अधिक अनुयायियों और पृथ्वी पर दूसरा सबसे अधिक प्रचलित विश्वास वाले इस्लाम में एक आधिकारिक धार्मिक नेता का अभाव है जो यह परिभाषित कर सके कि सच्चा आस्तिक कौन है या क्या है; ऐसी कोई इकाई अस्तित्व में नहीं है क्योंकि पोप या वेटिकन जैसी कोई केंद्रीय मुस्लिम धार्मिक संस्था नहीं है जो यह निर्णय दे सके कि किसे मुस्लिम माना जाना चाहिए या नहीं और कौन सा आचरण इस्लामी व्यवहार में फिट बैठता है और क्या नहीं। आपके पास जो कुछ है वह बस अलग-अलग व्याख्याओं के बीच एक बदसूरत चिल्ला मेल है, जिसमें हिंसा सुधार के अप्रत्यक्ष परिणाम के रूप में है, न कि सबूत के रूप में कि ऐसा होना ही चाहिए। विश्व धर्मों में इस अविश्वसनीय मोड़ पर, हम अपने सामने वास्तव में कुछ परिवर्तनकारी घटना देख रहे हैं। लेकिन हमें यह ध्यान में रखना चाहिए कि कट्टरवाद एक प्रतिक्रियावादी घटना है, कोई स्वतंत्र शक्ति नहीं - जब मैं कट्टरवाद को बढ़ता हुआ देखता हूं, तो मुझे पता चलता है कि यह केवल समाज में हो रही प्रगति के कारण है; इसलिए मैं इसके खिलाफ प्रतिक्रिया करने के बजाय इसके विकास पर ध्यान केंद्रित करना चुनता हूं।

सिल्विया बूर्स्टीन 1960 और 70 के दशक के युवा यहूदी साधकों में से एक थीं, जिन्होंने मुख्यधारा के बौद्ध दर्शन को पश्चिमी संस्कृति की मुख्यधारा में लाने में मदद की, और वह आज भी एक प्रभावशाली और बहुमुखी आध्यात्मिक उपस्थिति बनी हुई हैं।
समय के साथ, उन्होंने एक आकर्षक तालमेल बनाने के लिए यहूदी शिक्षाओं और अनुष्ठानों को बौद्ध मान्यताओं और अभ्यास के साथ कुशलतापूर्वक और सफलतापूर्वक एकीकृत किया है जो दोनों सेटों को समृद्ध करता है।

सिल्विया बूर्स्टीन और उनके लेखक के बीच इस बातचीत को सुनें।

जहां तक मेरी परवरिश की बात है, मेरे माता-पिता दोनों काम करते थे और मैं इकलौती संतान थी। मेरे माता-पिता काम पर चले गए, इसलिए मेरी दादी ने माँ की अधिकांश ज़िम्मेदारियाँ उठाईं, मुझे नहलाना, धोना और मेरी पसंद के अनुसार कपड़े पहनाना, साथ ही मेरे बालों को गूंथना और मेरे स्वाद को पसंद आने वाला भोजन बनाना। जब बच्चे बार-बार असंतोष व्यक्त करते थे तो वह प्रतिक्रिया करने के लिए प्रेरित नहीं होती थी: मैं कहती थी, "लेकिन मैं खुश नहीं हूँ।" मेरी दादी अक्सर पूछती थीं: यह कहां लिखा है कि हम सभी को हर समय खुश रहने का प्रयास करना चाहिए? उन्होंने इस संदर्भ में कभी भी तल्मूडिक भाषा का प्रयोग नहीं किया; बल्कि यह केवल जातीय है। "यह कहाँ लिखा है कि खुशियाँ हमेशा बनी रहनी चाहिए?" उस क्षण, मेरी आध्यात्मिक साधना नए सिरे से शुरू हुई: यह स्वीकार करना कि जीवन चुनौतीपूर्ण हो सकता है और इसे बुद्धिमत्ता के साथ आगे बढ़ाने के तरीके खोजना, न कि मामलों को और अधिक जटिल बनाना। 40 वर्ष बीत जाने के बाद, मुझे पता चला कि बौद्ध धर्म इस दृष्टिकोण को साझा करता है; उन्होंने भी माना कि जीवन जीना निस्संदेह चुनौतीपूर्ण है, लेकिन आवश्यकता से अधिक बोझ डाले बिना हम इससे कैसे गुजर सकते हैं?

जितना हम चाहते हैं कि वे अक्सर भयावह दुनिया में सख्त रहें, उतना ही हम चाहते हैं कि वे लचीले भी बने रहें।

मैं सटीक रूप से यह नहीं बता सकता कि यह कब हुआ, लेकिन यह निश्चित रूप से हुआ क्योंकि यह कुछ ऐसा है जो रिट्रीट सेंटरों में लोग अक्सर कहते हैं: यहां हर कोई सुरक्षित और शांत महसूस करता है और बाहर जाने से मैं बहुत असुरक्षित हो जाऊंगा। चूँकि यह मुझे यह कहने का अवसर देता है: ईमानदारी से कहूँ तो, मुझे नहीं लगता कि हम बहुत अधिक असुरक्षित हो सकते हैं। मैं उस दिन का इंतजार कर रहा हूं जब पूरी दुनिया अचानक इतनी असुरक्षित महसूस करेगी कि हम चारों ओर देखें और कहें: रुकें, साझा करें और सुनिश्चित करें कि हर जगह पर्याप्त भोजन हो। क्रिस्टा, हम अपने तरीके और आशाएं और सपने साझा कर सकते हैं, लेकिन एक-दूसरे को मारने से काम नहीं चलेगा। इसके अतिरिक्त, हमारे पर्यावरण को खराब करना उस तरह नहीं होना चाहिए जैसा कि अब हो रहा है - एकांतवास छोड़ने वाले किसी व्यक्ति को मेरी यही सलाह होगी।

एक अभिभावक के रूप में, मैं यह समझाना चाहता हूं कि जैसे-जैसे बच्चे बड़े होते हैं, उन्हें अनिवार्य रूप से दुनिया के साथ बातचीत करनी चाहिए। माता-पिता के रूप में हमारा केवल इस पर सीमित नियंत्रण है कि उनका बच्चा कितना टीवी देखता है या कितनी बार वे इसके दर्द के संपर्क में आते हैं; जब जीवन असहनीय लगता है तो मुझे लोगों पर आश्चर्य करने में सांत्वना मिलती है; उनका लचीलापन; अगर सार्वजनिक स्थानों पर कोई गिर जाए या परेशानी में पड़ जाए तो लोग उनकी देखभाल कैसे करेंगे, उन्हें पता भी नहीं चलता; मनुष्य के पास यह अविश्वसनीय क्षमता है और इसके लिए उसे किसी पाठ की आवश्यकता नहीं है; हम एक मिलनसार प्रजाति हैं!

जैसे ही मैं लोगों को देखता हूं और महसूस करता हूं कि जीवन वास्तव में अद्भुत है - सूरज बिल्कुल वहीं उग आया जहां उसे आज सुबह उगना चाहिए - यह वास्तव में अद्भुत है। वर्षगाँठ जैसे विशेष आयोजनों को चिह्नित करने के लिए ऋतुओं, जन्मदिनों और पवित्र दिनों का जश्न मनाएँ; यह सब उस विशाल ब्रह्मांड का ध्यान रखते हुए, जिसे हमारे पूर्वजों ने भी देखा था! मैं आजीवन विकास और सीखने के एक तरीके के रूप में आश्चर्य की इस भावना को अपने भीतर जीवित रखता हूं।
कभी-कभी यह आश्चर्यजनक हो सकता है। मेरे पोते-पोतियाँ अक्सर इस बात पर आश्चर्य व्यक्त करते हैं कि मैं उन्हें चाँद जैसी साधारण चीज़ दिखाता हूँ: जब तीन दिवसीय चाँद का मौसम होता है, तो मेरा पसंदीदा चाँद। उन्हें इसे दिखाने से वे केवल यह सोच सकते हैं कि यह उनका पसंदीदा तीन दिवसीय चंद्रमा भी है! ये महत्वपूर्ण संतुलन हैं: जैसे बुद्ध ने हमारी दुनिया में दुखों को देखने के बारे में सिखाया ताकि हम दयालुता के साथ प्रतिक्रिया कर सकें, उन्होंने हमें जीवन को संजोने और इसे बड़े महत्व से संरक्षित करने की भी याद दिलाई।

इसने मुझे इस बात पर विचार करने के लिए प्रेरित किया है कि यह कितना महत्वपूर्ण है कि हम इस बात के प्रति सचेत रहें कि हमारे बच्चे हमें क्या सिखा सकते हैं और साथ ही उन्हें क्या प्रदान कर सकते हैं, क्योंकि कुछ चीजें जो वे पहले से ही समझते हैं, वे हमसे कहीं

बेहतर तरीके से बताई जा सकती हैं। मेरी बेटी ने हाल ही में एक समाचार देखने के बाद टिप्पणी की, जिसके वह सख्त खिलाफ थी: "दुनिया में बहुत सारी खूबसूरत जिंदगियां हैं और उनका सारा ध्यान इसी पर केंद्रित है!"

वे सुर्खियाँ नहीं बनाते. आप जानते हैं, यह अद्भुत होगा - हालांकि मुझे नहीं पता कि यह आर्थिक रूप से टिकाऊ होगा या नहीं - अगर हमारे आसपास होने वाली सकारात्मक चीजों के लिए समर्पित एक समाचार चैनल होता।

एक पत्रकार के रूप में, मुझे अच्छी ख़बरों को आकर्षक बनाना चुनौतीपूर्ण लगता है; एक और विचार जिस पर मैं अक्सर विचार करता हूँ। शायद अच्छी खबर को दया की तरह देखा जाना चाहिए: इसका प्रभाव गहरा हो सकता है लेकिन केवल तभी जब हम परिवर्तन के इन क्षणों का ध्यान रखने के लिए खुद को प्रशिक्षित करें। अगर हम देखें तो खूबसूरत जीवन इन छोटे लेकिन महत्वपूर्ण क्षणों में आते हैं।

दो प्रमुख बातों पर चर्चा की गई। पहला यह है कि जब हम वास्तव में ध्यान दे रहे हैं - जो कि सचेतनता में शामिल है - हम वास्तव में दूसरों से जुड़ते हैं। कई बार जल्दबाजी के कारण या किसी अन्य कारण से हम अपने बच्चों के लिए भी पूरी तरह उपस्थित नहीं हो पाते; पूरा ध्यान देने में कुछ बेहद खास बात है।

मेरे अनुभव ने मुझे सिखाया है कि बच्चे वही सीखते हैं जो उनके माता-पिता जीते हैं। एक उदाहरण जिम फैनले, एक वकील है।
ईसाई चिंतनशील मनोचिकित्सक जोआन रीस्नर के अनुसार, "मैंने चर्च में अपनी मां के पास बैठकर प्रार्थना करना सीखा।" उसने समझाया: "उसके पुनः शिक्षण में मेरे लिए सबसे दिलचस्प बात शब्दों को सीखना नहीं था, बल्कि यह सीखना था कि जब वह वहां बैठी थी तो उसने क्या भावनाएं व्यक्त कीं।

आध्यात्मिकता सिर्फ शांत बैठकर ध्यान करने जैसी नहीं दिखती; आध्यात्मिकता का अर्थ है कठिन दिन बिताने के बाद भी तौलिए को प्यार से मोड़ना और परिवार के सदस्यों के प्रति दया दिखाना। शायद उनसे कुछ इस तरह कह रहा हूँ: "सुनो, मुझे पता है कि आज रात के खाने के लिए आप सभी को मेरी ज़रूरत है, लेकिन अगर इससे मदद मिलेगी तो आप इन्हें चुपचाप मोड़ना चाहेंगे," या उस पल में जो भी उचित हो। लोग अक्सर मुझसे कहते हैं कि उनके पास अपने दिन में किसी भी आध्यात्मिक चीज़ के लिए समय नहीं है - हालाँकि बुद्धिमान या आध्यात्मिक माता-पिता होने के लिए अतिरिक्त समय नहीं लगता है - यह स्वाभाविक रूप से इस तरह के पालन-पोषण कार्यों के माध्यम से आता है!

शेन क्लेबॉर्न और शेन कैबॉर्न के बीच बातचीत को सुनें

क्या आप स्वयं को किसी भी अर्थ में क्रांतिकारी आंदोलन का हिस्सा मानते हैं? शायद आपकी चर्चा के दौरान उस शब्द का पहले ही उल्लेख किया गया था।

मेरी झिझक साफ़ सुनी जा सकती है।

हाँ।
मैं किसी विशेष आंदोलन या क्रांति से जुड़ने से बचने का ध्यान रखता हूं, और यीशु का जीवन मुझे सिखाता है कि क्रांति के लिए कुछ भव्य होने की आवश्यकता नहीं है; हम छोटे समुदायों में काम करके इसे धीरे-धीरे जी सकते हैं।
डायट्रिच बोन्होफ़र समुदाय के मामलों पर हमारे लिए एक अमूल्य शिक्षक रहे हैं।

जर्मन धर्मशास्त्री जिनकी नाज़ी जेल में मृत्यु हो गई।

डायट्रिच बोन्होफ़र का दावा है: "जो कोई भी समुदाय के अपने दृष्टिकोण से प्यार करता है वह इसे नष्ट कर देगा; लेकिन जो लोग अपने आस-पास के लोगों की गहराई से परवाह करते हैं वे इसे हर जगह बनाएंगे।" जो चीज़ हमें एकजुट रखती है वह किसी आंदोलन या क्रांति में शामिल होना नहीं है, बल्कि एक ही समय में मौलिक और सरल दोनों तरह से अपना जीवन जीना है। मेरा मानना है कि आज हमारी दुनिया विचारों में एक रोमांचक परिवर्तन का अनुभव कर रही है; विशेष रूप से चर्च जाने वाले युवा लोग बहुत आशा जगाते हैं।

मुझे अपने समुदाय के कुछ लोगों के बारे में और बताएं, जो आपके अनुसार, वर्तमान वास्तविकताओं को आकार दे रहे हैं या आपके द्वारा देखे गए इस नए दृष्टिकोण में योगदान दे रहे हैं।

ऐसे बहुत से समुदाय हैं जो मुझे आशा देते हैं। हाल ही में मेरी मुलाकात एक उपनगरीय परिवार से हुई जिसने मुझसे कहा, 'हम इस बात पर विचार कर रहे हैं कि अपने पड़ोसी से अपने समान प्यार करने का क्या मतलब है।' जोखिम वाले युवा कॉलेज जा सकते हैं - क्योंकि हम उनके परिवारों को जानते हैं और उनके साथ बातचीत करते हैं, जिससे सपना संभव हो जाता है! "आप जानते हैं, हम यह पता लगाने की कोशिश कर रहे हैं कि हमारे आसपास कलकत्ता को कैसे खोजा जाए, जैसा कि मदर टेरेसा ने सुझाव दिया था: कलकत्ता यदि हमारे पास देखने के लिए आंखें होतीं तो वे हर जगह होते।" वे मुझसे यह कहते हुए आगे बढ़े, "हमने तब तक इधर-उधर देखा जब तक हमें इस बूढ़े लोगों का घर नहीं मिला और हम अंदर नहीं गए; ये बच्चे उत्साहित किशोर चीयरलीडर्स हैं; तो उन्होंने मुझे बताया "हम वहां गए और उन सभी महिलाओं के बारे में पूछा जिनके पास कोई मेहमान या परिवार नहीं था जिन्हें मिलने की जरूरत थी; फिर उन सभी महिलाओं से अलग-अलग मुलाकात की ताकि हम उन सभी से एक साथ मिल सकें और उनके लिए सभी उपहार ला सकें अपने निजी मित्रों से मिलने की खुशी। तो उन्होंने मुझे बताया "हम वहां गए और बिना आगंतुकों या परिवार के सभी महिलाओं से पूछा, फिर उन सभी महिलाओं से व्यक्तिगत रूप से मुलाकात की और रास्ते में खुशी और आशा लेकर आए;
जैसे ही हम उनके नाखूनों और पैरों के नाखूनों को रंगते हैं, हम उनकी कहानियाँ सुनने के लिए समय निकालते हैं।

लोग आज एकल परिवार इकाई के बाहर जीवन की खोज करना शुरू कर रहे हैं और पा रहे हैं कि इससे उनका दृष्टिकोण व्यापक होता है और वे व्यक्तिगत रूप से समृद्ध होते हैं। मेरे

साथ रहने वाले एक विवाहित जोड़े ने मुझे बताया कि गर्भनिरोधक गोलियाँ लेने के कारण वे बच्चे पैदा करने में असमर्थ हैं। "हमारे पड़ोस से गुजरते समय, उन्हें एक गर्भवती बेघर महिला का सामना करना पड़ा। उसकी गर्भावस्था के लिए कुछ अस्थायी सहायता सेवाएँ प्रदान करने और आवश्यकता पड़ने पर आवास प्रदान करने के बाद, वे उसे अपने घर वापस ले आए जहाँ उन्होंने कहा, चलो चलते-चलते इसका पता लगा लेंगे - जो बदल गया किसी बड़ी चीज़ में; जल्द ही उसने बच्चे को जन्म दिया और उनके साथ रह रही थी! आश्चर्यजनक रूप से, वे एक साथ रहते रहे और बच्चे को एक साथ पाला। हाल ही में मैं उनसे मिलने वापस गया, और अब 10 साल से अधिक समय बीत जाने के बाद भी वे पति के रूप में एक साथ रहते हैं और पत्नी; पहले बेघर महिला अब एक नर्स के रूप में काम करती है; उसका बच्चा लगभग किशोर हो गया है; आश्चर्य की बात यह है कि पूर्व विवाहित जोड़े में से एक को अब मल्टीपल स्केलेरोसिस है और वह अपने ही घर में एक नर्स की देखभाल के दौरान मर रहा है! इस तरह की भावुकता केवल वास्तविक संबंधों से ही आ सकती है जैसे कि इस जोड़े का एक-दूसरे के बीच हैं जो वास्तव में खुशी लाता है - ये अभिव्यक्तियाँ बोर्ड पर आती हैं!

अगर कोई कहे कि इन समुदायों में अच्छी चीजों के बारे में ये कहानियाँ सुंदर हैं, लेकिन प्रकृति में ये कहानियाँ हैं और इनमें केवल व्यक्ति या छोटे समूह शामिल हैं, तो आप कैसे प्रतिक्रिया देंगे - आप समग्र रूप से समाज में कोई प्रभावशाली बदलाव नहीं लाएँगे?

खैर, इतिहास हमें अन्यथा दिखाता है: चीजें हमेशा इसी तरह काम करती हैं। लोगों के समूह एक साथ आते हैं और नई कल्पना और विचार साझा करना शुरू करते हैं जो जंगल की आग की तरह फैलते हैं।

दक्षिणी लोग यह कहना पसंद करते हैं कि आप किसी की "थूकने वाली छवि" हैं। मेरे दादाजी अक्सर मुझे अपनी "स्पिटिन' छवि" कहते थे, जो "आत्मा और छवि" का संक्षिप्त रूप है।
न केवल शारीरिक रूप से बल्कि चारित्रिक गुणों के संबंध में भी।

मुझे लगता है कि ईसाई धर्म के संदर्भ में आज हम जो सबसे अधिक आशा करते हैं, वह ईसाइयों को देखना है जो तेजी से यीशु की छवि से मिलते जुलते हैं, उनके जैसे दिखते हैं और व्यवहार करते हैं, जबकि उन लोगों से विचलित नहीं होते हैं जो उनके नाम का दावा करते हैं लेकिन विभिन्न अन्य गतिविधियों में संलग्न होते हैं। आपके पास ऐसे लोग हैं जो महत्वपूर्ण प्रश्न पूछते हैं, न केवल इस बारे में कि वे बड़े होकर क्या करने की योजना बना रहे हैं, बल्कि यह भी कि वे क्या बन रहे हैं - कुछ ऐसा जो मुझे लगता है कि कहीं अधिक आवश्यक है।

क्रिश्चियन विमन एक कवि और निबंधकार हैं, जिन्होंने अपने आप को आश्चर्यचकित करते हुए, आज अमेरिका में आस्था की भूख और इसकी चुनौतियों के लिए एक आवाज ढूंढ ली है। उनकी टेक्सास परवरिश हिंसा और करिश्माई ईसाई धर्म दोनों द्वारा चिह्नित थी; हालाँकि घर छोड़ने के बाद वह तब तक सक्रिय रूप से धार्मिक नहीं थे, जब बाद में उनकी

प्रेमिका से शादी हुई और उन्हें असाध्य कैंसर का पता चला - तीन महत्वपूर्ण मोड़ जिन्होंने ईसाई धर्म को उनके लिए पूर्ण चक्र में ला दिया।

सुनिए जब क्रिश्चियन विमन अपने और क्रिश्चियन विमन के बीच इस संवाद पर चर्चा कर रहा है।

क्रिश्चियन, मैंने कई कहानियाँ सुनी और पढ़ी हैं कि बच्चों को धर्म और आध्यात्मिकता कैसे सिखाई जाती है, लेकिन आपकी कहानी मेरे लिए विशेष रूप से परिचित है: आप धार्मिक समुदाय में डूबे हुए थे जिसका मतलब सब कुछ था?

जैसे-जैसे मैं आगे बढ़ता गया, पूरे पैकेज के हिस्से के रूप में धार्मिक पहलुओं का अर्थ खो गया।

हाँ। हाँ यह मेरे लिए था. पहले मुझे नहीं पता था कि इसका कितना गहरा असर होगा क्योंकि, कई लोगों की तरह, मैंने भी पूरी तरह से विश्वास करना बंद कर दिया और नास्तिक या जो भी आप इसे कहना चाहें, बन गया। अब मेरे अपने बच्चों के साथ मैं यह सोच रहा हूँ कि मुझे अपनी संतानों को आध्यात्मिक मामलों के बारे में सबसे अच्छी शिक्षा कैसे देनी चाहिए; चूँकि उनका पालन-पोषण पूरी तरह से उस संस्कृति में अंतर्निहित था।

क्या आप सप्ताह में दो बार रविवार और बुधवार की शाम को चर्च जाते हैं?

हाँ, वह भी हमारे जीवन के कार्य का हिस्सा था: बाइबल की आयतों को याद करना और उन्हें भविष्य के संदर्भ के लिए सहेजना।

भजन गाना हमेशा से मेरी संस्कृति का हिस्सा रहा है।'

मेरी दुनिया में कोई छेद नहीं था; कभी कोई संदेह नहीं था. यहाँ तक कि कॉलेज तक भी, मैं किसी को भी नहीं जानता था जो विश्वास नहीं करता था, स्वयं संदेह करने वालों की तो बात ही छोड़िए। और फिर भी जबकि इस दुनिया ने मेरे जीवन को सुसंगतता, तीव्रता, गति दी होगी, मैंने पाया कि इसने समस्याएं भी पैदा कीं; बहुत से अमेरिकी धार्मिक विश्वास के कुछ पहलू से नाखुश हैं जो उनके पास पहले से मौजूद है - शायद कुछ पवित्रता या आध्यात्मिकता की उनकी समझ से मेल नहीं खाता है, फिर भी आप विश्वास के एक नए तरीके के लिए मौजूद हर चीज को खारिज नहीं कर सकते हैं -
हाल ही में मैंने एक स्ट्रिंग सिद्धांतकार से बात की जो गणितीय भाषा के एक अभिनव रूप के साथ काम करता है, कविता और गद्य का उपयोग उन सत्यों को व्यक्त करने के लिए साद़श्य के रूप में करता है जिन्हें केवल तथ्यों के साथ व्यक्त नहीं किया जा सकता है; इसी प्रकार ऐसी भौतिक वास्तविकताएँ भी हो सकती हैं जिन्हें एक समीकरण अकेले व्यक्त नहीं कर सकता है लेकिन अधिक दृश्य गणित के साथ ऐसा किया जा सकता है।

भगवान, यह आकर्षक है! ऐसा प्रतीत होता है कि भौतिकी कई कवियों के लिए अत्यधिक आकर्षण रखती है; आधुनिक कवियों को विशेष रूप से भौतिकी दिलचस्प लगती है क्योंकि

इसमें कुछ प्रकार की वास्तविकता उभर रही है जिसे हम पारंपरिक चैनलों के माध्यम से सीधे नहीं पहुंच सकते हैं। मिस्टर एकहार्ट जैसे रहस्यवादी और सिमोन वेइल जैसे समकालीन रहस्यवादी इसी कारण से मेरे लिए रहस्यवादी हैं; एपोफैसिस का उनका उपयोग - जिसके द्वारा वे अर्थ में अस्पष्ट या अस्पष्ट रहते हुए भी कुछ कहते हैं - गहराई से प्रतिध्वनित होता है। मिस्टर एकहार्ट ने एक बार कहा था, "हम ईश्वर से प्रार्थना करते हैं ताकि वह स्वतंत्र हो जाए।" "उसका इरादा धर्म को त्यागने का नहीं था; यह विचार उसके दिमाग में नहीं आया होगा; बल्कि वह इस अवधारणा को त्यागना चाहता था कि ईश्वर हमारी चेतना से अलग किसी चीज़ के रूप में अस्तित्व में है।" कविता हमें ऐसे स्थानों में ले जा सकती है जहां वास्तविकता थोड़ी फिसलती है, जैसे भौतिकी में समीकरण, जिससे अचानक हमारी धारणा पहले की तुलना में मौलिक रूप से बदल जाती है। और इसका मतलब हवाई-परी रहस्यवाद भी नहीं है - मेरा मानना है कि यहां भौतिकी और भौतिक विज्ञान के साथ समानताएं हैं जो कविता को यह भूमिका निभाने की अनुमति देती हैं।

आस्था केवल मन की एक अवस्था नहीं है, बल्कि समाज में परिवर्तन और प्रगति की दिशा में एक सक्रिय प्रयास है।

"मैंने इसे इस प्रकार परिभाषित किया है: विश्वास में मूर्त वस्तुएँ होती हैं जबकि आस्था में नहीं। आस्था को आप जैसे चाहें परिभाषित किया जा सकता हैं - जीवन की दिशा या आपके जीवन की ऊर्जा के रूप में या आपके लिए इसका जो भी अर्थ हो - लेकिन वस्तुहीनता हमेशा होनी चाहिए विश्वास का एक गुण माना जाता है।"

सही। और इससे मुझे इन शब्दों को बेहतर ढंग से समझने और खुद को यह समझाने में मदद मिली है कि मुझे अपने जीवन में किसी प्रकार की संरचना की आवश्यकता क्यों है; मैं चर्च में क्यों जाता हूँ, मुझे विशेष रूप से धार्मिक तत्वों की आवश्यकता क्यों है, आदि। मुझे किताबें पढ़ने, प्रार्थना करने, ध्यान करने और चिंतन करने में आराम मिलता है - लेकिन अगर ये प्रयास अंततः आगे नहीं बढ़ते हैं तो वे निराशाजनक हो सकते हैं; एक तरह से हम जानते हैं कि हमारी आध्यात्मिक प्रवृत्तियाँ वैध हैं जब वे हमें खुद से परे ले जाती हैं।

चूंकि हर कोई अकेले अपना आध्यात्मिक जीवन चुनने के लिए संघर्ष कर रहा है, मेरा मानना है कि स्थिति बेहद खतरनाक हो गई है। एक नई भाषा बनाई जा रही है, जो कई लोगों को भ्रमित कर रही है। जबकि पारंपरिक धार्मिक भाषा निश्चित रूप से एक अभिन्न भूमिका निभाएगी, एक और पूरी तरह से नई चीज़ सामने आएगी जिसमें विभिन्न धर्म और प्रथाएं शामिल होंगी।

डिट्रिच बोन्होफ़र अपनी मृत्यु से कुछ समय पहले जेल में थे, उन्हें इस कठोर वास्तविकता का सामना करना पड़ रहा था कि धर्म के सभी पहलुओं को बुराई द्वारा अपहरण कर लिया गया था और "धर्महीन ईसाई धर्म" कैसा दिख सकता है, इसके बारे में बात कर रहे थे; यह स्वीकार करते हुए कि यद्यपि कुछ भाषा या विचार समय के साथ कम प्रासंगिक हो सकते हैं, मूल सत्य कायम रहेंगे और इन सत्यों को व्यक्त करने के लिए नए रूप सामने आएंगे। मैं उनके अनुभव के बारे में सोचता रहता हूं।

बोन्होफ़र ने मुझे हमेशा आकर्षित किया है, लेकिन एक पत्र में उन्होंने जो एक बात का उल्लेख किया है वह वास्तव में मेरे सामने आई: नास्तिकता के प्रति उनका आकर्षण; विश्वासियों की तुलना में उनके बीच घर जैसा अधिक महसूस करना कुछ ऐसी बात थी जिसे उसने अपने बारे में समझने की कोशिश की। बोन्होफ़र एक प्रेरणादायक व्यक्ति बने हुए हैं, न कि केवल घर लौटने के कारण जब अन्य विकल्प मौजूद थे जैसे कि अमेरिका या यहां तक कि सेवानिवृति की आयु तक वहीं रहना; बल्कि वह इस व्यक्तिगत रहस्योद्घाटन के बावजूद एक सच्चे आदर्श के रूप में खड़े हैं।

वह संयुक्त राज्य अमेरिका लौट आए और उन्हें लगा जैसे, जर्मनी के विनाश में भाग लिए बिना, वह विश्वसनीय रूप से इसकी बहाली में शामिल नहीं हो सकते। इसके अलावा, उसे लगा कि ईश्वर ने बुलाया है - जैसा कि बहुत से लोग नहीं करते हैं, लेकिन हम जैसे लोग हैं जो तब तक इंतजार करते हैं जब तक कि कुछ करना सही न लगे; भगवान ने उससे कहा कि प्रतीक्षा मत करो बल्कि अपने अंतर्ज्ञान का पालन करो; अंततः विश्वास आएगा; इसलिए उसने इसके लिए अपनी जान गंवा दी। एक बिंदु पर उन्होंने "हम पहले और बाहर ईश्वर के साथ खड़े हैं" की तर्ज पर कुछ कहा। उनकी बातें आश्चर्यजनक रूप से विचारोत्तेजक लगती हैं।

एक संस्कृति के रूप में, मुझे लगता है कि हम मितव्ययता और स्पष्टता के कुछ संतुलन तक पहुंच रहे हैं, मेरा मानना है कि हम व्यक्ति के रूप में इसके लिए प्रयास कर रहे हैं, भले ही हर कल्पनाशील दिशा (यह सभी राजनीतिक बयानबाजी) से इसके खिलाफ बहुत अधिक प्रतिक्रिया हो रही है। समाज में अभी भी कुछ कम तुच्छ चीज़ों की इच्छा है जो बहुत जल्दी समझ से बाहर हो जाती है; कुछ इतना अस्पष्ट या मूर्खतापूर्ण न हो कि हमें एकदम से हंसी न आए; फिर भी यह इतना सुलभ है कि हममें से उन हिस्सों को इसमें शामिल किया जा सकता है जो इसके इरादों को इतनी आसानी से नहीं समझते हैं।

आस्था की मेरी अवधारणा से संदेह अविभाज्य है और इसे अलग नहीं किया जा सकता। मैं आश्वस्त हं कि वही ईश्वर जो मुझे एक क्षण में ईश्वर के बारे में गाने के लिए बुलाता है, वही दूसरे क्षण मुझे ईश्वरहीनता की ओर ले जाता है। कभी-कभी जब इन सभी ऊर्जाओं को इन चर्चाओं में एक साथ आने पर विचार किया जाता है और ये सभी लोग अपने विश्वास प्रणालियों को परिभाषित करने और साझा करने के तरीकों की खोज करते हैं, तो यह संभव लगता है कि कुछ लोगों को विश्वास से दूर बुलाया जाता है ताकि यह नए रूप ले सके।

अध्याय 6 - आशा की पुनर्कल्पना

मनुष्य हाड़-मांस से बना है। लेकिन कुछ व्यक्तियों के लिए यह वास्तविकता आराम नहीं लाती है, बल्कि दैनिक आधार पर जीवित रहने के लिए इसका सामना करना पड़ता है।

रहस्यवादी और मठवासी उन लोगों की ओर से प्रार्थना करते हैं जो ऐसा करने में असमर्थ हैं। अविश्वसनीय खुले सवालों से भरे युग में, आशा हममें से उन लोगों के लिए एक अनिवार्यता बन जाती है जो इसे धारण कर सकते हैं, पूरी मानवता की खातिर। आशा आशावाद या आदर्शवाद से काफी भिन्न होती है; इच्छाधारी सोच के साथ जीने के बजाय यह हर मोड़ पर वास्तविकता का संदर्भ देता है और सत्य का सम्मान करता है, जबकि दैनिक जीवन के हिस्से के रूप में अंधेरे के साथ खुली आंखों से जीवन जीता है जो कभी-कभी भारी लगता है। आशा पसंद के माध्यम से आध्यात्मिक मांसपेशी स्मृति बन सकती है जो अभ्यास बन जाती है जो चीजों को हमारे रास्ते पर जाने की अपेक्षा करने के बजाय वास्तविकता को नेविगेट करने में मदद करती है।

एल'आर्क मूवमेंट ने पिछले अगस्त में अपनी पचासवीं वर्षगांठ मनाई - जीन वेनियर द्वारा राफेल और फिलिप को पेरिस के एक आश्रय से अपने साथ रहने के लिए आमंत्रित किए जाने के 50 वर्ष पूरे हो गए हैं! अमेरिका भर के विकलांग समुदायों के सदस्यों, मुख्य सदस्यों, सक्षम सहायकों को इकट्ठा करना वास्तव में एक सम्मान और खुशी की बात थी, सभी उस सुंदरता को धारण कर रहे थे जो अपनेपन से आती है।

सबसे पहले, मेरी आँखों को समायोजित होने में कुछ समय लगा; यह नया परिदृश्य परेशान करने वाला है और मुझे बेहद परेशान करता है; मानवता का ऐसा असामान्य क्रॉस सेक्शन। कुछ लोगों ने आक्रमण का नेतृत्व किया।

धार्मिक अनुष्ठान के भाग के रूप में, विभिन्न प्रतिभागियों में छह फुट लंबा एक सहायक और एक मुख्य सदस्य शामिल था, जो अलग-अलग त्वचा के रंग के साथ कई फीट छोटा था, दोनों खुशी से चमक रहे थे। जब हम आखिरकार अपनी नियोजित योजना पर पहुँचे, तो केक पहले ही उपलब्ध करा दिया गया था, इसलिए सभी लोग एक साथ जश्न मनाने के लिए सीधे नीचे चले गए!

शिकागो के टिम स्टोन ने तुरंत प्रतिक्रिया दी कि एल'आर्च सिर्फ एक समाधान नहीं था, बल्कि एक संकेत था, जिसकी मैंने सराहना की और माना कि यह सटीक है। "उम्मीद है," उसका जवाब था। टिम एल'आर्च के मुख्य सदस्यों में से एक है जो विकलांग है - हालाँकि इस विवरण को सीमित के रूप में देखा जा सकता है; टिम अपने दोस्तों और परिवार से बहुत प्यार करता है, खाना पकाने का शौक रखता है और अमूर्त कला बनाने के लिए जाना जाता है; भारी मात्रा में ज्ञान साझा करते हुए भावनात्मक बुद्धिमत्ता का प्रसार करना। खुद टिम की तरह, एल'आर्च आशा के एक निर्विवाद स्रोत के रूप में खड़ा है - टिम की तरह ही एल'आर्च के सदस्य टिम का प्रतिनिधित्व करते हैं।

हमारी दुनिया के बारे में उभरता हुआ ज्ञान अक्सर चुपचाप प्रकट होता है: परियोजनाओं और उन लोगों से जिनकी आपने अपेक्षा नहीं की थी, अंतरिक्ष और समय के उन बिंदुओं के बीच संबंधों तक जो पहली नज़र में महत्वहीन लगते हैं। मेरी दैनिक बातचीत "संकेत, समाधान नहीं" के इर्द-गिर्द घूमती है, एक बेहद सम्मोहक वाक्यांश जो अपने बदलते रूपों

और जीवंत रंगों के साथ मेरे जीवन में व्याप्त है, और जोर देकर कहता है कि मैं इसे गंभीरता से लेता हं। ये संकेत मेरे बचपन के धर्म के सर्वनाशकारी संकेतों और चमत्कारों से मेल नहीं खाते हैं जिन्हें मैंने गंभीरता से लिया था लेकिन वे हमेशा समझ से परे थे। नागरिक अधिकार नेता अक्सर व्यक्तिगत जीवन को बचाने के लिए आवश्यक कड़ी मेहनत के बजाय दूरदृष्टि की झलक की तलाश में रहते थे। विंसेंट हार्डिंग ने मुझे एक आंतरिक शहर के युवा अफ्रीकी अमेरिकी पुरुषों और महिलाओं से मिलने के बारे में बताया, जिन्होंने उन्हें बताया कि वे "जीवित मानव संकेत पोस्ट" चाहते थे जो उन्हें कल्पना करने और अपने लिए नई संभावनाओं पर विश्वास करने में मदद कर सकें।

विंसेंट हार्डिंग और लेखक के बीच बातचीत को सुनें।

हमारी शैक्षिक प्रक्रिया में मुख्य कमियों में से एक, विशेष रूप से तथाकथित हाशिए पर रहने वाले युवाओं के साथ, उन्हें अंधेरे से जल्दी से प्रकाश की ओर भागने के लिए शिक्षित करना है।
इसके बजाय उस अंधेरे में खड़े होने के इच्छुक अधिक लोगों की आवश्यकता है, जो गहराई से आहत समुदायों से भागेंगे नहीं बल्कि उन संभावनाओं को खोल सकते हैं जिन्हें केवल परवाह करने वाले मनुष्य ही देख सकते हैं।

एक समय में, ज्ञात दुनिया के किनारों और सीमाओं को प्रकट करने वाले मानचित्र शक्ति के उपकरण थे जिनका उपयोग कुछ ही लोग करते थे और उन्हें पास से रखा जाता था। अब हम विजय के बजाय कहानी द्वारा परिभाषित एक अन्योन्याश्रित दुनिया में रहते हैं; एक जहां कनेक्शन मानचित्र पर बिंदुओं के रूप में हमारे अस्तित्व का निर्माण करते हैं; हमारी कल्पनाएँ अभी भी इस नई मानव-संचालित सीमाओं तक नहीं पहुँच पाई हैं, जिससे हम सभी को कुछ हद तक महत्व के पारंपरिक मध्यस्थों - या "रडार के तहत" स्थिति द्वारा बंदी बना लिया गया है; दुख की बात है कि हमारे ग्रह को बदलने वाली अधिकांश चीजें और हर कोई अब "रडार के अंतर्गत" आता है। राडार टूट गया है.

क्या हम हमेशा ऐसी ही परिस्थितियों में रहे हैं? जोन चिटिस्टर ने मुझे याद दिलाया कि छठी शताब्दी के रोम के न्यूयॉर्क टाइम्स के समकक्ष में यह घोषणा करते हुए शीर्षक नहीं दिया गया था: बेनेडिक्ट नियम लिखता है! नर्सिया के बेनेडिक्ट के पास एक शांत योजना थी: जीवन की एक सुलभ लय बनाना जो कि साधु और बाहर से आए लोगों दोनों को समायोजित कर सके, उस युग के प्रतिस्पर्धी धार्मिक अधिकारियों को एक एकीकृत प्राधिकरण के साथ बदल दिया जाए। सबसे पहले, बेनेडिक्ट का मिशन सुचारू रूप से नहीं चला। एक प्रारंभिक समुदाय जिसने उन्हें अपने नेता के रूप में मान्यता दी थी, ने उन्हें जहर देने का प्रयास किया; उन्होंने अपने जीवनकाल में बारह मठों की स्थापना की, जिनमें से प्रत्येक में केवल बारह पुरुष थे। लेकिन बेनेडिक्ट ने कुछ ऐसा शुरू किया जो समय के साथ महान पुरस्कार प्राप्त करने के लिए वापस आया: उस समय खुद को या उसके आस-पास के किसी को भी एहसास किए बिना, बेनेडिक्ट ने कुछ ऐसा बनाया जिसने पश्चिमी सभ्यता को एक सहस्राब्दी बाद भी जीवित रखा है।
इस कहानी में साहस पाया जा सकता है. एक पत्रकार के रूप में इस बात पर ध्यान केंद्रित करने के मेरे सर्वोत्तम प्रयासों के बावजूद कि क्या फायदेमंद और पौष्टिक है, मैं शायद वहां

सभी आविष्कारशील व्यक्तियों को नहीं देखता हूं जो अब से 100 या 1000 वर्षों में दुनिया को बचा सकते हैं।

फिर भी, मैं अपने आस-पास जो कुछ भी अच्छाई देखता हूँ उससे आश्चर्यचकित हूँ और मुझे आशा है कि मैंने उनमें से कुछ को इन पन्नों में साझा किया है - यहाँ तक कि इसके एक या दो अंशों ने भी मेरे जीवन को इतना प्रभावित किया है कि मेरी बाँहें और हृदय कृतज्ञता से भर गए हैं।

जब मैं लिखता हूं तब भी मन इस ज्ञान से भरा रहता है कि हमें क्या ठीक कर रहा है, तब भी जब हमें इसका एहसास नहीं होता या हम इसकी मांग नहीं करते। और उपचार से मेरा तात्पर्य एक साथ गहन जीवन के अवसर पैदा करना है: केवल बूढ़े या होशियार होने के बजाय समझदार और संपूर्ण बनना।

ओक्लाहोमा में प्रारंभिक जीवन से लेकर अब तक की मेरी यात्रा मुझे इतनी दूर तक ले गई है कि कुछ लोग मुझ पर आशा के गुण को बहुत अधिक बढ़ा-चढ़ाकर पेश करने का आरोप लगा सकते हैं। फिर भी, मेरा मन अब पहले से कहीं अधिक दृढ़ता से इसकी ओर झुक गया है; मैंने इस धारणा को त्याग दिया है कि बौद्धिक रूप से विश्वसनीय परिप्रेक्ष्य हमेशा संदेहपूर्ण होने से आना चाहिए: बुद्धि रहस्य के विरुद्ध काम नहीं करती है; सहिष्णुता प्रेम का स्थान नहीं लेती; न ही संशयवाद एक पर्याप्त विकल्प है - जीवन में कई सार्थक प्रयासों के विपरीत, संशयवाद की कभी भी भ्रष्टाचार या विपत्ति से परीक्षा नहीं होती है; न ही उत्पादक; बल्कि यह बस चीजों को उनके अस्तित्व के रूप में आंकता है, उन्हें और अधिक बदलने की कोशिश किए बिना या आवश्यकता से अधिक प्रयास किए बिना।

इतिहास के इस मोड़ पर, मैं हर उम्र के लोगों को आकांक्षी होते हुए देख रहा हूँ। यह महत्वाकांक्षा से भिन्न है; बल्कि, आकांक्षा का अर्थ है अपना सर्वश्रेष्ठ बनने की ओर आकर्षित होना और यह पता लगाने की कोशिश करना कि वह कैसा दिख सकता है। जैसा कि हमें पता चलता है, इसे सफलतापूर्वक करने के लिए हमें एक-दूसरे की आवश्यकता है। मुझे यह सुनने में प्रेरणा मिलती है कि युवा लोग इस बारे में क्या कहते हैं कि वे कैसे और कौन बनना चाहते हैं, न कि केवल एक पहलू पर ध्यान केंद्रित करते हैं कि वे कौन या क्या बनना चाहते हैं। सिल्विया बूस्टीन हमें याद दिलाती हैं कि हमारे बच्चे हमेशा हम जो कहते हैं उस पर ध्यान नहीं देते हैं, लेकिन वे हमेशा हमें देखते हैं। कुछ लोग, जैसे कि शेन क्लेबोर्न, वयस्कता की संस्कृति का वर्णन करने के लिए अकेला और अस्थिर जैसे शब्दों का उपयोग करते हैं जो कि उनके सामने बच्चों के रूप में बनाई गई थी।

मुझे इस बात की बहुत देर से चिंता होती है कि क्या मेरे विचार और लेखन पर्याप्त गंभीर हैं। आखिरकार, मुझमें और साथ ही इस दुनिया में जहां ज्ञान तेजी से बढ़ता है, वहां कुछ ताज़गी भरी चंचलता है - आशा हमेशा भारी अर्थ नहीं रखती है! प्रगति के रूप में गिनती के लिए बुद्धि को सर्व-उद्देश्यपूर्ण होने की आवश्यकता नहीं है, जो हमारे कुछ बेहतरीन व्यवहार मनोवैज्ञानिकों, तंत्रिका विज्ञानियों और ब्रह्मांड विज्ञानियों के रूप में उपन्यासकारों को कमजोर कर देगा। अब हम उस अग्निकंड से आगे नहीं बढ़े हैं, जहां हमने रोमांचकारी और डरावनी कहानियाँ साझा कीं, जिन्होंने हमें जीवन के वास्तविक आश्चर्यों और भयावहताओं का अधिक आसानी से सामना करने के लिए तैयार करने में मदद की। आज हमारे फायरसाइड्स बड़े और छोटे स्क्रीनों के साथ-साथ पारंपरिक कहानी और कविता स्लैम पर भी होते हैं; मैं अपनी अवकाश पढ़ने की आदत के हिस्से के रूप में कथा साहित्य पढ़ता हूं।

मेरा अधिकांश खाली समय दार्शनिक पुस्तकों में व्यतीत होता है, जबकि मैं बहुत अधिक टीवी देखता हूँ जिसका मुझ पर वस्तुगत रूप से कोई सकारात्मक प्रभाव नहीं पड़ता है। जबकि हत्या और रहस्य उपन्यास मुझे आकर्षित करते हैं, खेल मानव अस्तित्व के लिए आवश्यक है - इसके संस्थापकों में से एक, चिकित्सक स्टुअर्ट ब्राउन ने पहली बार उन हत्यारों का अध्ययन करके इस क्षेत्र में प्रवेश किया, जिनके बचपन में अक्सर खेल की अनुपस्थिति शामिल थी - कुछ स्टुअर्ट ने उनके दिमाग का अध्ययन करके पाया चंचलता का अध्ययन (बचपन में ऊबड़-खाबड़ खेल करुणा विकसित करने में मदद करता है)।

मनुष्य आकर्षक लेकिन जटिल प्राणी हैं, हमेशा बदलते रहने वाले प्राणी हैं जो एक ही समय में/और दोनों में मौजूद रहते हैं। हम अपने समय के उत्पाद हैं, जिनके खिलौनों की लत बढ़ती जा रही है और सफलता बनाम भयानक विफलता की आकर्षक छवियां हैं; फिर भी हमारे भीतर जगह है - हममें से कुछ और लोग सम्मान कर रहे हैं, सुरक्षा कर रहे हैं और खेती कर रहे हैं - जो हमारे अंदर पोषण करता है और आकांक्षा करता है; आशा एक ऐसी दिशा है जिसका उद्देश्य एक अप्रत्याशित वास्तविकता से ज्ञान और आनंद निकालना है जो हम सभी के सामने है।

टेइलहार्ड डी चार्डिन का पहला जुनून भूविज्ञान था। फ्रांस के एक ज्वालामुखी पर्वतीय क्षेत्र में जन्मे और पले-बढ़े, वह चट्टानों - अपने शुद्धतम अर्थों में पदार्थ - से आकर्षित थे और प्रथम विश्व युद्ध के दौरान स्ट्रेचर-वाहक बनने से पहले और उस अनुभव से लिखने से पहले उन्होंने अपना अधिकांश समय उनके गुणों पर विचार करने में बिताया। बाद में उन्होंने मानवता को "अपने सबसे विस्फोटक चरण में पदार्थ" के रूप में वर्णित किया।

टेइलहार्ड चिंतनशील और जेसुइट दोनों थे; इस प्रकार उनके आध्यात्मिक और वैज्ञानिक विश्वदृष्टिकोण ने उन्हें इतिहास का व्यापक दृष्टिकोण अपनाने के लिए प्रेरित किया। उन्होंने ऐसे जीवाश्मों का पता लगाया जो सहस्राब्दियों से मानवता की शारीरिक प्रगति को प्रदर्शित करते हैं। उनका मानना था कि विकास चेतना और आत्मा की ओर झुकता है, जिससे उन्हें वैज्ञानिक अवलोकन पर आधारित आशा मिलती है। "मेरा शुरुआती बिंदु," उन्होंने अपने समय की तुलना में हमारे समय के लिए अधिक उपयुक्त दृष्टिकोण के साथ कहा, "मौलिक प्रारंभिक तथ्य यह है कि प्रत्येक व्यक्ति अपने भौतिक, जैविक और मानसिक अस्तित्व के सभी पहलुओं को उनके चारों ओर मौजूद हर चीज के साथ जबरदस्ती जोड़ता है। " जैसा कि पहले चर्चा की गई थी, टेइलहार्ड का मानना था कि मानव कलाकृतियाँ और आविष्कार नोस्फीयर का निर्माण करेंगे, जो ग्रीक नोस से ली गई एक काल्पनिक अवधारणा है जिसका अर्थ है मन। उनके सिद्धांत ने भविष्यवाणी की कि कैसे हमारे समय के भूवैज्ञानिकों ने हमारे काल को एंथ्रोपोसीन का नाम दिया है - एक स्वीकृति कि मानवता के प्रभाव को हमारे इतिहास से खारिज नहीं किया जा सकता है।
मानव जाति ने ग्रह पर एक छाप छोड़ी है जो भूगर्भिक समय के पैमाने तक फैली हुई है। जिस प्रकार हमारे व्यक्तिगत व्यवहार हमें व्यक्तिगत रूप से प्रभावित करते हैं, उसी प्रकार सामूहिक क्रियाओं ने भी अपना स्वरूप महत्वपूर्ण रूप से बदल लिया है।

टेइलहार्ड डी चार्डिन का ईस्टर दिवस 1955 को शांतिपूर्वक निधन हो गया, जब उनके जेसुइट वरिष्ठों ने उन्हें अपने जीवन के दौरान जीवाश्म विज्ञान के अलावा किसी भी काम को

प्रकाशित करने से रोक दिया था। एक बार जब उनकी आध्यात्मिक पुस्तकें (द फेनोमेनन ऑफ मैन, द डिवाइन मिलियू) अंततः 1960 के दशक में उपलब्ध हो गईं, तो वे तुरंत बेस्टसेलर बन गईं; उनके विचार अब नई ऊर्जा के साथ दुनिया भर में फैल रहे हैं। टेइलहार्ड की दृष्टि हमें मानव चेतना और एजेंसी को विकसित करने में निवेश के साथ समय के दीर्घकालिक दृष्टिकोण को संतुलित करने की चुनौती देती है, लेकिन कुछ ही लोगों के पास ऐसी कॉल के लिए शब्दावली होती है। इसके बजाय, अधिकांश चर्चाओं में कृत्रिम बुद्धिमत्ता शामिल होती है: संवेदनशील कंप्यूटर मोहक या बुरे हो जाते हैं या सत्ता में आ जाते हैं - मैंने एक बार भी हमें चेतना के बारे में चर्चा करते नहीं सुना: यह हमें कहाँ ले जाती है, या यह आगे जाती है या नहीं। व्यापक पैमाने पर आध्यात्मिक विकास कैसा दिख सकता है?

और वहां मुझे एक दिलचस्प संवाद का पता चला जो सीधे तौर पर टेइलहार्ड डी चार्डिन के विचारों और सवालों पर आधारित है और साथ ही उन्हें अभी के लिए उत्पादक तरीकों से अपना रहा है। विकासवादी जीवविज्ञानी डेविड स्लोअन विल्सन ने 2009 के दौरान वेटिकन में प्रकाशन की 150वीं वर्षगांठ के साथ-साथ चार्ल्स डार्विन के 200वें जन्मदिन के अवसर पर आयोजित एक सम्मेलन में भाग लेने से पहले टेइलहार्ड डी चार्डिन को नहीं पढ़ा था।

डेविड स्लोअन विल्सन और लेखक के बीच इस बातचीत को सुनें, क्योंकि वे अपनी बातचीत में अंतर्दृष्टि साझा करते हैं।

निःसंदेह, अधिकांश विकासवादियों की तरह, मैं टेइलहार्ड से परिचित था। लेकिन क्या उन्होंने उसे पढ़ा था या उसके विचारों को समसामयिक माना था? अधिकांश विकासवादियों के लिए इन दोनों प्रश्नों का उत्तर संभवतः नहीं होगा; हालाँकि मुझे यह जानकर आश्चर्य हुआ कि टेइलहार्ड वास्तव में वैज्ञानिक रूप से अपने समय से आगे था; उन्होंने जो कुछ भी लिखा वह आज के विकासवादी परिप्रेक्ष्य से उपयुक्त था।

उनका मुख्य संदेश - जो हाल ही में फैशन में वापस आया है - यह था कि, जबकि मानव जाति सिर्फ एक अन्य प्रजाति या प्राइमेट की तरह लग सकती है, हम वास्तव में एक पूरी तरह से नई विकासवादी प्रक्रिया हैं और हमारे विकास को जीवन के समान ही परिणामी माना जा सकता है। टेइलहार्ड उस बिंदु पर सही था और इसने मुझे आश्चर्यचकित कर दिया। एक विरासत तंत्र के रूप में प्रतीकात्मक सोच और हमारी सभी विभिन्न सांस्कृतिक प्रथाएं वास्तव में नए विकासवादी मार्गों का निर्माण करती हैं - एक ऐसा विचार जिसकी पुष्टि होने पर मैं आश्चर्यचकित था।

डेविड स्लोअन विल्सन टेइलहार्ड डी चार्डिन की तरह नास्तिक हैं; फिर भी वह विकासवादी जीव विज्ञान के दृष्टिकोण से अत्यधिक प्रभावी अनुकूली समूहों के रूप में धर्मों का अध्ययन करता है, जो अक्सर प्रगति के बजाय गिरावट की दिशा में आगे बढ़ते हैं। डेविड स्लोअन विल्सन ने अपना अधिकांश काम विकासवादी जीव विज्ञान की अंतर्दृष्टि को सामाजिक भलाई के लिए लागू करने के लिए समर्पित किया है; वर्तमान में नवीकरण की दिशा में इन पाठों को लागू करने की दिशा में इस भावना के साथ बिंघमटन न्यूयॉर्क में शहरी नवीकरण परियोजनाओं की दिशा में काम कर रहे हैं; इस परियोजना का विवरण देने वाली उनकी पुस्तक में टेइलहार्ड डी चार्डिन का सम्मान करने वाला एक अध्याय शामिल है, जिसका शीर्षक है, "हम अब नोस्फीयर में प्रवेश कर रहे हैं।"

लेखक डेविड स्लोअन विल्सन और उनके बीच इस बातचीत को सुनें।

वह अक्सर "विचार के अंश" के बारे में बात करते थे। उनके लिए, इसका मतलब यह था कि पहले मनुष्य अलग-अलग प्रतीकात्मक प्रणालियों के साथ छोटे समूहों में रहते थे जो एक दूसरे से अलग थे। हालाँकि, समय के साथ, जैसे-जैसे समाज का विस्तार हुआ, विचार के ये कण एक साथ आने लगे - जिससे एक वैश्विक चेतना पैदा हुई जिसे ओमेगा पॉइंट कहा जाता है।
विकास जैसा कि उसकी अपनी दर्पण छवि के माध्यम से देखा जाता है।
सही। जबकि समाज लगातार बढ़ते पैमाने पर विस्तार कर रहा है, सूक्ष्म समाजों से लेकर आज के मेगा समाजों तक, कोई भी धारणा कि यह अंततः एक वैश्विक मस्तिष्क की ओर ले जाएगा, संभावना के दायरे में है लेकिन निश्चित रूप से इसकी कोई गारंटी नहीं है; किसी भी समय पतन संभव है। शायद एक ओमेगा पॉइंट कहीं न कहीं मौजूद है, अगर हमने उस तक पहुंचने के लिए पर्याप्त मेहनत की हो; अन्यथा हम सब हार जाएंगे!

आध्यात्मिकता को मानव विकास का नेतृत्व करना चाहिए; ऐसा करने के लिए हमें इसकी परिभाषा को समझना होगा और साथ ही यह भी समझना होगा कि आत्मा और आत्मा जैसे आध्यात्मिक शब्द दैनिक जीवन में इतनी अभिन्न भूमिका क्यों निभाते हैं।
एक बार जब हम ऐसा कर लेते हैं, तो मुझे लगता है कि हम उनके लिए एक संतोषजनक अर्थ लेकर आ सकते हैं जो अलौकिक एजेंटों पर निर्भर नहीं करता है। इस प्रकार हम आत्माओं के होने के बारे में खुलकर बात कर सकते हैं - हमारे समूहों में आत्माएँ हैं, हमारे शहरों में आत्माएँ हैं, यहाँ तक कि हमारे ग्रह में भी आत्माएँ हैं! वास्तव में इसकी एक सुलभ व्याख्या हो सकती है।

टेइलहार्ड ने यह बात कही कि आध्यात्मिकता केवल व्यक्तिगत आराम के बारे में नहीं होनी चाहिए; बल्कि इसे स्वयं से भी बड़ी किसी चीज़ के लिए अधिक अच्छा हासिल करने के लिए प्रेरित करना चाहिए। जब मैं विचार करता हूँ कि आप बिंघमटन में क्या कर रहे हैं और यह सोच इसका समर्थन करती प्रतीत होती है।

बिल्कुल यह है. विकासवादी शब्दों में, विकास केवल क्रिया को देखता है; आपके दिमाग के अंदर या आपकी अर्थ प्रणाली के रूप में क्या चल रहा है वह वास्तविक व्यवहार के माध्यम से प्रकट होने तक अदृश्य रहता है। इसलिए यदि आपके अंदर जो चल रहा है वह आपके लिए उचित कार्रवाई का कारण नहीं बनता है तो इसका मतलब है कि आपकी अर्थ प्रणाली दूसरों में वांछनीय व्यवहार उत्पन्न करने में उतनी प्रभावी नहीं हो सकती है।

हमें कार्य करने और जो सही है उसे करने के लिए प्रेरित करने के लिए अर्थ आवश्यक है, जिसमें आधुनिक समाज में शामिल सभी तथ्यों की सराहना शामिल होनी चाहिए।
और हमें एक ऐसी दुनिया में कार्यों की योजना बनाने के लिए इन तथ्यों का उपयोग करने के लिए अपने मूल्यों के प्रति सचेत रहना चाहिए जो तेजी से जटिल होती जा रही है और जिसे वैश्विक स्तर पर प्रबंधन की आवश्यकता है।

"ग्रहीय पैमाने पर प्रबंधन" जैसा आदर्श मुझे दूर की कौड़ी लगता है; यह आज की वैश्विक व्यवस्था या यहीं और अभी हो रही किसी भी चीज़ के साथ बेतुका लगता है। इसलिए जब पत्रकार और पर्यावरण ब्लॉगर एंड्रयू रेवकिन वर्तमान वैश्विक घटनाओं और किशोर मस्तिष्क के विकास में देखी गई घटनाओं के बीच एक सादृश्य बनाते हैं; दोनों ही असमानता प्रदर्शित करते हैं, अत्यधिक प्रगति के क्षेत्र लापरवाही के क्षेत्रों के साथ-साथ रहते हैं; दोनों एक साथ रचनात्मकता और विनाश का वादा कर रहे हैं।

सुनें जब एंड्रयू रेव्किन लेखक को बातचीत में शामिल कर रहे हैं।

तो चाहे हम शेयर बाजारों को देखें या कैसे तहरीर स्क्वायर की घटनाएं सामने आईं और फिर ट्विटर और फेसबुक के माध्यम से खुद को संशोधित किया, मैं देखता हूं कि हम नई वायरिंग का परीक्षण कर रहे हैं, जिसके कार्य की अभी तक कोई स्पष्ट समझ नहीं है। ब्लॉगिंग से मुझे इस क्षेत्र की जानकारी मिलती है; तात्कालिक झूठ तुरंत भड़क सकते हैं, लेकिन फिर उनकी वास्तविकता जल्द ही समान रूप से सामने आ जाती है - यदि शुरू में उजागर होने की तुलना में अधिक तेज़ी से नहीं।

इससे कुछ दिलचस्प सवाल खड़े होते हैं. कर्ज़वील जैसे लोग भी हैं जो हमारे सिस्टम के इंसानों से भी अधिक शक्तिशाली बनने की संभावना देखते हैं; लेकिन मुझे लगता है कि अभी जो वास्तव में बहुत अधिक शक्तिशाली है, वह इस प्रणाली की बढ़ती क्षमता है जो हमें सहयोगात्मक रूप से चीजों को बनाने, चीजों को महसूस करने और चीजों को उन तरीकों से अनुभव करने में मदद करती है जो पहले संभव नहीं थे - यह विचारों को साझा करने और आकार देने की क्षमता है जो सबसे प्रभावशाली है।
दिमाग चकरा देने वाला. यह महज़ कंप्यूटिंग शक्ति से कहीं आगे जाता है; यहां कुछ अधिक महत्वपूर्ण कार्य अवश्य होना चाहिए।

एंड्रयू रेवकिन ने नॉलोस्फीयर शब्द की उत्पत्ति टेइलहार्ड के नोस्फीयर से की है।

यहां आपका एक और अंश है जो दिखाता है कि आध्यात्मिक भाषा ने हमारे समाज में कितनी शक्तिशाली पकड़ बना ली है: कोई भी शब्द चुनें - इस मामले में "ज्ञानमंडल" - यह स्पष्ट है कि हमारी दुनिया तेजी से टिप्पणियों को साझा करने के नए तरीकों से जुड़ रही है और उन विचारों को आकार देना जो मानव प्रगति पर प्रभाव डालते हैं। वह सच्ची आध्यात्मिक भाषा है।

खैर, निश्चित रूप से; जलवायु परिवर्तन के मुद्दे अक्सर वैज्ञानिक प्रतीत होते हैं। हालाँकि, जब बारीकी से जांच की जाती है, तो उनकी मानवीय निर्णय लेने की प्रक्रियाएँ तेजी से वैज्ञानिक सोच से मूल्यों के विचारों और मूल्यांकन की ओर बढ़ती हैं। जब हम जीवाश्म ईंधन से दूर जाने और समुद्र के स्तर में वृद्धि को धीमा करने या फसल की विफलता के जोखिमों (सभी गैर-वैज्ञानिक प्रश्न!) के बीच सभी व्यापार-संबंधों पर विचार करते हैं, तो हम उन लाभों को एक-दूसरे के मुकाबले कैसे तौलते हैं, यह स्पष्ट हो जाता है। इन निर्णयों में अर्थशास्त्र के साथ-साथ मूल्यों पर भी विचार शामिल होता है।

और, जबकि हमें तथ्यों पर चर्चा करना आसान लगता है, जब हम मूल्यों पर चर्चा करना शुरू करते हैं तो यह और अधिक जटिल हो जाता है।

हाँ। इस युग को एंथ्रोपोसीन के रूप में जाना जाता है - या, वह अवधि जब मनुष्य पृथ्वी पर नियंत्रण करते हैं - और इसे सुचारू रूप से चलाने के लिए हमें जिसे मैं "एंथ्रोपौफिलिया" कहता हूं, या एक-दूसरे के मतभेदों को स्वीकार करने की आवश्यकता है।

प्रत्येक आबादी के लोग ज्ञान के साझा भंडार के संबंध में अलग-अलग राय रखते हैं। एक बार विज्ञान के माध्यम से एक-दूसरे से जुड़ जाने के बाद, इंटरनेट का उपयोग हमारे जीवन का हिस्सा बन जाता है और विज्ञान इसके लिए बेहतर है। किसी बड़ी चीज़ का हिस्सा बनकर, जब हम ऑनलाइन होते हैं तो हम अपने ही बुलबुले में अलग-थलग नहीं रहते, चाहे वह हरित हो या मुक्तिवादी; बल्कि, हम अन्य लोगों से जुड़कर और उन तक पहुंच कर उनके विचार जानने का प्रयास करते हैं। यह ज्ञानमंडल का हिस्सा है: अलग-अलग ऊर्जा विकल्पों वाले लोगों को ढूंढना जो ऊर्जा दक्षता के लिए समान लक्ष्य साझा करते हैं, जिनके समाधान पर आप संभावित रूप से एक साथ काम कर सकते हैं - फिर यह महसूस करना कि कहीं न कहीं हम एक साथ काम कर सकते हैं - वह भी इसका एक हिस्सा है।

इंटरनेट पर हम जिन मुद्दों का सामना करते हैं उनमें से कोई भी इसके क्षेत्र के लिए अद्वितीय नहीं है; वे मानव होने का हिस्सा हैं। जब लोगों से भरे कमरे में, तेज़ और गुस्से वाली आवाज़ वाले लोग सबसे अधिक एयरटाइम प्राप्त करते हैं; एक चीज जो मैं अपने ब्लॉग पर करने का प्रयास करता हूं वह है शांत प्रतिभागियों के लिए कुछ इनपुट प्राप्त करने के लिए टूल विकसित करना।

∗∗∗ मैं उस परिवर्तनशील तालमेल से रोमांचित हं जो शांत लोगों द्वारा अपनी आवाज खोजने, पुरानी सच्चाइयों को उजागर करने और नए ज्ञान के निर्माण के बीच होता है - कुछ ऐसा जिसे बहुत से मनुष्य लंबे समय से जानते थे लेकिन फिर भूल गए।

जैसे-जैसे डेट्रॉइट की अर्थव्यवस्था बदली और लोगों की आजीविका चली गई, सुविधा के आंतरिक विरोधाभास बहुत स्पष्ट हो गए। पूरे शहर के ब्लॉक खाली हो गए. जो बचे रह गए उनमें से कुछ ने खाली ज़मीनों पर भोजन लगाना शुरू कर दिया - शुरू में केवल जीवित रहने के लिए लेकिन बाद में आशा की अभिव्यक्ति के रूप में; इन प्रयोगों ने बाद में पूरे अमेरिका में शहरी उद्यानों को प्रेरित किया। मैं मर्टल थॉम्पसन और वेन कर्टिस से मिला, जिनके बगीचे में कई चमत्कार थे - सूरजमुखी के बीज और जड़ी-बूटियों से लेकर स्क्वैश जैसी सब्जियों तक। जब उनसे पूछा गया कि उनकी फसल में क्या शामिल है तो उन्होंने एक प्रभावशाली सूची दी:

लेखक मर्टल थॉम्पसन और प्रधान संपादक वेन कर्टिस के बीच बातचीत को सुनें। केल - तीन प्रकार - कोलार्ड साग, टमाटर, बेल मिर्च, गर्म मिर्च, बैंगन, स्क्वैश, स्ट्रॉबेरी, रसभरी और तरबूज के साथ-साथ प्याज आलू जड़ी बूटी जैसे कि सीलेंट्रो तुलसी अजमोद की खेती हमारे बगीचे में की जाती है। पिछले सीज़न में हमने सूरजमुखी, मक्का, सूरजमुखी, सूरजमुखी, पिछले सीज़न में भी कुछ मक्का उगाया था। भिंडी दूर-दूर से लोगों को अपनी

ओर आकर्षित करती है जबकि हमारा बैंगन भारतीय संस्कृति के लोगों को लाता है जो व्यंजनों के लिए आते हैं; जब हम सीखते हैं कि कुछ बढ़ता है तो बच्चों को प्रतिक्रिया करते देखना वास्तव में फायदेमंद होता है, साथ ही चीजों को विकसित होते देखना भी, जब हम कभी नहीं जानते थे कि यह इतनी जल्दी होगा! हर बार कुछ नया सामने आने पर जब हम और अधिक सीखते हैं तो बच्चों की प्रतिक्रिया देखकर मुझे और खुद मुझे आश्चर्य होता है, जबकि हमें इसकी उम्मीद नहीं थी कि शुरुआत में यह इतना फलेगा-फूलेगा!

मर्टल और वेन पोषक तत्व घनत्व पर चर्चा करते समय डैन बार्बर या माइकल पोलन के समान ही बुद्धिमत्ता और विज्ञान का प्रदर्शन करते हैं, जबकि मेरे साथ चेतना पर भी चर्चा करते हैं।

मायर्टल थॉम्पसन, लेखक और वेन कर्टिस, लेखक के बीच बातचीत को सुनें।

भोजन उगाने की तरह ही संस्कृति, समुदाय, विचारधारा और अन्य पहलुओं को विकसित करने की हमारी भूमिका भी महत्वपूर्ण है ताकि यह सुनिश्चित किया जा सके कि हमारा निरंतर अस्तित्व अब खतरे में नहीं है। चेतना विकसित करना महत्वपूर्ण है क्योंकि यह उद्यान केवल भोजन उगाने के बारे में नहीं है, बल्कि उस पारिस्थितिकी तंत्र का हिस्सा बनने के बारे में है जो इस बगीचे से भी पहले का है और जिसमें हम समय से ही इसके अस्तित्व की प्रक्रिया का हिस्सा बनकर योगदान करते हैं - न केवल भोजन उगाना बल्कि बनना भी। इसका एक हिस्सा और साथ ही मानवतावादी अभ्यास का अभ्यास करना जो अब हमारी पहचान के लिए डेल मोंटे पर निर्भर नहीं है।

क्या खाया जा सकता है, जो हमेशा से मौजूद रहा है, उसे फिर से खोजना संस्कृति को बदलने की शक्ति रखता है, जैसा कि आपको एहसास होता है कि आप मूल्य वाली चीजों पर गाड़ी चला रहे हैं; या पैलेटों के नीचे देखना जहां कोई तेल बदल रहा है और ऐसे पौधे देखना जो संभावित रूप से हमें खिला सकते हैं, पृथ्वी के साथ-साथ आपके आस-पास के लोगों के साथ आपके रिश्ते को बदल देते हैं; चूँकि अब आपको उन्हें यह सब समझाने के तरीके खोजने होंगे।
मैंने लुइसविले में मेयर, पुलिस प्रमुख, स्कूलों के अधीक्षक, लुइसविले के आस्था समुदाय के नेताओं और संघ आयोजकों के साथ-साथ इसके ऐतिहासिक परिवारों के सदस्यों के साथ एक आकर्षक, आकर्षक शाम बिताई। रात के खाने में हम एक अंतरंग "कंट्री क्लब" में जाते हैं, जो किसी की प्यारी दादी के घर जैसा लगता है: बढ़िया चीनी मिट्टी से बना बासी तहखाना। किसी के अनुसार, यह हमेशा से ही वह जगह रही है जहां अभिजात वर्ग इकट्ठा होता रहा है। ओहियो नदी मेरी खिड़की के बाहर बहती है; इसके बैंक वर्ग और धन में एक ऐतिहासिक विभाजन का प्रतीक हैं। लेकिन आज रात, शहरवासियों के इस विविध वर्ग को एक साथ बात करते और सुनते हुए पाया जा सकता है। एक बार चुने जाने के बाद, लुइसविले के मेयर ग्रेग फिशर ने यह बताया कि उनके शहर के लिए उनका लक्ष्य करुणा में से एक होगा; यह उनके नागरिक जीवन के हर पहलू को एक साथ एक बनाना चाहिए। वे इस प्रयोग को बहुत गंभीरता से ले रहे हैं. अब, वे रोमांस से आगे बढ़कर सामाजिक परिवर्तन की ओर बढ़ गए हैं; स्कूलों में दीर्घकालिक परियोजनाएँ स्थापित करना जिनका कोई परिणाम आने में वर्षों लग सकते हैं। एक प्रमुख घराने के एक बेटे ने मुझसे कहा कि यह

सिर्फ एक आकांक्षा है; हालाँकि, नागरिक आकांक्षाएँ शक्तिशाली हैं: नैतिक कल्पना को काम करने के लिए कुछ ठोस देना।

इन उल्लेखनीय विकासों के बीच उत्कृष्टता उस कमरे में पैदा हुई भरोसे की उल्लेखनीय भावना थी; डर कम हो गया और कमज़ोरियाँ बिना किसी डर के सामने आ गईं। एक अफ़्रीकी अमेरिकी पादरी ने मुझे बताया कि वास्तव में जिस चीज़ ने फ़र्क डाला वह यह था कि एक राजनेता तुरंत किसी नीति या सुधार का प्रस्ताव किए बिना लोगों के दर्द के साथ बैठने को तैयार था; इसके बजाय इसे सांत्वना देने या इसके जवाब में विलाप करने से पहले कमरे में शोक करने के लिए कुछ के रूप में मौजूद रहने की अनुमति दी गई - जैसे कि प्राचीन भविष्यवक्ताओं ने अपने नुकसान के लिए विलाप किया था! हालांकि हमारे नुकसान पर शोक मनाना कभी भी उत्पादक या प्रभावी नहीं होता है - इस शुरुआत के बिना हम कभी भी निरंतर प्रगति या आगे बढ़ने की उम्मीद नहीं कर सकते हैं!
यदि हम इसे ऐसे प्रयास में सामूहिक रूप से शामिल करना चुनते हैं तो ज्ञान को शक्ति के कार्य के रूप में लिया जा सकता है। दुर्भाग्य से, हालांकि, यह ज्ञान बीसवीं शताब्दी के दौरान युद्ध के माध्यम से हमारी समस्याओं के समाधान के लिए लड़ने के लिए विकसित की गई प्रवृत्ति के साथ संघर्ष करता है - एक ऐसा दृष्टिकोण जिसने हमारे पेशेवर जीवन, विदेशी और घरेलू नीतियों, पालन-पोषण शैलियों और बच्चों की परवरिश के हर पहलू में घुसपैठ की। युद्ध क्रोध और महत्वाकांक्षा को ईंधन के रूप में लेता है जबकि करुणा के साथ-साथ विलाप या दुःख की भावनाओं को स्थगित कर देता है; इसकी गणना हार की कीमत पर जीत को मापती है। अमेरिका में 9/11 के बाद हमारे पास दुश्मनों से बदला लेने के लिए बहुत सारे शब्द थे, लेकिन नुकसान के कारण होने वाले दुख या दुख से निपटने में हमारी मदद करने के लिए कोई शब्द नहीं थे - कुछ ऐसा जो सामने आना ही था। अमेरिका में 9/11 की घटना के बाद उस पर कार्रवाई करते समय हमने बिना समय बर्बाद किए और उसके बाद जो कुछ हुआ था, उसे आत्मसात करते हुए बदले की भावना से भरे मजबूत शब्दावली वाले शब्दों का इस्तेमाल किया।
अमेरिकी हमारे सबसे मजबूत किले के भीतर असुरक्षा की अभूतपूर्व भावना से स्तब्ध थे। इसने अमेरिकियों को दुनिया भर में अजनबियों के साथ नए संबंधों के लिए प्रेरित किया जो समान रूप से अपना जीवन जी रहे हैं; लेकिन हमारी प्रतिक्रिया ने हमें एक दूसरे से और भी अलग कर दिया।

जैसे-जैसे समाज यह याद रखना शुरू करता है कि विफलता हमेशा मानवीय अनुभव का हिस्सा रही है, व्यवसाय से लेकर शिक्षा और मनोविज्ञान तक, हम आध्यात्मिक विकास और व्यक्तिगत ज्ञान में भी इसकी भूमिका को महसूस कर रहे हैं। मैं उस विचार को आगे ले जाऊंगा: असफलता और असुरक्षा आध्यात्मिक और व्यक्तिगत विकास के लिए आवश्यक तत्व हैं। इससे कोई फर्क नहीं पड़ता कि हमारे लिए क्या गलत होता है - जो कुछ भी हमारी कमजोरियों के साथ-साथ ताकत के रूप में भी माना जा सकता है - ये अनुभव आशा को उचित और जीवंत सद्गुण को संभव बनाने में मदद करते हैं; वे मानवता के प्रति हमारे अद्वितीय योगदान का हिस्सा हैं। पीढ़ियों से हमारी सामान्य शब्दावली से बाहर हो चुके इस प्राचीन, मौलिक सत्य को साझा करने में अपनी विशेषज्ञता के लिए ब्रेन ब्राउन विभिन्न सेटिंग्स और नेतृत्व के स्तरों पर एक लोकप्रिय शिक्षिका बन गई हैं। यह काम ह्यूस्टन

विश्वविद्यालय के ग्रेजुएट कॉलेज ऑफ सोशल वर्क में शुरू हुआ जहां वह एक सहायक प्रोफेसर हैं।

एक लेखक के रूप में सुनें और ब्रेन ब्राउन के बीच बातचीत हुई।

मैं हमेशा लोगों से यह आकलन करने के लिए एक सरल प्रश्न पूछता हूं कि क्या वे मानते हैं कि उन्होंने वास्तव में बहादुर व्यवहार प्रदर्शित किया है, व्यक्तिगत रूप से या किसी अन्य व्यक्ति को कुछ बहादुरी भरा काम करते हुए देखकर। और काम करने के लिए 11,000 डेटा के साथ एक अकादमिक शोधकर्ता के रूप में, मुझे नैतिक, आध्यात्मिक, नेतृत्व या संबंधपरक साहस का एक उदाहरण नहीं मिल सकता है जो भेद्यता से पैदा नहीं हुआ है - फिर भी हम अक्सर कार्रवाई न करने के बहाने के रूप में कमजोरी के बारे में पौराणिक कथाओं में विश्वास करते हैं काफी साहसपूर्वक.

ब्रेन ब्राउन इन खोजों से एक स्व-घोषित शास्त्रीय पूर्णतावादी के रूप में अपने जीवन में गहराई से बदल गईं। उन्होंने इन्हें ह्यूस्टन में TEDx टॉक में साझा करने का निर्णय लिया, जहां से यह वायरल हो गया।
एक अनाकर्षक शीर्षक के बावजूद, "लिसनिंग टू शेम" अब तक की सबसे ज्यादा देखी जाने वाली TED वार्ताओं में से एक बनी हुई है: मुझे यह जानकर बहुत आनंद आया कि डॉ. शीन ने संपूर्ण जीवन पर शोध करते समय आधुनिक कानों में नकारात्मक रूप से गूंजने वाली सच्चाइयों का सामना किया।
सुनें जब ब्रेन ब्राउन लेखक के साथ चर्चा कर रहे हैं।

मैंने डेटा को कोड करना और शब्दों में पैटर्न और थीम की तलाश शुरू कर दी, और वे जल्द ही बहुत तेजी से उभरे। मैंने ऐसी सूचियाँ संकलित करना शुरू कियाँ, जिनमें उन चीज़ों पर प्रकाश डाला गया, जिन्हें पुरुष और महिलाएँ जानबूझकर चुनने पर ध्यान केंद्रित करते हैं, साथ ही साथ जानबूझकर या अनजाने में अपने जीवन से कुछ गतिविधियों को हटा देते हैं। और जैसे ही मैंने अपनी 'नहीं-करें' सूची को देखा, जिसमें मेरा सटीक वर्णन था - यह बहुत स्पष्ट हो गया: यह मेरा भी नहीं था! मुझे एहसास हुआ कि मेरा पूरा जीवन वहाँ बिल्कुल भी नहीं था - मेरा पूरा अस्तित्व विदेशी लग रहा था।

तो इसमें क्या था? अच्छा, पहले मैं आपसे यह पूछ लूं। क्या आपको इस बात का सबूत मिलने की उम्मीद थी कि इन लोगों को बेहतर पालन-पोषण प्राप्त हुआ था या उन्हें कम आघात का अनुभव हुआ था, उनके लिए मजबूत समर्थन प्रणालियाँ उपलब्ध थीं?

सबसे पहले, मेरी प्रतिक्रिया कुछ हद तक आत्मसंतुष्ट थी। मैंने मान लिया कि जो लोग खुद पर विश्वास करते थे और अपनी योग्यता पर विश्वास करते थे, उन्होंने सामान्य आबादी की तुलना में कम तलाक या दिवालियापन या आघात या लत के इतिहास के साथ जीवन जीया होगा; फिर भी ऐसा बिल्कुल नहीं था; वे इन चरों के संदर्भ में किसी भी तरह से भिन्न नहीं थे - वे हर किसी की तरह ही थे!

आपकी सूची में ऐसा क्या था जिसने आपको सबसे अच्छी तरह परिभाषित किया?

पूर्णतावाद, निर्णय, स्थिति के प्रतीक के रूप में थकावट, आत्म-मूल्य के रूप में उत्पादकता, अच्छा, लोग क्या सोचते हैं, साबित करना और निश्चितता की तलाश ऐसे सभी तत्व हैं जो ऐसी आकर्षक तस्वीर पेश करते हैं।

क्या संपूर्ण हृदय से भरे इन जीवनों की विशेषता असुरक्षा है, जैसा कि आप अब इस शब्द का उपयोग करते हैं?

हां बिल्कुल। ये ऐसे व्यक्ति थे जो बिना किसी वादे या गारंटी के मेरे जीवन में आए, इसलिए जब कुछ दिन बाद उस टेबल पर बैठे और निर्णय लिया कि मैं उनका डेटा दूर रखूंगा और इसके बजाय एक चिकित्सक ढूंढूंगा - और यह काम कर गया, वह निर्णय वास्तविकता बन गया।

मुझे याद है कि मैं खुद से यह सवाल पूछ रहा था: अगर इसका मतलब यह है कि हमारी संपूर्णता की क्षमता कभी भी चोट का अनुभव करने की हमारी इच्छा से आगे नहीं बढ़ सकती है, तो यह कैसे संभव है?

यह भेद्यता के प्रति हमारी सांस्कृतिक घृणा पर वापस आता है - हमने भेद्यता की अपनी मूल भावना के साथ क्या किया है। हालाँकि इसकी शुरुआत खुद को और जिनकी हम परवाह करते हैं उनकी सुरक्षा के लिए एक सराहनीय प्रवृत्ति के रूप में हुई है, समय के साथ यह काफी अलग हो गया है। हम अपनी और अपने निकटतम लोगों की सुरक्षा के बारे में ईमानदार होने के बजाय पूर्णता की ओर बढ़ कर चीजों को बेहतर बनाने की कोशिश करते हैं।

मैं सहमत हं। जिस चीज़ ने मुझे मदद मांगने और अलग तरह से जीने की इच्छा के लिए प्रेरित किया, वह वही था जो मैं पालन-पोषण के बारे में देख रहा था। हम दुनिया के साथ कैसे जुड़ते हैं, यह हमारे बच्चों की सफलता के बारे में उसकी प्रथाओं के बारे में हमारे पास मौजूद किसी भी ज्ञान से कहीं अधिक पूर्वानुमानित करता है। वर्तमान में, मेरा मानना है कि हम सौम्य जागृति के युग में हैं, हालाँकि मेरा शोध 9/11 से केवल छह महीने पहले शुरू हुआ था। 12 वर्षों के दौरान, मैंने परिवारों के भीतर भय को व्याप्त होते देखा है और हमें आज की दुनिया में अनिश्चितता से खुद को और अपने बच्चों को बचाने के लिए असाधारण प्रयास करते देखा है - एक कॉलेज प्रोफेसर के रूप में अपने शोध लेंस के माध्यम से, साथ ही साथ दोनों के रूप में भी। माता-पिता और छात्र स्वयं।

हमारे पास ऐसे छात्र आते हैं जिन्होंने पहले कभी वास्तविक प्रतिकूल परिस्थितियों का सामना नहीं किया है और इस तरह असहाय और निराश महसूस करते हैं। सबसे दिलचस्प पहलुओं में से एक उनके सामने इस नाटक को देखना है।
इस क्षेत्र में काम करने के मेरे अनुभव ने मुझे सिखाया है कि वास्तविक आशा वाले लोग अक्सर एक अन्य विशेषता साझा करते हैं: लॉरेंस में कैनसस विश्वविद्यालय के सी. आर. स्नाइडर का शोध हमें दिखाता है कि आशा संघर्ष के माध्यम से पैदा होती है।

आपके लेखन ने वास्तव में मुझे उस जैसे कुछ लुभावने वाक्यों से आश्चर्यचकित कर दिया है।

आशा कोई भावना नहीं है; बल्कि यह एक संज्ञानात्मक और व्यवहारिक प्रक्रिया है जिसे हम कठिनाइयों का सामना करते समय विकसित करते हैं, भरोसेमंद रिश्ते बनाते हैं, और कठिन परिस्थितियों से बाहर निकलने की अपनी क्षमताओं में दूसरों से विश्वास हासिल करते हैं।

जो अपने बच्चों पर आंख मूंदकर विश्वास करने और जब तक संभव हो सके दर्द को नजरअंदाज करने की हमारी प्रवृत्ति से भिन्न है। लेकिन निश्चित रूप से, हम उन लोगों के लिए एक अद्भुत दुनिया, जीवन और अनुभव बनाने की अपनी इच्छा को समझते हैं जिनकी हम परवाह करते हैं?

लेकिन हम अक्सर खूबसूरती को नज़रअंदाज कर देते हैं। जीवन में मेरी कुछ सबसे बेशकीमती यादें संघर्ष के विस्फोटों से आती हैं जिनके बारे में मैंने कभी सोचा भी नहीं था; ऐसे क्षण जब मैं सोचता हूं कि "भगवान ने मुझे यह व्यक्ति बनाया है" ऐसे क्षण होते हैं जिनकी मैंने अपेक्षा या पूर्वानुमान नहीं किया था।

आशा पूरे दिल से होने की अपनी यात्रा में टूट चुकी है; आशा संघर्ष का परिणाम है. मैंने विकासवादी जीवविज्ञानी डेविड स्लोअन विल्सन से पूछा कि क्या विकासवादी दृष्टि से कुछ निरर्थक है कि मनुष्य कभी-कभी उन चीजों को फिर से सीखकर प्रगति करता है जिन्हें हम एक बार जानते थे लेकिन भूल गए थे, जैसे कि खाद्य स्रोत या सामान्य जीवन के भीतर हरे स्थान; उदाहरण के लिए, मानव आविष्कार के लिए भी कुछ ऐसा ही लागू हो सकता है; शायद हमें यह सीखने की ज़रूरत है कि संघर्ष बड़े होने का हिस्सा है; वास्तविक भोजन या हरे-भरे स्थानों की पुनः खोज दैनिक जीवन में जीवंतता जोड़ सकती है या यह जानकर आराम पा सकती है कि हमारी प्रजाति बनी हुई है। उसका उत्तर? यहां उनका स्पष्टीकरण है - मछली पानी के बाहर नहीं रहती है और न ही जीवित रहती है और न ही पनपती है; मानव आविष्कार बिल्कुल वही काम कर सकता है जो पहले ज्ञात और भूली हुई चीजों को दोबारा सीखकर किया जा सकता है। यहाँ उनकी प्रतिक्रिया है - कुछ मछलियाँ स्वाभाविक रूप से नहीं करती हैं: अपने आप को पानी से बाहर निकालें और अब जीवित नहीं रहें या पनपें नहीं जैसा कि मनुष्य करते हैं जब वे चीजें सीखते हैं जो हम एक बार जानते थे उसे भूलने से पहले हम जो जानते थे उसे भूल जाते हैं और खुद को बाहर निकालने से पहले भूल जाते हैं पानी में और अब न तो जीवित रह सकती हैं और न ही पनप सकती हैं, ठीक उसी तरह जैसे मछलियाँ खुद को पानी से बाहर निकाल सकती हैं और अब जीवित या पनप नहीं सकती हैं, ठीक उसी तरह जैसे इंसानों ने चतुर आविष्कार विकसित किए हैं और आविष्कार के माध्यम से बिल्कुल वैसा ही किया है, यह अनगिनत चतुर तरीकों से किया जा सकता है, इसलिए पुनः सीखना संघर्ष बड़े होने में, वास्तविक भोजन को फिर से खोजने में या अपने साथी-सह-समूह को सामान्य जीवन के साथ जानने में आराम पाने में, सामान्य जीवन को जीवंत बनाने के लिए हरित स्थान प्रदान करने में या अपने साथी-सह-समूह को जानने में आराम पाने में, खुद को समय से बाहर निकालकर कुछ करने के लिए पुनः सीखने में खेलता है। या बस कुछ ऐसा जानना जो हम पहले जानते थे अब कर सकते हैं; मछली

नहीं कर सकती! जब पानी के बाहर जीवित रहना संभव नहीं होता/तो फिर जीवित ही नहीं रह पाते/तब अंततः खुद को बाहर निकालने के लिए समान प्रभाव डालते हैं। यहां सभी प्रकार के लिए सभी चतुर तरीके दिए गए हैं। हमारी भूमिका का संघर्ष सीखने पर क्या करता है, यह सीखने पर कि एक-दूसरे को जानना, खुद को बेहतर बनाना, एक-दूसरे को बेहतर जानना, जैसे परिचित जानना, साथ ही सामान्य जीवन में एक-दूसरे को जाने बिना भी, यदि आवश्यक हो तो सब कुछ जानने के साथ हमारे आराम को जानना/फिर से जाना जाता है/इतनी जल्दी और आराम से जानता है दूसरे को जानना अभी भी सांत्वना दे सकता है, पहले से जानता था या अपने से दूसरों को जानने से आराम मिल सकता है, वास्तव में यह पुनः सीखने (या बस जानने) के रूप में बहुत अच्छा है। इससे पानी कम हो सकता है। पर

पड़ोसी - इन परिवर्तनों को उलटफेर के रूप में नहीं देखा जाना चाहिए, बल्कि आध्यात्मिक रूप से विकास और मानवता के संदर्भ में हमें जो चाहिए, उसके प्रति जागृति के रूप में देखा जाना चाहिए। अस्तित्व और जीवन शक्ति के लिए आवश्यक तत्वों को पुनः प्राप्त करना सही दिशा में एक कदम है; विकास के रूप में ज्ञान के बारे में बात करने का एक और तरीका स्वयं को स्वयं में वापस प्रकट करता है।

* * *

मुझे खुशी है कि लचीलापन हमारी आधुनिक भाषा का हिस्सा बन गया है - शहरी नियोजन से लेकर मानसिक स्वास्थ्य देखभाल तक। लचीलापन केवल प्रगति और स्थिरता का एक विकल्प प्रदान करता है, जबकि यह स्वीकार करता है कि रास्ते में चीजें गड़बड़ा सकती हैं। हमारे सभी समाधान अंततः अपनी उपयोगिता को समाप्त कर देंगे। हम गड़बड़ियाँ करेंगे, और जो व्यवधान हमने पैदा नहीं किया या जिसकी हमने आशा नहीं की थी वह हमारे सामने आ जाएगा - यह बस जीवन जीने का हिस्सा है! अस्तित्व का यह नाटक हमें ज़मीन से जोड़े रखता है। लचीले व्यक्तियों या शहरों के पोषण में ऐसी मानसिकता पैदा करना शामिल है जो अपरिहार्य भेद्यता की समझ के साथ कठिनाई की आशंका करती है। एक अवधारणा और रणनीति दोनों के रूप में लचीलापन हमारे अस्तित्व और जीवन की वास्तविकता का सम्मान करता है, जिससे यह सिस्टम और समाज को विकसित करने के लिए एक सशक्त मार्गदर्शक बन जाता है। लचीलापन इच्छा-आधारित आशावाद से वास्तविकता-आधारित आशावाद की ओर बढ़ता है। लचीलेपन को सार्थक और निरंतर खुशी के रूप में परिभाषित किया जा सकता है - यह पूर्णता या संतुष्टि की अस्थायी स्थिति पर निर्भर नहीं है, न ही वर्तमान परिस्थितियों के प्रति भावनात्मक प्रतिक्रिया पर निर्भर है, बल्कि जीवन जीने का एक दृष्टिकोण है जो प्रकाश और अंधेरे, सभी भावनाओं और अनुभवों को शामिल करता है, जो आगे बढ़ते हैं। जीवन ही. लचीलेपन के लिए विनम्र रहते हुए सक्रिय और व्यावहारिक होने की आवश्यकता होती है: यह स्वीकार करते हुए कि असफलता पर काबू पाने के लिए इसे दूसरों के समर्थन की आवश्यकता है - इसे अब तक जो हुआ है उसमें एकीकृत करना।

उद्यमशीलता की भाषा में इस शब्द को लोकप्रिय बनाने के लिए जिम्मेदार लोगों में एंड्रयू ज़ोली भी शामिल हैं; उन्होंने दस वर्षों तक सामाजिक उद्यमियों के पॉपटेक समुदाय के पुनरुद्धार का नेतृत्व किया; अब, वह फेसबुक जैसी जगहों पर मानव स्थिति की जांच की सलाह देते हैं। सर्दियों के बीच नई वैज्ञानिक और सांस्कृतिक समझ के निहितार्थों के प्रति

हमारी सामूहिक जागृति की नब्ज़ पर अपनी उंगली रखते हुए, ज़ोलि एक सदी और अगली सदी के बीच नई वैज्ञानिक और सांस्कृतिक समझ के प्रति जागृति लाने में सबसे आगे हैं। एंड्रयू ज़ोलि और एंड्रयू टॉलिस के बीच इस बातचीत को सुनें।

आपने जो कुछ कहा, उसने वास्तव में मेरा ध्यान खींचा, वह उन प्रणालियों के लिए आपका आह्वान था जो "शानदार तरीके से विफल हो सकती हैं।" उदाहरण के लिए, 2008 की आर्थिक मंदी या तूफान कैटरीना जैसी घटनाओं पर विचार करते समय यह विचार बहुत प्रासंगिक है; फिर भी हम अपने संस्थानों के संबंध में और वे आम जीवन को कैसे प्रबंधित और व्यवस्थित करते हैं, इस तरह से शायद ही कभी सोचते हैं। यह अवधारणा बिल्कुल सही अर्थ देती है।

आधी हकीकत। इसका एक हिस्सा हमारी गलत धारणा में निहित है कि हम खुद को विफलता से बाहर निकाल सकते हैं; कि किसी तरह, इंजीनियरिंग या योजना के माध्यम से इसे रोका जा सके। मेरी व्यक्तिगत यात्रा 1990 के दशक के दौरान शुरू हुई - अब पीछे मुड़कर देखना दिलचस्प है कि तब क्या चल रहा था। सोवियत संघ का पतन हो गया था, हम युद्ध में नहीं थे, इंटरनेट फल-फूल रहा था और लोगों ने द एंड ऑफ हिस्ट्री जैसे शीर्षकों वाली किताबें प्रकाशित कीं। इतिहास, जैसा कि हम जानते थे, खत्म हो गया था - जैसे कि सबके जाने से पहले एक विस्तृत पार्टी में भाग लेना और मैं घर छोड़ कर चला गया; यह मेरे जीवन में आखिरी बार भी नहीं होगा - झगड़े केवल अर्थशास्त्र और रचनात्मकता तक ही सीमित होंगे, भौतिक संसाधनों पर नहीं; इसलिए राष्ट्रों के बीच कोई वास्तविक युद्ध नहीं छिड़ेगा; हम इस बिंदु से आगे बढ़ चुके थे।

सब कुछ ऊपर चला जाएगा; कुछ भी नीचे नहीं जाएगा.

यह सही है; भौतिकी के नियमों को निलंबित कर दिया गया था, और हम अपने शांति लाभांश को खर्च करने में व्यस्त थे। इसके बाद जो कुछ घटित हुआ है, उसकी तुलना करें - कई लोग यह तर्क देंगे कि इसकी शुरुआत एक प्रभावशाली सफल वैश्विक आतंकवादी कृत्य से हुई, जिसके बाद अंतरराष्ट्रीय चिंता के बड़े, महंगे, जटिल, दर्दनाक मामले सामने आए, जिन्हें हल करने में वर्षों लग गए।
इतिहास संभवतः इस दशक को अमेरिकी इतिहास में अब तक देखे गए सबसे बुरे दशकों में से एक के रूप में देखेगा; इसलिए नहीं कि हम सभी इसे पसंद करेंगे, बल्कि इसलिए कि चीजें कितनी तेजी से सापेक्ष शांति से वास्तविक व्यवधान की ओर बढ़ीं, कुछ ऐसा जो संस्कृति में घुस गया है। इसलिए शानदार विफलता पर विचार करते समय, पहला आधार यह होना चाहिए: जटिल प्रणालियों में विफलता आंतरिक, स्वस्थ, सामान्य और आवश्यक है।

जब समस्या-समाधान और सेवा की बात आती है तो अति-पहुंच और विफलता अपरिहार्य है। सभी समय के नवप्रवर्तनवादियों और कार्यकर्ताओं ने उतनी ही तनाव का अनुभव किया है जितना कि मैंने अपने 20 के दशक के दौरान परमाणु हथियार विशेषज्ञों के साथ काम किया था। दुनिया को बचाने में मदद करने और अपने उद्देश्यों के लिए दूसरों को आकार देने के बीच एक महीन रेखा है, चाहे वह कितनी ही अच्छी मंशा से क्यों न हो। उद्यमिता,

जिसमें सामाजिक उद्यमिता भी शामिल है, कभी-कभी स्व-निर्मित व्यक्ति के विचारों को जन्म दे सकती है: अकेले एक व्यक्ति के माध्यम से दुनिया को बचाने की कोशिश करने का वह महान लेकिन संभावित रूप से आत्म-पराजित आवेग। हालाँकि, मेरी अपनी आशा हमारे बीच के उन युवाओं से है - विशेष रूप से युवा लोगों से - जिन्हें मैंने अप्रत्याशित और लचीले तरीकों से बदलाव के दौरान पनपते और अनुकूलित होते देखा है। उनमें से एक मुख्य समूह उदाहरण के साथ नेतृत्व करने और प्रभावी ढंग से और स्थायी रूप से परिवर्तन करने के लिए तैयार है। कर्टनी मार्टिन, एक असाधारण और करिश्माई तीस वर्षीय विचारक नेता और कार्यकर्ता, ने 20 वर्ष की उम्र में समझा कि "दुनिया को बचाना" कितना जटिल और निराशाजनक हो सकता है और उन्होंने इसके अंतर्निहित तर्क को खारिज कर दिया जो मानवता को "बचाने वालों" बनाम बचाने की ज़रूरत वाले लोगों के रूप में विभाजित करता है, सुझाव देते हुए दुनिया को तदनुसार विभाजित किया जा सकता है। कर्टनी लिखती हैं, "जीवन में हमारा उद्देश्य दुनिया को बचाना नहीं है; बल्कि इसके भीतर मौजूद रहना है, अपूर्ण और उग्र, प्रेमपूर्ण और विनम्र। मैं जहां भी जाता हूं, कर्टनी और उसके साथी चिंतनशील और सक्रिय रूप से सीखते हैं - सेवा करना बुजुर्ग नई वास्तविकताओं को संभव बना रहे हैं।

आइंस्टीन ने आध्यात्मिक प्रतिभा को तकनीकी प्रगति के प्रतिसंतुलन के रूप में देखा - गैर-जिम्मेदाराना अनुप्रयोग के माध्यम से समाज को नुकसान पहुंचाए बिना विज्ञान का दोहन करने का एक प्रभावी साधन। आज के ज्ञान को प्रौद्योगिकी के साथ जोड़ा जा रहा है; इंटरनेट एक परमाणु को विभाजित करने का हमारा संस्करण है। इसमें विश्वविद्यालयों जैसे शिक्षण के पारंपरिक संस्थानों को आगे बढ़ाने में खतरनाक और आशाजनक दोनों तरह की अपार शक्तियां हैं।
प्राचीन और मौलिक मानवीय गतिविधियाँ जैसे सृजन, नेतृत्व, अपनापन और सीखना। मेरी सबसे बड़ी चिंता, और जो हमारी समकालीन दुनिया के बारे में मेरे मूल्यांकन को जटिल बनाती है, वह यह है कि इंटरनेट किस प्रकार ऊर्जा और पहल को फैलाता है जिसे वह संभव बनाता है। सेठ गोडिन भी इस खतरे से भलीभांति परिचित हैं. लेकिन इंटरनेट के लेंस के माध्यम से जीवन को देखकर, वह यह भी देखता है कि अब हमारे पास मनुष्य के पहले सपने से परे विस्तार करने की अभूतपूर्व शक्ति है। अब हम अपने आप को केवल रिश्तेदारों और जनजाति से परे दूसरों से जुड़कर नहीं पहचानते हैं। अब हमारे पास रक्त और भूगोल की परवाह किए बिना, जुनून और सेवा से बंधी अपनी जनजाति बनाने के साधन और स्वतंत्रता दोनों हैं। ये आभासी जनजातियाँ जॉन पॉल लेडेराच की क्रिटिकल यीस्ट की अवधारणा के डिजिटल समकक्ष के रूप में काम करती हैं; वे उस चीज़ को उत्प्रेरित कर सकते हैं जिसे प्रशंसित मानवविज्ञानी मार्गरेट मीड ने "विकासवादी समूहों" के रूप में संदर्भित किया है।

अंतरिक्ष, साइबरस्पेस और समय के पार बुद्धिमत्ता को बुद्धि से जोड़ने वाली बहुत सारी डिजिटल जनजातियाँ हैं। नाथन श्नाइडर की हैकर्स ऑफ बेनेडिक्ट सिर्फ एक उदाहरण है; मारिया पोपोवा का ब्रेन पिकिंग्स ब्लॉग ऐसी ही एक और कहानी है।

मारिया पोपोवा और लेखक के बीच इस आकर्षक बातचीत को सुनें।

मेरे दिन आम तौर पर किताबों के ढेर, पत्रों, डायरियों और वर्षों से चले आ रहे विचारकों की पुरानी दर्शन पुस्तकों से भरे रहते हैं। यह नए जमाने का आध्यात्मिक पुन: पालन-पोषण शब्द है, जो मुझे मेरी पसंद के हिसाब से कुछ ज्यादा ही हिप्पी-जैसा लगता है - हालांकि एक पहलू है जो मुझे आकर्षक लगता है: जैसे-जैसे मैं अपनी यात्रा में आगे बढ़ता हूं, इन गुजरे हुए विचारकों की देखभाल करना और साथ ही युवा दिमागों में अपना ज्ञान प्रदान करना। पिछली और वर्तमान पीढ़ियों का पुन: पालन-पोषण करना।

मारिया पोपोवा का जन्म बुल्गारिया में आयरन कर्टेन युग के दौरान हुआ था जब आत्मा की सभी धारणाएँ ख़त्म हो गई थीं। लेकिन फिर भी मारिया को उनके लिए एक आवाज़ मिल गई।
अपने दादा-दादी द्वारा किताबों से भरे अपार्टमेंट में पली-बढ़ी, वह अभी भी आध्यात्मिक जीविका के रूप में उनकी किताबों में सीमांत का अध्ययन करती है। द्वितीय विश्व युद्ध के बाद यूरोप छोड़ने के बाद उन्होंने अध्ययन के लिए अमेरिका को चुना। कॉलेज के लिए भुगतान करने के लिए एक कार्यालय में काम करते समय, मारिया ने कार्यालय में सहकर्मियों के लिए साप्ताहिक विचारों पर चर्चा करते हुए एक ईमेल न्यूज़लेटर प्रकाशित करना शुरू किया। मुझे लगता है कि मारिया की मध्य यूरोपीय जड़ें उसे विचारों की शक्ति में एक स्पष्ट विश्वास देती हैं - कुछ ऐसा जो यहाँ अमेरिका में बहुत आम नहीं है! और किसी तरह वह पारंपरिक ज्ञान की सेवा में तकनीकी उपकरणों का उपयोग करने में सफल हो जाती है। जब मैं 30 साल की उम्र में मारिया से मिला, तब तक वह 10 साल से इस काम में लगी हुई थी; ब्रेन पिकिंग्स ने व्यापक प्रशंसा अर्जित की है और प्रौद्योगिकी की मुक्तिदायी संभावनाओं पर प्रकाश डाला है; ब्रेन ब्राउन की तरह, मारिया ने भी असमान प्रतीत होने वाले प्रश्नों की खोज करते हुए आशा की एक व्यापक शब्दावली का पता लगाया था।

मारिया पोपोवा और लेखिका अन्ना बेल के बीच एक ऑडियो बातचीत सुनें।

ऐसा प्रतीत होता है कि आपका काम "विघटनकारी" के विपरीत - अपनी आकांक्षात्मक गुणवत्ता के कारण लोगों के लिए आकर्षण रखता है। युवा लोगों के बारे में हमारी ये सभी धारणाएँ हैं कि उनमें गहराई के लिए कोई जगह नहीं हैं; कि उन्हें चीज़ें केवल छोटे टुकड़ों में ही लेनी चाहिए; फिर भी आप लोगों के लिए यह सत्य प्रकट करते हैं: कि वे अपने दिमाग को फैलाना चाहते हैं। मुझे लगता है कि एक इंसान के रूप में आपमें कुछ विशेष और उदारता है जो आपके काम में सामने आती है - क्या इस घटना के लिए कोई स्पष्टीकरण हो सकता है?

खैर, मुझे लगता है कि कुछ बुनियादी मान्यताएँ हैं जो मुझे प्रिय हैं। ऐसा ही एक विश्वास संशयवाद और आशा के बीच संबंध पर केंद्रित है: आशा के बिना आलोचनात्मक सोच संशयवाद के बराबर है जबकि आलोचनात्मक विश्लेषण के बिना आशा भोलापन लाती है। इसलिए मैं उन दोनों को संतुलित करने का प्रयास करता हूं; इन चरम सीमाओं के बीच कहीं रहने से मुझे त्यागपत्र की अभिव्यक्ति के रूप में संशय के आगे झुकने के बजाय ठोस आधार पर अपना जीवन बनाने की अनुमति मिलती है; इस मामले में स्व-सुरक्षात्मक तंत्र। हालाँकि, उसी समय, केवल आशा पर भरोसा करने से त्यागपत्र देना पड़ता है, क्योंकि हमारे पास बेहतरी के लिए कुछ भी बदलने के लिए कोई प्रोत्साहन नहीं है। मेरा मानना है कि एक

व्यक्ति के रूप में और एक सभ्यता के रूप में समान रूप से आगे बढ़ने के लिए, आलोचनात्मक विश्लेषण को आशा के साथ जोड़ा जाना चाहिए।

ब्रेन पिकिंग्स के लिए आपकी सामग्री अक्सर समयबद्धता और कालातीतता के बीच संतुलन बनाती प्रतीत होती है, जो समय की कसौटी पर खरी उतरती है।

अधिकांश संस्कृति इस बात पर ध्यान केंद्रित करती है कि चीजों की भव्य योजना में प्राथमिकता क्या होनी चाहिए, इसके बजाय अब क्या जरूरी है, जिससे एक प्रकार का समय पूर्वाग्रह या प्रस्तुतिकरण पूर्वाग्रह पैदा होता है।

प्रस्तुतिवाद. मुझे इससे प्यार है।
यह कुछ हद तक इंटरनेट की संरचना के कारण है - ट्विटर फ़ीड और फेसबुक टाइमलाइन से लेकर समाचार वेब साइटों तक - जहां नवीनतम आइटम हमेशा उलटे कालानुक्रम में शीर्ष पर तैरते दिखते हैं - हमें यह सोचने के लिए प्रेरित करता है कि हालिया अधिक महत्वपूर्ण या मायने रखता है कम, हमें यह झूठा विश्वास दिलाने के लिए प्रेरित करता है कि जो कुछ भी पहले हुआ या अस्तित्व में था वह अब प्रासंगिक या महत्वपूर्ण नहीं है - भले ही वे मायने रखते हों या अस्तित्व में हों। तो इसने हमारे विश्वास को जन्म दिया है कि Google या समाचार पर दिखाई न देने वाली कोई भी चीज़ अस्तित्व में नहीं है या मौजूद नहीं है या बिल्कुल भी अस्तित्व में नहीं है - यह सब इस कंडीशनिंग के कारण है!

इंटरनेट की सुंदरता उसकी आत्म-सुधार की क्षमता में निहित है; लेकिन जब तक यह एक विज्ञापन-वित्त पोषित माध्यम बना रहेगा, तब तक इसकी एकमात्र प्रेरणा व्यावसायिक ही रहेगी - अपने उपयोगकर्ताओं को मानवतावादी मूल्यों और विचारों से समृद्ध करने के बजाय सूचियों, स्लाइड शो और दैवज्ञों को बेहतर बनाना।
आशा के महत्व पर चर्चा करते समय ऐनी लैमोट ने एमिली डिकिंसन की चर्चा की। एमिली डिकिंसन ने लिखा, आशा हमारे कार्यों को प्रगति की ओर प्रेरित करती है और "आशा अच्छा दिखाने के लिए प्रेरित करती है।"
"जब लोग कहते हैं कि इंटरनेट एक स्वयं-परिपूर्ण जीव है, तो उनका अक्सर मतलब यह होता है कि वे प्रौद्योगिकी को एक ऐसी जगह के रूप में देखते हैं जहां मानव आत्मा पनप सकती है और गहरी हो सकती है - प्रौद्योगिकी के साथ हमारे जीवन पर चर्चा करते समय यह भाषा शायद ही कभी दिखाई देती है।

इसे ध्यान में रखें: यह अभी भी बहुत युवा मीडिया है, हमने अभी तक इसके साथ एक पीढ़ी भी नहीं जी है, और किसी भी सीमा की तरह हम अग्रणी उत्साह के साथ खोज करते हैं, वहां अच्छे और बुरे दोनों परिणाम होंगे। दुर्भाग्य से हमें बहुत बाद तक पता नहीं चलेगा कि चीजें कैसे हुईं; लेकिन इस बीच जो मायने रखता है वह हमारे द्वारा लिए जाने वाले दैनिक निर्णय और उनके प्रभाव हैं; मेरी आशा है कि अंततः लोग उन चीज़ों के ख़िलाफ़ विद्रोह करेंगे जो अब उनकी आध्यात्मिक, बौद्धिक या रचनात्मक ज़रूरतों को पूरा नहीं करती हैं।

और हम इसे कुछ स्तर पर देख रहे हैं। युवा पीढ़ियां--आवश्यक रूप से उम्र के संदर्भ में नहीं, बल्कि हाल ही में इंटरनेट के परिदृश्य में प्रवेश करने वाले लोग--पुराने लोगों की तुलना में

प्रकाशनों के विज्ञापन-मुक्त संस्करणों के लिए भुगतान करने या वे जो भी संलग्न करते हैं उसे सीमित करने और गुणवत्ता वाले प्रकाशनों को पहचानने के लिए अधिक इच्छुक लगते हैं। सभी संबंधित पक्षों से समय, विचार, प्रयास, संसाधन और प्रतिबद्धता की आवश्यकता होती है; इसके अलावा कोई चीज़ आपको कैसा महसूस कराती है और मानवता के सामूहिक रिकॉर्ड में उसका समग्र योगदान इस आधार पर निर्णय लेना इस आयु समूह के बीच अधिक प्रमुख होता जा रहा है।

विकिपीडिया के संस्थापक जिमी वेल्स के साथ एक साक्षात्कार सुनते हुए, मैंने उन्हें यह कहते हुए सुना कि लोग मुफ्त में योगदान करते हैं क्योंकि वे अपने समय के साथ कुछ उपयोगी करना चाहते हैं। मैं सहमत हं और लंबे समय से इसे सच मानता रहा हं - आज के समाज में लोग अपने समय के साथ कुछ बेहतर करने की चाहत रखते हैं - उपयोगिता जैसे उपयोगितावादी मूल्यों के साथ कुछ मापना कठिन है। मेरा मूल विश्वास यह है कि हममें से अधिकांश लोग अच्छा करना चाहते हैं - कि लोग किसी भी अन्य वस्तुनिष्ठ उपाय की तुलना में उपयोगिता से अधिक सद्गुण की इच्छा रखते हैं। मेरा दृढ़ विश्वास है कि लोग किसी भी अन्य लक्ष्य से अधिक अच्छाई चाहते हैं और मुझे विश्वास है कि यह घटना हम सभी के बीच मौजूद है।

जैसा कि कहा जा रहा है, हम सभी बेहतर बनने, खुद को आगे बढ़ाने, आध्यात्मिक रूप से विकसित होने की आकांक्षा रखते हैं - यह माध्यम उस संबंध में आशा प्रदान करता है।

कोई भी दुनिया को वैसा नहीं देखता जैसा वह है; ऐसा इसलिए है क्योंकि हममें से प्रत्येक इसमें कुछ अनोखा योगदान देता है। विलियम जेम्स ने कहा, "मेरा अनुभव वह है जिस पर मैं ध्यान देने के लिए सहमत हं, और केवल उन्हीं चीजों ने मेरा ध्यान खींचा है जिन्होंने मेरे दिमाग को आकार दिया है।" यह चुनने से कि हम दुनिया में कैसे हैं और यह चुनकर कि हम कैसे योगदान करते हैं, इसके बारे में हमारा अनुभव और योगदान सभी हमारे द्वारा निर्धारित होते हैं - न केवल आंतरिक और बाहरी दुनिया को आकार देते हैं बल्कि अंततः खुद को भी आकार देते हैं। मेरे लिए यह आध्यात्मिक यात्रा के मूल में है - एक थका देने वाला नहीं बल्कि उत्साहजनक विचार, जिसने मुझे व्यक्तिगत विकास में वर्षों लगा दिए!

***अच्छाई को उभरने के लिए प्रोत्साहित करने के लिए आशा आवश्यक है। यह अच्छाई को जीवन के एक तत्व के रूप में अपनाता है: जो अच्छा है उस पर ध्यान देना। यह वाक्यांश पहली बार मेरी चेतना में कुछ साल पहले थैंक्सगिविंग के आसपास प्रकाशित न्यूयॉर्क टाइम्स के एक मनोरंजक लेख के माध्यम से आया था। वैज्ञानिक अनुसंधान ने कृतज्ञता का अभ्यास करने के स्वास्थ्य लाभों को स्पष्ट रूप से दर्शाया है; बस प्रत्येक दिन की सभी अच्छी चीजों को गिनें, जिनमें वे भी शामिल हैं जिन्हें आप प्रयास करते हुए पाते हैं। इसके उल्लेखनीय, मापने योग्य परिणाम मिले: अच्छी नींद, मन की अधिक शांति, चिंता और अवसाद के स्तर में कमी, दयालु व्यवहार और समग्र रूप से उच्च जीवन संतुष्टि। एक नए अध्ययन ने इस प्रभाव को प्रदर्शित करते हुए दिखाया कि कैसे कृतज्ञता महसूस करने से उकसाए जाने पर लोगों के आक्रामक होने की संभावना कम हो जाती है; जो यह समझाने में मदद कर सकता है कि इतने सारे बहनोई गंभीर चोट के बिना थैंक्सगिविंग में क्यों बच गए।"

आशा और अच्छाई की तरह, कृतज्ञता भी निर्दोष और वजन रहित दिखाई दे सकती है। खुशी की तरह, इसे अक्सर एक स्थिर स्थिति के रूप में गलत तरीके से प्रस्तुत किया जाता है जिसके साथ या तो कोई व्यक्ति पैदा हुआ है या नहीं; आशीर्वाद मिला या नहीं। मेरे लिए व्यक्तिगत रूप से, शब्द बोलना कभी-कभी अप्रभावी लग सकता है लेकिन जब इसे ज्ञान के रूप में सम्मान दिया जाता है तो यह और अधिक समृद्ध हो जाता है - आनंद, खुशी की आदत। स्तुति कृतज्ञता का एक और रूप है जो ईसाई धर्म के भजनों जैसी आध्यात्मिक परंपराओं में पाया जाता है जो हमारे अनुभवों को अपमानित से गौरव तक की आवाज देता है - यहां तक कि जब पीड़ा का सामना करना पड़ता है। स्तुति उसी तरह कार्य कर सकती है जैसे यह हिब्रू बाइबिल भजनों में भी समान रूप से कार्य करती है जो मानवीय अनुभवों को आवाज देती है जैसे कि इसके प्रशंसात्मक भजनों के माध्यम से पीड़ा से जुड़े अनुभव जो हमारे हर मानवीय अनुभव को अपमानित से लेकर आनंदित संतुष्टि तक आवाज देते हैं।

हालाँकि, भजनहार इस बात पर जोर देता है कि आज वास्तव में भगवान का दिन है, और वह अपने पाठकों को इसमें आनन्दित होने और आनंदित होने के लिए प्रोत्साहित करता है।

मेरी बचपन की यादें मेरे लिए बहुत अधिक आरामदायक विचार नहीं रखती हैं; फिर भी, मैं अभी भी अपने आप को बड़े होने के दौरान अपने परिवार में तीव्र लेकिन अनजाने अवसाद के दौरान, खुशी और राहत के बीच, बाइबल के कुछ अंशों से जुड़ते हुए याद कर सकता हूँ। मुझे फिलिप्पी में युवा चर्च के लिए सेंट पॉल द्वारा लिखी गईं कुछ सुंदर, काव्यात्मक पंक्तियाँ याद आईं: "आखिरकार, प्रिय, जो कुछ भी सत्य, सम्माननीय, उचित, शुद्ध और सुखदायक है वह सराहनीय या प्रशंसा के योग्य हो सकता है - जो कुछ भी हो, उन पर ध्यान में विचार करें" . "जो मैं ने तुम से कहा और दिखाया है वही करो, और शान्ति का यहोवा तुम्हारे संग रहेगा।" मानसिक और आध्यात्मिक लचीलेपन के इस नुस्खे को अब दो सहस्राब्दियों के वैज्ञानिक अध्ययन के माध्यम से रखा गया है - इन परीक्षणों से आध्यात्मिक तकनीक धर्मनिरपेक्ष आध्यात्मिक तकनीक के रूप में उभर कर सामने आई है।
फिर भी, यह सब किसी को आश्चर्यचकित कर देता है कि जब भी और जहां भी हम देखते हैं, अच्छाई को अपनाने जैसी प्राकृतिक और ताज़ा चीज़ के लिए किसी अतिरिक्त प्रयास की आवश्यकता क्यों होती है - तो उसे इन सभी शब्दों की आवश्यकता क्यों होती है। सकारात्मक विचलन उन लोगों का वर्णन करने के लिए एक उपयुक्त सामाजिक वैज्ञानिक शब्द है जो मानवता के विकास के विकासवादी "योग्यतम की उत्तरजीविता" दृष्टिकोण द्वारा बनाई गई अपेक्षाओं के विरुद्ध जाते हैं। मेरा करियर, जिसे मैं गहराई से महत्व देता हूं, अक्सर जो सत्य, सम्मानजनक, न्यायसंगत, शुद्ध, सुखदायक सराहनीय उत्कृष्ट होता है उसे सकारात्मक विचलन के रूप में गलत समझा जाता है; यह कार्य में विपरीत नैतिक कल्पना का प्रतिनिधित्व करता है। इस पुस्तक में मैंने जिस किसी का भी उल्लेख किया है, उसे एक सकारात्मक पथभ्रष्ट माना जा सकता है, जिसे मानव नियम के अपवाद के रूप में विनाशकर्ताओं द्वारा आसानी से खारिज कर दिया जा सकता है। और अब मैं ब्रेन पिकिंग्स को एक उदाहरण के रूप में चुनने के लिए आलोचना सुन रहा हं कि इंटरनेट क्या संभव बनाता है जब साइबरस्पेस में अश्लीलता, हिंसा और तुच्छीकरण की प्रचुरता इतनी स्पष्ट हो।

वास्तविकता दोनों/और है। अधिक विशेष रूप से, जैसा कि मारिया पोपोवा का मानना है, इंटरनेट अभी भी अपनी प्रारंभिक अवस्था में है और हमारी मानवीय स्थिति और उसके सभी विरोधाभासों - जैसे मोक्ष और पाप - को डिजिटल गति और वायरल प्रतिकृति पर देखने का एक नया तरीका प्रस्तुत करता है। इसके अलावा, यह प्रत्येक कल्पनीय मानवीय प्रवृत्ति पर एक आवर्धक कांच के रूप में कार्य करता है - चाहे वे सुंदर या भयानक, तुच्छ या मतलबी या उदार और जिज्ञासु हों।

ध्यान दें कि यह अहसास हमें कैसे नियंत्रण में रखता है कि प्रौद्योगिकी हमें कैसे प्रभावित करेगी, शक्ति को हमारे हाथों में वापस दे देती है और दिखाती है कि कैसे बुराई की सबसे चरम अभिव्यक्ति भी व्यक्तिगत परिवर्तन और प्रतिबिंब लाने की क्षमता रखती है। इस बात पर ध्यान दें कि इसका एहसास कैसे शक्ति को हमारे पास वापस लाता है; हम तय कर सकते हैं कि प्रौद्योगिकी हमें आकार देने में कौन सा रास्ता अपनाती है और देख सकते हैं कि कैसे इंटरनेट की विनाशकारी क्षमताओं की सबसे कठोर अभिव्यक्ति भी अक्सर राहत और उपचार के स्रोत के रूप में काम कर सकती है।

साइबरस्पेस हमें बदमाशी का सामना करने के लिए मजबूर कर रहा है, कुछ ऐसा जो लंबे समय से भौतिक स्थानों में मौजूद है जहां हमारे बच्चे बड़े होते हैं। सदियों से, पश्चिमी सभ्यता के उच्चतम स्तर ने इसे कुछ दुर्भाग्यपूर्ण लोगों के लिए बड़े होने के अपरिहार्य हिस्से के रूप में सक्रिय या निष्क्रिय रूप से सहन किया है; लेकिन इसके प्रभावों को इंटरनेट कैनवास पर प्रकट होते देखकर बदमाशी को असहनीय बना दिया गया है, जिससे एक बार के लिए इसके बारे में जागरूकता में बदलाव आया है; बच्चों को यह सिखाना कि बदमाशी की घटनाओं को कैसे रोका जाए, साथ ही बदमाशी को हमेशा के लिए ख़त्म करने के लिए अभियान शुरू करना - इतिहास में एक नैतिक परिवर्तनकारी क्षण को चिह्नित करना।

पिछले महीनों में जैसे ही मैंने यह लेखन पूरा किया, एक अनमोल माल आया है: चेहरे और जिंदगियां जिन्हें हमारे अंधेरे पक्ष को तत्काल, कच्चे विवरण में प्रकट करने की प्रौद्योगिकी की क्षमता द्वारा तीव्र राहत मिली है। ऐसे नामों में कायला म्यूएलर, डीह शैडी बराकत, यूसोर मोहम्मद अबू-सल्हा रज़ान मोहम्मद अबू-सल्हा और क्लेमेंटा पिंकनी शामिल हैं, जिनका जीवन दर्शाता है कि परिप्रेक्ष्य और दृढ़ संकल्प में बदलाव के साथ हम सब क्या बन सकते हैं। मैं उन्हें यहां इसलिए याद करता हूं क्योंकि उनका जीवन बड़ी मुक्तिदायक कहानियों का प्रतिनिधित्व करता है कि हम हर कदम आगे बढ़ाकर क्या बन सकते हैं। कायला को सीरिया में डॉक्टर्स विदाउट बॉर्डर्स क्लिनिक से निकलते समय आईएसआईएस आतंकवादियों ने बंधक बना लिया था और 18 महीने बाद उसकी मृत्यु हो गई। डीह और यूसोर उत्तरी कैरोलिना विश्वविद्यालय में दंत चिकित्सा के विवाहित छात्र थे, जबकि यूसोर की भाभी रज़ान एनसी राज्य में नामांकित एक महत्वाकांक्षी फिल्म निर्माता थीं। इसमें शामिल सभी चार युवा अमेरिकी सामान्य लोग थे, जिनके आसपास हममें से कोई भी रह सकता है - ऐसे पड़ोसी जिन्हें हम जानते होंगे और एक ऐसी पीढ़ी के सदस्य जिन्हें हम अक्सर आत्म-भोग के रूप में खारिज कर देते हैं।

मेरी स्वाभाविक प्रतिक्रिया पीड़ा की खबरों से बचना, उनकी मदद करने या उन्हें कम करने में असहाय महसूस करना है। लेकिन मैं अपने असाधारण मित्र और सहकर्मी ओमिद सफी - एक इस्लामी विद्वान और धार्मिक शिक्षक - द्वारा डीह, यूसोर और रज़ान पर एक उत्कृष्ट ध्यान से मंत्रमुग्ध हो गया था। यूसोर की मौत से कुछ क्षण पहले उसकी शादी की पोशाक में ली गई तस्वीरों के माध्यम से डीह और यूसोर मेरे लिए जीवंत हो उठे; इस बात का

लेखा-जोखा कि कैसे डीह और युसोर ने तुर्की में शरणार्थियों के साथ-साथ उत्तरी कैरोलिना में पड़ोसियों की सहायता के लिए दंत चिकित्सा का उपयोग किया; इसके बाद रज़ान का प्रेतवाधित लेकिन बेहद प्रेरणादायक वीडियो यूएनसी में मुस्कराहट, साहस और कड़ी मेहनत से जीती आशा के साथ दर्जनों युवा मुस्लिम अमेरिकियों को पेश करता है - जिसमें रज़ान के चेहरे भी शामिल हैं!

आज भी हम ऐसे कई लोगों को देखते हैं जो अपनी हर मुद्रा के साथ शक्तिशाली बयान देते हैं: वे हमारी सभी आवाज़ों का प्रतिनिधित्व करते हैं जो समय और स्थान पर गूंजती हैं:

"किसी के लिए भी यह सुझाव देना कपटपूर्ण होगा कि मेरी पीढ़ी विमुख और उदासीन है।

"भविष्य में मुझे उस समावेशी समुदाय का हिस्सा बनने की उम्मीद है जिसे मैंने खुद बनाया है।"

कायला मुलर के घर भेजे गए पत्र उनकी उम्र से कहीं अधिक ज्ञान और अनुग्रह के प्रमाण थे, जैसा कि उनके ब्लॉग पर दर्शाया गया है: "यह वास्तव में मेरे जीवन का काम है: वहां जाना जहां दुख है।" ठीक वैसे ही जैसे हम सब हैं, मैं सीख रहा हूं कि अपने अंदर की दुनिया में दुखों का सामना कैसे किया जाए - समाज के हिस्से के रूप में सक्रिय भूमिका बनाए रखते हुए अपने दर्द का प्रबंधन कैसे किया जाए। उनके आह्वान का पालन करते हुए, उन्होंने एमनेस्टी इंटरनेशनल और बिग ब्रदर्स/बिग सिस्टर्स जैसे संगठनों के साथ-साथ अपने गृहनगर में अपने इलाके के बिग ब्रदर्स/बिग सिस्टर्स के साथ स्वयंसेवा करना शुरू कर दिया था। इसके अतिरिक्त, सीरिया पहंचने से पहले उन्होंने भारत से लेकर ग्वाटेमाला तक कई स्थानों पर सेवा की; कैद के दौरान उसने अपने माता-पिता को एक पत्र लिखा जिसने मुझे नॉर्विच के जूलियन या मदर टेरेसा जैसे रहस्यवादियों के बारे में पढ़ने की याद दिला दी: उसके पत्र ने मुझे बिना देरी किए उसके मिशन को पूरा करने की याद दिला दी!

"मैं अपने अनुभव में एक ऐसी जगह पर आ गया हूं, जहां, शब्द के हर अर्थ में, मैंने खुद को पूरी तरह से हमारे निर्माता को समर्पित कर दिया है, क्योंकि मेरे लिए करने के लिए सचमुच कुछ और नहीं था... और भगवान और आपकी प्रार्थनाओं के माध्यम से मैंने ऐसा किया है गिरते समय भी आराम महसूस हुआ।

"आपने मुझे अंधेरे में रोशनी दिखाई है + मैंने सीखा है कि जेल की दीवारों के भीतर भी कोई आजादी पा सकता है। इसके लिए मैं वास्तव में आभारी हूं।"

स्पष्ट रूप से, कायला के पत्र कभी भी गार्जियन और वाशिंगटन पोस्ट जैसे अखबारों में नहीं आ पाते अगर कैद के दौरान उसकी मृत्यु नहीं हुई होती; न ही हम उत्तरी कैरोलिना के युसोर, रज़ान और डीह के यूट्यूब वीडियो देख रहे होते अगर उनकी वहां हत्या नहीं की गई होती; न ही मुझे तकनीक के बिना ऐसे घनिष्ठ संबंध विकसित करने का अवसर मिलता जो अक्सर मेरे दैनिक जीवन में ध्यान भटकाने का काम करती है।

इसलिए मैं अपने आप से पूछता हूं कि मैं स्मरण से परे कैसे जा सकता हूं? मैं इन जिंदगियों को उपहार के रूप में कैसे पहचान सकता हूं और बदले में अपना सम्मान कैसे दे सकता हूं?

मेरा अनुभव उस जीवन के बारे में कैसे बताता है जिसे जारी रखने का मुझे सौभाग्य मिला है? हम - और मैं "हम" का शिथिल रूप से उपयोग कैसे कर सकते हैं - उन सभी खूबसूरत जिंदगियों में उपस्थित और सहायक कैसे हो सकते हैं जो अभी भी उन लोगों को याद करने के एक तरीके के रूप में मजबूत हो रहे हैं जिन्हें हमने खो दिया है और साथ ही उन लोगों का सम्मान भी कर रहे हैं जो अभी भी हमारे बीच हैं?

पूरे अमेरिका में काले पुरुषों (और महिलाओं) के लिए एक साल की दुखद घटनाओं के बीच क्लेमेंटा पिंकनी की मृत्यु हो गई, अक्सर पुलिस के हाथों। अमेरिकी गृहयुद्ध के दौरान इसकी तैनाती के 150 साल बाद, दक्षिण कैरोलिना और अलबामा में राज्य की राजधानियों से अंततः कॉन्फेडरेट ध्वज को हटाने के लिए जिम्मेदार लोगों में से एक के रूप में उन्हें इतिहास में याद किया जा सकता है। पीछे मुड़कर देखने पर ऐसा लगता है कि क्लेमेंटा पिंकनी ने अपना जीवन बहुत तेजी से जीया है; 18 साल की उम्र में नियुक्त होने से लेकर 23 साल की उम्र में साउथ कैरोलिना हाउस ऑफ रिप्रजेंटेटिव्स में से एक बनने तक, वह राज्य सीनेटर के रूप में चुने गए सबसे कम उम्र के व्यक्ति बन गए - दो मील के पत्थर जिन्हें उनके करियर की उपलब्धियों से इनकार नहीं किया जा सकता है। वह अपने शहर के आध्यात्मिक केंद्र, चार्ल्सटन में इमानुएल एएमई चर्च में पूर्णकालिक मंत्री के रूप में एक प्रतिष्ठित लोक सेवक थे। दुख की बात है कि इसी चर्च में उनकी और उनकी मंडली के आठ प्रतिभाशाली सदस्यों की एक युवा श्वेत व्यक्ति ने हत्या कर दी थी, जिसका स्वागत उन्होंने बुधवार की रात को बाइबल अध्ययन के लिए किया था।

"हमारे पास इस प्रक्रिया में प्रकाश और अंतर्दृष्टि जोड़ने, खुद को देखने के लिए नई आंखें देने का एक उत्कृष्ट अवसर है!"
हमारी दुनिया दयालुता के साथ जीए गए रोजमर्रा के जीवन की शांत सुंदरता और साहस से भरी हुई है। हर मिनट लाखों युवा और बूढ़े लोग दूसरों की सेवा में बलिदान दे रहे हैं और बेहतरी की उम्मीद जोखिम में डाल रहे हैं - यह अच्छाई मायने रखती है; इसे हिंसा की सुर्खियों से अधिक हमारी वास्तविकता बताएं; रज़ान, डीह, यूसोर कायला क्लेमेंटा और उनकी दयालु आत्माओं की तरह अंधेरे में इसके प्रकाश को अपनाएं। अच्छाई जहां भी और जब भी प्रकट हो, उसे तलाशने से जीवन में नई खिड़कियां खुलती हैं।
* * *

मुझे यंगस्टाउन, ओहियो में आमंत्रित किया गया था, ताकि उन चुनौतियों के बीच बातचीत के नए स्थान और रिश्ते बनाने के बारे में मैंने जो सीखा है, उन्हें रचनात्मक तरीकों से संबोधित किया जा सके, और जिन्हें हम अभी भी नाम नहीं दे सकते हैं। यंगस्टाउन की शुरुआत एक औद्योगिक महाशक्ति के रूप में हुई थी, लेकिन लंबे समय से यह कठिन दौर से गुजर रहा है; पीढ़ियों की आजीविका और आत्म-सम्मान गरीबी की भेंट चढ़ गया है क्योंकि यंगस्टाउन के आधे से अधिक बच्चे अब इसके नीचे रहते हैं। जून में एक उमस भरे और तूफानी शुक्रवार की रात को एपिस्कोपल चर्च में मेरा भाषण पूरा सदन बन जाता है। बोलने के बाद, मैं ध्यान से सुनता हूँ क्योंकि लोग कहानियाँ, प्रश्न, उत्तर और ज्ञान साझा करते हैं - उस रात और अगली रात दोनों। किसी के संपर्क करने से पहले वे टुकड़े-टुकड़े करके उस कमरे में जो मैंने महसूस किया था, उसे व्यक्त करते हैं: यह समुदाय एक साथ मर रहा है और पुनर्जन्म ले रहा है।"

उनकी कहानी हमारी कहानी है; परिवार, स्थान और रिश्तेदारी के प्रत्येक समुदाय का, जो हम समय और स्थान पर बनाते हैं। अक्सर हमें यह भरोसा करने में कठिनाई होती है कि नुकसान के बाद पुनर्जन्म होगा, फिर भी इतिहास हमें कुछ और ही सिखाता है। कभी-कभी, जब आगे क्या होगा इसके बारे में विकल्पों का सामना करना पड़ता है, तो हम यह जानने में शक्तिहीन या अभिभूत महसूस कर सकते हैं कि कहां से शुरू करें। फिर भी, जब हम अपने सबसे गहरे सवालों और सबसे संवेदनशील भावनाओं को अपने बीच में आने देते हैं तो हम मुंह मोड़ने के बजाय उनके साथ मिलकर रहने में सक्षम हो जाते हैं। एक ही समय में कमजोर और मजबूत, मानवता हमारी किशोर प्रजाति के अस्तित्व की गवाह के रूप में खड़ी है। बुद्धि तभी उभरती है जब हमें विपरीत प्रतीत होने वाली वास्तविकताओं को एक साथ लाना होता है और उन्हें रचनात्मक तनाव में रखना होता है: शक्ति और नाज़ुकता, जन्म और मृत्यु, दर्द और आशा, सुंदरता और टूटन, रहस्य और दृढ़ विश्वास, शांति और उछाल... यह सब ज्ञान पैदा करने में योगदान देता है .

मेरा संवाद जीवन, कविता की तरह, शब्दों से परे सच्चाई व्यक्त करने की मानवता की अविश्वसनीय क्षमता के लिए एक श्रद्धांजलि है। अपने निष्कर्ष पर, यह लेखन मुझे मेरे शब्दों द्वारा छोड़ी गई या अव्यक्त हर बात पर डरने और कांपने पर मजबूर कर देता है - उनकी आवश्यक विनम्रता को पहचानते हुए।

विनम्रता यहां जश्न मनाने लायक एक और गुण है, जिसे ज्ञान और लचीलेपन के साथ जीवन भर पाया जा सकता है। हालाँकि समय के साथ इसका अर्थ फैशन से बाहर हो गया है, विनम्रता के बारे में बातचीत ने मुझे इसके महत्व को फिर से खोजने में मदद की है। हास्य और सुंदरता की तरह, विनम्रता हमें आतिथ्य और पूछताछ के साथ-साथ अब तक उल्लिखित अन्य सभी गुणों के लिए नरम बनाती है।

आध्यात्मिक विनम्रता में फिट होने के लिए सिकुड़ना, खुद को कमजोर करना या किसी के मूल्य को कम करना शामिल नहीं है, बल्कि अच्छाई को देखने और आश्चर्यचकित होने की उत्सुकता के साथ हर चीज और हर किसी के पास जाना शामिल है। यीशु ने इसकी सराहना की क्योंकि इसने बच्चों जैसी विनम्रता का प्रदर्शन किया, जबकि वैज्ञानिक और रहस्यवादी हस्तियों ने हल्के कदमों के साथ दूसरों के प्रति श्रद्धा के समान गुणों का प्रदर्शन किया, दिल में कोई भारीपन नहीं था।

जब मैं ज्ञान को दुनिया या अपने आप में देखता या महसूस करता हूं तो उसे पहचानने के लिए हल्कापन ही मेरा परीक्षण है। वे प्रश्न जो हमें आगे ले जा सकते हैं वे पहले से ही मौजूद हैं जिनका पता लगाया जाना चाहिए और उन्हें वास्तविक बनाया जाना चाहिए - उन्हें सामने लाना, उन्हें हमारी इंद्रियों, शरीरों, उन स्थानों में स्थापित करना जहां हम रहते हैं और उनके माध्यम से ठीक होने में मदद करना, उन्हें ठीक करने की जिम्मेदारी लेना एक खुशी और विशेषाधिकार है। एक साहसिक कार्य या आह्वान के रूप में, एक-दूसरे के प्रति हमारे प्यार को एक साहसिक कार्य या आह्वान के रूप में दावा करें, उस वास्तविकता पर आश्चर्य करें जो उसकी विशालता में आनंदित होते हुए हमारे भीतर अंतर्निहित है - अंत में आशा नामक एक मजबूत लेकिन लचीली चीज़ को पकड़ना हमेशा के लिए सब कुछ बदलने की शक्ति रखता है!

जीवन जीने की कला और रहस्य बहुत बड़ा है। लेकिन वे पहुंच के भीतर हैं: बस चुपचाप इस क्षण और अगले क्षण में उपलब्ध सभी अनुग्रह, सौंदर्य, उपचार और सावधानी की खोज

करना शुरू करें।

समाप्त